EVA KARNOFSKY / BARBARA POTTHAST

MÄCHTIG, MUTIG UND GENIAL

EVA KARNOFSKY
BARBARA POTTHAST

MÄCHTIG, MUTIG UND GENIAL

VIERZIG AUSSERGEWÖHNLICHE FRAUEN
AUS LATEINAMERIKA

ROTBUCH VERLAG

Die Veröffentlichung dieses Werkes erfolgt auf Vermittlung
von BookaBook, der Literarischen Agentur Elmar Klupsch, Stuttgart.

ISBN 978-3-86789-164-6

1. Auflage
© 2012 by BEBUG mbH / Rotbuch Verlag, Berlin
Umschlaggestaltung: capa
Umschlagabbildungen: ullstein bild – TopFoto (Eva Perón),
Süddeutsche Zeitung Photo / Teutopress (Rigoberta Menchú),
ullstein bild – Roger-Viollett / Leo Matiz (Frida Kahlo)
Druck und Bindung: GGP Media GmbH, Pößneck

Ein Verlagsverzeichnis schicken wir Ihnen gern:
Rotbuch Verlag
Alexanderstraße 1
10178 Berlin
Tel. 01805 / 30 99 99
(0,14 Euro/Min., Mobil max. 0,42 Euro/Min.)

www.rotbuch.de

INHALT

II. MUTIG

III. GENIAL

EINLEITUNG

Lateinamerika ist der Kontinent der Machos, so das gängige Klischee. Hierzulande wird gern daraus geschlossen, dass Frauen dort dazu verdammt sind, ein Dasein als Heimchen am Herd zu fristen, und dies auch klaglos hinnehmen. Dies war und ist jedoch keineswegs der Fall. Lateinamerika hatte noch vor Europa die erste Präsidentin, es gibt erfolgreiche und mächtige Unternehmerinnen und auch der erste Literaturnobelpreis für Lateinamerika ging an eine Frau. Frauen haben in Lateinamerika bereits seit der Landung der Spanier und Portugiesen politisch und gesellschaftlich eine Rolle gespielt – in einigen Kulturen auch davor. Allerdings war dies nicht die Regel, und die männlich dominierte, offizielle Geschichtsschreibung hat sich um die Frauen kaum gekümmert. Wir möchten daher in diesem Buch einige Lateinamerikanerinnen vorstellen, die für ihr Land und darüber hinaus von Bedeutung waren. Manche von ihnen, aber nicht alle, haben auch versucht, durch ihr Wirken die Rolle der Frauen zu stärken.

KOLONIALZEIT UND DEKOLONIALISIERUNG

Ohne die Aztekin Malintzin, gemeinhin als Malinche bekannt, wäre es dem Eroberer Hernán Cortés um vieles schwerer gefallen, die Völker Mexikos unter spanische Kontrolle zu bringen. Ob es Pedro de Valdivia gelungen wäre, ohne seine wagemutige Gefährtin Inés Suárez bis nach Chile zu gelangen, um dort die Hauptstadt Santiago zu gründen und gegen die indigenen Mapuche zu verteidigen, darf zumindest bezweifelt werden. Auch die Bedeutung der wagemutigen Frauen, die die spanischen Eroberer im La-Plata-Raum begleiteten und deren Überleben angesichts der Hungersnot sicherten, kann kaum überschätzt werden. Eine von ihnen, Isabel de Guevara, beschreibt dies in einem eindrucksvollen Brief an die Krone und beschwert sich dabei darüber, dass diese Verdienste in keiner Weise anerkannt wurden. Gleiches gilt für die vielen namenlosen indigenen Frauen, die den Konquistadoren durch ihre Arbeit auf dem Feld und im Haus das Überleben ermöglichten – und oft auch deren Konkubinen wurden. Ob dies freiwillig oder gezwungenermaßen geschah, steht auf einem anderen Blatt. Frauen aus den höchsten Schichten der indigenen Völker spielten allerdings zu Beginn des Kolonialreiches oft eine aktive Rolle in der Gesellschaft, wofür das Leben von Inés Yupanqui, deren Mutter im Übrigen eine ganze Region regierte, nur ein Beispiel ist. Ein anderes wäre das der inkaischen Ñusta (»Prinzessin«) Beatriz Clara Coya, deren Hochzeit mit Martín García de Loyola, einem Nachkommen des Gründers des Jesuitenordens Ignacio de Loyola, in einem prächtigen Gemälde mit spanischen und inkaischen Symbolen festgehalten wurde. Es stellt die Verbindung von indigenem und spanischem Hochadel und damit die – hier allerdings idealisierte – Mestizisierung Lateinamerikas dar. Diese zeichnet den Kontinent bis heute aus, und sie ist ohne die indigenen und afroamerikanischen Frauen nicht zu denken.

Allerdings entsprach die aktive gesellschaftliche und politische (und im Falle von Inés Suárez auch militärische) weibliche Teilhabe nicht den vom Katholizismus geprägten Moralvorstellungen und Geschlechterrollen, und letztendlich waren bis ins 19. Jahrhundert hinein auch die einflussreichen Frauen gezwungen, sich diesen zu unterwerfen. Kurz: Sie hatten freie Hand, solange ihre Taten den Männern, zu deren politischem

Projekt sie gehörten und an dem sie aktiv mitwirkten, zupass kamen. Waren sie diesem nicht mehr zuträglich, wurden sie daraus verbannt, auch gegen ihren Willen. Man suchte einen Ehemann für sie und sorgte dann dafür, dass sich die Frauen wieder entsprechend der traditionellen Rollenbilder verhielten.

Wie so oft in Zeiten politischen und gesellschaftlichen Umbruchs, so haben auch in Lateinamerika die Wirren der Conquista und später der Unabhängigkeitskriege dazu beigetragen, dass Frauen wie Malinche und Inés Suárez zu Einfluss gelangen konnten; kaum etablierten sich die Kolonialherren bzw. die neuen kreolischen politischen Eliten, legten sie wieder mehr Wert auf Moral und Etikette. Die indigenen Frauen wurden dann entweder an den Rand der Gesellschaft gedrängt, oder sie integrierten sich völlig in die Welt der Eroberer und ihrer Werte, wie z. B. die obenerwähnte Beatriz de Loyola, deren Nachkommen in den spanischen Hochadel aufstiegen und ihre indigenen Wurzeln vergaßen.

Das Leben der Sor Juana Inés de la Cruz belegt, dass die etablierte Kolonialgesellschaft auch keinen Platz hatte für intelligente, gebildete und selbständig denkende Frauen, zumindest war es ihnen nicht erlaubt, sich öffentlich als solche zu profilieren. Sor Juana ist jedoch auch ein Beweis dafür, dass es in Lateinamerika schon früh Frauen gab, die versucht haben, sich nicht dem herrschenden Frauenbild zu unterwerfen.

Sie gab damit ein Vorbild ab für Frauen des 19. Jahrhunderts, die zunächst vorwiegend für das Recht auf Bildung eintraten, bevor sie politische Rechte forderten. Das schloss allerdings nicht aus, dass sie während der Unabhängigkeitskämpfe erneut wichtige politische und teilweise sogar militärische Aufgaben übernahmen und die politischen Projekte ihrer Männer unterstützten. Wie groß ihr politischer Einfluss dabei war, ist oft schwer einzuschätzen. So gilt vielen Historikern und Historikerinnen die Ehefrau des brasilianischen Kaisers Pedro I., Leopoldine von Habsburg, als die treibende Kraft hinter der

Unabhängigkeitserklärung. Auch der wichtigste Anführer der Unabhängigkeitskämpfer, der Venezolaner Simón Bolívar, hatte eine Frau an seiner Seite, die seine politischen Ziele teilte und tatkräftig förderte. Manuela Sáenz kämpfte und organisierte an der Seite ihres Lebensgefährten das Heer, wie zuvor schon einige Frauen in der Conquista. Wie sie gab es viele, so zum Beispiel Rosa Campuzano oder Brígida Silva de Ochoa, die dem Helden der Unabhängigkeit im Süden des Kontinents, José de San Martín, wertvolle Dienste leisteten und dafür mit einem Orden ausgezeichnet wurden. Oder auch Juana Azurduy, die zusammen mit ihrem Mann in der Gegend des heutigen Bolivien die indigene Bevölkerung für die Unabhängigkeitsbewegung mobilisierte und militärisch trainierte.

Doch nach der Unabhängigkeit versuchten die Staaten wieder so schnell wie möglich, zur tradierten Ordnung der Geschlechter zurückzukehren. Die »Freiheit, Gleichheit, Brüderlichkeit« der neuen Republiken galt eben nicht für die »Schwestern«. Doch dies war ja in Europa nicht anders, und die wenigen Frauen, die in der Französischen Revolution volle Staatsbürgerrechte für den weiblichen Teil der Bevölkerung forderten, wurden auch dort marginalisiert oder landeten gar, wie Olympe de Gouges, unter der Guillotine. In Lateinamerika forderte zunächst keine einzige Frau eine offizielle Beteiligung an der Macht oder die Gewährung politischer Rechte. Dies hieß aber nicht, dass sie sich als Lehrerinnen, Dichterinnen oder Ehefrauen nicht politisch äußerten. Manche von ihnen wurden zu wahren Statthalterinnen ihrer Männer, wie z. B. Encarnación Ezcurra, die Frau des argentinischen Diktators Juan Manuel de Rosas. Bis zu ihrem Tod 1838 hielt Encarnación in Buenos Aires die Stellung, wenn er auf einem Feldzug oder seinen Landgütern weilte. Sie mobilisierte seine Anhänger, pflegte das Klientelnetz und profilierte sich als unnachgiebige Verteidigerin der Interessen ihres Mannes. Fast glaubt man, Evita Perón habe sich Encarnación Ezcurra zum Vorbild genommen.

DIE ERLANGUNG POLITISCHER
RECHTE UND ÄMTER

Erst gegen Ende des 19. Jahrhunderts veränderten sich die wirtschaftlichen und gesellschaftlichen Verhältnisse in den meisten lateinamerikanischen Staaten. Wirtschaftliche Modernisierung und die massive Einwanderung von Europäern führten vor allem in den Staaten des *Cono Sur*, aber auch in Mexiko zu gesellschaftlichen Veränderungen. Viele Frauen der unteren Schichten waren nun gezwungen, durch Arbeit in Fabriken zum Lebensunterhalt der Familie beizutragen, diejenigen der Mittelschicht hingegen zog es vor allem in neue »weibliche« Berufe wie Lehrerin, Telefonistin oder Stenotypistin. Auch ließen viele Universitäten in Lateinamerika Frauen bereits um 1900 zum Studium zu, in Deutschland erfolgte dies erst nach dem Ersten Weltkrieg. So veränderten sich allmählich der Lebensraum und die Lebensweise der Frauen, und es dauerte nicht lange, bis in Mexiko, Argentinien, Chile oder Brasilien erste Stimmen laut wurden, die volle politische Rechte forderten. In vielen lateinamerikanischen Staaten entstand zu Beginn des 20. Jahrhunderts eine aktive Frauenbewegung. Ärztinnen wie Cecilia Grierson, Alicia Moreau und Julieta Lanteri in Argentinien, Paulina Luisi in Uruguay, Lehrerinnen wie Amanda Labarca und Gabriela Mistral in Chile oder die Biologin Bertha Lutz in Brasilien engagierten sich für eine Gleichstellung der Frauen in allen gesellschaftlichen Bereichen, auch in der Politik. In manchen Ländern war der Kampf erfolgreich, so dass die Frauen ab 1929 in Ecuador und ab 1932 in Uruguay und Brasilien das aktive und passive Wahlrecht erhielten, früher als manche europäische Frau. Doch selbst wenn dies, wie in Mexiko, erst 1953 bzw. 1958 (passives Wahlrecht) gewährt wurde, so konnte doch bereits 1925 Elvia Carrillo in einem der fortschrittlicheren mexikanischen Bundesstaaten für einen Sitz im nationalen Parlament kandidieren und wurde sogar gewählt, dann allerdings im Kongress nicht zugelassen.

In der zweiten Hälfte des 20. Jahrhunderts verfügten schließlich alle Lateinamerikanerinnen über volle politische Rechte, und einzelne Frauen stiegen rasch in die Zentren der Macht auf. Bevor mit Margaret Thatcher 1979 erstmals eine Europäerin in das höchste politische Amt, in diesem Fall dasjenige der Premierministerin von Großbritannien, gewählt wurde, war Argentinien bereits zwei Jahre lang von einer Frau regiert worden, von María Estela (Isabel) Martínez de Perón. Allerdings war Isabel Perón nur zu diesem Amt gekommen, weil der Präsident, ihr Mann Juan Domingo Perón, verstorben war und sie laut Verfassung als Vizepräsidentin seine Amtsperiode zu Ende zu führen hatte. Dennoch: Die Argentinier hatten sie zur Vizepräsidentin gewählt, wenn auch nur im Gefolge ihres Mannes und weil sie hofften, in ihr eine zweite Evita zu finden. Evita Perón, 1952 verstorben, hatte nie ein offizielles Amt innegehabt, aber sie war trotzdem eine mächtige Frau – allerdings nur, weil sie, wie einst Malinche oder Inés Suárez, am Projekt ihres Mannes teilhatte. Nicht sie selbst entschied darüber, ob sie für das Vizepräsidentenamt kandidieren sollte oder nicht, sondern ihr Mann. Sowohl Evita als auch Isabel Perón haben nie ihre Rolle als Ehefrau, die dem Mann folgt, in Frage gestellt.

Ganz anders Lydia Gueiler Tejada. Kaum war in Europa Margaret Thatcher im Amt, übernahm sie in Bolivien die Staatsgeschäfte. Sie war seit Beginn der 1940er Jahre politisch aktiv und Parlamentspräsidentin, sprich: eine vom Volk gewählte Abgeordnete, als der Kongress sie zur Interimspräsidentin wählte. Lydia Gueiler war damit die erste Frau des Kontinents, die nicht im Schatten oder in Begleitung eines Mannes politische Bedeutung erlangte, sondern kraft eigener Anstrengung Parlamentsabgeordnete und schließlich Präsidentin wurde.

Die Nicaraguanerin Violeta Barrios de Chamorro hingegen war noch politische Erbin ihres Mannes, auch wenn sie Lateinamerikas erste direkt gewählte Präsidentin war. Zu Lebzeiten von Pedro Joaquín Chamorro wäre sie nie auf die Idee gekommen, sich politisch einzumischen, hatte sie sich doch immer als Hausfrau und Frau an seiner Seite verstanden. Doch nach seiner Ermordung beschloss sie, sein politisches Lebenswerk fortzusetzen. Niemand hatte ihr zugetraut, dass sie es schaffen würde, ein von Jahren des Bürgerkrieges zerrüttetes Land zu regieren, doch am Ende ihrer Amtszeit hinterließ sie geordnete Verhältnisse. Wie Violeta Chamorro trat auch Mireya Moscoso das Erbe ihres Mannes Arnulfo Arias an, der dreimal Präsident von Panama war. Nach dessen Tod kandidierte die einstige Dekorateurin zweimal für dessen Arnulfistische Partei *(Partido Arnulfista)* für das höchste Staatsamt, 1994 noch vergeblich, doch 1999 schaffte sie den Sprung in den Präsidentenpalast. Ihre Regierung galt als besonders korrupt, und wenige Tage vor Ende ihrer Amtszeit beschwor sie zudem noch einen internationalen Skandal herauf, als sie auf US-amerikanischen Druck vier Exilkubaner amnestierte, die versucht hatten, Fidel Castro zu ermorden, während dieser sich zu einem Gipfeltreffen in Venezuela aufhielt.

DIE POLITIKERINNEN DES 21. JAHRHUNDERTS

Die Frauen, denen nach Mireya Moscoso in Lateinamerika die Präsidentenschärpe umgelegt wurde, vertreten ihr eigenes politisches Projekt. Zwar folgte die Argentinierin Cristina Fernández de Kirchner ihrem Mann Néstor Kirchner im Amt, und er war bis zu seinem Tod ihr engster Berater, doch Cristina Fernández war bereits als Studentin in der peronistischen Bewegung aktiv gewesen und konnte auf mehr als zwei Jahrzehnte Erfahrung als Abgeordnete und Senatorin zurückblicken, als sie zum ersten Mal für das Präsidentenamt kandidierte. Auch wenn die Kirchners sich für Werbezwecke gern mit Perón und Evita verglichen sahen, so repräsentierten sie doch ein gewandeltes Verständnis von der Ehe: Sie waren pri-

vat und politisch gleichberechtigte Partner mit einem gemeinsamen Projekt.

Die Kinderärztin Michelle Bachelet, von 2006 bis 2010 Chiles Präsidentin, verkörpert wie Fernández de Kirchner und
ihre Kolleginnen Dilma Rousseff aus Brasilien und Laura
Chinchilla aus Costa Rica einen modernen Typ Frau: bereits
in jungen Jahren politisch engagiert, akademisch gebildet, ehr-
geizig und durchsetzungsfähig. Politikerinnen wie sie gibt es
inzwischen viele in Lateinamerika, und nicht nur im linken
Lager. In Ecuador hatte die Juristin, Schriftstellerin und Ex-
ministerin Rosalía Arteaga als Vizepräsidentin nach dem Sturz
des Präsidenten Abdalá Bucaram 1997 für fünf Tage die Präsidentschaft übernommen. In Mexiko streckte die konservative
Unternehmerin, ehemalige Abgeordnete und Ministerin Josefina Vázquez Mota 2012 (vergeblich) die Hand nach der Präsidentschaft aus, in Peru hat sich die Juristin und christdemokratische Parlamentsabgeordnete Lourdes Flores bereits
zweimal um das Präsidentenamt beworben, in Venezuela kandidierte die Politologin und ehemalige Bürgermeisterin Irene
Sáez gegen Hugo Chávez für das höchste Staatsamt. Lediglich
Keiko Fujimori, die sich 2011 in Peru nicht hatte durchsetzen
können, passt nicht ganz in dieses Schema. Zwar ist sie seit
mehreren Jahren politisch aktiv, aber ihr politisches Engagement und ihre Präsidentschaftskandidatur hatten vor allem
das Ziel, ihren wegen Verstoßes gegen die Menschenrechte
und Korruption zu einer langjährigen Haftstrafe verurteilten
Vater, den ehemaligen Präsidenten Alberto Fujimori, per Amnestie aus dem Gefängnis zu befreien.

Mit der Brasilianerin Dilma Rousseff hat in den 19 spanisch-
bzw. portugiesischsprachigen Ländern des Subkontinents (Puerto Rico wird nicht mitgezählt) bereits die neunte Frau als
Präsidentin ihren Amtseid abgelegt und bestimmt damit die
Richtlinien der Politik. Lateinamerikas Präsidentinnen nehmen aber gleichzeitig, wie in sämtlichen Verfassungen verankert, die repräsentative Funktion des Staatsoberhauptes wahr.

In den 27 Staaten der Europäischen Union schafften es bislang nur fünf Frauen bis ans Schaltpult der Macht, sprich: ins Amt der Premierministerin beziehungsweise Kanzlerin. Fünf europäische Länder wurden bereits einmal oder werden derzeit von einer Staatspräsidentin repräsentiert, Staatsoberhaupt dreier EU-Länder ist eine Königin.

MINISTERINNEN, PARLAMENTSABGEORDNETE UND BÜRGERMEISTERINNEN

Die Zahl der Ministerinnen hat sich in den meisten Ländern enorm erhöht, im Schnitt waren 2011 ein Viertel der lateinamerikanischen Minister weiblich; in Chile war unter Michelle Bachelet zeitweilig die Hälfte der Ministerposten mit Frauen besetzt. Lateinamerikas Frauen drängen dabei auch in typische Männerdomänen vor: Am 25. April 1990 übernahm die nicaraguanische Präsidentin Violeta Chamorro neben dem höchsten Staatsamt auch gleich das Verteidigungsressort, als erste Frau in den Amerikas und knapp zwei Monate, bevor in Europa mit der Finnin Elisabeth Rehn erstmals einer Frau dieses Amt übertragen wurde. 1996 wurde dann Costa Ricas heutige Präsidentin Laura Chinchilla erste Ministerin für öffentliche Sicherheit und war damit Chefin von Polizei und Grenzschutz. Mit Michelle Bachelet übernahm im Januar 2002 auch in Südamerika erstmals eine Frau das Verteidigungsministerium, ausgerechnet in einem Land, in dem die Streitkräfte lange Jahre an der Macht waren und immer noch eine gewichtige Rolle spielen. Inzwischen unterstanden oder unterstehen auch in weiteren Ländern des Subkontinents die Streitkräfte Frauen. Es scheint also, als seien hier die traditionellen Rollenbilder stärker ins Wanken gekommen als in Deutschland, wo eine Frau als Verteidigungsministerin noch immer schwer denkbar ist.

Ähnliches gilt für andere, traditionell als wichtig geltende und damit männlich dominierte Ressorts. Bevor Madeleine

Albright 1997 ins US-Außenamt einzog, hatten in Kolumbien bereits zwei Frauen die Funktion der Außenministerin innegehabt, Noemí Sanín (1991) und María Emma Mejía (1996).

In einigen lateinamerikanischen Parlamenten sitzen mehr Frauen als im Deutschen Bundestag. Seit den 1990er Jahren machen es in vielen Ländern Lateinamerikas Quotenregelungen den Frauen leichter, in die Parlamente gewählt zu werden. Am höchsten ist die Quote in Costa Rica: Dort sollen 40 Prozent der Abgeordneten weiblich sein, und bei den Wahlen 2010 wurden 38,5 Prozent erreicht. Zum Vergleich: Dem Deutschen Bundestag gehören 2012 32,8 Prozent Frauen an. In Argentinien liegt die Quote bei 30 Prozent, und sie wird mit 37,4 Prozent bei den Abgeordneten und 38,9 Prozent bei den Senatoren sogar übertroffen. In Nicaragua existiert zwar keine Quote, doch 37 der 92 Abgeordneten der Nationalversammlung sind Frauen, das sind 40,2 Prozent. Rosario Murillo, die umtriebige Frau von Präsident Daniel Ortega, hat dafür gesorgt, dass dessen Partei, die *Frente Sandinista de Liberación Nacional* (FSLN, dt.: Sandinistische Front der Nationalen Befreiung), bei den letzten Wahlen besonders viele Frauen aufstellte. So sind 34 der 62 sandinistischen Abgeordneten weiblich. Von Isabel Perón hieß es, ihr Innenminister José López Rega sei der starke Mann im Hintergrund, von Daniel Ortega sagt man, Rosario Murillo sei die starke Frau hinter ihm, die politisch die Fäden ziehe. In Ländern, die keine Quote vorschreiben, ist die Zahl der weiblichen Abgeordneten ansonsten besonders niedrig, so in Paraguay, wo nur 14 Prozent der Parlamentarier Frauen sind. Doch auch in Irland sind es nicht mehr. Der lateinamerikanische Durchschnitt lag Ende 2011 bei 22 Prozent. In der Europäischen Union lag er Ende 2009 bei 24 Prozent.

Die deutschen Millionenstädte Berlin und Hamburg warten noch auf eine Regierende Bürgermeisterin; die Geschicke der brasilianischen 20-Millionen-Metropole São Paulo lagen bereits von 1989 bis 1993 in den Händen von Luiza Erundina, der Stadtrat des bolivianischen Regierungssitzes La Paz wählte 1993 Mónica Medina de Palenque zur Bürgermeisterin, seit 2010 wird Perus Hauptstadt Lima mit ihren knapp acht Millionen Einwohnern und Einwohnerinnen von der Journalistin und Menschenrechtlerin Susana Villarán regiert. Und als man für eine der gewalttätigsten Städte des Kontinents, das kolumbianische Apartadó, einen Bürgermeister suchte, der diese Gewalt würde eindämmen können, fand man Gloria Cuartas.

BEWAFFNETER UND FRIEDLICHER PROTEST UND WIDERSTAND

Lateinamerikanische Frauen gründeten machtvolle Menschenrechtsbewegungen wie die Argentinierin Azucena Villaflor, die dafür mit ihrem Leben bezahlte, und sie kämpfen als Gewerkschafterinnen für bessere Lebensverhältnisse wie die Bolivianerin Domitila Barrios de Chúngara. Andere wiederum setzen sich an vorderster Front für die Rechte der Indigenen ein, so z. B. die Guatemaltekin Rigoberta Menchú. Letztere wurde dafür mit dem Friedensnobelpreis ausgezeichnet. Oder sie kämpfen für den Erhalt der Umwelt und eine nachhaltige Entwicklung wie die ehemalige brasilianische Umweltministerin und grüne Präsidentschaftskandidatin Marina Silva, die zudem eine der wenigen schwarzen Frauen auf dem Kontinent ist, die in der Politik an vorderster Front mitmischt.

Wie schon Manuela Sáenz, schreckte auch später so manche Lateinamerikanerin nicht vor Gewalt zurück. Die Deutsch-Argentinierin Tamara Bunke und die Deutsche Monika Ertl beteiligten sich am revolutionären Kampf in Bolivien und die Kubanerin Haydée Santamaría nahm als Chefin einer Frauenkampfgruppe an der kubanischen Revolution teil. In den kolumbianischen Guerillabewegungen sind bis heute rund ein Drittel der Kämpfer Frauen. Der deutschstämmigen Kolumbianerin Vera Grabe gelang, was nur wenige schafften: Sie stieg zur Kommandantin auf. Später war die Ethnologin Parlamentsabgeordnete und Senatorin und schließlich Kandidatin für die Vizepräsidentschaft. Die Medizinerin Ana Guadalupe Martínez kämpfte in El Salvador ebenfalls in der Guerilla, stieg in deren Führung auf und ist heute stellvertretende Parteivorsitzende der Christdemokraten. Ihre Mitkämpferin und -kommandantin Nidia Díaz ist heute stellvertretende Vorsitzende des PARLACEN, des Zentralamerikanischen Parlaments. Die mutige Yoani Sánchez schließlich hat sich eine neue »Waffe« gesucht: Sie ist durch ihren regimekritischen Internet-Blog zur international bekanntesten Dissidentin Kubas geworden. Auch die chilenische Studentin Camila Vallejo setzt wie Sánchez auf friedlichen Protest: Die junge Kommunistin war die Anführerin der landesweiten Studentendemonstrationen für ein gerechteres Bildungssystem.

WIRTSCHAFT, KULTUR UND SPORT

Aus dem Wirtschaftsleben sind Frauen ebenfalls nicht mehr wegzudenken. Sie erben ein Unternehmen und machen einen Konzern daraus, wie die argentinische Verlegerin Ernestina Herrera de Noble oder ihre »Landsfrau«, die kürzlich verstorbene Zementwerksbesitzerin und Kunstsammlerin Amalia Lacroze de Fortabat. Beide zählen bzw. zählten zu den reichsten Frauen Lateinamerikas. Graça Foster dagegen, die neue Chefin von Petrobras, einem der größten Ölkonzerne der Welt, wuchs mit ihrer alleinerziehenden Mutter in Armut auf. Als Jugendliche unterstützte sie ihre Mutter durch das Sammeln von Altpapier und Müll. Die Chemieingenieurin hat sich durch ihren Ruf als zuverlässige, fleißige und effiziente Managerin an die Spitze dieses »Juwels« der brasilianischen Wirtschaft emporgearbeitet. Und sie hat, ungewöhnlich für eine Top-Managerin der Ersten Welt, zwei Kinder und inzwischen einen Enkel.

Während sich die Frauen in der Politik und der Wirtschaft durch Effizienz und Zuverlässigkeit, oft auch durch Unbestechlichkeit und Mut, hervortun, so setzen sie in anderen Bereichen ihre Kreativität ein, um die Produkte ihres Landes erfolgreich zu vermarkten, wie die bolivianische Modeschöpferin Beatriz Canedo Patiño. Und die Chilenin Marta Lagos hat es verstanden, einer Idee zu Weltgeltung zu verhelfen: Mit ihren Umfragen erforscht sie die Einstellungen der Menschen zur Demokratie auf drei Kontinenten.

Der Ruhm der mexikanischen Malerin Frida Kahlo überstrahlt längst den ihrer männlichen Zeitgenossen. Der erste Literaturnobelpreis für Lateinamerika ging 1945 an eine Frau, an die chilenische Lyrikerin Gabriela Mistral. Sie war mit den bedeutendsten weiblichen Intellektuellen jener Zeit befreundet, so mit der Argentinierin Victoria Ocampo, die 1931 die Literaturzeitung *Sur* ins Leben rief. Die Schriftstellerinnen Isabel Allende aus Chile und Gioconda Belli aus Nicaragua wurden weltweit zu Aushängeschildern lateinamerikanischer Literatur – neben vielen anderen Schriftstellerinnen und Dichterinnen, die über ihre Länder hinaus Erfolg haben. Die argentinische Pianistin Martha Argerich ist in den Konzertsälen der Welt zu Hause, wie es auch ihre 2009 verstorbene »Landsfrau« Mercedes Sosa war, die neben der Chilenin Violeta Parra wohl bekannteste Vertreterin des politischen und sozialkritischen Liedes. Und Shakira, die ebenfalls so manchen kritischen Text singt und sich sozial engagiert, sorgt seit 1995 dafür, dass Kolumbien nicht mehr nur mit Kokain und Gewalt, sondern auch mit Musik identifiziert wird.

Im Bereich Sport verbindet man Lateinamerika, mit Ausnahme Kubas, vor allem mit Fußball und im karibischen Raum mit Baseball – der Männer. Und doch hat der Kontinent einige Ausnahmeathletinnen hervorgebracht. Argentinien entsandte zu den Olympischen Sommerspielen in Berlin 1936 zum ersten Mal eine Frau, die Schwimmerin Jeanette Campbell. Sie gewann eine Silbermedaille über 100-Meter-Brustschwimmen. Die argentinische Tennisspielerin Gabriela Sabatini ist ein weiteres Beispiel für weibliche Erfolge im Sport, ebenso die kolumbianische Gewichtheberin María Isabel Urrutia Ocoró, die 2000 bei den Olympischen Spielen in Sydney eine Goldmedaille gewann. Die Mittelstreckenläuferin Ana Fidelia Quirot ist nur eine von vielen Kubanerinnen, die im internationalen Sport brillierten. Quirot musste um ihre Erfolge ab 1993 noch mehr kämpfen als andere, hatte sie doch, wahrscheinlich durch einen Unfall, schwere Verbrennungen an Kopf, Oberkörper und Armen erlitten. Ana Fidelia ist zudem ein Aushängeschild der kubanischen Revolution, wie auch die Primaballerina Alicia Alonso, die ihr im Übrigen an Zähigkeit und eisernem Willen in nichts nachsteht, trat sie doch noch auf, als sie bereits erblindet war. Über Alonsos Leben ist allerdings über ihre Choreographien und ihre Leistung als Gründerin und Leiterin des kubanischen Nationalballetts hinaus nicht sehr viel bekannt.

MÜTTER, MISSES UND PATRONAS –
oder die Vereinbarkeit von traditioneller Weiblichkeit und öffentlicher Präsenz

Es fällt auf, dass nur wenige der in diesem Buch porträtierten Frauen um der Karriere willen bewusst auf Ehe und Mutterschaft verzichten. Viele von ihnen haben mehrere Kinder. Mütter, Schwiegermütter, Schwestern oder Schwägerinnen halten ihnen in einigen Fällen den Rücken für ihre Arbeit frei. Doch es existiert in Lateinamerika eine »Institution«, die in Europa fast gänzlich von der Bildfläche verschwunden ist: das Hausmädchen. Das starke Lohngefälle zwischen den gutausgebildeten Frauen der Mittel- und Oberschicht und ihren Geschlechtsgenossinnen mit geringer oder gar keiner Schulbildung aus der Unterschicht ermöglicht ersteren, für vergleichsweise wenig Geld, Haushaltsführung und Kindererziehung zu delegieren und sich dem Beruf oder der Politik zu widmen.

Die meisten der Frauen, die es in Politik, Wirtschaft und Kultur bis ganz nach oben schaffen, entstammen der Mittel- und Oberschicht. Die beiden Brasilianerinnen Luiza Erundina und Marina Silva sowie die Kolumbianerin Gloria Cuartas repräsentieren eine Minderheit. Alle drei haben im Übrigen ihren Weg als Sozialarbeiterinnen begonnen, während bei den Frauen der Mittel- und Oberschicht oft ein Jurastudium am Anfang der politischen Karriere stand.

Weitaus öfter als europäische Politikerinnen fallen deren lateinamerikanische Kolleginnen durch teure Eleganz, perfektes Make-up und eine ebensolche Figur auf. Schon Eva Perón wurde trotz – oder wegen? – ihrer Juwelen und ihrer aufwendigen Kleidung von den Armen geliebt. Selbst Dilma Rousseff, in ihrer Jugend den Fotos zufolge eher uneitel, ließ sich liften, bevor sie sich in den Präsidentschaftswahlkampf stürzte, und María Emma Mejía etwa macht kein Hehl daraus, dass sie früher als Model gearbeitet hat und jeden Morgen den Fitnessraum aufsucht. Für die Venezolanerin Irene Sáez war die Tatsache, dass sie Miss Venezuela und Miss Universum war, mindestens ebenso karrierefördernd wie ihr Politologiestudium. Auch eine der berühmtesten lateinamerikanischen Politikjournalistinnen, die Kolumbianerin Patricia Janiot, hatte man in ihrer Jugend zur Miss Colombia gekürt. Niemand käme auf die Idee, einer »Miss« intellektuelle Fähigkeiten abzusprechen, im Gegenteil. In vielen Ländern, vor allem im Karibikraum, gelten Misswahlen als kulturelle Ereignisse, bei denen die Nation vor dem Fernseher mit der eigenen Kandidatin mitfiebert. Folglich hat eine Politikerin, die nicht den gängigen Schönheitsidealen entspricht, verminderte Chancen, gewählt zu werden.

Auffällig ist ferner, dass viele Frauen, die es bis ganz nach oben geschafft haben, irgendwann in ihrem Leben entweder für die Vereinten Nationen oder eine ihrer Unterorganisationen gearbeitet haben wie Michelle Bachelet oder Marta Lagos, durch deren Preise gefördert wurden wie Gloria Cuartas, oder deren Kampagnen als Botschafterinnen des guten Willens unterstütz(t)en wie Rigoberta Menchú oder Shakira. Und Modeschöpferin Beatriz Canedo Patiño konnte ihre Modelle in Genf auf den Catwalk bringen, weil die UNCTAD (*United Nations Conference on Trade and Development*, dt.: Konferenz der Vereinten Nationen für Handel und Entwicklung) aus Anlass des Jahres der Biodiversität eine Modenschau organisiert hatte, auf der lediglich Mode aus Naturfasern ohne chemische Färbung gezeigt wurde. Die UNO und ihre Organisationen tragen ihren Teil dazu bei, aktive Frauen in Lateinamerika zu unterstützen.

AUSWAHLKRITERIEN UND LITERATURGRUNDLAGE

Anhand der Porträts einer Auswahl von Frauen will dieser Band darstellen, dass diese seit je am politischen, wirtschaftlichen und kulturellen Leben Lateinamerikas teilnehmen und Herausragendes leisteten und leisten – wobei Herausragendes nicht notwendigerweise auch von großem politischen oder gesellschaftlichen Nutzen oder von hohem moralischen Wert sein muss.

Es soll in den einzelnen Porträts aufgezeigt werden, mit welchen Schwierigkeiten die Frauen zu kämpfen hatten und haben, um sich in bis heute männlich dominierten Gesellschaften in ihrem jeweiligen Bereich durchzusetzen. Die Porträts wollen den Werdegang der Frauen und ihr persönliches Umfeld schildern und ihre jeweilige politische und/oder gesellschaftliche Rolle beschreiben.

Der Band kann naturgemäß nicht alle Frauen vorstellen, die in Lateinamerika von öffentlicher Bedeutung waren und sind, so dass eine Auswahl getroffen werden musste. Oft entschied die Wichtigkeit der Person, oft aber auch die Materiallage. So liegen etwa über Encarnación Ezcurra, Ehefrau des argentinischen Diktators Juan Manuel de Rosas, sehr wenige Quellen vor, obwohl sie zu ihrer Zeit die gleiche Funktion und eine ähnliche politische Bedeutung für Rosas gehabt haben soll wie später Evita für Juan Domingo Perón. Ähnliches gilt für Juana Azurduy, die bolivianische Unabhängigkeitskämpferin mit ländlich-indigenen Wurzeln. Manuela Sáenz und Leopoldine von Habsburg dagegen haben umfangreiche Korrespondenz geführt, aufgrund derer wir mehr über ihr Leben und Denken wissen. Doch auch viele Aktivistinnen des 20. Jahrhunderts haben ihr Leben und ihre persönlichen Erlebnisse nicht so preisgegeben oder in den Vordergrund gestellt wie Domitila Barrios oder Rigoberta Menchú, deren ausführliche Lebensberichte, zumeist nach Überarbeitung durch eine Journalistin oder Ethnologin, veröffentlicht wurden. Diese Zeugnisse von Leiden und Unterdrückung, aber auch von Widerstand und Solidarität innerhalb der Gruppe, fanden vor allem in den 1970er und 1980er Jahren in Europa und den USA großes Interesse. Sie halfen, die Probleme von Frauen in der sogenannten Dritten Welt verständlich zu machen und Unterstützung zu mobilisieren. Allerdings sind diese sogenannten *testimonios* auch tückisch, denn sie halten einer genauen Überprüfung einzelner Fakten oft nicht stand und führten im Fall von Rigoberta Menchú zu einer heftigen Polemik mit politischem Hintergrund. Doch gerade das hat ihre öffentliche Wirkung erhöht, und die Berichte helfen uns, das Leben und Denken von Frauen aus der Unterschicht oder der indigenen Bevölkerung besser zu verstehen. Dass wir nicht das bereits in den 1960er Jahren unter dem Titel *Quarto de despejo* (dt.: *Tagebuch der Armut*) veröffentlichte Tagebuch von Carolina María de Jesus aus den *favelas* von Rio de Janeiro oder die Aufzeichnungen einer ausgebeuteten Hausangestellten ausgewählt haben, liegt daran, dass es uns in diesem Buch darum ging, Frauen zu porträtieren, die eine große gesellschaftliche, künstlerische oder politische Wirkung gehabt haben. Doch auch die Informationslage über das Leben von Präsidentinnen oder Unternehmerinnen ist unterschiedlich und hat unsere Auswahl beeinflusst. So ist Panamas Ex-Präsidentin Mireya Moscoso ebenso politische Erbin ihres Mannes wie die Nicaraguanerin Violeta Barrios de Chamorro. Aber letztere war nicht nur ihrer panamaischen Kollegen als Präsidentin um einige Jahre zuvor gekommen, sie hat zudem ihre Memoiren geschrieben, und die Verfasserin hatte die Gelegenheit, sie persönlich zu befragen. Auf ein Porträt der Präsidentin Costa Ricas, Laura Chinchilla, wird ebenfalls verzichtet, weil vergleichsweise weniger Material über sie vorliegt als über ihre brasilianische Kollegin Dilma Rousseff – die obendrein eine aufstrebende globale Macht regiert.

Zwar war die Kolumbianerin Noemí Sanín die erste Außenministerin Lateinamerikas, dennoch wird hier stellvertretend für sie und andere Außenministerinnen (wie die Mexikanerin Rosario Green) die ehemalige kolumbianische Außenministerin María Emma Mejía porträtiert – weil sie zudem in den – gescheiterten – Friedensprozess mit der Guerilla involviert war und später Generalsekretärin der Union Südamerikanischer Staaten wurde.

Zum Material sei erwähnt, dass jedem Porträt immer nur eine Auswahl der verwendeten Quellen zum Weiterlesen angefügt wird, wobei auf Deutsch vorliegendem sowie über Internet verfügbarem Material der Vorzug gegeben wird. In die Porträts vor allem der noch lebenden Frauen fließen Details aus Presseartikeln ein, die nicht alle erwähnt werden, aber auch unveröffentlichtes Interviewmaterial der Verfasserinnen.

I.
MÄCHTIG

MALINCHE

MEXIKO, UM 1501–1529

Malintzin, Malinche, Doña Marina – die unterschiedlichen Namen, unter denen diese indigene Frau, die Hernán Cortés auf seinen Eroberungszügen unterstützte, bekannt wurde, zeigen schon ihren »multikulturellen« Lebenslauf. Gerade ihre Verankerung in mehreren Kulturen führte aber auch dazu, dass sie aus unterschiedlichen Perspektiven in verschiedenen Epochen sehr unterschiedlich beurteilt wurde. So avancierte die noch Mitte des 20. Jahrhunderts als Inbegriff des weiblichen Verrats stilisierte Malinche am Ende des Jahrhunderts zu einer Identifikationsfigur für junge Mexikanerinnen in den USA. Deshalb ist sie auch bis heute die vermutlich bekannteste, aber auch noch immer umstrittenste Frau in Mexiko.

Als der spanische Eroberer Hernán Cortés am 20. April 1519 mit etwas mehr als 500 Soldaten, 14 Geschützen und 16 Pferden an der mexikanischen Küste nahe dem heutigen Ort Veracruz landete, traf er auf ein politisches System verschiedener indigener Völker, die größtenteils dem aztekischen Stadtstaat Tenochtitlan, dem heutigen Mexiko-Stadt, tributpflichtig waren, dabei aber relativ große Eigenständigkeit bewahrt hatten. Durch geschickten taktischen Einsatz der Geschütze und Pferde überwand Cortés den Widerstand der einheimischen Bevölkerung. Der Frieden mit den dortigen Herrschern wurde durch den Austausch von Geschenken besiegelt, einem während der Conquista üblichen Verfahren, um Allianzen mit den Einheimischen zu schaffen. Teil dieser »Geschenke« waren 20 indigene Frauen – vielleicht das folgenschwerste »Geschenk« in der Geschichte der spanischen Eroberung Amerikas, denn eine der Frauen war Malintzin, eine Aztekin vornehmer Abstammung aus Coatzacoalcos. Der nicht ganz gesicherten Überlieferung zufolge war sie von ihrer Mutter an Maya-Händler verkauft worden, um die Erbansprüche ihres jüngeren Halbbruders nicht zu gefährden, und dann mehrfach »weitergereicht« worden. Vielleicht ist diese von einem spanischen Chronisten überlieferte Geschichte auch erfunden oder dramatisiert, andererseits ist diese Art von Menschenhandel in mesoamerikanischen Gesellschaften verbürgt. Sicher ist jedenfalls, dass Malintzin schön, klug und sowohl der Sprache der Maya als auch des Nahua, das in ganz Zentralmexiko gesprochen wurde, mächtig war. Da Cortés zuvor auf einer der Küste vorgelagerten Insel auf Jerónimo de Aguilar gestoßen war, einen spanischen Schiffbrüchigen, der einige Jahre zuvor dort gestrandet war und die Maya-Sprache erlernt hatte, konnte er sich jetzt über die beiden mit den Repräsentanten der indigenen Völker der Region verständigen. Doch Malintzin, oder Malinche, wie die Spanier sie in Abwandlung ihres indigenen Namens nannten, wurde bald weit mehr als nur Dolmetscherin und Unterhändlerin der Eroberer. Durch ihre Kenntnis der aztekischen Gesellschaft wurde sie auch zu einer kulturellen und politischen Vermittlerin. Dies, sowie ihr Verhandlungsgeschick hatte sicherlich einen erheblichen Anteil daran, dass es Cortés gelang, die Unterstützung anderer, von den Azteken abhängiger Stadtstaaten zu bekommen und so schließlich Tenochtitlan, die Hauptstadt des Aztekenreiches, zu erobern. Den Indianern schien Malintzin so mächtig und wichtig, dass sie Cortés häufig nicht direkt, sondern nur indirekt mit »Señor Malinche« anredeten. In zahlreichen aztekischen Bilderhandschriften werden Cortés und Malintzin zusammen in Verhandlungen dargestellt.

Die Eroberung Mexikos beruhte weitgehend auf der Fähigkeit der Spanier, mit Hilfe von Malinche, die inzwischen auch

Spanisch sprach, die Spannungen zwischen dem aztekischen Herrscher und den lokalen Machthabern zu ihren Gunsten auszunutzen. Einige der den Azteken tributpflichtigen Völker schlossen sich den Spaniern an, so dass diese bald über ein schlagkräftiges indianisches Heer verfügen konnten. Im November 1519 zogen sie samt ihren Verbündeten in die aztekische Hauptstadt Tenochtitlan ein. Streitigkeiten unter den Spaniern, die inzwischen Verstärkung aus Kuba erhalten hatten, sowie die allmähliche Erkenntnis der Azteken über die Absichten der Eindringlinge führten einige Monate später zur sogenannten *noche triste*, der traurigen Nacht. In dieser versuchten die Spanier, der gespannten und für sie immer bedrohlicher werdenden Situation durch einen Ausbruch aus der Stadt zu entfliehen. Der Ausbruch gelang, allerdings kamen viele Spanier dabei um. Auch die aztekische Bevölkerung wurde in dieser Zeit stark dezimiert, denn unter ihr wüteten mittlerweile die Pocken und andere europäische Krankheiten, gegen die sie keine Abwehrkräfte besaßen. Daher vermochten sie diese vielleicht letzte Gelegenheit, die Spanier ganz zu vertreiben, nicht zu nutzen. Cortés und Malintzin gelang es auch nach der Vertreibung aus der Stadt, ihre indianischen Verbündeten bei der Stange zu halten, und im Sommer 1521 wurde Tenochtitlan endgültig von den Spaniern eingenommen. Damit war der Fall des Aztekenreiches besiegelt, auch wenn die Eroberung seiner Randgebiete noch einige Jahre in Anspruch nehmen sollte.

Die Rolle, die Malintzin für die spanische Eroberung spielte, ist seither Gegenstand lebhafter Debatten, und sie ist eng mit dem Selbstverständnis der jeweiligen Epoche und der über sie urteilenden Personen verbunden. Hernán Cortés, der allen Ruhm der Eroberung dieses reichen Imperiums für sich beanspruchte, erwähnt Malintzin in einem seiner Briefe an Kaiser Karl V. nur beiläufig. Einer seiner Soldaten, Bernal Díaz del Castillo, der dagegen auch den Anteil der anderen Teilnehmer betonen wollte, nicht zuletzt, um die entsprechende Belohnung zu erhalten, schildert sie als eine kluge und im christlichen Sinne tugendhafte Frau. Es ist schon bemerkenswert, welchen Anteil er ihr an der Eroberung zuschreibt: »Diese Frau war ein entscheidendes Werkzeug bei unseren Entdeckungsfahrten. Vieles haben wir unter Gottes Beistand nur mit ihrer Hilfe vollbringen können. Ohne sie hätten wir die mexikanische Sprache nicht verstanden, zahlreiche Unternehmungen hätten ohne sie einfach nicht durchgeführt werden können.«

Bernal Díaz bezeichnet Malintzin in seiner Chronik ehrfurchtsvoll als Doña Marina, denn dies war der Name, den die Spanier ihr bei ihrer Taufe gegeben hatten, doch bei der Truppe nannten alle sie Malinche. Sie war inzwischen die Geliebte des Anführers geworden, dem sie 1522 einen Sohn gebar. Dieser gilt in Mexiko als der erste Mestize, auch wenn dies eher symbolisch zu sehen ist, denn nach drei Jahren spanischer Präsenz und Eroberung gab es schon Hunderte von Mestizen in Mexiko. Cortés nannte den Sohn nach seinem Vater, Martín, und ließ ihn 1527 offiziell anerkennen.

Hernán Cortés war bislang kinderlos geblieben, obwohl er auf Kuba, wie man sagte, gegen seinen Willen, die Spanierin Doña Catalina Suarez geehelicht hatte. Diese kündigte nun, ziemlich genau zum Zeitpunkt der Geburt des Sohnes von Malinche und Cortés, an, nach Mexiko zu kommen, allerdings starb sie kurz nach ihrer Ankunft an einem Herzanfall. Ob dabei jemand nachgeholfen hat, lässt sich nicht klären. Cortés dachte jedenfalls bei aller Wertschätzung für Malintzin nicht daran, seine indigene Lebensgefährtin, die ihren eigenen Haushalt führte, zu heiraten. Die Eroberung hatte ihn zu einem reichen und mächtigen Mann gemacht, der seinen gesellschaftlichen Aufstieg nun durch eine Eheschließung mit einer Frau aus dem kastilischen Hochadel besiegeln wollte. Zwar brachte auch die Heirat mit einer indigenen Frau höheren Ranges ein gewisses Prestige mit sich, doch dies war eher angemessen für einen der Offiziere seiner Truppe. Und tatsächlich heiratete Malinche 1524 einen von Cortés' Gefolgsleuten der ersten Stunde, Juan Jaramillo. Über die Motive können wir nur spekulieren. Die meisten Historiker sind der Auffassung, Cortés sei seiner Geliebten überdrüssig geworden, und ihr sei nichts anderes übriggeblieben, als sich seinem Vorschlag, Jaramillo zu heiraten, zu fügen. Aber man kann die Sache auch anders sehen: Malintzin tauschte die unsichere Stellung einer Mätresse gegen die abgesicherte einer Ehefrau eines mächtigen Eroberers, wenn auch nicht des mächtigsten. Und sie ließ sich von Cortés eine ordentliche Mitgift schenken: eine Zuteilung indianischer Arbeitsdienste *(encomienda)*, eine Anerkennung, die zu diesem Zeitpunkt nur einigen Konquistadoren und drei einheimischen Männern zuteil geworden war. Malintzin erhielt die *encomienda* genau in der Region, aus der sie ursprünglich stammte und in die sie zu eben diesem Zeitpunkt gerade wieder aufbrach, denn Cortés benötigte ihre Hilfe, um nach Zentralamerika zu ziehen und einen abtrünnigen Konquistadoren zu bekämpfen. Vielleicht war es also, wie die Historikerin Camilla Townsend vermutet, sogar Malinches Wunsch gewesen, zu heiraten und auf diese Weise eine solide gesellschaftliche und finanzielle Absicherung zu erhalten. Denn wie lange ihr Protektor Cortés noch leben und sie schützen könnte, war in diesen Zeiten äußerst ungewiss. Überliefert ist nur, dass Malintzin unmittelbar nach ihrer Eheschließung mit auf die strapaziöse Expedition nach Honduras ging und dort ihre Tochter mit Juan Jaramillo, María, geboren wurde.

Zurück in Mexiko-Stadt etablierte sich die neue Familie in einem der Stadthäuser und lebte zumindest ein materiell abgesichertes Leben. Wie Malintzin darüber hinaus ihre neue Situation als Ehefrau eines spanischen Konquistadoren empfand, wissen wir nicht. Ihr Sohn Martín lebte in der Nähe im Haushalt eines Cousins von Hernán Cortés, bis dieser 1528 nach Spanien zurückging und seinen Sohn mitnahm, um ihn in die spanische Gesellschaft einzuführen. Wenige Monate später, Anfang 1529, starb Malintzin / Doña Marina, vermutlich an den Folgen einer der vielen europäischen Krankheiten, die jetzt in Mexiko grassierten. Darauf deuten zumindest die meisten Quellen hin, auch wenn einige ein späteres Datum angeben.

In den folgenden Jahrhunderten interessierte sich kaum jemand mehr für das Schicksal dieser indigenen Frau, bis die Unabhängigkeit Mexikos zu Beginn des 19. Jahrhunderts die Frage nach der nationalen Identität und damit den historischen Wurzeln aufwarf. Um sich vom ehemaligen Mutterland Spanien abzugrenzen, besannen sich die mehrheitlich europäisch-stämmigen mexikanischen Eliten auf die glorreiche Vergangenheit der Azteken, und Malinche wurde plötzlich zu einer Verräterin. In diesem Interpretationsrahmen wird sie manchmal gar zu einer selbstsüchtigen, lüsternen Hure, der Eigennutz über das Wohl ihres Volkes ging. Ein moderner Autor bezeichnete Malinche als die »meistgehasste Frau Amerikas«, und der mexikanische Literaturnobelpreisträger Octavio Paz hat in seinem berühmten Essay »Das Labyrinth der Einsamkeit« Malinches Verhalten als ein Paradigma sowohl für weiblichen Verrat als auch für die Probleme der Mexikaner mit ihrer spanisch-indianischen Vergangenheit dargestellt. Carlos Fuentes sieht in ihr ebenfalls die »Ursünde der Frauen«, den Verrat, verkörpert. Allerdings gibt er die Schuld an diesem Verrat nicht so sehr den Frauen selbst, als vielmehr der Unterdrückung, die ihnen im patriarchalischen System sowohl der Azteken als auch der Spanier widerfuhr.

Doch wen sollte Malintzin eigentlich verraten haben? Welche Loyalität schuldete sie einer Gesellschaft, die sie versklavt und an Fremde »verschenkt« hatte? Ein gesamt-indianisches Bewusstsein, das sie zu der Einsicht hätte bringen können, die Spanier seien die eigentlichen Feinde, existierte im 16. Jahrhundert nicht, bei Malintzin ebenso wenig wie bei den Tlaxcalteken oder anderen Völkern, die mit den Spaniern gegen die Azteken kämpften. Doch das Bild der Malinche als einer Verräterin und als Negativbeispiel für weibliches Verhalten überhaupt ist tief im Imaginarium der Mexikaner, vor allem der Männer, verwurzelt, denn es passt wunderbar zu einem vom Machismo geprägten Weltbild. Daran vermochte auch die Aufwertung der Malinche als Mutter des ersten Mestizen nicht viel zu ändern, sobald die Mexikaner nach der Revolution begannen, sich als mestizische Nation zu verstehen. Eine radikale Wende in der Interpretation begann erst gegen Ende des 20. Jahrhunderts. Zuvor war das alte Bild der Verräterin wieder in den Vordergrund gerückt, diesmal mit Blick auf die in den USA lebenden Mexikanerinnen. Die massive Migration von Mexikanern in die USA und ihre dortige Etablierung als sogenannte *chicano/as* führte zu einer erneuten Verunsicherung über die kulturelle Verortung. Nun wurde Malinche erneut zum Symbol des Verlustes der mexikanischen Identität, diesmal aufgrund des US-amerikanischen kulturellen, wirtschaftlichen und politischen Einflusses bzw. der Globalisierung. Mexikanische Männer in den USA werfen Frauen, die Beziehungen mit US-Amerikanern eingehen, *malinchismo* und damit Verrat an ihrer kulturellen Identität vor. Dieser neuen Verunglimpfung und Instrumentalisierung Malintzins setzten *chicanas* und mexikanische Feministinnen eine eigene Interpretation entgegen, die den Vorwurf des Verrats entkräftet. Viele sehen sie sogar als bewusste Kulturvermittlerin und wehren sich ebenfalls gegen die These von Malinche als Opfer spanischer und aztekischer Unterdrückung seitens der Männer.

Malintzin/Malinche als Symbol der verräterischen oder sexuell freizügigen Frau hat mit fortschreitendem Selbstbewusstsein der Mexikanerinnen an Überzeugungskraft eingebüßt, doch ist *malinchismo* noch immer ein gängiges Schimpfwort für unliebsames Verhalten seitens Frauen und junger Mädchen, das nicht nur von Männern benutzt wird.

Ausgewählte Literatur:

Es gibt zahlreiche, meist nicht sonderlich gute romanhafte Biographien über Malinche, die alle darunter leiden, dass man relativ wenig über sie weiß. Die erste und einzige wissenschaftliche Bearbeitung ihres Lebens, die auf der Kenntnis der sozialen und politischen Situation der Gesellschaften basiert, in denen Malintzin lebte, ist das Buch von Camilla Townsend: *Malintzin's Choices. An Indian Woman in the Conquest of Mexico.* Albuquerque 2006. Einen guten Überblick über die bedeutende literarische Verarbeitung des Themas bietet Carmen Wurm: *Doña Marina, la Malinche. Eine historische Figur und ihre literarische Rezeption.* Frankfurt am Main 1996.

INÉS YUPANQUI / QUISPE ÇIÇA

PERU, UM 1520–1575

Eine Inkaprinzessin, die die Geliebte des rauen Haudegens Francisco Pizarro wurde, ihre Halbschwester den Spaniern auslieferte, ihren Ehemann zu vergiften versuchte und später wegen der Verschwendung ihres Vermögens anklagte – das Leben von Inés Yupanqui oder Quispe Çiça, wie sie mit Geburtsnamen hieß, war alles andere als durchschnittlich und langweilig. Ähnlich wie die bekanntere Malintzin/Malinche gehört Inés Yupanqui zu denjenigen Frauen, die zugleich Protagonistinnen und Opfer der spanischen Conquista waren. Dank ihres langen Lebens, aber auch aufgrund ihrer Hartnäckigkeit im Kampf um ihr mütterliches Erbe und ihrer Differenzen mit ihrem Ehemann wissen wir ein wenig mehr über sie als über die meisten anderen Frauen dieser Zeit. Auch wenn ihr Leben außergewöhnliche Züge trug, zeigt es uns doch die Möglichkeiten und die Grenzen, die für adlige indigene Frauen in den unruhigen Zeiten der Eroberung und Etablierung der Kolonialherrschaft zu Beginn des 16. Jahrhunderts bestanden.

Wann genau Quispe Çiça geboren wurde, wissen wir nicht, aber es muss um 1520 gewesen sein. Ihr Vater war der letzte unumstrittene Herrscher des Inkareiches, Guayna Capac, ihre Mutter Condorguacho gehörte ebenfalls zum inkaischen Adel, sie stammte aus der Provinz Guaylas in Zentralperu. Die Inka hatten ihre Herrschaft erst seit Anfang/Mitte des 15. Jahrhunderts immer weiter ausgedehnt, indem sie andere Völker tributpflichtig gemacht, aber auch durch Heiratsbeziehungen und Umsiedlungen an sich gebunden hatten. Vermutlich war auch die Ehe zwischen Guayna Capac und Condorguacho aus diesem Grund geschlossen worden. Allerdings war sie nicht seine Hauptfrau, deren Söhne die eigentlichen Erben des Imperiums sein sollten. Quispe Çiça wurde in der Region des heutigen Ecuador geboren, wo ihr Vater versuchte, die dortigen Völker zu unterwerfen. Als ihm dies endlich gelungen war, kündigte sich, unbemerkt von den Inka, die Katastrophe der spanischen Eroberung an. Noch vor den Soldaten erreichten europäische Krankheiten, gegen die die Indigenen Amerikas keine Abwehrkräfte besaßen, die Anden. Tausende starben, unter ihnen auch der Herrscher Guayna Capac. Sein Leichnam wurde mumifiziert und in die Hauptstadt Cuzco überführt, doch Condorguacho trennte sich von dem feierlichen Leichenzug als dieser durch ihre Heimatprovinz zog. Eine solche Eigenmächtigkeit war ungewöhnlich, erklärt sich aber vermutlich dadurch, dass Condorguacho die Herrschaft in ihrer Heimatregion von ihrem Vater erbte, denn unter bestimmten Umständen und bei einigen Völkern konnten auch Frauen diese Funktion übernehmen. Quispe Çiça wuchs also im Haushalt ihrer Mutter in deren Heimatprovinz Guaylas in Zentralperu vermutlich relativ ruhig und behütet auf, während die männlichen Erben der Inkadynastie begannen, über die ungeklärte Nachfolge Guayna Capacs zu streiten. Im November 1532, als Francisco Pizarro zusammen mit 168 Spaniern im Norden Perus landete, war der Bruderkrieg zwischen den beiden Hauptthronanwärtern zwar zugunsten von Atahualpa entschieden, doch noch nicht wirklich beigelegt. Pizarro überrumpelte die Inkas, setzte den Herrscher in Cajamarca gefangen und ließ aus allen Teilen des Landes Lösegeld heranschaffen. Atahualpa musste zudem fürchten, dass die Spanier zugunsten seines Rivalen Guascar in die Thronstreitigkeiten eingreifen würden, so dass er aus der Gefangenschaft heraus den Befehl gab, seinen Halbbruder Guascar zu ermorden. Doch damit heizte er die Auseinandersetzungen zwischen sei-

nen und dessen Anhängern eher weiter an. Gleichzeitig bemühte er sich aber auch um Annäherung an die Spanier. Ein
probates Mittel zur Herstellung von Allianzen oder zumindest
Gewogenheiten sowohl in der inkaischen als auch in der europäischen Politik war es, Verwandtschaftsbeziehungen zu schaffen. Daher ließ Atahualpa seine Halbschwester Quispe Çiça,
die entweder noch in Guaylas oder in der Hauptstadt des Imperiums, in Cuzco, lebte, in den Norden kommen und übergab sie Pizarro. In welcher Form dies geschah, wissen wir nicht
genau, doch dürfte Pizarro die Geste durchaus verstanden haben.

Arrangierte Heiraten waren auch in der Inkadynastie die Regel, so dass dies für Quispe Çiça nichts Ungewöhnliches war,
doch erschwerten bei Pizarro die kulturelle Differenz und ein
erheblicher Altersunterschied die Beziehung. Pizarro war mit
55 Jahren der älteste Teilnehmer der Eroberung, während
Quispe Çiça gerade mal 13 oder 14 Jahre alt war. Aus Quispe
Çiça wurde Inés, doch Francisco Pizarro, der selbst nichtehe-
licher Herkunft war, kam nicht in den Sinn, die junge Inka-
frau zu heiraten. Was es bedeutete, die Geliebte und nicht die
rechtmäßige Ehefrau eines Spaniers zu sein, wurde Inés vermutlich erst im Laufe der Jahre richtig klar. Allerdings kannte
man auch in Spanien vor dem Tridentinischen Konzil noch
eine Reihe von nicht kirchlich abgesegneten Lebenspartner-
schaften, und zumindest behandelte Pizarro seine junge Gefährtin gut.

Weder die Halbschwester noch das Lösegeld konnten allerdings Atahualpa retten; die Spanier ließen ihn 1533 hinrichten,
ernannten einen Nachfolger und machten sich auf den Weg in
das Zentrum des Inkareiches, Cuzco. Auf dem Weg dorthin
gründeten sie in den Zentralanden die Stadt Jauja, und Inés
blieb dort, möglicherweise auch, um in der Nähe ihrer Mutter
zu sein. Die Spanier begannen allmählich, ihre Herrschaft zu
konsolidieren und zu organisieren, der sagenhafte Reichtum
der Inka zog aber auch weitere Konquistadoren an, die auch

von ihren Landsleuten nicht mit Freude empfangen wurden. Einer davon war Pedro de Alvarado, ein Veteran der Eroberung Mexikos, der nun Pizarro die Alleinherrschaft streitig machte. Pizarro musste daher an die Küste ziehen, um sich mit dem Neuankömmling auseinanderzusetzen. Sein Weg führte über Jauja, wo er Inés traf und sie von ihm schwanger wurde, doch noch vor der Geburt der Tochter Francisca zog er weiter. Pizarro und Alvarado einigten sich und teilten die zu erobernde Region untereinander auf, doch Pizarro war deutlich geworden, dass er die Küste, wo potentielle Rivalen landen würden, besser kontrollieren musste.

Im Januar 1535, kurz nach dem Fest der Heiligen Drei Könige, gründete er die *Ciudad de los Reyes* (dt.: Stadt der Heiligen Drei Könige), Lima, das die neue Hauptstadt des spanisch beherrschten Peru werden sollte. Er holte Inés zu sich und knapp ein Jahr später schenkte Inés einem Sohn, Gonzalo, das Leben. Darüber hinaus unterstützte sie ihn bei dem Aufbau der Herrschaft über die einheimische Bevölkerung, die vor allem über die Einrichtung von *encomiendas* geregelt wurde. Die Bewohner eines bestimmten Distriktes wurden dabei verpflichtet, dem *encomendero* Güter und Dienstleistungen zu erbringen, und oft waren einheimische Herrscher die Mittler in diesem Prozess bzw. halfen, die neuen Herren zu legitimieren. So schanzte sich Pizarro denn auch die Region, in der Inés' Mutter lebte und regierte, als *encomienda* zu, und diese unterstützte Pizarro nach Kräften: Sie ließ Lebensmittel und Textilien nach Lima liefern.

Doch die relativ harmonische Beziehung zwischen Pizarro und Inés hielt nicht lange, denn auf einer seiner Reisen durch die Region verliebte Pizarro sich in eine andere Frau, Cuxirimay Ocllo oder Angelina. Sie war ebenfalls adliger Abstammung, aber nicht von so hohem Adel wie Inés. Er machte sie zu seiner neuen Geliebten, ließ jedoch Inés nicht einfach fallen, sondern sorgte in der für die Zeit typischen Weise für sie: Er suchte ihr einen Ehemann unter seinen Gefolgsleuten und gab ihr eine große *encomienda* als Mitgift. 1536 heiratete Inés Francisco de Ampuero, einen jungen Spanier, der gerade nach Peru gekommen war. Wie sie selbst diese Heirat mit einem diesmal sogar jüngeren Mann sah, wissen wir nicht. Besonders erfreut war sie vermutlich nicht, denn die Tatsache, dass ihr Ehemann keine herausgehobene Position innerhalb der spanischen Gesellschaft innehatte, empfand sie möglicherweise als eine Herabsetzung angesichts ihres eigenen hohen Status. Auch musste sie sich von ihren Kindern trennen, denn Pizarro gab diese in die Obhut seines Halbruders und dessen spanischer Frau.

Ampuero etablierte sich, nicht zuletzt mit Hilfe seiner adligen indigenen Frau, rasch in Lima und wurde 1538 Mitglied des Stadtrates, ein einflussreicher und ehrenvoller Posten, den er 35 Jahre lang bekleidete. Eine Leitungsfunktion erreichte er allerdings erst sehr spät, was wohl auch an seinem offenbar cholerischen Charakter lag. Inés war dennoch seit ihrer Heirat nicht mehr im Zentrum der Macht, wohl aber ein respektiertes und fest verankertes Mitglied der kolonialen Elite, zu der auch ein Teil des indigenen Adels zählte. Wie sie selbst sich in der neuen Gesellschaft verortete, wissen wir nicht, aber die Vorstellung einer klaren Trennung zwischen den Europäern als Eroberern und den Indigenen als den Eroberten ist ein Anachronismus, ebenso wie die Vorstellung einer indigenen Solidarität, zumal unter den schon vor der Ankunft der Spanier miteinander rivalisierenden Mitgliedern der Inkafamilie. Dennoch ist die Rolle von Inés bei der Verurteilung ihrer Halbschwester im Rahmen eines großen Aufstandes irritierend.

Kurz vor Inés' Hochzeit mit Ampuero begann in der Region um Cuzco eine der letzten großen Revolten des von den Spaniern als Marionette eingesetzten Inka Manco. Als ihm die wahren Absichten der Spanier klargeworden waren, floh er aus der Stadt. Mit der Unterstützung einiger anderer Gruppen und deren Truppen kehrte er zurück, belagerte die Stadt und hätte es fast geschafft, die Spanier aus Cuzco zu vertreiben.

Auch Lima wurde von den Aufständischen bedrängt, allerdings nur für kurze Zeit. In dieser Zeit half Inés' Mutter nicht nur, die Stadt mit Lebensmitteln aus ihrer Region zu versorgen, sondern übermittelte Pizarro auch Informationen; sie stellte sich somit eindeutig auf die Seite der Spanier. Die Lage war für einige Monate äußerst angespannt und die Spanier waren extrem nervös. Dies erklärt auch die Affäre, die mit dem Tod von Inés Halbschwester Asarpay endete und an der Inés erheblichen Anteil hatte. Asarpay war die Tochter der Hauptfrau von Guayna Capac, die in spanische Hände gefallen, dann aber wieder entkommen war und relativ unbehelligt im Norden des Landes gelebt hatte, bis die Spanier sie wieder zwangsweise in das Gefolge Pizarros integrierten. Während der Belagerung Limas durch die Aufständischen wurde sie angeklagt, mit diesen zu konspirieren. Einigen Aussagen zufolge war es Inés, die Pizarro über den Verrat ihrer Halbschwester informiert und damit ihre Hinrichtung provoziert hatte. Ob sie dies aus Rivalität mit der Halbschwester tat, die immerhin im Gefolge des Konquistadoren lebte, während sie nur noch die Ehefrau eines seiner Pagen war, oder ob es andere Gründe dafür gibt, wissen wir nicht.

Nachdem sich die politische Lage wieder beruhigt hatte, lebte Inés mit ihrem Mann in Lima in relativ gesicherten materiellen Verhältnissen. Aus der Ehe mit Ampuero gingen vier weitere Kinder hervor: Martín (getauft 1539), María Josefa, auch genannt Ysabel, für die keine Taufurkunde mehr existiert, Francisco (getauft 1541) und der frühverstorbenen Juan (getauft 1546). Im selben Jahr starb allerdings auch Gonzalo, der Sohn von Inés und Francisco Pizarro. Kurz nach der Eheschließung begann Francisco de Ampuero im Namen seiner Gattin einen Rechtsstreit um die *encomienda* in Guaylas, die der Tochter von Inés und Pizarro, Francisca, zugesprochen worden war. Er machte geltend, dass zunächst die Ansprüche der Tochter von Condorguacho, Inés, berücksichtigt werden müssten, bevor ihre Tochter das Erbe beanspruchen könnte.

Nach seiner Nominierung als Ratsherr verfolgte Ampuero das Verfahren allerdings nicht weiter, bis es später von seinem Sohn wieder aufgegriffen wurde.

Trotz der vier Kinder scheinen sich die Eheleute immer weiter voneinander entfernt zu haben. Zu Beginn der 1540er Jahre befand sich Peru einmal mehr im Bürgerkrieg, diesmal bekämpften sich verschiedene spanische Fraktionen. Francisco Pizarro wurde dabei getötet. Wenige Jahre später lehnte sich einer der Brüder Franciscos, Gonzalo, zusammen mit einigen Anhängern gegen die spanische Krone auf, die die Macht der *encomenderos* beschränken und die Institution abschaffen wollte. Inés und ihre Kinder mit Pizarro verloren durch dessen Tod und die letztlich fehlgeschlagene Rebellion seines Bruders eine wichtige Stütze, und ihre gesellschaftliche und politische Position wurde unsicherer. Ampuero dagegen hatte sich einigermaßen geschickt durch die Auseinandersetzungen laviert. Teilweise trat er nun auch als Stiefvater für die Kinder von Inés und Francisco Pizarro auf, worüber Inés nicht unbedingt erfreut war. Beide hatten offenbar unterschiedliche Vorstellungen über die Erziehung der Kinder und der Rolle einer Gattin. Diese wurden manifest, als Ampuero im Laufe der Auseinandersetzungen einmal mehr die Stadt verlassen und in den Krieg ziehen musste und daher ein Schreiben aufsetzte, in dem er erklärte, für den Fall seines Todes hielte er seine Frau für ungeeignet, die Vormundschaft für die Kinder zu übernehmen. Ob er damit lediglich anzweifelte, dass sie diese entsprechend der christlich-spanischen Werte und Kultur erziehen würde, oder ob er ihre grundsätzliche Eignung als Mutter in Frage stellte, wissen wir nicht. Inés, der dies nicht verborgen geblieben sein dürfte, suchte daraufhin nach Möglichkeiten, den ungeliebten Ehemann loszuwerden. Im Zuge eines Prozesses gegen einen Sklaven, der des Mordversuches an seinem Herrn durch magische Praktiken angeklagt war, kam 1547 heraus, dass Inés zwei indigene Frauen beauftragt hatte, ihrem Ehemann eine Substanz ins Essen zu mischen, die ihn langsam töten würde. Als

Motiv gab sie an, er behandelte sie schlecht, verböte ihr, das Haus zu verlassen und sie fürchte sich vor seiner Rückkehr aus dem Bürgerkrieg. Der Sklave und die beiden Frauen wurden zum Tode verurteilt, Inés entging als Mitglied des Adels einer offiziellen Strafe. Welche inoffiziellen Folgen diese Affäre für sie hatte, entzieht sich unserer Kenntnis, auf jeden Fall dürfte die Ehe danach endgültig zerrüttet gewesen sein.

Inés kam es daher vermutlich gerade recht, dass ihr Mann 1551 damit betraut wurde, alle Nachkommen von Pizarro nach Spanien zu begleiten. Diese Maßnahme sollte der Befriedung des Landes dienen. Allerdings war auch Francisca Pizarro, die Tochter von Inés, davon betroffen. Sie wurde begleitet von Francisco, der aus der Beziehung von Francisco Pizarro und Angelina Ocllo stammte. Ampuero nahm die gemeinsame Tochter Ysabel ebenfalls mit nach Spanien, wo sie erzogen und verheiratet werden sollte. Für Inés war die Mission also ein zweischneidiges Schwert, doch konnte sie sich damit trösten, dass ihre beiden überlebenden Söhne mit Ampuero bei ihr in Lima blieben. Sie war offensichtlich sowohl in der spanischen als auch in der adligen indigenen Gesellschaft Limas so gut verankert, dass sie allein gut zurechtkam. Auch ihre Verwandten aus Cuzco machten bei ihr Station, wenn sie in Lima waren. Inés Yupanqui verwendete sich in den folgenden Jahren mehrfach für verschiedene Personen sowohl indigener als auch spanischer Herkunft bei der Krone. Dass Frauen und erst recht indigene als Fürsprecherinnen fungierten, war ungewöhnlich, es zeigt uns den außerordentlichen Respekt und die herausgehobene Rolle von Inés auch nach der mehr oder weniger offenen Trennung von ihrem Mann. Ob sie noch mit Ampuero unter einem Dach wohnte, wenn dieser in Lima war, wissen wir nicht. Vermutlich eher nicht, denn die ehelichen Probleme hatten sich nicht verbessert.

Inés fuhr fort, um das mütterliche Erbe und die Anerkennung der Verdienste ihrer Familie zu erkämpfen, formell gemeinsam mit ihrem Mann, de facto aber hauptsächlich mit der

Unterstützung ihres ältesten Sohnes. Der Prozess um die *encomienda* in Guaylas, die Francisca Pizarro zugesprochen worden war, wurde nach umfänglichen Befragungen zugunsten von Inés (nicht ihrem Ehemann) entschieden. Allerdings gab es noch ein paar Details, die in Spanien verhandelt werden mussten, und hierzu sollte der älteste Sohn Martín nach Spanien reisen. Aus den Dokumenten, die in diesem Zusammenhang erstellt wurden, geht hervor, dass Inés gleichzeitig einen Prozess gegen ihren Ehemann anstrengte, in dem sie ihn beschuldigte, ihr Vermögen zu verschleudern und ohne ihre Zustimmung ihre Besitzungen verkauft zu haben. Zwei Jahre später verurteilte ein Gericht Ampuero zur Rückgabe der umstrittenen Güter, doch es scheint, als habe er sich geweigert, dem Urteil nachzukommen.

Über die letzten Lebensjahre von Inés, die immerhin älter als 50 Jahre wurde, ein für die damalige Zeit durchaus langes Leben, haben wir keine Informationen mehr. Sie starb vermutlich im Mai 1575, ihr Mann drei Jahre später. Die Kinder von Inés wurden Teil der spanischen Elite diesseits und jenseits des Atlantik. Martín erbte die *encomienda* und wurde in den spanischen Militärorden aufgenommen, was eine große Auszeichnung darstellte. Francisco erhielt hohe Verwaltungsämter in Peru, während Francisca, die Tochter mit Francisco Pizarro, in Spanien blieb. Sie wurde im Hause ihres Onkels Hernando untergebracht, der sie umgehend ehelichte. Als er 1578 nach mehr als 20 Jahren Ehe starb, heiratete sie wenig später erneut einen spanischen Adligen. Sie kehrte nie wieder nach Peru zurück.

Ausgewählte Literatur:

Neben einigen verstreuten Hinweisen in Darstellungen zur Eroberung Perus existiert nur eine wissenschaftlich fundierte Darstellung von Kerstin Nowack: *Lebensformen im Umbruch. Ynés Yupangui zwischen Inkareich und spanischer Kolonialherrschaft in Peru.* Aachen 2007.

POLICARPA SALAVARRIETA

KOLUMBIEN, 1795–1817

Am 14. November 1817 schritt in Bogotá eine blut-junge, hübsche Frau zur Hinrichtung. Doch anstatt von den zwei Priestern, die sie begleiteten, Vergebung für sich und ihre Henker zu erbitten, stieß sie Flüche gegen die Spanier aus und rief ihre Landsleute auf, weiter gegen diese zu kämpfen. Damit wurde Policarpa Salavarrieta, genannt »La Pola«, stellvertretend für die vielen Frauen, die sich an der Unabhängigkeitsbewegung Neu-Granadas (heute Kolumbien) beteiligt hatten, zum Symbol des Widerstandes gegen die spanische Herrschaft im nördlichen Südamerika. Ihre Verehrung als kolumbianische Nationalheldin ist bis heute ungebrochen.

Policarpa Salavarrieta, die auch Polonia oder Gregoria Apolinaria oder kurz »La Pola« genannt wurde, kam vermutlich in Guaduas, einem Ort in der Nähe von Bogotá, zur Welt. Als Geburtsjahr wird im Allgemeinen 1795 angenommen. Die Familie zog bald darauf nach Bogotá um, wo die Söhne eine solide Ausbildung erhielten. Auch Policarpa lernte lesen und schreiben, was für ein Mädchen der Mittelschicht in der damaligen Zeit durchaus ungewöhnlich war. Doch die gute familiäre Situation in der Hauptstadt währte nicht lange, denn 1802 brach eine Pockenepidemie aus, der die Eltern sowie zwei Geschwister von Policarpa zum Opfer fielen. Die Familie löste sich daraufhin auf und La Pola und ihr jüngerer Bruder blieben bei einer älteren Schwester zurück. Diese zog 1804 wieder in den Geburtsort Guaduas, wo sie heiratete. Über die Zeit in

Guaduas ist wenig bekannt, vermutlich lernte La Pola hier das Schneiderhandwerk, erlebte aber auch die politischen Umwälzungen mit. Der Ort lag an einem Verkehrsknotenpunkt, den Vizekönige, Bischöfe, Maultiertreiber und Truppen auf dem Weg vom Río Magdalena in die Hauptstadt passieren mussten. Als 1810 der spanische Vizekönig in Bogotá abgesetzt und die Unabhängigkeit Neu-Granadas verkündet wurde, schlug sich die Familie Salavarrieta auf die Seite der »Patrioten«.

Die neu gewonnene Freiheit hielt jedoch nicht lange. Nach dem Ende der Napoleonischen Kriege in Europa sandte der spanische König ein großes Heer ins nördliche Südamerika, das die abtrünnigen Kolonien zurückerobern sollte. Es folgte ein Krieg, in dem die spanischen Truppen nach der (Rück-) Eroberung der zentralen Gebiete ihre Herrschaft durch Terror, aber auch durch Befriedung mit Hilfe von Begnadigungen zu festigen suchten. Die Unabhängigkeitskämpfer zogen sich in die Weiten der venezolanischen und kolumbianischen Ebenen, die Llanos, zurück, um von dort aus die Region wiederzugewinnen. In diese Zeit zwischen 1815 und 1819 fällt die Aktivität La Polas. Irgendwann nach 1810 begann La Pola zusammen mit ihrem Bruder Bibiano, sich in der Unabhängigkeitsbewegung zu engagieren, vor allem als Übermittlerin von Botschaften und Überbringerin von Materialien für die Truppen in den Llanos. 1817 zogen die beiden von Guaduas wieder nach Bogotá, diesmal unter falschem Namen, um in der Hauptstadt unerkannt weiter für die Unabhängigkeitsbewegung tätig zu sein.

La Pola und Bibiano kamen bei der gleichgesinnten wohlhabenden Andrea Ricaurte y Lozano unter, die Policarpa, nun Gregoria Apolonia genannt, als Näherin in die Häuser der Spanier schickte. Dort schnappte La Pola Neuigkeiten auf und beschaffte über Kontakte zu Offizieren in spanischen Diensten wichtige Informationen. Manche von ihnen waren ehemalige Patrioten, die sich den Spaniern angeschlossen hatten, um aus der Haft entlassen zu werden. Die wichtigste Aufgabe von La Pola lag somit im Bereich der Spionage sowie in der Aufgabe, die Soldaten in spanischen Diensten zum Überlaufen zu bewegen bzw. ihnen dabei behilflich zu sein. Dabei arbeitete sie stets eng mit anderen Frauen, wie ihrer »Herrin« Andrea Ricaurte zusammen. Ein Vertrauter, mit dem sie vermutlich auch ein Liebesverhältnis verband, war Alejo Sabaraín. Als dieser zusammen mit einigen anderen nach dem Scheitern einer Verschwörung mit Hilfe von La Pola aus der Stadt floh, trug er Dokumente mit Informationen über die royalistischen Truppen bei sich. Die Flucht scheiterte, Sabaraín wurde gefangengenommen und die Dokumente enttarnten La Pola, die sich bis dahin frei in der Stadt und in den Häusern der spanientreuen Familien bewegt hatte. Bevor die Soldaten sie im Hause von Andrea Ricaurte festnahmen, schaffte diese es noch, wichtige Papiere, die andere Verschwörer verraten hätten, ins Feuer zu werfen. Andrea Ricaurte tat so, als habe sie von den Aktivitäten ihrer Näherin nichts gewusst und konnte sich auf diese Weise retten. La Pola jedoch wurde zusammen mit den anderen Verschwörern, unter ihnen auch Sabaraín, zum Tode verurteilt und hingerichtet. Ihre Leiche wurde, im Gegensatz zu denen der Männer, nicht zur Abschreckung öffentlich ausgestellt, doch rief die Hinrichtung einer jungen Frau aufgrund eines politischen Vergehens große Anteilnahme im Volk hervor und stachelte den Widerstand gegen die spanischen Besetzer erst recht an. Ihr Leichnam wurde auf Drängen zweier ihrer Brüder, die Geistliche waren, im Kloster San Agustín in Bogotá beigesetzt. Jahre später wurde er von dort in den Pantheon der Helden der Unabhängigkeit überführt.

Die Hinrichtung eines jungen und schönen Mädchens aufgrund des Widerstandes gegen die spanische Besatzungsmacht bewegte das Volk und inspirierte zahlreiche Dichter, Romanciers, Dramaturgen und Maler. Unmittelbar nach dem entscheidenden Sieg über die Spanier 1819 beauftragte der General und spätere Vizepräsident der Republik Großkolumbien, Francisco de Paula Santander, den kolumbianischen Dramatiker

José María Domínguez Roche, ein Theaterstück über La Pola zu verfassen. Bei der Uraufführung 1820 kam es zu Tumulten, da die Zuschauer die Schauspieler mit Eiern und Tomaten bewarfen, um La Polas »Exekution« zu verhindern. Ihr Ruhm wurde durch die Schilderungen von Offizieren und ehemaligen Weggefährtinnen weiter gesteigert, und 1890 erschien in Kolumbien die erste romanhafte Biographie über La Pola. Allerdings hoben die Biographen des 19. und frühen 20. Jahrhunderts weniger ihre subversiven Tätigkeiten hervor als vielmehr ihre Schönheit und Tugend sowie die Entschlossenheit, ihr Leben dem Vaterland zu opfern.

Zu ihrem 100. Geburtstag errichtete man in Guaduas ein Denkmal zu ihren Ehren, wenig später ein weiteres in Bogotá. An ihrem 150. Todestag 1967 erklärte der kolumbianische Kongress den 14. November zum »Tag der kolumbianischen Frau«. Ihr Elternhaus ist heute ein Museum und ihr Bild ziert den 10.000-Peso-Schein sowie eine Münze. Und natürlich reklamieren auch Frauenrechtlerinnen in Kolumbien diese mutige und widerspenstige Figur für ihre Sache.

Im Rahmen der Feierlichkeiten zum *Bicentenario* der Unabhängigkeit 2010 erschienen erneut mehrere, zum Teil literarisch anspruchsvolle, Romane über das Leben der »Märtyrerin«, und das kolumbianische Fernsehen lancierte eine Telenovela, die großen Anklang fand. Noch aus einem anderen Grunde ist sie in der Populärkultur fest verankert: Lange Zeit wurde in Kolumbien ein Bier namens La Pola gebraut, das noch heute sprichwörtlich ist.

Ausgewählte Literatur:

Beatriz Castro Carvajal: »Policarpa Salavarrieta«. In: Magdalena Velásquez Toro (Hrsg.): *Las mujeres en la historia de Colombia. Bd. 1: Mujeres, Historia y política*, Bogotá (Consejería Presidencial para la Política Social / Editorial Norma) 1995, S. 117–131.

Einer der besseren neuen Romane über La Pola ist von Pedro Baldrán: *La pasión de Policarpa*. Bogotá 2010.

MANUELA SÁENZ

ECUADOR, 1797–1856

Einer ihrer Biographen nennt sie die wichtigste Frau
in der Geschichte Lateinamerikas, andere ziehen es vor, ihre
Rolle innerhalb der Unabhängigkeitsbewegung Hispanoame-
rikas einfach zu ignorieren. Erst spät ist Manuela Sáenz, die
langjährige Geliebte und Partnerin von Simón Bolívar, dem
»Befreier« des nördlichen Südamerika, in das Blickfeld der
Forschung und der Öffentlichkeit gerückt. Umstritten war sie
allerdings schon zu ihren Lebzeiten. In ihrem Leben kommen
die verschiedenen weiblichen Rollen der Unabhängigkeitsbewegung zusammen: Sie war die makellose Heldin, die als un-
terstützende und liebende Frau Bolívar mehrfach das Leben
rettete. Zugleich war sie die Anti-Heldin, die Grenzen und
Rollen missachtete, als »Amazone« mit dem Heer mitzog und
sogar militärische Ehren erlangte. Sie war aber auch die politisch denkende und handelnde Partnerin, deren Taten nicht
immer die Billigung Bolívars fanden.

Manuela Sáenz wurde wahrscheinlich 1797, vielleicht aber
auch ein paar Jahre früher, 1795 oder 1792, in der heutigen
ecuadorianischen Hauptstadt Quito geboren. Sie war das uneheliche Kind einer angesehenen Kreolin und eines aus Spani-
en eingewanderten Militärs und Stadtratsmitglieds. Manuelas
Mutter María Joaquina Aizpuru war ledig, der Vater Simón
Sáenz Vergara aber verheiratet. Vermutlich um den Skandal
möglichst zu kaschieren, ließen die Eltern die Geburt nicht
ordnungsgemäß registrieren und gaben Manuela zunächst als

Pflegekind in ein Nonnenkloster. Später holte die Mutter Manuela in ihr Haus, wo auch ihr Vater sie besuchte und zeitweilig in seinen Haushalt mitnahm. Das junge Mädchen geriet schon früh in die politischen Auseinandersetzungen der Zeit, als es 1809 in Quito zu einem Aufstand gegen die spanische Herrschaft kam, bei der die Familie ihrer Mutter auf der Seite der Aufständischen, ihr Vater als Offizier aber auf der Seite der Krone stand. Das hielt Manuela nicht davon ab, sich einige Jahre später von einem spanischen Offizier verführen zu lassen, weshalb sie die Klosterschule verlassen musste.

Die Familie war daher froh, als 1817 James Thorne, ein wohlhabender englischer Kaufmann, um die Hand Manuelas anhielt. Manuela willigte in die Heirat mit dem doppelt so alten Thorne ein. 1819 zog das Ehepaar nach Lima, wo die junge Frau aus besten ecuadorianischen Kreisen eine Art Salon führte. Als es in Peru zu einer letztlich gescheiterten Verschwörung gegen den Vizekönig kam, schlug sie sich eindeutig auf die Seite der »Patrioten«.

Dies war die Zeit, in der der Venezolaner Simón Bolívar allmählich zum wichtigsten militärischen Führer der Unabhängigkeit des nördlichen Südamerika wurde. Nach jahrelangen Kämpfen und vielen Rückschlägen gelang 1819 der Durchbruch, der die Gründung der Republik Großkolumbien ermöglichte. Diese umfasste die heutigen Staaten Venezuela und Kolumbien. Bolívar wurde ihr erster Präsident und schickte sich an, die noch unter spanischer Herrschaft stehenden Gebiete des Vizekönigreiches Peru zu befreien. 1822 zog er in Quito ein. Manuela Sáenz, die dort gerade zu Besuch war, nahm an der Siegesfeier teil und begegnete dem »Befreier« persönlich. Der – allerdings nicht gesicherten – Überlieferung zufolge war es Manuela Sáenz, die Bolívar bei der Feier den Lorbeerkranz aufs Haupt setzte. Wie dem auch sei, die beiden verliebten sich, und es entwickelte sich ein enges Verhältnis, das bald allseits bekannt war. Bolívar selbst war seit längerem verwitwet, Manuela aber bekanntermaßen verheiratet, doch bemühte sie sich nicht, die Beziehung geheim zu halten. Vermutlich war ihre Ehe ohnehin zu dem Zeitpunkt zu einer rein formalen Angelegenheit geworden.

Als Simón Bolívar 1824 nach Peru weiter zog, um auch diese Hochburg der spanischen Royalisten zu erobern, ging Manuela höchstwahrscheinlich im Heer mit, ohne dass sie sich ständig an seiner Seite aufhielt. In den Briefen, die von ihr an Bolívar aus dieser Zeit erhalten sind, wird die Vertrautheit Manuelas mit politischen und militärischen Fragen deutlich. Darüber hinaus kümmerte sie sich um die Versorgung des Heeres. Sie organisierte die Verproviantierung und das Sanitätswesen, aber auch die Verwaltung des Archivs und wurde bald von Bolívar dafür mit einem militärischen Rang geehrt. Nach Abschluss der Eroberungen erhielt sie 1828 in Lima zusammen mit 110 anderen Frauen den von General San Martín gestifteten Orden der *Caballeresas del Sol*.

Für Bolívar selbst war die Beziehung mit einer verheirateten Frau, die darüber hinaus noch alle Konventionen der damaligen Zeit missachtete, wenn sie ihren Interessen widersprachen, nicht unproblematisch, zumal als nach den entscheidenden Siegen gegen die Spanier im Lager der Patrioten Rivalitäten und Meinungsverschiedenheiten immer offener zutage traten. Wohl auch aus diesem Grund versuchte er 1825 das Verhältnis unter Hinweis auf dessen ehebrecherischen Charakter zu beenden. Manuela antwortete darauf mit einem Brief, in welchem sie eine Parallele zwischen der Abschüttelung des Jochs des Kolonialismus und der Befreiung von ebenfalls als kolonial bezeichneten Moralvorschriften zog. Offenbar konnte sie ihn damit umstimmen. Allerdings sind dies die einzigen Äußerungen von Manuela Sáenz, die jenseits ihres unkonventionellen Lebens als ein Zeichen dafür gedeutet werden können, dass sie für die Emanzipation der Frauen eintrat.

In den folgenden Jahren nach dem Sieg über die Spanier lebten Bolívar und Manuela Sáenz zeitweise offen zusammen, aufgrund der vielfältigen Rebellionen sowie politisch motivierter Reisen kam es jedoch immer wieder zu längeren Trennungen. Manuela Sáenz blieb bis zu Bolívars Tod eine seiner engsten Vertrauten, für deren Ratschläge er häufig sehr dankbar war, auch wenn er sie nicht immer befolgte. Die Rivalitäten im Lager der Patrioten, die in den folgenden Jahren mehrfach zu Anschlägen auf Bolívar und sein Lager führten, waren für seine Partnerin ständiger Anlass zu politischer Wachsamkeit und Sorge. 1828 rettete sie ihm in Bogotá das Leben, als sie dafür sorgte, dass er seinen Gegnern entkommen konnte. Spätere Biographen, die dem freizügigen Leben der Gefährtin Bolívars sonst wenig abgewinnen konnten, haben diese Episode immer besonders hervorgehoben und sie zur *Libertadora del Libertador* (dt.: Befreierin des Befreiers) erklärt. Andererseits war sie an einigen politischen Auseinandersetzungen nicht unschuldig, vor allem, da sie eine erbitterte Gegnerin des Vizepräsidenten und späteren Präsidenten der Republik Großkolumbiens, Francisco de Santander, war und aus ihrer Feindschaft gegen ihn kein Hehl machte. Es gibt Anzeichen dafür, dass die Abkühlung des Verhältnisses zwischen Manuela Sáenz und Simón Bolívar auch in politischen Divergenzen und in Manuelas nicht immer sehr geschickter Art, diese offen zu zeigen, begründet lag. Die beiden trennten sich, als Bolívar beschloss, nach Europa ins Exil zu gehen. Manuela blieb in Bogotá.

Simón Bolívar starb im Dezember 1830, noch bevor er Südamerika hatte verlassen können, und ihr Erzfeind Santander zwang Manuela Sáenz, wie Bolívar in den Anfängen der Unabhängigkeitsbewegung, auf Jamaika Exil zu suchen. 1835 kehrte sie nach Ecuador zurück, das sich inzwischen zu einer selbständigen Republik erklärt hatte. Dort war ihr politischer und persönlicher Freund Juan José Flores Präsident, wurde jedoch kurz nach ihrer Rückkehr gestürzt. Sein Nachfolger Vicente Rocafuerte war nicht daran interessiert, diese umstrittene, aber noch immer geachtete Frau und politische Freundin seines Vorgängers im Lande zu haben und drängte sie unter fadenscheinigen Vorwürfen erneut ins Exil. Manuela Sáenz verbrachte den Rest ihres Lebens in einer kleinen Hafenstadt im Norden Perus, wo sie recht ärmlich vom Verkauf selbstgemachter Süßwaren und Zigarren lebte – ein typischer Broterwerb für mittellose alleinstehende Frauen der weißen Oberschicht. Darüber hinaus übersetzte sie ab und an für nordamerikanische Seeleute Briefe an deren peruanische Freundinnen. Doch ganz einsam und vergessen war Manuela Sáenz nicht, denn sie korrespondierte mit wichtigen Politikern ihrer Zeit und erhielt Besuche von ihnen, die ihr noch immer Prestige und Respekt zollten.

1847 kam Manuelas Ehemann James Thorne zu Tode, und obwohl Manuela in seinem Testament als Erbin eingesetzt war, sorgten ihre Feinde dafür, dass ihr dies wegen ihres ehebrecherischen Verhältnisses zu Bolívar verweigert wurde. Manuela Sáenz starb im Jahre 1856, vermutlich im Alter von 59 Jahren.

Um diese Zeit begannen bereits ehemalige Weggefährten und Politiker, die eine Identifikationsfigur für die jungen, von internen Kämpfen zerrissenen Staaten suchten, Simón Bolívar zum Helden der Unabhängigkeitsbewegung, zum Befreier des Kontinentes schlechthin zu erklären. Hierbei half auch, dass sein Adjutant entgegen Bolívars Wunsch nach seinem Tode seine persönlichen Papiere nicht verbrannt hatte. Neben Reden und politischen Notizen enthalten diese auch die Korrespondenz Bolívars. Darunter befinden sich Liebesbriefe an Manuela, die diese kurz vor ihrem Tod mit ihren eigenen Briefen ergänzte. Daher sind wir über das Verhältnis der beiden recht gut informiert. Aber die Historiographen haben sich zunächst bemüht, die Bedeutung von Manuela Sáenz für Bolívar und sein politisches Projekt herunterzuspielen, denn sie eignete sich herzlich wenig als Heldin des 19. Jahrhunderts. Andererseits war ihre Präsenz so stark und trat auch in der Korrespondenz immer wieder hervor, so dass man sie nicht ganz ignorieren konnte. Doch wie konnte man erklären, dass ein strahlender Held wie Simón Bolívar sich mit einer solchen Person verbunden hatte? Der Kunstgriff, den die offizielle Geschichtsschreibung Venezuelas schließlich fand, war, sie zur »Befreierin des Befreiers« zu erklären und vor allem die Situationen, in denen sie durch ihre Wachsamkeit sein Leben rettete, in den Vordergrund zu stellen. Damit wurde sie zur liebenden Partnerin, und ihre politischen Aktivitäten schienen nur hieraus zu erwachsen. Während Bolívar überall in Lateinamerika und darüber hinaus Denkmäler gesetzt wurden, fand Manuela bis vor kurzem kaum Beachtung. Die »bolivarianische« Regierung von Hugo Chávez jedoch hat die Frau, die jahrelang an der Seite ihres Helden stand, 2010 in einem symbolischen Akt »heimgeholt«. Auch seine Regierung hebt vor allem auf die Liebesbeziehung mit dem Nationalhelden ab, aber junge Künstlerinnen und Frauenrechtlerinnen reklamieren zunehmend die rebellische Seite Manuelas für sich und ihr Projekt.

Da Manuela Sáenz während einer Diphterie-Epidemie starb und in einem Massengrab beigesetzt wurde, gibt es keine sterblichen Überreste, die man ihr zuordnen könnte. Als symbolische Geste wurde daher Erde aus dem Massengrab nach Caracas überführt, und Manuela Sáenz ruht nun an der Seite ihres Geliebten im Pantheon der Nation.

Ausgewählte Literatur:

Die erste und einzige deutschsprachige (im Original auf Englisch erschienene) Biographie ist von Victor von Hagen: *Manuelas Jahreszeiten der Liebe. Manuela Sáenz und Simón Bolívar.* Aus dem Englischen von Werner Preusser. Reinbek 1967. Der Titel ist in gewisser Weise Programm.
Darüber hinaus gibt es jede Menge mehr oder weniger gut recherchierte romanhafte Biographien, neuerdings einige differenziertere wissenschaftliche Aufsätze in Fachzeitschriften.
Der Film *Manuela Sáenz* des venezolanischen Regisseurs Diego Rísquez aus dem Jahr 2000 ist durchaus zu empfehlen.

LEOPOLDINE VON HABSBURG

BRASILIEN, 1797–1826

Eine Habsburgerprinzessin auf dem portugiesisch-brasilianischen Thron im »tropischen Versailles«, das klingt ein wenig nach Abenteuer und einem Leben in Luxus und Überfluss. Genau dies erhoffte sich vermutlich Leopoldine, als sie in die Ehe mit dem portugiesischen Thronerben Dom Pedro einwilligte. Und sie erlebte Abenteuer und Überfluss, aber es war gepaart mit Leid, Einsamkeit und Erniedrigungen.

Maria Leopoldine Josepha Caroline von Habsburg-Lothringen wurde am 22. Januar 1797 in Wien als fünftes Kind von Kaiser Franz I. von Österreich und dessen zweiter Frau, Maria Theresa von Neapel-Sizilien geboren. Sie wuchs in einer unruhigen Zeit auf, als die Französische Revolution und die Napoleonischen Kriege ganz Europa und sein monarchisches System durcheinanderbrachten. Kurz nach ihrer Geburt erlitt Kaiser Franz eine schwere Niederlage gegen Napoleons Truppen in Italien, und Europa versank in den folgenden Jahren in ständigen Kriegen in wechselnden Koalitionen gegen die Truppen Napoleons. 1806 musste Franz als Kaiser des Heiligen Römischen Reiches Deutscher Nation abdanken, Preußen brach unter dem Ansturm Napoleons zusammen und auf der iberischen Halbinsel fielen die Throne ebenfalls. Dem portugiesischen Königshof allerdings gelang es, vor den herannahenden Truppen der Franzosen 1807/1808 per Schiff zu entkommen und sich in Rio de Janeiro neu einzurichten. Hier blieb man auch, nachdem Napoleon besiegt und Europa nach dem Wiener Kongress wieder von den, nun allerdings neu aufgestellten, Monarchien beherrscht wurde.

Für Leopoldine war Napoleon der Hauptfeind ihrer Kindertage, und umso mehr schmerzte es sie, als ihre Lieblingsschwester Marie Louise 1810 aus Gründen der Staatsraison mit Napoleon verheiratet wurde. Doch dies war nun einmal das übliche Schicksal einer Prinzessin aus dem Hause Habsburg. Marie Louise blieb allerdings ihre engste Vertraute, und aufgrund der zahlreichen Briefe an sie wissen wir recht viel über das Leben Leopoldines, ihre Gefühle und ihre Interessen. Die gebildete Leopoldine war vielseitig interessiert, vor allem an den neuen Naturwissenschaften. Besonders verfolgte sie die Entwicklungen in der Botanik, der Schmetterlingskunde und der Mineralogie, und gerade diese Vorlieben dürften sie dazu bewogen haben, gar nicht so abgeneigt gewesen zu sein, als auf Drängen des Kanzlers Fürst Klemens Metternich die Verhandlungen mit dem portugiesischen Hof über eine Heirat Leopoldines mit dem Kronprinzen Dom Pedro zu einem positiven Abschluss kamen. Sie freute sich auf ein gewisses Abenteuer fernab vom alten Europa und die Möglichkeit, neue Pflanzen und Mineralien sammeln zu können. Der portugiesische Unterhändler hatte ihr allerdings verschwiegen, dass ihr künftiger Ehemann an epileptischen Anfällen litt und sein Lebenswandel nicht unbedingt demjenigen eines aufgeklärten europäischen Fürsten entsprach. Neben ständigen sexuellen Eskapaden wird er auch als ein wenig grob und ungehobelt in seinen Manieren beschrieben. Allerdings liebte er Musik, und so begann Leopoldine noch vor ihrer Abreise, ihre musikalischen Fertigkeiten zu trainieren und Portugiesisch zu lernen, was ihr angesichts der Tatsache, dass sie schon Französisch, Italienisch und Latein beherrschte, nicht allzu schwer gefallen sein dürfte. Darüber hinaus las sie die Tagebücher Alexander von Humboldts und empfing Naturforscher, die Brasilien bereist hatten.

Im Mai 1817 wurde mit entsprechendem Pomp in der Augustinerkirche in Wien die Ehe per Vollmacht geschlossen, Leopoldines Onkel Erzherzog Karl fungierte als Repräsentant des Bräutigams. Anschließend machte sich Leopoldine mit großem Gepäck und Gefolge nach Florenz auf, um vom Hafen Livorno aus die Seereise nach Brasilien anzutreten. Hier musste sie allerdings eine Weile ausharren, denn im Norden Brasiliens waren Unruhen ausgebrochen und einige Politiker, unter ihnen die Schwiegermutter Carlota Joaquina, die für ihre politischen Intrigen bekannt war, versuchten aus diesem Anlass, den für seine »wahnsinnige« Mutter regierenden Prinzregenten João VI. zu bewegen, den Regierungssitz wieder in das inzwischen befreite Lissabon zurückzuverlegen. Denn eigentlich war die Situation unerhört: Portugal und sein Imperium, das zu diesem Zeitpunkt auch noch Besitzungen in Afrika und Asien umfasste, wurden von der ehemaligen Kolonie aus regiert. 1815 war Brasilien in den Rang eines eigenen Königreiches erhoben worden, und der Regierungssitz des »Vereinigten Königreiches von Portugal, Brasilien und Algarve« blieb Rio de Janeiro. Leopoldine ließ sich jedoch weder von den Nachrichten eines Aufstandes noch von den Gefahren der Seereise einschüchtern und brach im August schließlich nach Brasilien auf, wo sie rund drei Monate später Anfang November eintraf. Sie wurde unter den üblichen Ehrbezeugungen wie Kanonensalven und Feuerwerk in einer Karosse in die mit Blumen geschmückte Stadt gefahren, wo die Hochzeitszeremonie noch einmal wiederholt wurde. Zwei Tage Feierlichkeiten für den Hof und das Volk schlossen sich an. Kurze Zeit später stand ihr Namenstag an, und im darauffolgenden Januar feierte Leopoldine ihren 21. Geburtstag in Rio de Janeiro. Sie hatte sich zu diesem Zeitpunkt wohl bereits an das für sie befremdliche, altertümlich und steif anmutende portugiesische Hofzeremoniell gewöhnt. Mittelalterliche Gepflogenheiten gingen einher mit ostentativem Luxus und der Allgegenwart von Bediensteten und Sklaven, die sie selbst im Schlafzimmer kaum aus den Augen ließen. Hieran gewöhnte sie sich nie, ebenso wenig wie an das heiße Klima und die lockeren Sitten selbst der Höflinge und Priester. Von Flora und Fauna allerdings war sie begeistert. Auch die Beziehung zu ihrem neuen Gemahl entwickelte sich zunächst ganz gut. Zwar war er über ihr allzu »germanisches« Aussehen und ihre große »Habsburgerlippe« nicht recht erfreut gewesen, dafür lernte er aber ihre Bildung, ihre Intelligenz und ihre europäische Kultur schätzen. Die beiden unternahmen tägliche Ausritte in die Floresta de Tijuca oder zum botanischen Garten und verbrachten viel Zeit beim gemeinsamen Musizieren. Leopoldine botanisierte darüber hinaus gern, sammelte Steine und malte Aquarelle. Sie setzte sich für den Erhalt der natürlichen Landschaft in der Umgebung der Stadt ein, die durch die königlichen Parks und den allmählichen Ausbau der Kaffeeplantagen zu verschwinden drohten, und war an der Einladung der berühmten Naturforscher Johan Baptist von Spix und Carl Friedrich Philipp von Martius, die von 1817 bis 1820 die Amazonasregion erforschen sollten, beteiligt. Diese und andere Forscher sollten erstmals eine umfassende Katalogisierung und Klassifizierung der brasilianischen Flora, Fauna und der Mineralien Brasiliens vornehmen. Ferner schuf Leopoldine durch Umbauten im *Casa dos Pássaros*, dem »Haus der Vögel«, die Grundlage für das spätere Nationalmuseum.

Den Brasilianern ist Leopoldine aber nicht so sehr wegen ihrer Verdienste um die naturkundliche Erforschung ihres Landes bis heute in Erinnerung, sondern vor allem wegen ihrer Beteiligung an der Unabhängigkeit. Sie hatte sich seit ihrer Ankunft immer wieder an den politischen Beratungen beteiligt, hielt sich aber von allen Palastintrigen fern und verstand sich mit ihrem Schwiegervater, Dom João, recht gut. Dieser hatte die Revolte im Norden Brasiliens inzwischen besiegt, die Grenzen Brasiliens bis zum Río de la Plata ausgedehnt, und auch ein Aufstand in Portugal, wo seine Mutter Maria formell bis zu ihrem Tod 1816 regiert hatte, war beigelegt worden. Auf diese Erfolge folgte 1818 endlich die feierliche Thronerhebung König Joãos VI. in Rio de Janeiro. Erstmals wurde ein europäischer König in Amerika gekrönt, ein Akt, den die Portugiesen allerdings nicht so einfach hinnehmen wollten. Der Druck auf die Königsfamilie, nach Portugal zurückzukehren, wuchs stetig. Als dann 1820 in Lissabon eine liberale Revolution ausbrach, die die königliche Herrschaft ernsthaft zu gefährden drohte, entschloss sich João nach Portugal zurückzukehren. Angeblich war es Leopoldine, die sich vehement dafür eingesetzt hatte, dass Dom Pedro mit den Befugnissen eines Regenten in Brasilien zurückblieb. Sie gilt vielen Historikern als eine treibende Kraft der brasilianischen Unabhängigkeit, für die sie sich aber wohl vor allem deshalb so engagierte, weil sie erkannt hatte, dass nur so die Monarchie und die territoriale Integrität erhalten werden konnten.

Das portugiesische Parlament in Lissabon versuchte mit allen Mitteln, Brasilien wieder in den Stand einer Kolonie zurückzuführen, was dort naturgemäß strikt abgelehnt wurde. Der Konflikt spitzte sich derart zu, dass Brasilien schließlich den Schritt nach vorn wagen musste, und an diesem war Leopoldine führend beteiligt. Im August 1822 war Pedro von Rio nach São Paulo gereist und hatte die Regentschaft für die Zeit seiner Abwesenheit in Leopoldines Hände gelegt. Auf einer Sitzung des Staatsrates am 2. September 1822 beschlossen die dort versammelten Minister unter Führung von Leopoldine einstimmig, sich von Portugal zu trennen. Die entsprechenden Schreiben erreichten Pedro an den Ufern des Flusses Ipiranga in der Nähe von São Paulo am 7. September. Er soll sich daraufhin die portugiesischen Abzeichen von der Uniform gerissen und mit gezücktem Schwert die Unabhängigkeit von Portugal ausgerufen haben, was als *Grito de Ipiranga* (dt.: Schrei von Ipiranga) in die Annalen eingegangen ist. Zurück in Rio, wurde Dom Pedro am 1. Dezember zum Kaiser von Brasilien gekrönt, und Leopoldine avancierte auf diese Weise zur ersten Kaiserin von Brasilien.

Die Reise Dom Pedros nach São Paulo war für Leopoldine allerdings auch in anderer Hinsicht schicksalhaft geworden. Zwar bestand zwischen den beiden unterschiedlichen Charakteren ein gewisses Einvernehmen, und Leopoldine gebar zwischen 1819 und 1825 fast im Jahresrhythmus ein Kind, doch hatte Pedro deswegen nicht auf seine sexuellen Eskapaden verzichtet. Leopoldine fühlte sich zunehmend einsamer, zumal auch ihre österreichischen Begleiter nach und nach alle wieder in die Heimat gereist waren. In ihren Briefen an ihre Schwestern macht sich zunehmend eine Melancholie, um nicht zu sagen, Depression, bemerkbar. Hierzu mag auch der frühe Tod dreier Kinder beigetragen haben. María da Glória war 1819 geboren worden, sie sollte später als Maria II. den portugiesischen Thron besteigen, ihr folgten 1820 Miguel, der bei der Geburt starb, und 1821 João Carlos, der wie die 1823 geborene Paula Mariana ebenfalls im Kindesalter starb. Die 1822 geborene Januária Maria überlebte aber ebenso wie Francisca Carolina (1824) und der spätere Thronerbe Pedro (1825).

Eheliche Treue war, wie gesagt, nicht die Sache des frischgebackenen Kaisers, auch wenn dieser seine Frau weiterhin verehrte und mit ihr Kinder zeugte. Doch nahm seine Untreue ab 1823 für Leopoldine unerträgliche Züge an. In São Paulo hatte er Domitila de Castro Canto e Melo kennengelernt, die er unverzüglich als seine Geliebte an den Hof in Rio holte, sie zur Gräfin und später zur Marquise erhob und, als wenn dies noch nicht genug wäre, zur Ersten Hofdame der Kaiserin. Die Tochter der beiden wuchs gemeinsam mit den Kindern von Leopoldine und Pedro auf, und Domitila mischte sich immer stärker in die Angelegenheiten des Hofes ein, was Leopoldine weiter erbitterte. Ihre Briefe nach Hause verwandelten sich immer mehr in Hilferufe oder depressive Lamentos. 1826, sie war erneut schwanger, brach Pedro zu einer weiteren Reise in den unruhigen Süden des Landes auf und übertrug ihr erneut die Regentschaft, doch konnte sie diese kaum noch ausüben. Am 2. Dezember erlitt sie eine Fehlgeburt. Eine darauffolgende Sepsis zog sich noch über zwei Wochen hin, dann starb Leopoldine am 11. Dezember 1826 im Palast Boa Vista bei Rio de Janeiro. Gerüchten zufolge war die Fehlgeburt durch einen

Tritt in den Bauch ausgelöst worden, den ihr Gatte ihr versetzt hatte, nachdem sie sich geweigert hatte, einen Salon zu betreten, in dem seine Mätresse anwesend war, doch lässt sich dies nicht eindeutig belegen. Wenige Tage vor ihrem Tod hatte sie an ihre Schwester Folgendes geschrieben: »Seit fast vier Jahren bin ich, wie ich Dir, meine geliebte Schwester, geschrieben habe, wegen eines verführerischen Ungeheuers in den Zustand größter Versklavung versetzt und vollkommen von meinem geliebten Pedro vergessen.«

Zunächst wurde Kaiserin Leopoldine unter großer Anteilnahme der *Cariocas* aller Schichten in einem Kloster beigesetzt, während das Haus der Marquise von Santos von der Polizei vor Racheakten geschützt werden musste. Seit 1954 ruhen ihre Gebeine in der Krypta des nationalen Unabhängigkeitsdenkmals in Ipiranga im Bundesstaat São Paulo. Leopoldina, wie sie in Brasilien heißt, lebt in ihrer zweiten Heimat durch unzählige Plätze und Straßennamen sowie mehrere Gemeinden, aber auch durch eine große Sambaschule in Rio mit Namen »Imperatriz Leopoldinense« weiter.

Ausgewählte Literatur:

Carlos H. Oberacker: *Leopoldine. Habsburgs Kaiserin von Brasilien*, überarbeitete Neuauflage. Wien 1988. Das umfangreiche Buch beschreibt mit viel Sympathie für Leopoldine, aus deren Korrespondenz es vor allem schöpft, deren Leben.
Lebendig und ein wenig romanhaft dagegen: Sonia Sant'Anna: *Leopoldina e Pedro I. A vida privada na Corte*. Rio de Janeiro 2004.
Siehe aber auch die gelungene Biographie über Pedro, in der Leopoldine ebenfalls nicht zu kurz kommt: Isabel Lustosa: *D. Pedro I. Um Herói sem nenhum caráter*. São Paulo 2006.

ELISA ALICIA LYNCH

PARAGUAY, UM 1833–1886

Die gebürtige Irin Elisa Lynch hat ein bewegtes Leben auf mehreren Kontinenten hinter sich, doch ihr Name ist aufs engste mit der Geschichte Paraguays verbunden. Dort wird sie aufgrund ihrer Verstrickung in einen Krieg, der das Land in die Katastrophe führte, entweder als nationale Heldin verehrt oder als *femme fatale* gehasst. Die Anzahl der Biographien über ihr Leben übersteigt bei weitem die über ihren Lebensgefährten, den paraguayischen Präsidenten Francisco Solano López, da ihr Leben mit seinen Ingredienzien Liebe, Neid, Macht und Gewalt zu zahlreichen Spekulationen verleitet.

Wie bei vielen berühmten Frauen herrscht auch bei Elisa Lynch Konfusion um das richtige Geburtsdatum. Vermutlich wurde sie 1833 im irischen County Cork in eine Mittelschichtfamilie geboren, doch büßte die Familie während der großen irischen Hungersnot 1846–1848 ihren Wohlstand ein. Elisas Mutter zog daher, möglicherweise auch aufgrund des Todes des Vaters, mit ihren beiden Töchtern ins französische Boulogne-sur-Mer. 1850 heiratete Elisa in Südengland, wo ein Onkel von ihr wohnte, den 34 Jahre älteren französischen Militärarzt Xavier de Quatrefages. Elisa war zu diesem Zeitpunkt 16 Jahre alt, hatte die Volljährigkeit also noch nicht erreicht. Eine Eheschließung in Frankreich wäre rechtswidrig gewesen, weshalb Elisa später geltend machen konnte, ihr Mann und sie hätten ihre Ehe (nach der Trennung) stets als ungültig und somit gelöst betrachtet. Nach ihrer Heirat ging Elisa Lynch mit ihrem

Ehemann nach Algerien, wo dieser stationiert war, doch ihre Beziehung war nur von kurzer Dauer. Als Grund für ihre Abreise aus Algerien gab Elisa gesundheitliche Probleme an, ihre Verteidiger unter den Biographen behaupten, Quatrefages hätte sie verstoßen. Andere gehen hingegen davon aus, dass Elisa in Begleitung eines russischen Adligen, den sie in Algerien kennengelernt hatte, nach Paris zurückkehrte. Ihr russischer »Beschützer« musste Frankreich jedoch wegen des sich anbahnenden Krimkrieges bald verlassen, so dass sie seit 1853/1854, als sie Francisco Solano López kennenlernte, allein in Paris lebte, wo sie sich offenbar als Gesellschaftsdame einen Namen machte.

Francisco Solano López war der Sohn des paraguayischen Präsidenten Carlos Antonio López, zu diesem Zeitpunkt 26 Jahre alt und bereits General. Er stammte aus einem Land, das nach der Erlangung der Unabhängigkeit im Jahre 1811 als erster neuer Staat Südamerikas bestehen konnte, allerdings um den Preis einer weitgehenden Isolation. Buenos Aires wollte die Loslösung der ehemaligen Provinz des Vizekönigreiches Río de la Plata nicht anerkennen und besaß ein wirksames Druckmittel gegen Paraguay: die Kontrolle der Schifffahrt über den Río Paraná, auf den das Land für jeglichen Außenhandel angewiesen war. Um nicht (ständig) durch die Sperrung des Flusses erpressbar zu sein, reduzierte der paraguayische Diktator José Gaspar Rodríguez de Francia (1814–1840) jeden Außenkontakt auf ein Minimum. Das Agrarland Paraguay konnte sich so behaupten, blieb allerdings technisch und kulturell rückständig, wenn auch schuldenfrei. Der äußere Druck diente zugleich als Rechtfertigung für eine autoritäre, auf eine Person zugeschnittene Regierungsform, die sich auch unter dem Nachfolger Francias, Carlos Antonio López, wenig ändern sollte. Allerdings machte die Anerkennung Paraguays durch Argentinien und andere Staaten eine Öffnung des Landes möglich. Präsident López beschloss daher, seinen Sohn Francisco nach Europa zu schicken, um dort Handelsbeziehungen zu knüpfen,

aber auch, um Personal für die Modernisierung der paraguayischen Wirtschaft, des Militärs, der Kultur und der Bildung
zu rekrutieren.

Der junge paraguayische General und Diplomat, der in dieser Zeit als gutaussehend und gewandt beschrieben wird, und
dem Charme und gute Umgangsformen nicht abzusprechen
waren, erreichte 1853 Paris. Er war geblendet vom Glanz des
neuen Kaisertums Napoleons III. In einem der berühmten Pariser Salons lernte er Elisa Lynch kennen und wurde von ihrer
Schönheit, ihrem Charme und ihrer offenbar soliden Bildung
in den Bann gezogen. Trotz weiterer Reisen des Präsidentensohnes in Europa entwickelte sich rasch eine intensive Beziehung zwischen beiden, und als im November 1854 die Abreise
nach Südamerika anstand, war Elisa Lynch hochschwanger.
Das Paar beschloss, gemeinsam nach Paraguay zurückzukehren. Elisa erwirkte von ihrem ehemaligen Gatten ein Schreiben, das ihr wirtschaftliche und persönliche Unabhängigkeit
bescheinigte. Eine Annullierung der Ehe im rechtlichen Sinne,
die eine Wiederheirat ermöglicht hätte, stellte dieses Schreiben
allerdings nicht dar.

Über die Motive Elisas, nach Paraguay zu gehen, lässt sich
nur spekulieren. Wollen die einen nichts als reine Liebe sehen,
so träumte sie anderen zufolge von einer glanzvollen Zukunft
als einflussreiche Mätresse eines exotischen, reichen Staatsoberhauptes – eine Hoffnung, die angesichts des Auftretens von
Francisco Solano López in Europa und der damaligen Lage in
Paraguay nicht völlig aus der Luft gegriffen schien. Diese Biographen oder Historiker stellen sie später gern als diejenige dar,
die durch ihren Ehrgeiz und ihre Ruhmsucht López zu dem
verheerenden kriegerischen Abenteuer gegen die Tripel-Allianz
getrieben hatte. Doch zunächst einmal war davon noch keine
Rede, als die paraguayische Delegation, Elisa Lynch sowie eine
Gruppe von spanischen, britischen und französischen Fachleuten, auf einem in Großbritannien gekauften Kriegsschiff
nach Paraguay zurückkehrte. Elisa ging bereits in Buenos Aires

von Bord, um dort die unmittelbar bevorstehende Geburt ihres ersten Kindes abzuwarten.

Die Ankunft Elisas in Asunción sowie die anderer Ausländer, die zum Teil mit ihren Frauen kamen, veränderte in den folgenden Jahren das wirtschaftliche, kulturelle und gesellschaftliche Klima nachhaltig. Paraguay hatte sich seit langem durch eine relative soziale Homogenität auf der Basis allgemeiner Armut ausgezeichnet, die durch die Isolation verstärkt worden war. Bis zur Ankunft der ausländischen Frauen war europäische Mode in Asunción weitgehend unbekannt oder hatte zumindest keine Rolle als soziales Unterscheidungsmerkmal gespielt. Frauen aller Schichten trugen lockere *tipoys*, die dem Klima besser angepasst waren als Krinolinen und Korsetts, gingen im Haus barfuß und rauchten selbst in Gesellschaft Zigarren. Viele von ihnen sprachen kaum Spanisch, sondern nur die indianische Umgangssprache Guaraní, und nur wenige konnten korrekt lesen und schreiben. Es gab weder ein Theater noch Salons oder andere Einrichtungen, in denen sich die »bessere« Gesellschaft treffen konnte. In den unteren Schichten waren nichteheliche Lebensgemeinschaften und uneheliche Geburten allgemein verbreitet, und ausländische Beobachter waren immer wieder erstaunt über die Freizügigkeit paraguayischer Frauen sowie über die Ungezwungenheit, mit der über Sexualität gesprochen wurde. Carlos Antonio López und seine Frau, die aus einer der alteingesessenen Familien stammte, bemühten sich, wieder stärker katholisch-bürgerliche Moralvorstellung zur Geltung zu bringen. Daher waren sie auch alles andere als erfreut, als ihr Sohn aus Europa eine schöne und gebildete, aber schon verheiratete Frau mitbrachte. Zwar hatte der Sohn des Präsidenten bereits mehrere Geliebte in Paraguay gehabt, und seine unehelichen Kinder waren allgemein bekannt und von ihm inoffiziell anerkannt, ohne dass dies als skandalös empfunden worden wäre, doch die Ankunft dieser eleganten Europäerin, die sich ihrer Ausstrahlung durchaus bewusst war und die erwartete, ihrem Rang und dem ihres Geliebten entsprechend behandelt zu werden, provozierte das Präsidentenpaar und die Oberschicht. Präsident López und seine Gattin zogen es vor, die Anwesenheit der Geliebten ihres Sohnes einfach zu ignorieren, und auch die übrigen Frauen der tonangebenden Familien gingen ostentativ auf Distanz zu ihr. Um nicht isoliert zu bleiben, verlegte sich Elisa Lynch darauf, in ihrem Hause eine Art Salon zu eröffnen, zu dem vor allem die Ausländer gern kamen, die ohne ihre Familien in Paraguay lebten oder das Land kurzfristig zu geschäftlichen Zwecken besuchten und sich ansonsten in Asunción langweilten.

Allmählich veränderte sich das gesellschaftliche Leben. Asunción erhielt einen Präsidentenpalast, ein Theater und einen *Club Nacional*, wo sich Paraguayer der oberen Schichten und Ausländer treffen konnten. Die traditionellen Bälle und Bankette wurden opulenter, doch Elisa Lynch durfte erst daran teilnehmen, wenn sich das Präsidentenpaar zurückgezogen hatte. Dies änderte sich gleich nach Don Carlos Antonios Tod im Jahr 1862. Francisco Solano López ging nach seiner Amtsübernahme sofort daran, das altmodisch-steife Zeremoniell seines Vaters zu verändern. Elisa Lynch war nun bei öffentlichen Anlässen stets an seiner Seite, denn *Madama*, wie sie von den einfachen Paraguayern genannt wurde, war inzwischen zur zentralen Person im Leben von Franisco Solano López geworden. Sie gebar ihm im Laufe weniger Jahre sechs Kinder, von denen allerdings nur vier das Kindesalter überlebten. Juan Francisco, genannt Panchito, der 1855 in Buenos Aires geboren worden war, fiel am Ende des Krieges zusammen mit seinem Vater. Die ein Jahr später in Asunción zur Welt gekommene Corina Adelaida starb bereits nach einem Jahr. 1858 folgte Enrique Venancio, 1860 Federico Morgan, auch Noel oder Lloyd genannt, 1861 Carlos Honorio. Leopoldo, geboren 1862, starb kurz nach Kriegsende im Alter von acht Jahren in England. Auch der während des Krieges 1865 geborene Miguel Marcial starb bereits im Kindesalter. Vor allem Enrique Venancio, der drittgeborene, war ihr später eine Stütze und kehrte wie sein drei Jahre jüngerer Bruder Carlos nach Paraguay zurück. Er ging ebenfalls in die Politik und starb 1917.

Doch zurück zu den Anfängen: Elisa zog auch nach der Amtsübernahme ihres Lebensgefährten offiziell nie in den Präsidentenpalast ein, sondern behielt ihr nach Pariser Art eingerichtetes Stadthaus sowie zwei Landhäuser. Später konnte sie darüber hinaus ausgesprochen günstig riesige Ländereien aus Staatsbesitz erwerben. Francisco Solano und Elisa pflegten einen luxuriösen Lebensstil mit europäischen Importwaren, auf die Elisa eine Art Monopol besaß. Was immer aus Europa gewünscht wurde, seien es teure Stoffe, Champagner oder die neuesten Modejournale, konnte man nun in Asunción bei Madame Lynch bewundern und über sie beziehen. Diesen neuen Standards konnten sich auch die Damen der Oberschicht nicht entziehen. Zumindest bei offiziellen Anlässen versuchten diese nun, der eleganten Mätresse nicht nachzustehen. Der Wandel des gesellschaftlichen Stils war so auffällig, dass sich Gerüchte mehrten, Francisco Solano López plane, ein südamerikanisches Kaiserreich zu errichten, und diese Idee, so mutmaßten später viele, sei wesentlich auf den Ehrgeiz seiner Geliebten zurückzuführen.

An den eleganten Ereignissen im *Club Nacional* oder in den geräumigen Privathäusern der Familie López nahm als Zuschauer auch das Volk Anteil, zumal sowohl der charismatische Francisco Solano López als auch Elisa Lynch ihre mangelnde Akzeptanz seitens der Oberschicht durch populistische Handlungen gegenüber dem Volk auszugleichen versuchten. Beide waren regelmäßige Gäste bei den großen Festen auf den Plätzen der Hauptstadt. Moralische Vorbehalte brauchte Elisa bei der Unterschicht nicht zu fürchten. Wie weit die Identifikation der Unterschichtfrauen mit *Madama* ging, ist schwer zu sagen, vermutlich war sie trotz aller Volksnähe eine exotische Figur, bewundert und gefürchtet zugleich. So ist auch nicht klar, ob Elisa Lynch in ihrer Zeit in Paraguay das allgemein verbreitete Guaraní so gut lernte, dass sie sich mit den einfachen Paraguayerinnen unterhalten konnte. Spanisch beherrschte sie bald gut, sprach allerdings mit Francisco Solano und ausländischen Gästen lieber Französisch.

Der große Krieg von 1864–1870 veränderte jedoch alles. Machtkämpfe zwischen Brasilien und Argentinien, ungelöste territoriale Konflikte sowie interne Dynamiken der im Staats- und Nationsbildungsprozess begriffenen Länder führten zu einem Krieg zwischen Paraguay und der sogenannten Tripel-Allianz (Dreibund) von Brasilien, Argentinien und Uruguay, der sich über fünf Jahre erstreckte und auf allen Seiten einen enorm hohen Blutzoll forderte. Paraguay konnte der Übermacht seiner Gegner zwar unerwartet lange standhalten, war aber am Ende völlig zerstört und hatte ein Drittel seines Territoriums und gut die Hälfte seiner Bevölkerung verloren. Die Ursachen für diese Katastrophe sind nach wie vor umstritten. Francisco Solano López stellte den Krieg, den er vom Zaum gebrochen hatte, nachdem Brasilien trotz aller Warnungen in Uruguay einmarschiert war, als einen Präventivkrieg zur Erhaltung des Gleichgewichtes in der Region und damit der Unabhängigkeit Paraguays dar. Andere Zeitgenossen und spätere Analysten sahen dagegen die Selbstüberschätzung des mit Hilfe moderner Technik und europäischem Know-how gutgerüsteten Paraguay und den Ehrgeiz von Lynch und López, eine südamerikanische Version von Kaiser Napoleon III. und Kaiserin Eugénie, als eigentliches Motiv an. Moderne Historiker haben weitere Hypothesen hinzugefügt, doch ist die Frage nach der Kriegsschuld wie so oft nicht einfach und eindeutig zu beantworten.

Nach anfänglichen Erfolgen gerieten die Paraguayer immer mehr in die Defensive, mussten sich bald auf ihr eigenes Territorium zurückziehen. Nach der verlorenen Schlacht auf dem Fluss Riachuelo im Jahr 1865 war das Land erneut von der Außenwelt abgeschlossen, da die Alliierten über die Flussläufe die Zugänge zum Meer kontrollierten. Es kam zu einer Art Stellungskrieg, der sich über gut zwei Jahre hinzog. Als es den

Alliierten gelang, die von Paraguay errichteten Sperren des Río Paraguay zu durchbrechen, ließ López 1868 die südlichen Landesteile und die Hauptstadt evakuieren. Sukzessive zog sich das paraguayische Heer, das bald vorwiegend aus Jugendlichen, teilweise sogar Kindern bestand, in den unwirtlichen Norden zurück, gefolgt von Frauen und Kindern, die die Versorgung sicherstellten. Elisa war meist an der Seite ihres Lebensgefährten. In den ersten Kriegsjahren organisierte sie zusammen mit den Schwestern und der Mutter des Präsidenten die patriotischen Kundgebungen und die Spendenaktionen, zu denen die Frauen der Oberschicht genötigt wurden. Der hierbei gespendete Schmuck verschwand teilweise in den Taschen *Madamas*, und bis weit ins 20. Jahrhundert hinein kursierten in Paraguay Gerüchte über nicht gefundene Verstecke ihrer vergrabenen Schätze. Gleichzeitig versuchte sie, über heimreisende Ausländer Geld nach Europa zu schaffen, angeblich für den Ankauf neuer Schiffe, aber auch für die Ausbildung ihrer dort lebenden Söhne. Sie vergrößerte ihren Besitz während des Krieges um weitere billig erstandene Ländereien, darüber hinaus überschrieb ihr Francisco Solano López angesichts der drohenden Niederlage immer mehr staatlichen Besitz, wohl in der Hoffnung, diesen so für die Familie retten zu können. Gleichzeitig wurde der Präsident immer tyrannischer, was einige Biographen, im Sinne der *femme fatal*, dem Einfluss seiner Lebensgefährtin zuschreiben. Immerhin blieb Elisa Lynch bis zum bitteren Ende bei ihrem Mann. Dieses kam, nachdem die brasilianische Armee die Reste des paraguayischen Heeres und seiner Regierung im März 1870 in den Wäldern im Norden bei Cerro Corá einholte. Francisco Solano López und sein ältester Sohn fielen vor den Augen von Elisa Lynch. Der Legende nach hob sie eigenhändig das Grab für beide aus, de facto überzeugte sie sich aber nur, dass es tief genug war und schnitt sich eine Locke ihres Sohnes und ein Stück Bart ihres Lebensgefährten ab.

Als Angehörige des British Commonwealth beanspruchte

Elisa Lynch anschließend für sich und ihre Kinder Schutz, den der brasilianische Befehlshaber ihr auch gewährte. Nach kurzer Inspektion ihrer Koffer und Kisten stellte er fest, dass deren Inhalt als ihr rechtmäßiger Besitz angesehen werden könne, obwohl im Lande die wildesten Gerüchte über das kursierten, was *Madama* noch an von den Paraguayerinnen gespendeten Schmuck bei sich hatte. Elisa Lynch begab sich im Norden des Landes an Bord eines brasilianischen Kriegsschiffes. Unter dem Schutz der Alliierten verließ sie Paraguay und reiste mit ihren überlebenden Kindern, sofern diese nicht ohnehin im Ausland zur Schule gingen, sowie einer weiteren Tochter von López und einer Paraguayerin nach Europa. Als das Schiff vor Asunción ankerte, hatten einige Frauen zwar protestiert und die Herausgabe des Schmuckes gefordert, damit jedoch keinen Erfolg gehabt. Daraufhin erließ die provisorische neue Regierung zwei Dekrete, die die Beschlagnahme des Besitzes der Familie und all dessen, was die Geliebte des ehemaligen Präsidenten für sich reklamierte, verfügten; und das war nicht wenig. Für Paraguay kam es vor allem darauf an, die von Elisa Lynch und Francisco Solano López ins Ausland transferierten Gelder und Wertgegenstände zurückzuerhalten, für *Madama* ging es darum, ihren in Paraguay konfiszierten extensiven Landbesitz zugesprochen zu bekommen. Es kam zu einem langen und komplizierten Prozess, der nicht nur in Paraguay, sondern auch in Großbritannien geführt wurde. Dort klagte Elisa Lynch gegen den ehemaligen Militärarzt in paraguayischen Diensten, den Schotten Dr. William Stewart, dem sie angeblich größere Geldbeträge und Schecks anvertraut hatte, als er das Land verließ. Stewart jedoch behauptete, das Geld nie erhalten zu haben und die entsprechende Quittung nur unter Druck unterschrieben zu haben.

Elisas rechtlicher Status war ebenfalls prekär, denn sie war praktisch staatenlos. Gegen Ende des Krieges hatte sie bereits um den Schutz der britischen Krone nachgesucht, diese hatte aber versucht, ihn ihr wegen der Heirat mit dem Franzosen

Quatrefages zu verwehren. Die französische Staatsbürgerschaft konnte sie allerdings nicht beanspruchen, zumal ihre damalige Heirat nach französischem Recht ungültig war. In Paraguay war sie nun *persona non grata*, so dass sie dessen Staatsangehörigkeit nicht mehr erhielt. Sie begab sich zunächst nach England, wo ihr jüngster Sohn kurz nach der Ankunft starb, ging aber auch immer wieder nach Paris. Noch, so scheint es, hatte sie genug Vermögen, um einen gewissen Lebensstandard aufrecht zu erhalten, doch das Geld ging unausweichlich zur Neige.

Die rechtliche Situation ihres Besitzes war verworren, da die Konfiskationsdekrete vor der Annahme der neuen Verfassung erlassen und vom Präsidenten anschließend für nicht verfassungskonform erklärt worden waren. Vor allem aber hatte der spätere Präsident Juan Bautista Gill, noch bevor er dieses Amt erreicht hatte, Elisa Lynch Unterstützung zugesagt. Auch andere wichtige paraguayische Politiker hatten während eines Europaaufenthaltes Kontakt mit ihr aufgenommen und ebenfalls versucht, ihr die Rückkehr nach Asunción zu ermöglichen, vermutlich, weil sie versprochen hatte, ihnen dort die Verstecke der angeblich vergrabenen Schätze zu zeigen, an deren Existenz man immer noch glaubte. Elisa versuchte daher, zusammen mit ihrem Sohn Enrique, 1875 persönlich in Paraguay für die Durchsetzung ihrer Ansprüche zu sorgen, doch die erbitterte Feindschaft der Damen der Oberschicht vertrieb sie sofort wieder. Elisa Lynch gab jedoch nicht auf. Nachdem sie erkannt hatte, dass es für sie selbst keine Möglichkeiten mehr gab, an den Besitz zu gelangen, überschrieb sie die Titel Enrique. Nach Paraguay zurückgekehrt, beschäftigte dieser noch eine Weile die Gerichte und errang schließlich einen Teilerfolg, den Elisa selbst aber nicht mehr erlebte. Enrique sowie sein Bruder Carlos kehrten schließlich dauerhaft nach Paraguay zurück, Enrique wurde immerhin paraguayischer Senator.

Die Spuren von Elisa Lynch, die sich zeitweise nun auch Elisa Lynch López nannte, verlieren sich in den folgenden Jahren. Bekannt ist nur noch, dass sie drei Jahre auf einer Pilger-reise in Jerusalem und Konstantinopel verbrachte und anschlie-ßend als ehrbare, wenn auch nicht sonderlich begüterte Witwe in Paris lebte. Sie starb am 25. Juli 1886 im Alter von vermut-lich 52 Jahren.

Einige Jahrzehnte später erwachte das Interesse an Madame Lynch in Paraguay erneut. Der Krieg und der zunächst als »Ty-rann und Barbar der Menschheit« verdammte Francisco So-lano López wurden zum Symbol nationaler Einheit und Tap-ferkeit, woraufhin auch eine Rehabilitation von Elisa Lynch einsetzte. Wäre sie keine Ausländerin und mit Francisco Sola-no López verheiratet gewesen, so hätte sie zur »Mutter der Na-tion« avancieren können, so jedoch blieb ihr Status zwiespältig. 1961 ließ der langjährige paraguayische Militärdiktator Alfredo Stroessner im Zuge der Rehabilitation des ehemaligen Präsi-denten und einer Neubewertung des Krieges, Elisas sterbli-chen Überreste nach Paraguay holen, doch konnte sie nicht an der Seite von Francisco Solano López im *Panteón de los Héroes* (dt.: Helden-Pantheon) bestattet werden – Kirchenvertreter hatten sich energisch dagegen gewehrt, eine »Ehebrecherin« in einem auch der Anbetung der Jungfrau Maria gewidmeten Raum zu ehren. Sie erhielt daraufhin ein eigenes Mausoleum auf dem Friedhof La Recoleta neben ihrer jung gestorbenen Tochter Corina. Ob sie nun eine allzu ambitionierte Mätresse mit fatalem Einfluss auf den paraguayischen Präsidenten ge-wesen ist oder eine liebende, sich für Mann und Kinder aufop-fernde Frau, ist eine Frage, über die sich die Paraguayer und Paraguayerinnen, aber auch Biographen und Romanciers an-derer Länder, noch immer streiten.

Ausgewählte Literatur:

Stellvertretend für die zahlreichen Biographien, die in der Grauzone zwischen Roman und Biographie angesiedelt sind, sei hier die zurzeit weitverbreitete genannt:

Siân Rees: *Elisa Lynch. Die wahre Geschichte einer irischen Kurtisane und wie sie zur mächtigsten Frau Paraguays wurde.* Aus dem Englischen von Karin Dufner. Hamburg 2003. Obwohl Rees angibt, ihre Schilderungen beruhten auf eingehenden Recherchen, sind viele ihrer Aussagen falsch bzw. beruhen auf ungeprüften Übernahmen von Anekdoten.

Eine historisch besser abgesicherte Darstellung ist diejenige von Ana Baretto: *Elisa Alicia Lynch.* Asunción 2011.

Vgl. auch Barbara Potthast: »Elisa Alicia Lynch (1831–1886): ein weiblicher Lebenslauf zwischen den Kontinenten«. In: Bernd Hausberger (Hrsg.): *Globale Lebensläufe. Menschen als Akteure im weltgeschichtlichen Geschehen.* Wien 2006, S. 169–195.

EVA DUARTE DE PERÓN (EVITA)
ARGENTINIEN, 1919–1952

Auch wenn sie nie ein politisches Amt bekleidete, so war Eva Duarte de Perón doch für einige Jahre die mächtigste Frau Argentiniens. Als zentrale Figur des Peronismus, für viele fast wichtiger als Perón selbst, wurde sie schon zu Lebzeiten verehrt wie eine politische Heilige oder verdammt als selbstsüchtiges und naives Starlet. Als Hauptfigur eines erfolgreichen Musicals und mehrerer Filme bewegt Eva Duarte de Perón, besser bekannt als Evita, noch immer die Gemüter vieler Menschen auf der ganzen Welt. Die historische Figur Evas ist jedoch inzwischen stark hinter derjenigen des Mythos zurückgetreten.

Die Geburtsurkunde von Eva Ibarguren, wie sie zunächst hieß, ist verschwunden, aber aufgrund zahlreicher Indizien muss man davon ausgehen, dass sie im Mai 1919 in einem Dorf im Hinterland von Buenos Aires geboren wurde. Sie selbst hat sich später, wie so viele berühmte Frauen, etwas jünger gemacht und den Nachnamen ihres Vaters, Duarte, angenommen, der zwar mit ihrer Mutter zeitweise zusammen lebte und fünf gemeinsame Kinder hatte, aber mit einer anderen Frau verheiratet war. Nach dem Tod des Vaters zog Evitas Mutter 1930 in die nahegelegene Stadt Junín, wo sie als Heimnäherin bessere Verdienstmöglichkeiten hatte. Das Kleinstadtkino weckte in Evita bald den Wunsch, Schauspielerin zu werden. Sie nahm an der Theatergruppe der Schule teil, und nach Abschluss der Schule mit 16 Jahren setzte sie durch, ihr Glück in Buenos Aires versuchen zu dürfen.

Ob, wie einige Biographen behaupten, Evitas Mutter sie in die Hauptstadt begleitet und dort in einer kleinen Pension untergebracht hat, oder, wie andere meinen, sie mit einem Tangosänger durchgebrannt ist, sei dahin gestellt. Auf jeden Fall waren die Anfangsjahre in Buenos Aires für das Mädchen aus der Provinz schwierig und entbehrungsreich. Schließlich gelang es Eva, zunächst in einer Schauspieltruppe und dann beim Radio Fuß zu fassen. Zu Beginn der 1940er Jahre, mit etwas mehr als 20 Jahren, wurde sie durch ihre Mitwirkung in einer populären Radioserie bekannt. Rundfunkzeitschriften dichteten ihr, wie in solchen Fällen üblich, eine Reihe von Romanzen mit Kollegen oder Hörfunkdirektoren an. Allerdings zeigte sich bei Eva schon damals eine bemerkenswerte Fähigkeit, ein Netz von Kontakten aufzubauen und dies zu ihren Gunsten zu nutzen.

Als im Jahre 1943 eine Gruppe junger Offiziere (*Grupo de Oficiales Unidos*, GOU, dt.: Gruppe der vereinten Offiziere), unter ihnen Juan Domingo Perón, gegen die unpopuläre liberal-konservative Regierung putschte, um eine grundlegende Veränderung des Staates und der Gesellschaft nach ihren Vorstellungen herbeizuführen, saßen mit einem Mal einige ihrer Freunde in einflussreichen Positionen im Rundfunk- und Propagandasekretariat.

Eva erhielt, vielleicht nicht zuletzt aufgrund der Protektion durch einflussreiche Mitglieder der neuen Regierung, einen Vertrag beim wichtigsten Radiosender der Hauptstadt, Radio Belgrano, für die Sendung »Grandes Mujeres de todos los tiempos«, in der sie das Leben vorbildhafter Frauen, sogenannte Heldinnen der Geschichte, vorstellte. Die Beiträge vermittelten allerdings keine feministischen, sondern traditionelle und sehr stark patriotisch gefärbte Botschaften, die dem politischen Klima und der nach dem Militärputsch eingeführten Zensur entsprachen.

Möglicherweise begegnete sie in ihrem neuen Freundeskreis schon damals Perón, die »offizielle« Version ist jedoch, dass sich die beiden am 22. Januar 1944 anlässlich einer großen Benefizveranstaltung kennenlernten. An diesem Abend begann eine Beziehung, die rasch zu einer Lebensgemeinschaft führte, eine gesellschaftlich damals noch nicht akzeptierte Form der Partnerschaft. Eva war also kein völlig unbeschriebenes Blatt, als sie Perón traf, weder persönlich noch politisch und gesellschaftlich, auch wenn beide es später so darstellten. Nach wenigen Monaten war sie zu seiner engsten Vertrauten geworden und bei politischen Besprechungen im informellen Kreis oft zugegen. Perón war unter der neuen Militärregierung Chef des Arbeitssekretariates, das wenig später in den Rang eines eigenständigen Ministeriums erhoben wurde. Als Minister versuchte er, nach dem Vorbild des italienischen Faschismus Argentinien zu einer korporativen Gesellschaft umzuwandeln, in der es zu einer Versöhnung von Arbeit und Kapital unter Führung des Staates kommen sollte. Darüber hinaus bot ihm die Position als Arbeitsminister eine hervorragende Möglichkeit, über die Schaffung von Loyalitäten und Klientel seine politische Macht zu festigen. Er verstand es vor allem, einen großen Teil der Gewerkschaften eng an sich zu binden, und Eva wurde dabei immer stärker zu seiner Stütze.

Nach dem Ende des Zweiten Weltkrieges verstärkte sich der Druck vor allem der USA auf die argentinische Militärregierung, so dass Präsident Edelmiro Julián Farrell im Juli 1945 freie Wahlen ankündigte. Im darauffolgenden Wahlkampf geriet Perón mit seiner Sozialpolitik ins Zentrum der Polemik. Während Perón die traditionellen Politiker diffamierte und eine »wahre Vertretung des Volkes und der Arbeiterschaft« forderte, warfen ihm seine Gegner Nähe zum Faschismus und Nationalsozialismus vor. Der Wahlkampf nahm immer heftigere Züge an, es kam zu Ausschreitungen bei den Demonstrationen, und auf Drängen der Militärs erklärte Perón schließlich seinen Rücktritt als Arbeits- und Sozialminister, was wiederum die Arbeiter und Gewerkschaften auf den Plan rief, die alle Errungenschaften, die sie unter Perón erreicht hatten, gefährdet sahen. Es folgten weitere Massendemonstrationen, die mit Toten und Verletzten endeten. Perón wurde kurzfristig inhaftiert, musste aber infolge weiterer tagelanger Demonstrationen und Streiks der Dachgewerkschaft wieder freigelassen werden. Als er sich schließlich am 17. Oktober zusammen mit dem Präsidenten auf dem Balkon des Regierungsgebäudes, der *Casa Rosada*, zeigte, war seine Präsidentschaftskandidatur nicht mehr aufzuhalten. Diese Ereignisse markieren auch den Beginn einer charismatischen Verbindung zwischen Perón, Evita und den *descamisados* (dt.: Hemdlosen), einer zunächst abwertenden Bezeichnung für die Arbeiterschaft und die Unterschichten vom Lande.

Wo war Evita in dieser für Perón so prekären Situation? Sowohl ihren Gegnern als auch ihren Anhängern zufolge hatte sie bei der Organisation der Demonstration vom 17. Oktober eine entscheidende Rolle gespielt. Sie selbst hat später den 17. Oktober 1945 als ihre zweite Geburt bezeichnet, jedoch nie für sich in Anspruch genommen, die Ereignisse weitgehend beeinflusst zu haben. Beide Versionen haben nach heutigem Kenntnisstand wenig mit der Realität zu tun, denn Evita konnte bei diesen Ereignissen noch nicht die entscheidende Rolle spielen, da ihre Kontakte zu den Gewerkschaftsführern noch nicht gefestigt waren. Allerdings hatte sie durchaus ein politisches Bewusstsein und offenbar auch schon eine Strategie.

Und zu dieser gehörte eine formelle Anerkennung der privaten und politischen Verbindung, die sich zwischen Perón und Eva Duarte inzwischen ergeben hatte. Kurz nach Peróns Entlassung heirateten die beiden, und die von den Konservativen wegen des nichtehelichen Zusammenlebens verachtete Geliebte, das nicht ganz salonfähige »Radiosternchen«, wurde zu Eva Duarte de Perón, der Gattin des Präsidentschaftskandidaten.

Der Ende 1945 anstehende Wahlkampf zeigte einige Ungewöhnlichkeiten für argentinische Verhältnisse. Juan Domingo Perón beschränkte seine Kampagne nicht auf die Hauptstadt

Buenos Aires und die nähere Umgebung, sondern bereiste das gesamte Land. Evita begleitete ihn auf den meisten seiner Reisen und Wahlversammlungen, auch wenn sie sich zunächst im Hintergrund hielt. Im Februar 1946 gewann Perón die Präsidentschaftswahlen mit deutlicher Mehrheit. Schon wenige Wochen nach seiner Amtsübernahme begannen die Zeitungen zunehmend, über eine Reihe von Aktivitäten der Präsidentengattin zu berichten. Sie verteilte Spielzeug in einem Waisenheim, reiste in eine Stadt des Hinterlandes, um ein Krankenhaus einzuweihen und wohnte einer Parlamentssitzung bei, die über das Frauenwahlrecht beriet. Zwar gehörte es zu den üblichen Aufgaben der Präsidentengattin, Wohltätigkeitsveranstaltungen beizuwohnen, doch die Häufigkeit der Auftritte Evas sowie die Tatsache, dass sie diese unabhängig von ihrem Mann und von der traditionellen Wohlfahrtsorganisation, der *Sociedad de Beneficencia*, unternahm, widersprach den Regeln. Wenig später begann Eva, ihren Mann bei Auftritten vor der Arbeiterschaft zu vertreten und Sprechstunden in einem eigens für sie eingerichteten Büro abzuhalten. Nachdem Perón zum Staatsoberhaupt gewählt worden war, fiel Eva der Part zu, die charismatisch-klientelistische Verbindung zu den *descamisados* aufrechtzuerhalten.

Evita übernahm einerseits die üblichen Aufgaben einer Präsidentengattin, darüber hinaus jedoch andere, die völlig außerhalb des traditionellen Protokolls lagen. Hier mag ihr zugute gekommen sein, dass sie zuvor lange berufstätig und als Schauspielerin öffentliche Auftritte und Reden gewohnt war. Wichtiger war aber sicherlich, dass sie im Laufe der Jahre und vor allem, seit sie mit Perón zusammenlebte, ein politisches Projekt entwickelt hatte, das auch dasjenige ihres Mannes beeinflusste. Beide waren bald auch politisch so untrennbar miteinander verbunden, dass manche Historiker meinen, Eva sei peronistischer gewesen als Perón selbst. Evita behauptete stets, sie verdanke Perón alles und sie versuche nur an das Volk weiterzugeben, was dieser ihr ermöglicht habe. In einer Reihe von

Reden hat sie immer wieder die Verbindung der eigenen Herkunft aus armen Verhältnissen mit ihrem als Präsidentengattin vehement ausgefochtenen Kampf gegen soziale Ungerechtigkeit betont. Sie fühlte sich aufgrund dessen besonders befugt, als Mittlerin zwischen den *descamisados* und Perón, dem Führer der Partei und Präsidenten, zu agieren. Doch de facto war sie nicht nur die Mittlerin, sondern verfügte zunehmend über eigene Macht, und man kann ohne Übertreibung sagen, dass das peronistische Regime sich auf zwei letztlich voneinander abhängige Führungspersönlichkeiten stützte.

Peróns Aufstieg beruhte auf seinen Beziehungen zur Arbeiterschaft und zu den Gewerkschaften, vor allem zum Dachverband CGT *(Confederación General del Trabajo)*. Diesen band er durch eine ausgesprochen fortschrittliche Sozialpolitik an sich, die nicht nur für Lohnerhöhungen, sondern beispielsweise auch für billige Arbeiterwohnungen sorgte. Das dafür zuständige Arbeitsministerium besetzte Perón als Präsident dann aber lediglich mit einem unbekannten Gewerkschafter, die emotionale Verbindung zu den *descamisados* – seine wichtigste Machtgrundlage – übernahm hingegen seine Frau. Diese sorgte dafür, dass die Forderungen der peronistisch gesinnten Gewerkschaften schneller und unbürokratischer erledigt wurden, vermittelte in Arbeitskämpfen und förderte so die Peronisierung der Gewerkschaften.

Darüber hinaus gründete sie 1948 eine eigene Stiftung zur Unterstützung Bedürftiger. Ihre Gegner behaupteten später, sie habe dies getan, um sich an der traditionellen Oberschicht für die Erniedrigungen und die Verachtung zu rächen, die diese ihr entgegenbrachten, aber dies greift viel zu kurz. Zudem verfolgte sie mit ihrer Stiftung andere Ziele als nur philanthropische und arbeitete dort nicht als »Bevollmächtigte« Peróns (wie sie es selbst einmal ausdrückte), sondern in eigenem Namen.

Die *Fundación Eva Perón*, die von 1950 an in größerem Maße aktiv wurde, war zunächst nicht als Konkurrenzunternehmen zur staatlichen Sozialfürsorge gedacht, sondern hatte sich praktisch zwangsweise aus dem ungeheuer gewachsenen Engagement Evitas im sozialen Bereich ergeben, das eine stabile Organisation sowie einen gewissen rechtlichen Rahmen erforderte. Die Aufgaben der Stiftung reichten von kleinerer finanzieller oder materieller Hilfe wie der Verteilung von Kleidung oder Nähmaschinen bis hin zu sozialem Wohnungsbau und Stipendien. Hinzu kam die Errichtung von Schulen, Hospitälern, Erholungsheimen und Freizeitzentren wie Fußballanlagen. Finanziert wurden die vielfältigen Aktivitäten der *Fundación* einerseits vom Stiftungskapital, das aus Evitas persönlichem Vermögen stammte, vor allem jedoch aus Zuwendungen von Firmen oder Gewerkschaften. Inwieweit diese Spenden als freiwillig einzustufen sind, ist nicht auszumachen; vermutlich erfolgten sie häufig aus einer Art von »vorauseilendem Gehorsam« oder in der Erwartung, dafür an anderer Stelle belohnt zu werden. Denn Evita dachte in Netzwerken und Klientelbeziehungen, und sie hatte keine Bedenken, öffentliche Gelder für ihre eigenen Interessen und die ihrer Anhänger einzusetzen.

Immer wieder betonte sie aber auch, dass es der Stiftung nicht um Almosen und fromme Wohltätigkeit gehe, sondern um soziale Gerechtigkeit. Ziel sei es, den Armen das zukommen zu lassen, was die Reichen ihnen ungerechtfertigter Weise weggenommen hatten. Sowohl Evita als auch ihrem Mann war die politische Bedeutung der Stiftung bewusst. Die *Fundación* ergänzte die Sozialpolitik der Regierung, und dies wurde um 1950, als die argentinische Wirtschaft und damit die Einnahmen des Staates in eine Krise gerieten, zunehmend wichtiger. Evita benutzte die Stiftung, um das Band zwischen Perón und den Arbeitern zu festigen und auf andere Gruppen auszudehnen. Gleichzeitig konnte sie damit ihre eigene Identität und ihren Einfluss auf die Unterschichten unabhängig von der Regierung stärken. Als Präsidentin der *Fundación* musste Evita niemandem Rechenschaft über den Verbleib des Stiftungskapitals ablegen. Diese Situation gab den Gerüchten über Unregelmäßigkeiten und Bereicherung Auftrieb und verdeutlicht zugleich symbolisch Evitas Position in der argentinischen Politik der damaligen Zeit: Eva Perón war in die Machtstrukturen auf informelle Weise integriert, weshalb sie nicht durch institutionelle Gegengewichte eingeschränkt wurde. Dies verschaffte ihr einen viel größeren Handlungsspielraum und erlaubte ihr kompromisslosere Positionen als ihrem Mann, worüber dieser nicht immer sehr glücklich gewesen sein dürfte.

Nicht nur die Argentinierinnen und Argentinier waren von der Persönlichkeit der jungen Präsidentengattin fasziniert. Im Jahr 1947 sandte Perón sie auf Europareise mit dem Ziel, die Anerkennung seiner Herrschaft seitens der Europäer zu erlangen. Evita wurde als Gattin des argentinischen Präsidenten mit allen diplomatischen Ehren in Spanien empfangen und durchbrach damit als Erste die außenpolitische Isolation des Regimes von General Franco. Weitere Reisen nach Frankreich, in die Schweiz und nach Italien folgten, und sie erhielt eine Audienz bei Papst Pius XII. Nur die britische Queen verweigerte ihr einen Empfang. Überall in Europa erregte die hübsche, inzwischen von Pariser Couturiers ausgestattete junge Präsidentengattin Aufsehen und beflügelte die Phantasie der Menschen. Der konkrete politische Erfolg der Europareise Evitas ist schwer abzuschätzen, der propagandistische sowohl für das Ehepaar Perón in Argentinien als auch für die peronistische Regierung in Europa war jedoch erheblich. Indes widmete sich Evita nach ihrer Rückkehr in erster Linie wieder den *descamisados*, obschon sie durch die Reise ihre Fähigkeit, sich als Präsidentengattin auch in höchster Gesellschaft tadellos zu bewegen, bewiesen hatte.

Am 23. September 1947, genau einen Monat nach der Rückkehr Evitas aus Europa, organisierte die CGT eine Demonstration vor dem Präsidentenpalast, um die Ratifizierung des Gesetzes Nr. 13010 zu unterstützen, das den Frauen in Argentinien endlich Stimmrecht gewähren sollte. Bereits siebenmal

hatte dem argentinischen Kongress ein ähnlicher Gesetzesent-
wurf vorgelegen, war jedoch immer in dieser Kammer oder im
Senat durch Nichtbeachtung gescheitert. Perón aber hatte
schon bei seiner Wahl 1945 angekündigt, er werde die Verfassung dahingehend ändern, und das Gesetz passierte den Kongress schließlich ohne Schwierigkeiten. Perón legte in einem
feierlichen Akt – von manchen Zuschauern später als eine Art
sakrale Handlung bezeichnet – eine Ausfertigung des Gesetzes
in die Hände seiner Frau Evita. Die traditionelle argentinische
Frauenbewegung und deren jahrzehntelange Kämpfe für die
politischen Rechte und das Wahlrecht der Frauen wurden völlig ignoriert; das Stimmrecht wurde zu einem persönlichen
Geschenk Peróns und seiner Gattin umgewertet. Evitas fakti-
scher Anteil am Zustandekommen des Gesetzes zum Frauenwahlrecht war äußerst gering. Sie stilisierte sich zudem stets
entsprechend den traditionellen Rollenbildern. Feministinnen
hielt sie für unweiblich, und sie hob stets ihre Unterordnung
unter den Führer Perón hervor. Der Peronismus integrierte die
Frauen auf der Basis dieser traditionellen Rollenbilder in die
Politik und betonte gerade die angeblich naturbedingten Un-
terschiede der Geschlechter und die daraus resultierende Ar-
beits- und Rollenteilung. Da die Frau von Natur aus liebe-
voller, intuitiver, gefühlsbetonter und treuer sei als der Mann,
sei ihre politische Beteiligung für das Wohlergehen der Nation
unumgänglich. Auf diese Weise ermöglichte der Peronismus
den argentinischen Mittel- und Unterschichtfrauen, sich an
der Politik zu beteiligen, ohne das bisherige Selbstverständnis
in Frage stellen zu müssen. Andererseits erlaubte dies denjenigen Frauen, die bereits ein anderes Rollenverständnis entwickelt hatten und über die traditionelle Position hinaus-
gegangen waren, sich in der Öffentlichkeit zu engagieren. So
schwenkten denn auch einige Feministinnen ins peronistische
Lager über.

Nach der Verkündung des Frauenwahlrechts und einer neu-
en peronistischen Verfassung gründete Evita 1949 eine eigene

Frauensektion innerhalb der peronistischen Partei, den sogenannten *Partido Peronista Feminino* (PPF), der neben der Gewerkschaft und der männlichen Partei die dritte Säule des Peronismus bildete. Evitas Frauenpartei wurde ein unglaublicher
Erfolg. Ein Jahr nach ihrer Gründung zählte die Organisation
bereits eine halbe Million Mitglieder und verfügte über 3600
Ortsgruppen oder Parteizentralen. Um insbesondere die Unterschichtfrauen zu erreichen, baute der PPF zahlreiche Nachbar-
schaftszentren auf, sogenannte *unidades básicas.* Dort konnten
die Frauen Sprach- und Nähkurse, Kurse in Erster Hilfe, Tanz
oder Frisieren belegen, Lesen und Schreiben lernen oder medizinische sowie juristische Beratung erhalten, und währenddessen wurde für die Betreuung ihrer Kinder gesorgt. Darüber
hinaus gab es Diskussionsrunden zu politischen und gesellschaftlichen Themen. Ähnlich wie bei Evitas anderen Aktivitäten ging es auch hier vor allen Dingen darum, die Menschen
über konkrete Hilfen und persönliche Kontakte für sich zu
gewinnen, statt durch bürokratische Hindernisse oder politische Diskussionen zu verschrecken. Der Erfolg dieses Konzep-
tes zeigte sich bei den Wahlen von 1951: 90 Prozent der wahlberechtigten argentinischen Frauen gingen zu den Urnen und
20 Prozent der peronistischen Abgeordneten waren Frauen.

Eva blieb bis zu ihrem frühen Tode die unangefochtene Führerin des PPF, nachgeordnet nur Juan Domingo Perón. Wichtiger aber blieben ihre Beziehungen zu den Gewerkschaften
und die von ihr aufgebaute Stiftung, und in beiden spielten
die Belange der Frauen eine zunehmende Rolle. Bereits 1944
hatte Perón eine eigene Frauenabteilung im Ministerium für
Arbeit und Wohlfahrt eingerichtet, und 1949 wurde ein Dekret
erlassen, das die Gleichbezahlung beider Geschlechter in der
Textilindustrie vorsah, in der Frauen besonders stark vertreten
waren. In anderen Industriezweigen gelang es nicht, das Prin-
zip »gleicher Lohn für gleiche Arbeit« durchzusetzen, doch
zumindest erreichte man eine Verringerung der Differenz zwischen männlicher und weiblicher Bezahlung. Vor allem aber

akzeptierten die Peronisten außerhäusliche Erwerbstätigkeit von Frauen, die so in »ehrbarer und würdiger Weise« sowohl zum Unterhalt ihrer Familie als auch zum Wohle des ganzen Landes beitrugen. Den *descamisados* und *descamisadas* wurde ein neues Selbstwertgefühl vermittelt, und auch dies stellt eine wichtige Grundlage für die emotionale Bindung der Arbeiterschaft an den Peronismus dar. Diese wurde allerdings auch durch die Kompromisslosigkeit gefördert, mit der vor allem Evita die bedingungslose Hingabe an die Sache des Peronismus forderte und dabei immer stärker religiöses Vokabular benutzte.

Auf der Höhe der Macht aber wendete sich für Evita das Blatt – sowohl im Persönlichen als auch im Politischen. Bei einer Blinddarmoperation entdeckte ihr Arzt 1950 Unterleibskrebs im Frühstadium. Evita weigerte sich jedoch, die Diagnose zur Kenntnis zu nehmen und weitere Untersuchungen zuzulassen. Stattdessen stürzte sie sich in die Arbeit und verdächtigte alle, die sie mahnten, an ihre Gesundheit zu denken, dass sie sie doch nur aus dem Weg haben wollten. Im politischen Bereich machten sich die ersten Probleme der Wirtschaftspolitik Peróns und die sich allgemein verschlechternde Lage bemerkbar. Dies schlug sich vor allem in einer steigenden Inflation nieder, welche die lohnabhängigen Arbeiter in Bedrängnis brachte. Es folgte ein großer Streik der Eisenbahnergewerkschaft, der den Export lahmlegte und damit das gesamte Land hart traf. Anders als in früheren Fällen gelang es diesmal selbst Evita nicht, den Streik beizulegen. Erstmals zeichneten sich aber auch Differenzen zwischen Eva und Perón in der Frage ab, wie man auf die wachsenden sozioökonomischen Probleme reagieren sollte.

Daher versuchte man, mit Hilfe einer großen Demonstration der *descamisados* in Buenos Aires im August 1951 die alte charismatische Verbindung der beiden Peróns zu den sie unterstützenden Arbeitern neu zu beleben. Auf dieser Veranstaltung stand Juan Domingo Perón eher im Hintergrund, während Evitas Reden begeistert aufgenommen wurden. Sie gipfelten in der Forderung seitens der versammelten Anhänger, sie für die kommenden Wahlen als Vizepräsidentin zu nominieren. In Argentinien werden, ähnlich wie in den USA, der Präsident und sein Stellvertreter direkt gewählt. Diese Forderung war Höhepunkt und zugleich Endpunkt von Evitas politischer Karriere. Es gibt Hinweise darauf, dass Eva mit Hilfe der Gewerkschaft und des PPF selbst auf diese Forderung hingearbeitet hat, während Perón der Vorstellung eher ablehnend gegenüber stand. Einerseits weil er nicht davon überzeugt war, dass sie für diese Position geeignet war, vor allem aber auch, weil er wusste, dass dies den erbitterten Widerstand der Militärs und möglicherweise einen erneuten Putsch hervorrufen würde. Einer anderen Version zufolge sollte die Veranstaltung vor allem dazu dienen, den Verzicht zu inszenieren, um noch einmal Spannung in den Wahlkampf zu bringen, zumal an einem Wahlsieg Peróns keine Zweifel bestanden. Die neueste politische Biographie lehnt diese Theorie allerdings mit guten Argumenten als ziemlich unwahrscheinlich ab, und sieht vielmehr Evita selbst und die Gewerkschaftsführer als treibende Kräfte. Wie auch immer, der Vorschlag stand im Raum, und Evita bot sich zunächst eine Bedenkzeit aus. Eine Woche später, am 22. August 1951, erklärte sie ihren Verzicht auf das Vizepräsidentenamt. Ihre Begründung lautete Bescheidenheit, Selbstlosigkeit und Loyalität gegenüber Perón. Sie wolle weiterhin als Evita Teil des Volkes sein – nicht mehr und nicht weniger. Perón hatte sich also durchgesetzt, vermutlich mit Hinweis auf die Gefahr eines Militärputsches oder Bürgerkrieges im Falle einer Kandidatur seiner Frau. Möglicherweise hat auch ihr gesundheitlicher Zustand, den sie allmählich nicht mehr ignorieren konnte, eine Rolle gespielt.

Eva musste schließlich einer Operation zustimmen, die aber zu spät kam. Am Wahltag gab sie vom Krankenbett aus ihre Stimme ab. Perón gewann die Wahlen mit einer noch größeren Mehrheit als 1945, und diesmal bestand die überwiegende Zahl seiner Anhänger aus Frauen.

Evita erholte sich in den folgenden Wochen allmählich von ihrer Operation und ging wieder dazu über, Geschenke zu verteilen sowie Reden vor den *descamisados* zu halten, doch machte sich zunehmend ein apokalyptischer und messianischer Ton bemerkbar. Biographen haben dies einerseits mit der Vorahnung ihres baldigen Todes, andererseits mit der Einnahme starker Medikamente in Verbindung gebracht. Vielleicht lag es aber auch einfach daran, dass Eva nun auf niemanden mehr Rücksicht nahm und sich keine Gedanken darüber machte, welche Folgen eine Radikalisierung ihrer Anhänger haben würde. Sie drohte der argentinischen »Oligarchie« unverhohlen mit Gewalt, sollten diese sich dem peronistischen Projekt widersetzen, ein Zug der späten Evita, den die peronistischen Guerilleros der 1970er Jahre mit ihrem Motto *Si Evita viviera, sería montonera* (dt.: Wenn Evita lebte, wäre sie Montonera) aufgriffen.

Eva Perón verfügte bis zum letzten Moment über eine eiserne Willenskraft, die sie ihre politischen Aktivitäten weiterführen ließ. So hielt sie, zum Erstaunen ihrer Ärzte, am 1. Mai 1952 noch einmal eine flammende Rede vom Balkon des Präsidentenpalastes. Anschließend brach sie zusammen, und dem zweiten Amtsantritt ihres Mannes am 4. Juni konnte sie nur noch mit Hilfe von starken Medikamenten und physischer Stütze beiwohnen. Während die Gegner des Präsidenten wiederholt über das Radio Evitas Tod ankündigten, ließ die Tatsache, dass dieser noch nicht eingetreten war, ihren bereits zu Lebzeiten bestehenden Mythos weiter wachsen. Am 26. Juli 1952 schließlich verkündete das staatliche Radio das Ableben der »geistigen Führerin der Nation«. Eva Duarte de Perón war 33 Jahre alt geworden. Die Regierung verordnete Staatstrauer, und die Reihen der Argentinier, einen letzten Blick auf die Präsidentengattin zu werfen, rissen nicht ab. Die Kondolenzbücher reichten nicht aus, und die Blumenläden waren völlig ausverkauft. Bereits kurz nach ihrem Tod dachte die Gewerkschaft der Zeitungsverkäufer ernsthaft darüber nach, Evitas Heiligsprechung zu beantragen.

Evitas Leichnam wurde auf ihren eigenen Wunsch hin von einem der besten Spezialisten weltweit einbalsamiert. Bis zur Fertigstellung eines Mausoleums wurde der Leichnam in einer hierzu hergerichteten Kapelle im Gebäude der Gewerkschaftszentrale aufgebahrt. Die Beratungen der Kommission über die Ausgestaltung des Mausoleums zogen sich hin, ebenso wie die Probleme der Regierung Perón. Die schlechten wirtschaftlichen Bedingungen, aber auch der zunehmende Widerstand von Teilen der Armee und der Kirche führten schließlich im September 1955 zum Sturz Peróns, der sich nach Spanien ins Exil begab. Die Stiftung Eva Perón wurde im darauffolgenden Jahr vom Staat eingestellt, allerdings wurden deren Krankenhäuser, Wohnheime und sonstige Einrichtungen unter staatlicher Verwaltung weitergeführt.

Der Verehrung Evitas durch große Teile des Volkes folgte ihre Verteufelung durch die neuen Machthaber sowie alten Gegner; so trug eine damals erschienene Biographie über Evita den Titel »Die Frau mit der Peitsche«. Der Hass der Sieger auf den Peronismus konzentrierte sich immer stärker auf Evita, und die neuen Machthaber verboten, ihre Bildnisse, die in vielen Häusern einen prominenten Platz gefunden hatten, aufzuhängen. Darüber hinaus stellte sich die Frage, was mit Evitas einbalsamiertem Leichnam geschehen sollte. Man fürchtete, er würde zu einer Wallfahrtsstätte werden, sofern man ihn in der Zentrale der Gewerkschaft ließe. Ihn zu verbrennen jedoch scheute man sich ebenfalls. Die Lösung lag schließlich darin, den Leichnam an geheimer Stelle zu begraben, und so wurde unter größter Geheimhaltung die einbalsamierte Leiche im November 1956 aus der Gewerkschaftszentrale entfernt. Nur wenige Eingeweihte der damaligen Militärmachthaber wussten, wo sie sich befand bzw. wo die Information darüber hinterlegt war. Nur mit Mühe bekam man später heraus, dass Evita unter dem Namen María Maggi in Mailand beerdigt worden war. Sie wurde 1971 exhumiert und zur Identifizierung nach Spanien transportiert, wo sowohl Perón als auch der Arzt, der Evita einbalsamiert hatte, im Exil lebten. Als Perón 1973 erneut zum Präsidenten gewählt wurde, ließ er wenige Zeit später auch Evitas Leichnam zurückholen. In einem Versuch, an die alten Erfolge anzuknüpfen, wurde Peróns dritte Ehefrau Isabel (María Estela, S. 118) als Vizepräsidentin nominiert, konnte jedoch in keiner Weise an Evitas Rolle anknüpfen.

Die Militärdiktatur und die anschließende Redemokratisierung ließen die Figur Eva Peróns erst einmal in den Hintergrund treten. Sie verkam zu einer Pop-Ikone eines erfolgreichen Musicals, das mit Madonna in der Hauptrolle verfilmt wurde und bis heute immer noch Publikum anzieht. Mit der historischen Evita hatten beide allerdings nicht viel gemein. Politisch tauchten erst Ende des 20. Jahrhunderts wieder verstärkt Erinnerungen an Evita auf, als mit Cristina Fernández de Kirchner (S. 158) und Néstor Kirchner erneut ein politisches Ehepaar die Bühne betrat. Zwar ist Cristina Kirchner eine andere Persönlichkeit als Eva Perón, und auch das Frauenbild in Argentinien hat sich in den vergangenen Jahrzehnten enorm gewandelt, doch finden sich Züge des »klassischen Peronismus« wie starker Klientelismus, enge Bindung an die Gewerkschaften und Evitas assistentialistische Haltung im »Kirchnerismus« wieder. Und Cristina Fernández de Kirchner präsentiert sich wie Evita als Modepuppe.

Ausgewählte Literatur:

Die nach wie vor beste Biographie: Marysa Navarro: *Evita*. Buenos Aires 1994.

Anlässlich ihres 50. Todestages im Jahr 2002 erschienen auch auf Deutsch eine Reihe von dokumentarisch-romanhaften Lebensgeschichten Evitas, so diejenige von Alicia Dujovne Ortíz: *Evita Perón. Die Biographie.* Berlin 1996, und der relativ gut recherchierte, aber literarisch verfremdete Roman von Tomás Eloy Martínez: *Santa Evita.* Frankfurt am Main 1997. Das mit Madonna und Antonio Banderas 1996 verfilmte Musical *Evita* hingegen basiert weitgehend auf einem zeitgenössischen Buch: Mary Main (d. h. María Flores): *The Woman with the Whip. Eva Perón* (1952). Es greift viele Evita-feindliche Legenden auf bzw. kreiert sie und hat wenig mit der historischen Evita gemein. Historisch zuverlässiger, obwohl auch nicht frei von Legenden, ist der argentinische Film *Eva Perón* von Juan Carlos Desanzo (1996).

LYDIA GUEILER TEJADA

BOLIVIEN, 1921–2011

In Bolivien gilt Lydia Gueiler heute als eine traditionelle, bürgerliche Politikerin. Man kennt sie zwar noch als die erste weibliche (Interims-)Präsidentin des Landes und als erste Präsidentin Lateinamerikas, die als eigenständige Politikerin in dieses Amt gelangt war. Allerdings assoziiert man ihre politische Karriere mit der gescheiterten Politik des *Movimiento Nacionalista Revolucionario* (MNR, dt.: Nationalistisch-Revolutionäre Bewegung) und der Zeit der permanenten wirtschaftlichen und politischen Krisen. Doch war das Bolivien, in dem Lydia Gueiler politisch aktiv wurde, ein völlig anderes Land als das aktuelle Bolivien, und Personen wie sie halfen letztlich mit, die starren kolonialen Strukturen zu überwinden und Frauen und Indigenen einen Platz im öffentlichen Raum zu verschaffen.

Geboren wurde Lydia Gueiler Tejada am 28. August 1921 als einziges Kind des deutschstämmigen Moisés Gueiler und seiner Frau Raquel Tejada in Cochabamba. Der Vater starb früh, so dass die Mutter mit Handarbeiten und dem Untervermieten von Zimmern, der einzigen gesellschaftlich akzeptierten wirtschaftlichen Aktivität für Witwen der bürgerlichen Schicht, die kleine Familie durchbringen musste. Großvater Tejada allerdings beeindruckte seine Enkelin unter anderem durch sein politisches Temperament und seine Unerschrockenheit. Lydia absolvierte nach der Schule eine Ausbildung als Buchhalterin, heiratete sehr jung einen paraguayischen Offizier, bekam eine

Tochter und ließ sich bald wieder scheiden. Sie erhielt eine Anstellung bei der bolivianischen Nationalbank, mit deren Hilfe sie sich und ihre Tochter ernähren konnte. Ihr Einstieg in die Politik kam 1946 durch einen – letztlich gescheiterten – Streik der Angestellten der Bank. Kurz darauf trat sie dem *Movimiento Nacionalista Revolucionario* bei.

Obwohl Frauen in Bolivien bis dahin über keine politischen Rechte verfügten, engagierten sich viele Frauen in der Bewegung, deren erklärtes Ziel die Überwindung der autoritären oligarchischen Herrschaft war. Die Frauen beteiligten sich in den Basisorganisationen an der politischen Arbeit und führten als *comandos femeninos* Demonstrationen an. Die Bewegung wurde schnell verboten und arbeitete im Untergrund weiter. Einige Mitglieder, darunter auch Frauen, wurden an der Waffe ausgebildet. Sie operierten unter der Führung von Lydia Gueiler in sogenannten *grupos de honor* (dt.: Ehrengruppen) und wurden vor allem mit logistischen Aufgaben betraut. In den wichtigen Gremien der Partei waren, mit Ausnahme von Lydia Gueiler, keine Frauen vertreten.

1952 triumphierte die Bewegung, und Frauen sowie Analphabeten – und damit der größte Teil der indigenen Bevölkerung – erhielten endlich das Wahlrecht. Da die Verdienste der Frauen um die Revolution jedoch ansonsten nicht gewürdigt wurden, zogen sich viele bürgerliche Frauen wieder aus der aktiven Politik zurück oder beschränkten sich erneut auf die traditionellen Arbeiten im Wohlfahrts- und Sozialbereich. Eine der wenigen Ausnahmen war Lydia Gueiler, die als eine von zwei weiblichen Abgeordneten ins Parlament einzog. Dort setzte sie sich auch für die Rechte von Frauen ein und erreichte unter anderem die Einrichtung einer speziellen Abteilung für Frauen innerhalb des Arbeits- und Sozialministeriums. Allerdings blieb sie anderen weiblichen Gruppen des MNR, vor allem den zumeist aus Frauen der Unterschicht rekrutierten *barzolas*, gegenüber kritisch, denn diese weiblichen Claqueure, die auf der Straße auch schon mal handgreiflich wurden gegen

Gegner der Partei, entsprachen nicht ihren Vorstellungen von femininem Verhalten.

1953 wurde Lydia Gueiler zur Generalkonsulin und schließlich zur Geschäftsträgerin Boliviens in der Bundesrepublik Deutschland ernannt, und erregte hier mehr Aufsehen als in Bolivien, denn Frauen auf hoher diplomatischer Ebene waren in der BRD ein Novum. Ob diese Ernennung als Anerkennung für ihre Leistungen gedacht war, ob man damit eine zwar verdiente, aber unbequeme Frau abschieben wollte, oder ob sie, wie manche vermuten, an dem gescheiterten Putschversuch gegen Präsident Víctor Paz Estenssoro beteiligt war und man sie deshalb loswerden wollte, ist schwer zu entscheiden.

1956 kehrte sie nach Bolivien zurück und errang erneut einen Parlamentssitz, den sie – mit kurzer Unterbrechung von 1960–1962 wegen einer Stelle im Ministerium – in den folgenden acht Jahren behauptete. Ihre wichtigsten Themen waren die Rechte von Frauen, Arbeitern und Bauern. Die Jahre zwischen den Militärdiktaturen ab 1964 und dem Sturz von General Hugo Banzer 1978 verbrachte sie in verschiedenen lateinamerikanischen Ländern im Exil.

Bei den Parlamentswahlen vom Juli 1979 wurde sie erneut zur Abgeordneten gewählt, allerdings für die kleine, vom MNR abgespaltene Partei *Frente Revolucionario de Izquierda* (FRI, dt.: Revolutionäre Front der Linken). Sie wurde Parlamentspräsidentin, doch konnte sie dieses Amt – wiederum als erste Frau in Bolivien – nicht lange ausüben. Die politische Situation war in dieser Zeit geprägt von Wahlen, Putschen und Widerstand gegen die Putsche, die das Land politisch und ökonomisch destabilisierten. Nach einem fehlgeschlagenen Umsturzversuch des Militärs, der zur Absetzung des (vom Volk) gewählten Präsidenten geführt hatte, wurde Lydia Gueiler am 16. November 1979 einstimmig vom Parlament als Präsidentin gewählt.

Es war Lydia Gueilers Aufgabe, Neuwahlen vorzubereiten, und diese verliefen 1980 relativ ruhig und demokratisch. Allerdings versuchte ein betrunkener Offizier, der in ihre Residenz eingedrungen war, im März 1980, sie zu ermorden. Angesichts der immer prekärer werdenden wirtschaftlichen Situation erließ sie – unter dem Druck des Weltwährungsfonds – ein Austeritätsprogramm, das wiederum Proteste und Streiks der mächtigen Gewerkschaften hervorrief. Diese Proteste sowie ein aufgrund der Unruhen drohender neuerlicher Putsch des Militärs zwangen sie am 17. Juli 1980 zum Rücktritt, noch bevor sie das Amt dem gewählten Nachfolger übergeben konnte. Sie selbst rechtfertigte diesen Schritt damit, dass sie ein Blutbad habe verhindern wollen, Kritiker werfen ihr aber vor, nicht energisch genug gegen die Militärs vorgegangen zu sein. Das Militär unter Führung von Lydia Gueiler Tejadas Cousin Luis García Meza Tejada übernahm erneut die Macht, und Lydia Gueiler ging nach Frankreich, wo ihre Tochter lebte. Gueiler, die mütterlicherseits mit der US-Schauspielerin Raquel Welch, eigentlich Jo Raquel Tejada, verwandt war, hatte sich inzwischen ein zweites Mal scheiden lassen.

Nach erneutem Exil, das diesmal nur zwei Jahre dauern sollte, kehrte Lydia Gueiler nicht mehr in die aktive Politik zurück, sondern entschied sich für den diplomatischen Dienst. Eine Ausnahme stellt eine kurze Zeit als Senatorin 1989–1990 dar. Von 1983–1985 vertrat sie Bolivien als Botschafterin in Kolumbien, von 1990–1993 in Venezuela. Auch setzte sie sich weiter für die Rechte von Frauen ein, vor allem auf der internationalen Ebene, denn in Bolivien selbst hat sich die Rolle der Frauen und die Art und Weise, wie diese ihren Platz in der Politik sehen, seit den 1980er Jahren grundlegend verändert. Der »bürgerliche« Feminismus, den sie vertrat, konnte hier nie recht Fuß fassen, und die indigenen und mestizischen Frauen, die im 21. Jahrhundert in die Politik streben, haben andere Vorstellungen. Doch Lydia Gueiler ist als erste weibliche Präsidentin aufgrund eigener politischer Meriten und nicht, wie Isabel Perón, aufgrund derjenigen ihres Ehemannes, eine wichtige symbolische Figur über Bolivien hinaus. Lydia Gueiler verstarb am 9. Mai 2011 nach langer Krankheit in La Paz. Nur drei Wochen zuvor hatte Präsident Evo Morales die fast 90-Jährige noch gebeten, gemeinsam mit anderen ehemaligen Präsidenten eine Strategie zu erarbeiten, die es Bolivien ermöglicht, seinen im sogenannten Salpeterkrieg von 1879 bis 1884 gegen Chile und Peru verlorenen Zugang zum Meer zurückzugewinnen.

Ausgewählte Literatur:

Lydia Gueiler Tejada: *Mi pasión de lideresa*. La Paz 2000.

Alfonso Crespo: *Lydia. Una mujer en la historia*. La Paz 1999.

»Lidia Gueiler Tejada. Falleció la ex presidenta de Bolivia«. Ein Nachruf auf die ehemalige Präsidentin. Auf: http://www.eabolivia.com/social/7202-lidia-gueiler-tejada-fallecio-la-ex-presidenta-de-bolivia.html, 11.5.2012.

ERNESTINA HERRERA DE NOBLE
ARGENTINIEN, *1925

Gegen den Willen des *Clarín* war es lange Zeit unmöglich, in den argentinischen Präsidentenpalast einzuziehen. Das hat sich inzwischen geändert, doch die Besitzerin der Tageszeitung, Ernestina Herrera de Noble, zählt immer noch zu den einflussreichsten Menschen in Argentinien. Sie hat den *Clarín* von ihrem Mann geerbt; inzwischen besitzt sie ein Medienimperium und ist eine der drei reichsten Frauen Lateinamerikas.

Sie ist so mächtig, dass kein Journalist sich traut, über sie zu schreiben, und kein Verlag es wagt, ein Buch über sie zu veröffentlichen, hieß es jahrzehntelang in Argentinien über Ernestina Herrera de Noble. Dies war nicht nur der Tatsache geschuldet, dass Forbes ihr Vermögen auf eine knappe Milliarde Dollar schätzt (über viele Jahre war es noch höher). Wer über sie ein kritisches Wort verlor, hatte auch fast jegliche Chance auf eine journalistische Karriere verspielt. Und selbst heute, nachdem die Großmütter der Plaza de Mayo 2002 mit dem Vorwurf an die Öffentlichkeit getreten sind, Herrera de Noble habe ihre beiden Kinder Marcela und Felipe 1976 unter der Militärdiktatur (1976–1983) illegal adoptiert, und die Justiz gegen sie ermittelt, fassen die meisten Presseorgane sie noch immer mit Samthandschuhen an. Selbst die besonders sensationslüsterne argentinische Regenbogenpresse veröffentlicht nur wenige von ihr autorisierte Fotos, die meist dann entstehen, wenn sie einmal im Jahr den von ihr ausgelobten *Clarín*-Literaturpreis verleiht. Zwar wird gelegentlich über ihre Liftings, die Zahl ihrer Pelzmäntel – es sollen 60 sein –, ihre in Paris maßgeschneiderten Kostüme oder ihre Urlaubsreisen im eigenen Jet spekuliert, doch über ihr Privatleben weiß man kaum etwas. Weil sie es so will.

Ernestina Herrera de Noble ist nicht nur Herausgeberin der mit gut 300 000 täglich verkauften Exemplaren größten überregionalen argentinischen Tageszeitung *Clarín* (dt.: Signalhorn), sie hält auch das größte Aktienpaket an der *Grupo Clarín*. Zu dem Medienimperium mit 16 000 Mitarbeitern gehören die Nachrichtenagentur *Diarios y Noticias* (DyN), das im Mai 2011 aus der Taufe gehobene Boulevardblatt *Muy*, das Gratis-Blatt *La Razon*, die Fußball-Tageszeitung *Olé*, die beiden Regionalblätter *Los Andes* und *La Voz del Interior*, drei Frauenzeitschriften, über ein Dutzend Fernsehkanäle, darunter der offene Kanal *Canal 13*, dessen Nachrichtensendung die meistgesehene im Lande ist, *Radio Mitre*, der Internet- und Kabelbetreiber *Cablevisión*, ein Schulbuchverlag, eine Privatpost sowie 49 Prozent Anteile an der Papiermühle *Papel Prensa*. Letztere hat auf dem argentinischen Markt fast eine Monopolstellung inne.

Macht und Vermögen waren Ernestina Laura Herrera nicht in die Wiege gelegt, als sie 1925 in Buenos Aires als eines von fünf Kindern des Ehepaares Juan Herrera und María del Carmen Morales das Licht der Welt erblickte. Über ihre Familie ist nur wenig bekannt, man weiß lediglich, dass Ernestina, die damals noch Laura gerufen wurde, gemeinsam mit ihrer Schwester Carmen Tanzunterricht nahm und ab 1946 im Flamenco-Lokal *El Tronio*, Avenida Corrientes 526, im Herzen von Buenos Aires auftrat. Nicht weit davon entfernt, in der Calle Moreno 840, hatte ein Jahr zuvor die Tageszeitung *Clarín* ihre Pforten geöffnet, und nach Feierabend zog die Belegschaft gern in das Flamenco-Lokal. Und dort wurde der Gründer und Herausgeber des *Clarín*, der Journalist Roberto Noble (1902–1969) auf Ernestina Herrera aufmerksam, zumindest hat dies der Anwalt und langjährige *Clarín*-Redakteur Pablo Llonto herausgefunden, der 2003 in einer unabhängigen Verlagskooperative unter dem Titel *La Noble Ernestina* (dt.: Die noble Ernestina) die bisher einzige, allerdings nicht autorisierte Biographie der Medienzarin veröffentlicht hat. Herrera de Noble selbst behauptet dagegen, sie habe ihren späteren Ehemann erst in den 1950er Jahren bei einer Bootsfahrt auf dem Río Paraná kennengelernt.

Noble brachte die 23 Jahre jüngere, zierliche Ernestina zunächst als Kassiererin in der Anzeigenabteilung seines Blattes unter, bis sie zu seiner Privatsekretärin avancierte. 1958 wurde Noble, obwohl bereits mit Ernestina liiert, Vater einer Tochter, Guadalupe, Lupita genannt. Wenig später heiratete er auf dem Papier in Mexiko deren Mutter, die Mexikanerin Guadalupe Zapata. Zwei Jahre später wurde die Ehe, die in Argentinien ohnehin nicht anerkannt wurde, wieder geschieden. Angeblich mit Rücksicht auf seine streng katholischen Eltern, die eine weitere Ehe des Sohnes nie akzeptiert hätten, heiratete der Verleger Ernestina Herrera erst 1967, als er bereits unheilbar an Krebs erkrankt war und sie ihn auf seiner Farm in der Provinz Córdoba pflegte. Sein Freund, der Journalist und Politiker Rogelio Frigerio, soll Noble zu dieser Eheschließung gedrängt haben, damit *Clarín* nach dessen Tod nicht in fremde Hände fiele. Ernestina, das wussten beide, war Noble treu ergeben und würde das Blatt in seinem Sinne weiter führen.

Nach der Heirat soll Noble auf Ernestinas Drängen sein Testament fünfmal geändert haben. Nach dem Tod des Verlegers 1969 verklagte Guadalupe Zapata die Witwe denn auch im Namen ihrer Tochter, und nach einem jahrelangen Prozess ging Nobles Farm in Córdoba sowie sein Kaufhaus *Galerías Pacífico* in Buenos Aires an seine Tochter Guadalupe. Die Tageszeitung aber behielt Ernestina. Längst hatte sie das Direktionsbüro bezogen. Solange Noble lebte, hieß sie in der Zeitung La Piti, weil er sie so genannt hatte, nach seinem Tod war sie dort nur noch La Viuda, die Witwe.

Zwar mischte sie sich im ersten Jahr nach dem Tod ihres Mannes nicht in das tägliche Geschäft ein, doch sie sorgte dafür, dass das Erbe ihres Mannes hochgehalten wurde, zunächst mit Unterstützung Frigerios, der ihr mit seinen politischen Kontakten auch behilflich war, frisches Geld für das verschuldete Blatt zu bekommen.

Noble hatte in den Jahren vor seinem Tod dem *desarrollismo* angehangen und ihn in seiner Zeitung propagiert. Diese politische Strömung, die vor allem die Wirtschaftspolitik unter Präsident Arturo Frondizi (1958–1962) bestimmte und deren Chefideologe in Argentinien Frondizis Staatssekretär für sozio-ökonomische Beziehungen Rogelio Frigerio war, strebte die Industrialisierung des Landes mit Hilfe ausländischen Kapitals vor allem in den Bereichen Metallverarbeitung, Petrochemie und Automobilproduktion an. Diesem Ziel verschrieb sich auch die Witwe, so wie sie auch bis heute an Nobles Idee festhält, eine Zeitung für die Mittelschicht zu machen.

Nachdem sie sämtliche Bücher ihres Mannes studiert hatte, nahm sie dann um 1970 das Steuer der Zeitung selbst in die Hand. Zum Wohle des *Clarín*, den sie wie Noble zur wichtigsten Zeitung des Landes machen wollte, mischte sich die attraktive Witwe unter die Reichen und Mächtigen des Landes, und es bereitete ihr keinerlei Kopfzerbrechen, dass Argentinien gerade von den Militärs unter General Juan Carlos Onganía regiert wurde. Sie erreichte, dass ihr die Regierung eine Ausnahmegenehmigung zum Import modernster Druckmaschinen erteilte. Zu deren Einweihung hielt Ernestina Herrera am 28. August 1970 im neuen Gebäude der Zeitung in der Calle Piedras im Beisein des Wirtschaftsministers ihre erste öffentliche Rede, in der sie ausdrücklich die am *desarrollismo* orientierte Wirtschaftspolitik der Militärregierung lobte.

Ein Jahr später empfahl Rogelio Frigerio der Witwe mit Héctor Magnetto einen jungen Wirtschaftsfachmann von der Universität La Plata, der Frigerios kleiner desarrollistischer Partei *Movimiento de Integración y Desarrollo* (MID, dt.: Bewegung für Integration und Entwicklung) angehörte. Herrera de Noble stellte ihn ein, über die Jahre wurde er ihr engster Vertrauter, und, so wurde zumindest gelegentlich gemunkelt, auch ihr Liebhaber. Gemeinsam sorgten die beiden künftig dafür, dass *Claríns* Kommentatoren sich an die von der Führung vorgegebene politische Marschrichtung hielten.

2007 sollte Jorge Fontevecchia, Verleger des Konkurrenzblattes *Perfil*, über Héctor Magnetto schreiben: »Die außergewöhnliche Energie, die Aufopferung und das Talent, die Magnetto 35 Jahre lang in *Clarín* an den Tag gelegt hat, haben es möglich gemacht, dass aus einer erfolgreichen Tageszeitung die größte Mediengruppe der argentinischen Geschichte wurde.« Zwar erkrankte Magnetto vor einigen Jahren an Kehlkopfkrebs, doch nach wie vor ist er Präsident und CEO der *Clarín*-Gruppe. Seit er den Medienkonzern 2007 in London und Buenos Aires an die Börse führte, hält er gemeinsam mit Herrera de Noble und zwei weiteren argentinischen Aktionären gut 70 Prozent der Aktien, Goldman Sachs hat knapp zehn Prozent in Händen, rund 20 Prozent sind in Streubesitz.

Ihr Biograph Llonto sagt Ernestina lediglich begrenzte intellektuelle Fähigkeiten nach, doch sie lernte, Leitartikel zu schreiben, wobei sie sich an den Texten ihres verstorbenen Mannes orientiert haben soll. Vor allem aber oblagen ihr auch nach der Einstellung Magnettos weiterhin die Kontakte zu Politik und Wirtschaft, wobei Llonto davon ausgeht, dass sie lediglich Magnettos Anweisungen folgte. Im Vorfeld des Urnenganges von 1973 speiste sie mit dem späteren Wahlsieger, dem Peronisten Héctor Cámpora. Da sich *desarrollismo* und Peronismus in der Wirtschaftspolitik weitgehend einig waren, bezog *Clarín* nun für den Peronismus Position, zunächst auch noch, als Cámpora den Präsidentenstuhl geräumt hatte, um eine dritte Wiederwahl seines Parteiführers Juan Domingo Perón zu ermöglichen.

Es waren unruhige Zeiten damals. Die linksperonistische Gruppe *Montoneros* sowie die prokubanische Guerilla *Ejército Revolucionario del Pueblo* (ERP, dt.: Revolutionäres Volksheer) warfen Bomben und entführten Militärs, Politiker und Unternehmer. Auch Ernestina lebte mit der Angst, entführt zu werden und fuhr jeden Tag auf einem anderen Weg in den Verlag. Doch noch etwas trieb sie um: Das Konkurrenzblatt *La Opinión* war von Hunderten jungen, links orientierten Journalisten besetzt worden, die dessen Enteignung forderten, damit dort künftig Journalismus für das Volk betrieben werden könnte. Auch im *Clarín* arbeiteten Sympathisanten der Guerillagruppen sowie in der links orientierten Pressegewerkschaft engagierte Redakteure und Verwaltungsangestellte.

Am 10. September 1973 entführte dann das ERP Bernardo Sofovich, den Justitiar des *Clarín*. Das ERP ließ ihn frei, weil die Zeitung bereit war, einige Kommuniqués der Gruppe zu veröffentlichen. Kaum war Sofovich am nächsten Tag wieder auf freiem Fuß, wurde das Gebäude des *Clarín* von einem rechtsperonistischen Kommando überfallen, das Brandbomben warf und die Anzeigenkasse mitgehen ließ. Eine Telefonistin wurde verletzt. Das dem rechten Teil der peronistischen Gewerkschaften nahestehende Terrorkommando nahm Rache dafür, dass die Witwe mit den Guerilleros trotz anderslautender Maßgabe seitens der Regierung über Sofovichs Freilassung hatte verhandeln lassen und dem ERP obendrein eine Plattform in der Zeitung eingeräumt hatte. Nach dem Überfall hatte Ernestina Herrera erst einmal genug von den Peronisten, ganz gleich, ob linker oder rechter Prägung, und die Zeitung begann, die peronistische Regierung zu kritisieren. Diese reagierte sofort und strich sämtliche staatlichen Anzeigen. Dieser wichtigen Einnahmequelle beraubt, erschien *Clarín* für eine Weile nur noch mit 36 anstatt der bisherigen 120 Seiten. Wohl oder übel musste man mit der Regierung verhandeln, und diese trotzte der Zeitung die Ernennung eines peronistischen Redaktionsleiters ab.

Nach Peróns Tod am 1. Juli 1974 übernahm dessen Frau Isabel (S. 118) als Vizepräsidentin das erste Staatsamt, und das politische und wirtschaftliche Chaos nahm weiter zu. Für alle

Fälle begann Ernestina Herrera, das Vermögen der Zeitung sicher anzulegen oder ins Ausland zu schaffen. Sie kaufte ein Ferienhaus in Uruguays Nobelbadeort Punta del Este, wo sie immer noch regelmäßig ihren Urlaub verbringt, sie erwarb Häuser für ihre Schwestern und plante den Bau ihrer Sieben-Millionen-Dollar-Villa in Martínez, einem Reichenvorort von Buenos Aires, in der sie bis heute lebt.

Einige Monate vor dem Putsch der Militärs gegen Isabel Perón am 24. März 1976 begann *Clarín*, sozusagen im vorauseilenden Gehorsam, 59 linke Redakteure und Angestellte zu entlassen, die sich in Belegschaftsversammlungen besonders hervorgetan hatten. Mitarbeiter, die sich organisieren und Forderungen stellen, sind bis heute nicht nach dem Geschmack des Führungsduos der Zeitung, und die Witwe hat angeblich noch nie einen Gewerkschafts- oder Mitarbeitervertreter empfangen. *Clarín* zahlt gut im Vergleich zu anderen Medien, und das weiß sie, und so zeigte sie sich immer eisern gegenüber jeglicher Forderung ihrer Mitarbeiter. Wer aufmuckt, so die Politik in der *Clarín*-Gruppe, muss gehen. Dies bekam auch Herreras Biograph Pablo Llonto zu spüren, der 1999 wegen seiner gewerkschaftlichen Aktivitäten nach 19 Jahren Firmenzugehörigkeit entlassen wurde. Im August 2000 bekamen sogar 117 Mitarbeiter die Papiere, die für kürzere Arbeitszeiten, aber auch für bessere Arbeitsbedingungen schwangerer und stillender Frauen auf die Straße gegangen waren. Frauensolidarität war noch nie ein Thema für Ernestina Herrera de Noble. Dabei erweckt sie gern den Eindruck, als sei die Redaktion so etwas wie eine große Familie, wenn sie alljährlich im hocheleganten, meist glitzernden Schneiderkostüm, ihrem Markenzeichen, am Jahrestag der Gründung der Zeitung eine Ansprache hält und verdienten Mitarbeitern einen goldenen Schlüsselanhänger in Form des *Clarín*-Logos – ein stilisierter Signalhornbläser – überreicht. Der Personalchef flüstert ihr jeweils zu, wem sie da die Hand schüttelt, denn die Herausgeberin kennt nur wenige ihrer Mitarbeiter.

Wie so viele Argentinier, war Herrera zufrieden, als die Militärs der Regierung Isabel Peróns ein Ende setzten, damit wieder Ruhe einkehrte im Land. Entsprechend berichtete ihre Zeitung. Sämtliche Linken waren bereits entlassen worden, so dass nur Carlos Alberto Pérez, der Leiter der Literaturbeilage, den Säuberungen der Militärs zum Opfer fiel, weil er in einem kleinen Verlag einige Werke Mao Zedongs herausgeben wollte. Er wurde im Mai 1976 am helllichten Tag von einer Gruppe bewaffneter Männer aus seinem Büro entführt und zählt heute zu den rund 30 000 Verschwundenen der Diktatur. Der Redaktionschef hatte versucht, nach ihm zu forschen, doch vergeblich. Pérez' Mutter glaubt, die Witwe hätte ihn retten können, wenn sie gewollt hätte. Doch die war damals damit beschäftigt, zwei Kinder zu adoptieren.

Im Mai 1976 bekam sie zunächst Marcela. Angeblich hat das Mädchen damals in einem Karton vor ihrem Haus gelegen, und zwei Zeugen, eine Nachbarin und ein Hausmeister eines Nachbarhauses, bestätigten dies. Richterliche Nachforschungen ergaben jedoch 2002, dass die vermeintliche Nachbarin nie neben Herrera de Noble gewohnt hat und der angebliche Hausmeister fast 40 Jahre lang der Chauffeur ihres verstorbenen Mannes war.

Im Juli folgte dann Felipe. Seine leibliche Mutter, eine Carmen Luisa Delta, Ausweisnummer 5847175, kam angeblich mit dem Kind im Arm zum Gericht in San Isidro und gab es zur Adoption frei. Die Richterin stimmte ohne Prüfung zu und übergab den Jungen der Witwe. Auch diese Angaben hielten den richterlichen Untersuchungen nicht stand. In Argentinien gibt es keine Frau dieses Namens. Die Ausweisnummer ist die eines Mannes, der nichts mit der Sache zu tun hat.

1991 kamen erstmals Vermutungen auf, dass die Witwe ihre guten Beziehungen zu den Militärs genutzt hatte und diese ihr die Kinder Verschwundener zur Adoption übergeben hatten. Es dauerte jedoch weitere elf Jahre, bis ein Richter auf eine Anzeige der Großmütter der Plaza de Mayo hin die Ermittlungen aufnahm. Er ließ Herrera de Noble, inzwischen 77 Jahre alt, festnehmen. Sie verbrachte wegen Verdachts auf Urkundenfälschung einige Tage in Polizeigewahrsam. Der Richter wurde sehr bald von dem Fall abgezogen. Marcela und Felipe Noble stellten sich auf die Seite der Witwe. Zwar haben sie Blutproben abgegeben und damit eine Feststellung ihres »genetischen Fingerabdrucks« ermöglicht, sie erlauben jedoch nicht, dass dieser mit sämtlichen Einträgen der genetischen Datenbank von Angehörigen Verschwundener abgeglichen wird, so dass ihre Identität nach wie vor ungeklärt und der Fall weiter anhängig ist.

Wieder auf freiem Fuß, veröffentlichte Herrera de Noble in ihrer Zeitung einen offenen Brief, in dem sie nicht nur ihre Unschuld beteuerte, sie schrieb auch, hinter der Anklage gegen sie verberge sich »ein politischer Sektor, der das Feld für die Übernahme der ganzen Macht säubert: Der erste Schritt ist die Zerstörung der unabhängigen Medien. … Sie wollen eine Diktatur errichten, die wie eine Demokratie aussieht, ohne Militärjuntas.« Die Herausgeberin versprach ihren Lesern, sie wolle auch weiterhin ein Medium führen, das die Demokratie verteidigt und »ein Werkzeug im Dienste der Menschen« bleibt.

Unter der Diktatur unterlag *Clarín* wie alle Medien der Zensur, doch die Witwe ließ auch sonst keinen Zweifel daran, dass sie auf Seiten der Militärs stand. Sie ließ sich wiederholt mit Juntachef General Jorge Rafael Videla ablichten. Ein Foto ging im Juni 1979 sogar um die Welt: In einer weißen Pelzjacke steht sie strahlend neben Videla, um der holländischen Nationalmannschaft den Pokal eines von *Clarín* organisierten, internationalen Fußballturniers zu überreichen.

Der Witwe ging es gut unter der Diktatur. Die Militärs schlossen 1977 ihre schärfste Konkurrenz, *La Opinión*, die in Besitz der Bankiers- und Verlegerfamilie Graiver war. So erreichte *Clarín* bald eine Auflage von 600 000 und konnte sich für eine Weile weltweit auflagenstärkste Zeitung in spanischer Sprache nennen.

Und die Militärs machten es möglich, dass *Clarín* größter Aktionär der Papiermühle *Papel Prensa* wurde, die bis dato zu 75 Prozent ebenfalls den Graivers und zu 25 Prozent dem Staat gehörte. Den Graivers sagte man nach, sie verwalteten die Konten der *Montoneros*. Nachdem Bankier David Graiver bei einem Flugzeugabsturz in Mexiko ums Leben gekommen war, erklärten sich auch die übrigen Familienmitglieder bereit, *Papel Prensa* zu einem äußerst günstigen Preis an *Clarín*, *La Nación* und *La Razón* zu veräußern. Es steht zu vermuten, dass sie seitens der Militärs aufgrund ihrer Verbindungen zu den *Montoneros* unter Druck gesetzt worden sind. Die Witwe Graivers bestätigte dies 2010, und ihr Bruder erklärte, Graivers Eltern und seine Schwester hätten sich zur Zeit der Vertragsunterschrift bereits in der Gewalt der Militärs befunden und man habe sie zum Verkauf gezwungen. Ein anderes Familienmitglied, Isidoro Graiver, der damals mit den Verhandlungen beauftragt war, widersprach dem jedoch. Die Graivers wurden zumindest wenig später von einem Militärtribunal wegen ihrer angeblichen Verbindungen zur Linken zu Haftstrafen verurteilt. Gänzlich aufgeklärt sind die Umstände des Verkaufs von *Papel Prensa* bis heute nicht, *Clarín* und *La Nación* behaupten, sämtliche Vorwürfe seien erfunden und hätten nur den Zweck, ihnen *Papel Prensa* wegzunehmen.

Die Witwe jedenfalls handelte Pablo Llonto zufolge damals den Generälen auch noch einen besonders günstigen Strompreis für *Papel Prensa* ab. Kaum war der Malwinenkrieg gegen Großbritannien 1982 verloren und das Ende der Diktatur absehbar, unternahm sie jedoch mit ihrer Zeitung vorsichtige Absatzbewegungen von der Diktatur.

Und ihr Imperium wuchs. Inzwischen hatte Herrera Anteile an der Nachrichtenagentur DyN erworben, und auch im Immobilienbereich hatte sie investiert. Ihr Mann hatte immer von einem Radiosender geträumt. Allerdings hatten die Militärs gesetzlich festgelegt, dass Besitzer von Printmedien weder im Hörfunk- noch im Fernsehbereich tätig werden dürften.

Und Raúl Alfonsín, erster gewählter Präsident nach der Diktatur, dachte keinesfalls daran, dies zu ändern. »Niemand kann gegen *Clarín* regieren«, hieß es schon damals in Argentinien. Alfonsín bekam dies zu spüren, bis er ein Auge zudrückte: die Besitzer von *Radio Mitre*, der wichtigsten Radiostation im Land, konnten diese an die Witwe verkaufen.

Die besten Geschäfte machte Herrera de Noble jedoch, nachdem 1989 der Peronist Carlos Menem das Präsidentenamt übernommen hatte und eine Politik der Privatisierung von Staatsfirmen in Angriff nahm. Sie stieg mit einer neu gegründeten Gesellschaft namens *Arte Radiotelevisivo Argentino* (ARTEAR) beim bislang staatlichen Fernsehsender *Canal 13* ein und übernahm die 13-prozentige Beteiligung der Tageszeitung *La Razón* an *Papel Prensa*. Und wenn die Politik nicht so wollte wie *Clarín*, spitzte man in allen Redaktionen, die inzwischen auf das Kommando der Witwe hörten, entsprechend die Federn. So wuchs die *Clarín*-Gruppe im Laufe der 1990er Jahre um einen Kabelbetreiber, diverse Fernsehkanäle und sonstige Angebote im Kommunikationsbereich.

2001 schossen sich die Medien der Witwe auf die Regierung des glücklosen Präsidenten Fernando de la Rúa von der *Unión Cívica Radical* (UCR, dt.: Radikale Bürgerunion) ein. Aufgrund der vielen Einkäufe, die sie unter Menem getätigt hatte, war die *Clarín*-Gruppe, wie auch viele andere Unternehmen, hoch verschuldet. Man sehnte sich nach einer Abwertung des argentinischen Peso, der seit 1992 per Gesetz zum Kurs 1:1 an den US-Dollar angebunden war. Die *Clarín*-Gruppe schrieb und sendete die Abwertung förmlich herbei. De la Rúa musste Ende 2001 gehen, und der Peronist Eduardo Duhalde hob zur Jahreswende die Dollar-Anbindung auf. Im Laufe des Jahres 2002 war der Peso nur noch ein Drittel wert. Wer über Dollar verfügte, musste nun nur noch ein Drittel aufwenden, um seine Peso-Schulden zu begleichen. Auch für de la Rúa hatte sich bewahrheitet, dass niemand gegen *Clarín* regieren kann.

Der Peronist Néstor Kirchner (2003–2007, † 2010) konnte

mit der Unterstützung der Witwe rechnen. Er verlängerte ihre Lizenzen für den *Canal 13* und eine Reihe weiterer Fernsehkanäle und gestand ihr dem Anti-Monopolgesetz zum Trotz zu, einen zweiten Kabelkanalbetreiber aufzukaufen, der ihr fast ein Marktmonopol bescherte. Doch zwischen Kirchners Witwe und Nachfolgerin im Präsidentenamt, Cristina Fernández de Kirchner, und Ernestina Herrera de Noble herrscht seit 2008 Krieg. Die *Clarín*-Gruppe begann, gegen Cristina Position zu beziehen, als diese im März 2008 gegen den Protest der Bauern die Besteuerung der Agrarexporte erhöht hatte. Diese Steuererhöhungen sollen jedoch nur ein Vorwand für die *Clarín*-Gruppe gewesen sein, um gegen Frau Kirchner zu Felde zu ziehen: Die *Clarín*-Gruppe hatte der Präsidentin angeblich den Kampf angesagt, weil diese den Einstieg der Gruppe in die Telefongesellschaft Telecom Argentina verhinderte.

Cristina, die selbst den *Montoneros* zumindest nahestand, will nun die Umstände des Verkaufs von *Papel Prensa* aufklären und bemüht sich darum, die Monopolstellung der Papiermühle zu brechen. Ihr neues Mediengesetz – es hat zum Ziel, die Pressekonzentration zu verringern, die Néstor Kirchner noch gefördert hatte – könnte die *Clarín*-Gruppe zwingen, einen Teil ihrer Produkte zu veräußern. Diese hat dagegen geklagt, und die Justiz hat die Anwendung des Gesetzes erst einmal ausgesetzt. Cristina Kirchner beweist, dass es zwar schwer ist, gegen *Clarín* zu regieren, aber nicht unmöglich.

Ausgewählte Literatur:

Ernestina Herrera de Noble: »Hay un sector político que quiere ir limpiando el terreno para adueñarse de todo el poder«. Auf: http://edant.clarin.com/diario/2003/01/12/p-00801.htm, 11.5.2012.

Pablo Llonto: *La noble Ernestina. El misterio de la mujer más poderosa de la Argentina.* Erweiterte Auflage. Buenos Aires 2008.

Karen Naundorf: »Sie wollen die Wahrheit nicht wissen«. In: *Die Zeit*, Nr. 33/2010. Auf: http://www.zeit.de/2010/33/Videla-Prozess?page=1, 11.5.2012.

VIOLETA BARRIOS DE CHAMORRO

NICARAGUA, *1929

Violeta Barrios de Chamorro hat es nie in Beruf und Politik gedrängt, doch nach dem Tod ihres Mannes, des Verlegers und Politikers Pedro Joaquín Chamorro, entschloss sie sich, sein Lebenswerk fortzusetzen. Sie stieg als Verlegerin in die familieneigene Tageszeitung ein und wurde nach der sandinistischen Revolution von 1979 Mitglied der ersten Regierungsjunta. Und 1990 wurde sie Lateinamerikas erste vom Volk direkt gewählte Präsidentin. Sie übernahm in Personalunion auch das Verteidigungsministerium und war somit Lateinamerikas erste Frau an der Spitze dieses Ressorts.

Das Leben hatte es gutgemeint mit Violeta Barrios Torres. Sie war als eines von sechs Kindern des begüterten Farmers Carlos Barrios Sacasa und seiner Frau Amalia Torres Hurtado am 18. Oktober 1929 in Rivas zur Welt gekommen, einer Kleinstadt an der Grenze zu Costa Rica. Im Stammbaum ihrer Großmutter väterlicherseits waren mehrere Präsidenten der Republik Nicaragua zu finden. Violeta liebte Musik und war eine passionierte Reiterin. Sie besuchte zunächst das *Colegio Francés* (dt.: französische Schule) in Granada, eine von Nonnen geführte Privatschule, wechselte dann auf eine katholische Schule in Managua, um schließlich in Virginia in den USA ihr Englisch zu vervollkommnen. Nach dem Tod ihres Vaters 1947 brach sie die Schulausbildung ab und kehrte nach Nicaragua zurück, um sich um ihre jüngeren Geschwister zu kümmern, da die Mutter, von ihrer Trauer wie gelähmt, dies nicht schaffte. Zwei

Jahre später lernte sie dann über einen ihrer Brüder ihren Märchenprinzen kennen, den fünf Jahre älteren Journalisten Pedro Joaquín Chamorro Cardenal. Wie Violeta gehörte er der *alta burgesía* an, der nicaraguanischen Oberschicht. Auch die Chamorros hatten in den letzten 100 Jahren vier Präsidenten hervorgebracht, und sie zählten zu den Moguln der Konservativen Partei. Der weitläufigen Familie gehörte zudem die Tageszeitung *La Prensa* und sie hielt Aktienpakte der Bank of America.

Das Paar heiratete am 8. Dezember 1950 und bekam vier Kinder, Pedro Joaquín (1951), Claudia Lucía (1953), Cristiana (1954) und Carlos Fernando (1956). 1952 übernahm Violetas Mann die Leitung von *La Prensa*.

Nicaragua befand sich damals in Händen der Großgrundbesitzerfamilie Somoza, und das seit 1936. Stellte sie nicht selbst den Präsidenten, hievte sie eine ihrer Marionetten ins höchste Staatsamt. Auf das Militär gestützt und mit den USA im Bunde, nutzte bereits Präsident Anastasio Somoza García seine Macht vor allem zur persönlichen Bereicherung. Nach seiner Ermordung 1956 übernahmen seine Söhne sein Erbe, zunächst Luis und ab 1967 Anastasio Somoza Debayle: Sie beuteten das Land weiterhin schamlos aus und unterdrückten jegliche Opposition.

Kaum hatte Pedro Joaquín Chamorro in *La Prensa* das Heft in die Hand genommen, nutzte er dies, um gegen den Somoza-Clan zu schreiben. Immer wieder hatte er mit der Zensur zu kämpfen, und fünfmal wurde das Blatt geschlossen. Chamorro beteiligte sich zudem an mehreren Umsturzversuchen, saß insgesamt vier Jahre im Gefängnis, wurde ein Jahr unter Hausarrest gestellt und musste zweimal das Land verlassen. So flohen er und seine Frau Violeta 1957 unter Lebensgefahr in einem Ruderboot nach Costa Rica.

Der aufrechte Demokrat Chamorro war der Mann, auf den sich sämtliche Gegner des diktatorischen Regimes einigen konnten. Das moderne Kapital, vergleichsweise sozial eingestellt und von Somoza in seiner Entfaltung behindert, stand ebenso hinter ihm wie die junge universitäre Linke, die sich um die 1961 gegründete Guerillaorganisation *Frente Sandinista de Liberación Nacional* (FSLN, dt.: Sandinistische Front der Nationalen Befreiung) scharte. Und auch den USA – dort hatte 1977 der sich den Menschenrechten verpflichtet fühlende demokratische Präsident Jimmy Carter die Präsidentschaft übernommen – war er genehm. Pedro Joaquín Chamorro wurde somit zu Somozas gefährlichstem Gegner.

Violeta war die Frau an seiner Seite. An seinen Entscheidungen hatte sie nicht teil, wie Chamorros politisches Tagebuch belegt: Bei ihr erholte er sich von den Mühen der Politik. »Der Mann entscheidet, gehorche ihm« war Violetas Credo, erinnert sich Tochter Claudia. Die Mutter besaß nicht einmal einen Passierschein, um die familieneigene Zeitung zu betreten.

Am 10. Januar 1978 nahm Violeta Barrios de Chamorros privates Glück nach 27 Jahren Ehe ein jähes Ende. Pedro Joaquín Chamorro war mit seinem Saab auf dem Weg zum Verlag gewesen, als ihn Somozas Schergen erschossen. Zu Lebzeiten war er ein mutiger Mann, doch nun wurde er zum Mythos, zum Märtyrer, gestorben im Kampf für ein demokratisches Nicaragua. Violeta trat ein gutes Jahr später sein politisches Erbe an.

Kurz vor dem Sieg der Sandinisten über den Diktator am 19. Juli 1979 hatte Violeta ihre Tochter Claudia nach Costa Rica begleitet, um dort festzustellen, dass deren Mann in den Bergen mit der Waffe in der Hand für die Revolution kämpfte. Auch Claudia hatte sich den Sandinisten angeschlossen. Sie war es, die nach deren Sieg den Wunsch der *Comandantes* an die Mutter herantrug, diese möge der ersten Regierungsjunta beitreten. Ihre vier Kinder rieten ihr zu. Gemeinsam mit Tochter Claudia, die jetzt ihre Assistentin wurde, kehrte Violeta Barrios de Chamorro nach Managua zurück. Mit den Sandinisten Sergio Ramírez und Moisés Hassan und dem Unternehmer Alfonso Robelo gehörte sie ab dem 16. Juni 1979 der *Junta de Gobierno de Reconstrucción Nacional* (dt.: Regierungsjunta zur nationalen Rettung) an, deren Präsident Daniel Ortega wurde.

Auch ihr jüngster Sohn, Carlos Fernando, stellte sich wie Tochter Claudia in den Dienst der Sandinisten, zunächst als stellvertretender Kulturminister. Violetas ältester Sohn, der nach dem Tod des Vaters die Chefredaktion von *La Prensa* übernommen hatte, machte bereits sehr bald in seinen Beiträgen kein Hehl daraus, dass er mit der Politik der Junta nicht einverstanden war; er befürchtete, dass die radikalen, an der kubanischen Revolution orientierten Kräfte der FSLN die Oberhand gewinnen könnten. Und auch Cristiana, die als Redakteurin im familieneigenen Blatt tätig war, begann, die Sandinisten mit kritischen Augen zu betrachten. In der Familie zeichnete sich die Polarisierung ab, die nicht nur sie, sondern ganz Nicaragua in den kommenden zehn Jahren beherrschen sollte. Die Verbundenheit der Chamorros drohte zu zerbrechen.

Violeta hatte den Tod ihres Mannes noch nicht überwunden, und ein Wirbelsäulenleiden machte ihr zu schaffen. Es fiel ihr schwer, den Druck auszuhalten, den die Regierungsverantwortung mit sich brachte, und so bat Claudia Präsident Ortega schon sehr bald, die Mutter von ihrem Amt zu entbinden. Am 19. April 1980, nach nur neun Monaten, sagte sich dann die Unternehmerschaft, die Robelo vertrat, von den Sandinisten los, weil ihr die sandinistische Wirtschaftspolitik zuwiderlief. Claudia Chamorro erklärte 1991, das Demissionsgesuch ihrer Mutter habe zum Zeitpunkt des Rückzugs des Unternehmerflügels längst vorgelegen und keine politischen Gründe gehabt. Die Mutter selbst schrieb jedoch in ihren Memoiren, sie habe bereits sehr schnell einen ausufernden Militarismus, wachsende Bürokratie und Korruption, zu viele Staatsmonopole, eine übertriebene kubanische Präsenz und vor allem wenig Interesse an demokratischen Ideen gespürt und sich deshalb aus der Junta zurückgezogen. Nicaragua habe ein ungerechtes Regime gegen ein anderes ausgetauscht, heißt es in ihren Erinnerungen. Fortan wurde sie von den Sandinisten als Blutsaugerin und Spionin beschimpft, schreibt sie.

Gefördert von bürgerlichen Parteien und Unternehmern, formierten sich ab 1980 bewaffnete Milizen aus ehemaligen Somoza-Anhängern, aber auch aus abtrünnigen Sandinisten, die von der Revolution enttäuscht waren oder den prosowjetischen Kurs ablehnten, den Daniel Ortega nun offen einschlug. 1981 übernahm dann der Republikaner Ronald Reagan die US-Präsidentschaft. Der Logik des Kalten Krieges folgend schlug er sich auf die Seite der anti-sandinistischen Kräfte, fortan als *Contra* bekannt, und rüstete sie auf. Ohne die US-Hilfe, so heißt es in Violetas Memoiren, hätten die *Contras* nicht erstarken können. Violeta Chamorro war im Übrigen immer eine Gegnerin ausländischer Einmischung, auch seitens der USA. Man kann sie getrost als um Nicaraguas Souveränität bedachte Nationalistin bezeichnen.

Im März 1982 rief Ortega den Ausnahmezustand aus, der die bürgerlichen Freiheitsrechte einschränkte. Nicaragua befand sich im Bürgerkrieg.

Violeta Barrios de Chamorro, die nie zuvor berufstätig war, widmete sich seit ihrem Rückzug aus der Junta ganz *La Prensa*, unterstützt von Tochter Cristiana. Sohn Pedro Joaquín, anfänglich noch Chefredakteur, verließ 1984 die Zeitung, ging nach Costa Rica und übernahm dort einen Posten im Direktorium der *Resistencia Nicaraguense* (RN, dt.: Nicaraguanischer Widerstand), der politischen Führung der *Contra*. Seine Schwester Claudia hielt sich ebenfalls in Costa Rica auf – als Botschafterin der sandinistischen Regierung. Carlos Fernando hatte inzwischen die Chefredaktion des sandinistischen Parteiorgans *Barricada* übernommen. In *La Prensa* und *Barricada* trugen Mutter und Sohn den Konflikt zwischen Opposition und Sandinismus nun täglich auf den Titelblättern aus. Die Zeitungen wurden zu Kampfblättern. Der sandinistische Zensor befahl immer wieder das Einschwärzen ganzer Artikel von *La Prensa*, und wenn das Papier knapp wurde, traf dies *La*

Prensa zuerst. Die Zeitung wurde 1986 schließlich sogar für 16 Monate geschlossen. Violeta, die inzwischen dem Vorstand der Interamerikanischen Verleger-Vereinigung SIP *(Sociedad Interamericana de Prensa)* angehörte, lief daraufhin in Europa und den USA gegen die Einschränkungen der Pressefreiheit sowie die sich häufenden Menschenrechtsverletzungen in Nicaragua Sturm. Claudia Chamorro bemühte sich um Vermittlung bei den *Comandantes*, doch sie stieß auf taube Ohren, schließlich befand man sich im Krieg.

Obwohl sie in gegnerischen Lagern verankert waren, gelang es Violeta, ihre vier Kinder regelmäßig in ihrem Haus zum Essen zu versammeln, wovon die Fotos in ihrem Salon zeugen. Man zollte sich Respekt. Demokratie bedeutet, den anderen anders sein zu lassen, das hatten Violeta und ihre Kinder vom Vater gelernt. *Revolution in the Family* nannte die nordamerikanische Journalistin Shirley Christian einst ihr Buch über die Zeit vor und nach der Revolution von 1979. Gestorben in diesem Krieg, den sie unterstützt haben, ganz gleich, auf welcher Seite, sind die einfachen Leute, nicht die Chamorros und die anderen Familien der Oberschicht, so der nicaraguanische Soziologe Oscar René Vargas.

Acht Jahre lang zehrte der Krieg das Land aus. Die Vereinigten Staaten unterhielten zwar die *Contra*, und die Sowjetunion und die DDR versorgten die sandinistische Armee, doch Michail Gorbatschow, ab 1985 Generalsekretär der KPdSU, wurde allmählich unwillig angesichts der Kosten. Auch die US-freundlichen Nachbarstaaten drängten auf Frieden, damit es ein Ende hätte mit den Flüchtlingsströmen aus Nicaragua und den *Contra*-Lagern auf ihren Territorien. In der nicaraguanischen Staatskasse stapelten sich nur noch Schuldverschreibungen. Die Menschen mussten sich mit einem Neuntel dessen zufriedengeben, was sie 1980 in der Lohntüte vorgefunden hatten. Vor allem die Frauen trugen schwer am Krieg. Männer und Söhne standen unter Waffen oder hatten das Land verlassen, um der Wehrpflicht zu entgehen, sie mussten die Kinder allein durchbringen. Und es gab 45 000 Tote zu beklagen. Der Druck von innen und außen ließ die sandinistische Regierung für den 25. Februar 1990 Wahlen ausschreiben.

»Wir sind von Natur aus Egoisten, Sektierer und Fraktionisten«, hatte Pedro Joaquín Chamorro in sein politisches Tagebuch geschrieben. Seiner Witwe trug dieser Umstand die Präsidentschaftskandidatur ein. Die Opposition setzte sich aus nicht weniger als 14 Parteien zusammen, und nur vereint würden sie eine Chance haben gegen die bestens organisierte Sandinistische Partei und ihren Kandidaten Daniel Ortega. Anwärter für die Kandidatur der Opposition gab es mehrere, doch die Parteien konnten sich auf keinen von ihnen einigen – einzig auf die parteilose Witwe Chamorros, die schließlich jahrelang an der Spitze von *La Prensa* gegen die Sandinisten angeschrieben hatte. Violeta besprach sich mit ihrer Tochter Cristiana und deren Ehemann Antonio Lacayo und sagte zu.

Ihre Kür zur Kandidatin fiel den 14 Parteien umso leichter, weil niemand in der Opposition auch nur an die Möglichkeit eines Wahlsieges geglaubt hatte, kommentierte Tochter Claudia 1991 die Kandidatur der Mutter: »Jeder hat gewusst, dass sie eine mutige, großzügige, konsequente und durch und durch demokratisch gesinnte Frau ist, aber jeder kannte auch ihre Grenzen.«

Sie kannte sie selbst. »Ich bin keine Intellektuelle«, schrieb Violeta in ihren Erinnerungen. Und so suchte sie sich einen Mann, dem sie vertraute und der ihre Ideen von Frieden, Demokratie und sozialer Marktwirtschaft würde in praktische Politik umsetzen können. Schwiegersohn Antonio Lacayo war einer der jungen, modernen Unternehmer, die schon gegen Somoza Sturm gelaufen waren. Er wurde ihr Wahlkampfleiter und später als Präsidialamtsminister der starke Mann an der Seite von Doña Violeta, wie man sie in Nicaragua nannte. Und so nannte sie sich auch, wenn sie von sich selbst sprach.

Die Wahlkampagne war ihr auf den Leib geschneidert. Sie zeigte sich fortan nur noch in weißem Kleid, gelegentlich war ein wenig blau, die zweite Farbe der Nationalflagge, als dezente Applikation erlaubt. Das weiße Kleid war ein Symbol für traditionelle Werte, kommentierte damals ihr Sohn Carlos Fernando, denn die Nicaraguaner verbänden die Farbe mit Versöhnung, mit der Familie, mit der Kirche und auf dem Lande gar mit der Jungfrau Maria, die Frieden bringt und die Menschen beschützt. Als sich die Kandidatin dann auch noch während des Wahlkampfes ein Bein brach, kam dies wie ein Geschenk des Himmels, formulierte der Soziologe Oscar René Vargas. Wie eine Heilige zog sie fortan auf einer Art Altar durchs Land. Ihre Botschaft war einfach: Frieden, Versöhnung, Einigkeit.

Nach seiner Ermordung war Pedro Joaquín Chamorro zu einem Erlöser geworden, der das Land hätte retten können. Der Mythos wurde nun auf seine Witwe übertragen, die fortan nicht mehr Violeta Barrios de Chamorro, sondern nur noch Violeta Chamorro genannt wurde, auch wenn ihr dies, wie sie in ihren Erinnerungen festhielt, missfiel. Allein in der konservativen Oberschicht hatte es einst Tradition, dass die Ehefrau den Familiennamen des Mannes übernahm.

Doña Violeta war das Symbol für die intakte Familie, nachdem der Krieg so viele Familien zerrissen hatte. Sie symbolisierte die Mütter, die sich um die Söhne sorgten und die Familie ohne den Vater zusammenhalten mussten. Sie hatte ihre Familie immer einigen können, sollte es ihr da nicht auch gelingen, die Familie namens Nicaragua, von der sie gern sprach, zu einen? Sie war die Garantin des Friedens, denn sie propagierte die Abschaffung der Wehrpflicht und die drastische Verkleinerung der Streitkräfte. Violeta Chamorro gewann die Wahlen mit 54,7 Prozent der Stimmen und leistete am 25. April 1990 als erste direkt vom Volk gewählte Präsidentin Lateinamerikas ihren Amtseid.

Gemeinsam mit ihrem Schwiegersohn machte sie sich daran, ihre Versprechen von Einigkeit, Versöhnung und Frieden einzulösen. Sie umarmte öffentlich ihren Amtsvorgänger Daniel Ortega, handelte mit ihm eine zivilisierte Machtübergabe aus und nahm sogar dessen Energieminister in ihr Kabinett auf. Sie bewies politische Intuition, als sie das Amt des Verteidigungsministers gleich mit übernahm, und Humberto Ortega, den sandinistischen Chef der Streitkräfte und Bruder Daniels, zunächst im Amt beließ, als Lebensversicherung, sozusagen. Er war es, der gegen den Widerstand vieler Sandinisten, die eine starke Armee als Druckmittel behalten wollten – schließlich war es seit der Revolution die Armee der Partei –, die von der Präsidentin verfügte Reduzierung der Streitkräfte und die Verringerung der Verteidigungsausgaben in die Praxis umsetzte. Und solange Humberto Ortega, den die Streitkräfte verehrten, hinter ihr stand, konnten ihr auch die ultrarechten, ehemaligen Gefolgsleute Somozas in ihrem eigenen Oppositionsbündnis nicht so schnell gefährlich werden. Acht der 14 Parteien hatten sich bereits am Tag nach ihrem Amtseid von ihr losgesagt, weil sie in ihrer Rede zum Amtsantritt die sofortige Abschaffung der Wehrpflicht und die Entwaffnung sämtlicher Zivilisten, sprich: der *Contra*-Rebellen, bekanntgegeben hatte. Ihr Vizepräsident, der Liberale Virgilio Godoy, hatte sich auch gleich nach der Wahl von ihr abgesetzt, und gelegentlich wurden ihm in Managua Putschgelüste nachgesagt. Er wäre selbst gern Präsident geworden. In den Folgejahren war Chamorro im Parlament auf die Stimmen gemäßigter Sandinisten angewiesen.

Auch in der Wirtschaft setzte sie auf Versöhnung, Einigkeit und Frieden. Nachdem das Land von einer Streikwelle erfasst worden war, brachte Doña Violeta Regierung, Unternehmer und die in ihrer Mehrheit sandinistischen Gewerkschaften an einen Tisch. Künftig wurde zwar weiterhin gestreikt, und aufgebrachte Arbeiter verbrannten Stoffpuppen im weißen Kleid, doch nach einer Weile kam man gewöhnlich zu einer Übereinkunft.

Der Regierung Chamorro gelang es, die Inflation, die 1990 etwa 13 500 Prozent betragen hatte, auf zwölf Prozent zu reduzieren. Ab 1994 setzte auch wieder Wachstum ein, nachdem

Chamorro das Land 1990 mit einem Minuswachstum von 5,5 Prozent übernommen hatte. Zu einer Abnahme der Armut führte dies jedoch nicht, im Gegenteil: Als Violeta Chamorro aus dem Amt schied, war die Zahl der Armen von rund 50 auf 53 Prozent gestiegen. Die hohe Arbeitslosigkeit war der Hauptgrund dafür: Die Wirtschaft des kleinen Landes war damit überfordert, 80 000 ehemalige Kämpfer von Armee und *Contra* aufzunehmen. Die Auslandsschulden, die die Regierung Ortega als Folge des Krieges und eines zehnjährigen US-Wirtschaftsembargos hinterlassen hatte und auf deren Rückzahlung die meisten Gläubiger pochten, ließen der Regierung Chamorro keinerlei Spielraum für Investitionsprogramme oder Armutsbekämpfung. Nicht zuletzt sah sich Chamorro auch von der internationalen Gemeinschaft enttäuscht – allen voran von den USA –, deren Interesse für das kleine Nicaragua mit seinen knapp sechs Millionen Einwohnern nach dem Ende des Kalten Krieges merklich nachließ. Die Hilfsgelder flossen geringer als erwartet.

Eine Vorkämpferin für die Rechte der Frau war Violeta Chamorro nie. Auch wenn sie die Forderungen der Frauen nach gleichen Rechten verstand, ließ sie nie einen Zweifel daran, dass sie nicht Präsidentin geworden wäre, wenn ihr Mann noch gelebt hätte. Dann wäre sie an seiner Seite gewesen. Ihrem konservativen, vom Katholizismus geprägten Weltbild schwor sie nie ab, und so wurde in den Schulbüchern bald wieder die Jungfräulichkeit propagiert. Oft suchte sie, wenn sie Rat brauchte, Kardinal Miguel Obando y Bravo auf, auch wenn der ihr übelnahm, dass sie immer wieder mit den Sandinisten paktierte. Gern bezeichnete sie sich noch als Hausfrau, als sie längst das höchste Staatsamt bekleidete. Und sie ließ es sich nicht nehmen, selbst zu öffnen, wenn Besuch vor der Tür ihres Hauses stand. Sie nähte sich ungeniert einen Knopf ans Kleid, während der Besuch seinen Kaffee trank.

Als Violeta Barrios de Chamorro die Wahlen gewann, glaubte niemand so recht daran, dass sie ihr Amt ausfüllen und sich angesichts der schwierigen politischen und wirtschaftlichen Verhältnisse würde an der Macht halten können. Doch Doña Violeta, inzwischen zwölffache Großmutter und Urgroßmutter, hielt durch. Am 10. Januar 1997 übergab sie ihrem Nachfolger ein Land, in dem Frieden herrschte, das zwar immer noch bitterarm, aber solvent war und in dem die demokratischen Institutionen trotz vieler Defekte leidlich funktionierten.

Danach zog sie sich aus der Politik zurück. Sie gründete 1998 eine Stiftung, die ihren Namen trägt und die sich für Pressefreiheit und demokratische Rechte einsetzt, doch die tägliche Arbeit überlässt sie Tochter Cristiana.

Ausgewählte Literatur:

Violeta Barrios de Chamorro (mit Sonia Cruz de Baltodano und Guido Fernandez): *Dreams of the Heart*. New York 1996. Detailgenaue, gut recherchierte Lebenserinnerungen, in denen Violeta Chamorro den Kampf ihres Mannes gegen Somoza beschreibt, auf ihre Rolle unter den Sandinisten sowie auf ihre Präsidentschaft eingeht.

Eva Karnofsky: »Eine Familie im Zeichen der Politik: Die Chamorros«. In: FAZ Magazin, 1991.

MARÍA ESTELA (ISABEL) MARTÍNEZ DE PERÓN

ARGENTINIEN, *1931

Sie war die erste Präsidentin nicht nur Lateinamerikas, sondern der Amerikas insgesamt, aber auf ihre Präsidentschaft ist keine Argentinierin und kein Argentinier stolz, denn sie mündete in die grausamste Militärdiktatur, die das Land erlebt hat. »Isabelita«, die das Amt von ihrem Mann quasi geerbt hatte, war alles andere als eine emanzipierte, politisch aufgeklärte Frau, und sie besaß, im Gegensatz zum Vorbild Evita, weder Charisma noch ein eigenes politisches Profil. Für die Zeitgenossen und ihre Biographen bleibt vor allem ihre Persönlichkeit zum großen Teil rätselhaft.

Geboren wurde Isabel als María Estela Martínez Cartas am 4. Februar 1931 in der Provinzstadt La Rioja als jüngstes von sechs Kindern einer Familie der unteren Mittelschicht. Man zog bald nach Buenos Aires um. Jedoch starb der Vater kurz darauf, und die Familie geriet in finanzielle Schwierigkeiten. Während ihre älteren Geschwister für den Lebensunterhalt sorgten, interessierte sich María Estela besonders für den Tanz. Sie erhielt Privatunterricht in Französisch und Klavierspielen. Ob sie die Sekundarschule abschloss, ist nicht klar. Nach einem heftigen Streit mit ihren Geschwistern verließ sie das Haus und lebte fortan bei einem spiritistisch orientierten Ehepaar, das sie als ihre Adoptiveltern betrachtete. 1951 schrieb sie sich in der *Escuela Nacional de Danza*, der argentinischen Tanzakademie ein, verließ diese aber nach einem Jahr wieder, da sie bereits als zu alt galt für eine Karriere als klassische Tänzerin. Sie schloss sich einer Folkloretanztruppe an und nannte sich fortan zu Ehren ihrer Adoptivmutter, die ihre tänzerischen Ambitionen unterstützt hatte, Isabel.

Eine Lateinamerikatournee der Ballettgruppe führte die junge Frau durch mehrere Länder, bis sich die Truppe in Kolumbien auflöste. Isabel blieb nichts anderes übrig, als sich einer drittklassigen Kabarettruppe anzuschließen, mit der sie schließlich in Panama landete. Dort lebte seit November 1955 der argentinische Präsident Juan Domingo Perón im Exil, dessen erste Frau Evita 1952 gestorben war. Über die Frage, wann und wie Isabel und Perón sich kennenlernten, kursieren verschiedene Geschichten, jedenfalls zog sie bald in das Apartment ein, in dem Perón und zwei seiner engsten Vertrauten lebten. Gerüchte, der argentinische oder gar der US-amerikanische Geheimdienst habe sie als Spionin auf Perón angesetzt, lassen sich nicht bestätigen. Isabel war zunächst offenbar so etwas wie eine Haushälterin, die zudem noch für die Unterhaltung der Argentinier sorgte. Langsam aber sicher entwickelte sie sich zur Sekretärin und Geliebten Peróns. Es entstand eine feste nicht-eheliche Beziehung, die auch dazu führte, dass Isabel sich immer stärker mit dem politischen Projekt Peróns identifizierte. Ab 1960 lebte das Paar in Spanien, und auf Druck der extrem konservativen spanischen Gesellschaft entschied sich Perón Ende 1961, die 36 Jahre jüngere »Chabela«, wie er sie nannte, zu heiraten. Der eher apolitischen jungen Frau kam das Leben im katholischen Franco-Spanien entgegen, zumal sich hier die prekäre gesellschaftliche und ökonomische Situation Peróns stabilisierte. Man verkehrte auf höchster Ebene, und Isabel freundete sich mit der Schwester des Diktators Franco, Doña Pilar, an. Offenbar förderten die Jahre in Spanien auch ihre Sympathie für den Autoritarismus und den Katholizismus, an dem sie trotz ihrer spiritistischen Neigungen festhielt.

Perón begann, seine dritte Frau, die über keinerlei politische Erfahrung verfügte und in seiner Partei eine Unbekannte war, zu seiner rechter Hand und Stellvertreterin aufzubauen. Da ihm die Einreise nach Argentinien verboten war, schickte er sie Ende 1965 auf eine längere Argentinienreise, wo sie die politischen Kontakte vor allem zu den Gewerkschaften pflegte. Allerdings agierte sie zurückhaltend und vermittelnd, ganz anders als die polarisierende Evita, wohl wissend, dass sie es mit dieser nicht aufnehmen konnte. Dennoch hatte sie einiges mit ihr gemein: sie trat stets unterwürfig auf, hatte es aber gewagt, ihr Land und ihre Familie zu verlassen und den strengen Moralvorstellungen der Zeit zu trotzen. Und beide standen den feministischen Ideen, die gerade in den 1960er Jahren in Argentinien neuen Auftrieb erhielten, ablehnend gegenüber, veränderten durch ihr Handeln jedoch das traditionelle weibliche Rollenbild.

1973 kam es in Argentinien wieder zu Wahlen, zu denen auch die Peronisten zugelassen wurden, und unter dem Motto »Cámpora an die Regierung, Perón an die Macht« siegte der peronistische Statthalter Héctor Cámpora. Er rehabilitierte Juan Domingo Perón, der kurz darauf mit seiner Frau aus dem Madrider Exil nach Argentinien zurückkehrte. Allerdings hatte sich Argentinien in den fast 20 Jahren seit der Regierung Peróns grundlegend verändert, und die politischen und gesellschaftlichen Entwicklungen waren an den Peróns im weitgehend isolierten Franco-Spanien vorbeigegangen.

Perón kam zudem in ein zutiefst gespaltenes Land zurück, und auch die peronistische Bewegung hatte sich in einen linken und einen rechten Flügel gespalten. In der Hoffnung, der alte »Führer« könne die divergierenden Gruppen noch einmal versöhnen, trat Cámpora zurück und rief Neuwahlen aus. Der bereits gesundheitlich angeschlagene Perón schlug daraufhin seine Frau Isabel als Kandidatin für das Vizepräsidentenamt vor. Wie das geschehen konnte, ist vielen Argentiniern bis heute unerklärlich. Neben der Hoffnung, auf diese Weise weitere parteiinterne Auseinandersetzungen umgehen zu können, gaben vermutlich die noch immer strahlende Aura Evitas und deren wichtige Rolle für den Peronismus den Ausschlag. Jedenfalls widersetzte sich niemand offen dem Vorschlag, Isabel als Vizekandidatin zu nominieren, und der 78-jährige Perón und seine junge Frau gewannen die Wahlen mit absoluter Mehrheit. Am 12. Oktober 1973 übernahm das Ehepaar Perón die Macht in Argentinien, wurde jedoch bereits zwei Tage später durch die Ermordung eines ihnen nahestehenden Gewerkschaftsführers durch die peronistische Guerillabewegung *Montoneros* herausgefordert. Perón versuchte daraufhin, die Linksperonisten und die Jugendbewegung zu entmachten, förderte damit aber nur die Polarisierung des Landes und der Partei. Auch die Inflation bekam er nicht in den Griff, und als er im April 1974 starb, trat Isabel als Vizepräsidentin ein problematisches Erbe an, dem sie sich nicht gewachsen zeigte. Sie verließ sich immer stärker auf ihren engsten Vertrauten José López Rega, wie sie ein Esoteriker, den sie auf ihrer Argentinienreise 1965 kennengelernt und zu ihrem Privatsekretär gemacht hatte. Gerüchte über ein intimes Verhältnis mit diesem scheinen aber frei erfunden zu sein. López Rega, der offiziell nur ein Ministeramt bekleidete, avancierte zum starken Mann in der Regierung, der sowohl die Außen- als auch die Innenpolitik dominierte. Vor allem aber gilt er als der Mitbegründer der sogenannten *Triple A* (Argentinische Antikommunistische Allianz), einer paramilitärischen Organisation, die begann, die vorwiegend im linken Spektrum angesiedelten Gegner der Regierung zu ermorden. Zahlreiche Journalisten, Künstler, Intellektuelle und Gewerkschafter fielen durch sie schon vor dem Militärputsch der staatlich tolerierten Repression zum Opfer.

Die Gewalt von beiden Seiten begann zu eskalieren. Im November 1974 rief die Präsidentin den Ausnahmezustand aus, der bis zum Ende der Militärdiktatur 1983 in Kraft blieb. Im Februar 1975 erließ sie ein Dekret, das das Militär autorisierte, die im Norden des Landes operierende, an der kubanischen Revolution orientierte Guerillagruppe *Ejército Revolucionario del Pueblo* (ERP, dt.: Revolutionäres Volksheer) zu bekämpfen.

Zwar ging vom ERP bald keine wirkliche Gefahr mehr aus, doch das Militär stilisierte sich immer stärker zum »Retter des Vaterlandes«.

Auch die Wirtschaft und dadurch die Beziehung zu den Gewerkschaften geriet aus dem Gleichgewicht und Isabel Perón immer mehr in die politische Isolation. Sie versuchte, das Ruder noch einmal herumzureißen, indem sie das Kabinett umbildete und López Rega, der in der Zwischenzeit zu einem der meist gehassten Politiker Argentiniens geworden war, als Botschafter nach Spanien abschob, doch vergebens. Seit Tagen pfiffen die Spatzen von den Dächern, was dann am 24. März 1976 schließlich eintrat: Das Militär putschte, und eine Junta der Oberkommandierenden der drei Teilstreitkräfte übernahm die Macht im Land. Es folgte die schlimmste Militärdiktatur, die Argentinien je erlebt hatte, vielleicht die schlimmste in ganz Lateinamerika. Und Isabel Perón war ihre Wegbereiterin gewesen.

Die meisten peronistischen Politiker, auch solche, die eher dem rechten Flügel zuzuordnen waren, wurden verhaftet und viele von ihnen »verschwanden« auf Nimmerwiedersehen während des »schmutzigen Krieges« der Militärs. Die gestürzte Präsidentin wurde zunächst auf einem abgelegenen staatlichen Landgut unter Hausarrest gestellt. Später machte man ihr in Buenos Aires wegen Korruptionsverdacht, nicht aber wegen politischer Vergehen den Prozess. In der Haft wurde sie offenbar gut behandelt. Nachdem sie zwei Drittel der Strafe verbüßt hatte, entließen die Militärs sie 1981. Isabel weigerte sich nach ihrer Freilassung, die peronistischen Parteiführer zu empfangen und ging beinahe unbemerkt von der Öffentlichkeit nach Madrid zurück, wo ihre alte Freundin Pilar Franco sie schon erwartete. Sie führte in den folgenden Jahren ein finanziell offenbar sorgloses Leben einer konservativen Frau der spanischen Oberschicht, ging »shoppen« und verbrachte den Sommer am Meer. Und als nach dem Desaster des von den Militärs vom Zaun gebrochenen Falkland/Malwinenkrieges die argentinischen Militärs abtreten mussten, interessierte sich niemand mehr für die letzte gewählte Präsidentin.

Die Peronisten verloren die erste freie Wahl nach der Militärdiktatur 1983 haushoch, aber der neue Präsident der rivalisierenden *Unión Cívica Radical* (UCR, dt.: Radikalen Bürgerunion), Raúl Alfonsín, lud Isabel Perón zu seiner Amtseinführung ein. Da dieser auch einen Teil des von den Militärs beschlagnahmten Besitzes der Peróns wieder freigab, war sie des Lobes voll über den neuen Präsidenten, hielt sich aber ansonsten mit politischen Äußerungen zurück. Formal war sie noch immer die Vorsitzende der peronistischen Partei, und als solche kehrte sie im darauffolgenden Jahr noch einmal für einen parteiübergreifenden Dialog zurück. Sie versuchte noch einmal, zwischen den Gewerkschaften und der neuen Regierung zu vermitteln, offenbar nicht ganz erfolglos, trat dann aber vom Parteivorsitz zurück und ging wieder nach Spanien. Allerdings sah sie sich jetzt mit mehreren Anklagen wegen Korruption und Menschenrechtsverletzungen unter ihrer Regierung konfrontiert. Zumindest vor der Anklage wegen Korruption bewahrte sie ein eilig durch das Parlament gepeitschtes Gesetz.

Doch die Vergangenheit ließ sie auch in Spanien nicht in Ruhe. Bereits 1999 hatte der spanische Untersuchungsrichter Baltasar Garzón sie wegen Menschenrechtsvergehen vernommen, aber nicht verurteilen können. Als dann aber der argentinische Kongress unter der Regierung von Néstor Kirchner 2003 die Amnestiegesetze zurücknahm, war der Weg frei für eine Anklage gegen Isabel Perón wegen des Verschwindens von Oppositionellen unter ihrer Regierung. Anfang Januar 2007 wurde Isabel Perón festgenommen, kurz darauf aber wieder auf freien Fuß gesetzt, da zwar ein internationaler Haftbefehl aus Argentinien vorlag, aber kein offizielles Auslieferungsgesuch. Auch ein zweiter, kurz darauf ausgestellter Haftbefehl wegen der Mitwirkung an den rechtsextremen Aktivitäten der *Triple A* führte zu keinen Konsequenzen: Ein Auslieferungsgesuch wurde im April 2008 per Gerichtsentscheid abgelehnt.

Isabel Martínez de Perón lebt heute zurückgezogen in der Nähe von Madrid und hüllt sich über ihre politische Vergangenheit in Schweigen.

Ausgewählte Literatur:

María Sáenz Quesada: *Isabel Perón. La Argentina de los años de María Estela Martínez.* Buenos Aires 2003.

Tomás Eloy Martínez: *Der General findet keine Ruhe.* Aus dem Spanischen von Peter Schwaar. Frankfurt am Main 1999. Eine gute romanhafte Bearbeitung dieser Zeit.

LUIZA ERUNDINA DE SOUSA
BRASILIEN, *1934

Folgt man der brasilianischen Wochenzeitung *Isto É Gente*, zählt Luiza Erundina de Sousa zu den 100 bedeutendsten Frauen des 20. Jahrhunderts, neben Margaret Thatcher oder Indira Gandhi. Sie wurde 1988 zur Bürgermeisterin von São Paulo gewählt und war damit die erste Frau, die eine der zehn größten Städte der Welt regierte.

Luiza Erundina de Sousa wurde am 30. November 1934 am Rande der heutigen Kleinstadt Uiraúna geboren, die damals noch Belém do Rio do Peixe hieß und im Bundesstaat Paraíba im bitterarmen Nordosten Brasiliens liegt. Luiza Erundina wurde in einer armen Familie als siebtes von zehn Kindern groß. Ihr Vater, Antônio Evangelista de Sousa, bebaute seine eigene Parzelle und war obendrein Handwerker. Er stellte Sättel und Pferdegeschirr aus Leder her, und schon als Kind ging seine Tochter ihm dabei zur Hand. Ihre Mutter Enedina war Hausfrau und verkaufte Kaffee und Kuchen auf dem örtlichen Wochenmarkt.

Mit zehn Jahren zog Erundina, wie sie in Brasilien genannt wird, zu einer Tante in die Stadt Patos, weil sie dort die Primarschule beenden und ein Gymnasium besuchen konnte. Da auch ihre Geschwister zur Schule gehen sollten, begann sie mit 14 Jahren als Verkäuferin in einem Warenhaus zu arbeiten und an einer Nonnenschule zu unterrichten. Später zog sie dann nach Campina Grande, die zweitgrößte Stadt von Paraíba, wo sie zunächst ebenfalls an einer Nonnenschule unterrichtete und einen Chor leitete. Sie verdanke der Erziehung durch die katholische Kirche viel, schrieb sie einmal, da sie ihr gezeigt habe, dass das Evangelium und der Glaube sehr eng mit sozialer Beteiligung sowie mit gesellschaftlicher Veränderung verknüpft seien.

Eigentlich wollte sie Medizin studieren, doch nach einigen Monaten vertagte sie das Studium erst einmal. Ihre Mitarbeit in kirchlichen Einrichtungen führte dazu, dass man sie bereits mit 24 Jahren mit einem öffentlichen Amt betraute: Sie wurde zur Erziehungs- und Kulturbeauftragten der Stadt Campina Grande ernannt. 1966 schloss sie dann in der Hauptstadt von Paraíba, João Pessoa, doch noch ein Studium ab, allerdings hatte sie sich nicht für Medizin, sondern für Sozialarbeit entschieden. In São Paulo machte sie dann noch einen Master in Sozialwissenschaften, kehrte danach nach João Pessoa zurück und unterrichtete an der Universität. Damals gehörte sie den verbotenen *ligas camponesas* (dt.: Bauernligen) an, die die Landbevölkerung organisierten und sich gegen die Militärdiktatur (1964–1985) wehrten. Sie war eine der wenigen Frauen, die in den *ligas* mitarbeiteten.

1971, auf dem Höhepunkt der Militärdiktatur, zog sie dann endgültig nach São Paulo, wo sie ebenfalls Sozialarbeit unterrichtete und einen Posten als Sozialarbeiterin bei der Stadtverwaltung annahm. Sie arbeitete in den *favelas*, den Vierteln der Armen, vor allem mit Migranten aus ihrer Heimat. Viele Menschen aus dem Nordosten fliehen bis heute aus dem *Sertão*, denn die immer wiederkehrenden Dürrenperioden dieses Trockenwaldgebietes zerstören regelmäßig die Ernten auf den Feldern Die Migranten hoffen auf eine Arbeit in São Paulo. Erundina unterrichtete und organisierte die Menschen in den *favelas* – oft in Zusammenarbeit mit den katholischen Basisgemeinden –, damit sie gemeinsam mehr erreichen. »Ich fühle mich als Erzieherin«, sagt sie von sich selbst, und Gewerkschaftsarbeit und Politik hat sie immer als ein Instrument zur Erziehung und Organisation der Bevölkerung verstanden.

Schon früh hat sie Diskriminierung und Vorurteile kennengelernt: weil sie aus einer armen Familie kam, aus dem kaum entwickelten Nordosten des Landes stammte, eine Frau war und obendrein noch unverheiratet und Sozialistin. Heute, so sagt sie, kommt noch die Altersdiskriminierung hinzu. Doch sie resignierte nie, sondern kämpfte gegen Vorurteile und Ungerechtigkeit. *Luta*, Kampf, war denn auch immer das wichtigste Wort für sie. Eine gerechte, brüderliche und egalitäre Gesellschaft ist ihr großer Traum.

Geheiratet hat sie nie, weil sie gesellschaftlich aktiv sein wollte. Und besonders attraktiv fand sie die Ehe auch nicht: »Alle meine Cousinen haben sehr jung geheiratet, wurden Hausfrauen, bedienten ihren Mann und bekamen viele Kinder. Diese Kultur ist sehr machistisch. Ich hatte andere Vorstellungen. Immer, wenn ich rein hypothetisch an die Ehe dachte, fühlte ich mich eingeengt, sie war nicht vereinbar mit meinem Leben.«

Im Übrigen glaubt sie, dass die Gesellschaft mit den Männern um vieles toleranter umgeht als mit den Frauen. Die Frauen seien zur Ehefrau und Mutter erzogen worden, und das reproduzierten viele von ihnen immer noch in der eigenen Familie, aber auch als Lehrerinnen, bedauert Erundina.

1979 wurde sie zur Vorsitzenden der Vereinigung der Sozialarbeiter von São Paulo gewählt, und der Metallgewerkschafter und spätere Präsident Luiz Inácio Lula da Silva (2003–2010) lud sie ein, sich an der Gründung der *Partido dos Trabalhadores* (PT, dt.: Arbeiterpartei) zu beteiligen. 1982 wurde sie für die PT in den Stadtrat von São Paulo gewählt, und 1985 kandidierte sie als Vizebürgermeisterin, verlor aber die Wahl. Ein Jahr später zog sie als Abgeordnete in das Regionalparlament des Bundesstaates São Paulo ein.

Am 16. November 1988 schlug sie dann allen Voraussagen zum Trotz die beiden bekannten Politiker Paulo Maluf und José Serra und wurde für vier Jahre die erste Bürgermeisterin von São Paulo, damals die viertgrößte Stadt der Welt.

In Erundinas Amtszeit wurden vor allem Gesundheitsversorgung und Erziehung in den *favelas* verbessert. Letztere übertrug sie dem berühmten Pädagogen Paulo Freire, der vor allem auf die Alphabetisierung setzte. Auch Ausbildung und Gehalt der bei der Stadt angestellten Lehrer wurden verbessert. Unter Erundinas Ägide wurde in einem städtischen Krankenhaus erstmals eine Station eingerichtet, die gesetzlich erlaubte Abtreibungen vornahm, wenn Gefahr für das Leben der Mutter bestand. Auch dem Wohnungsmangel nahm sie sich an und initiierte Programme zum gemeinschaftlichen Hausbau in Eigenleistung. Sie verbesserte den öffentlichen Personennahverkehr durch eine Modernisierung der Busflotte, aber sie stoppte einige von ihrem Vorgänger begonnene Straßenbauprojekte, denn der Individualverkehr stand nicht auf ihrer Prioritätenliste. Ihr Nachfolger Paulo Maluf warf das Ruder dann wieder herum. Auf Betreiben der Familienangehörigen von Verschwundenen der Militärdiktatur richtete sie zudem eine Kommission ein, die nach den Leichen der Opfer der Todesschwadronen der Militärs suchte und sie identifizierte.

Auf die Frage, was sie heute besser machen würde, meinte sie, dass sie gegenüber dem Stadtparlament offener sein und vor allem mehr Bürgerbeteiligung zulassen würde.

2010 wurde sie in letzter Instanz vom Obersten Gerichtshof dazu verurteilt, 353.000 Reis (ca. 155.000 Euro) an die Stadtkasse von São Paulo zurückzuzahlen. Sie hatte 1989 mit öffentlichen Geldern eine Anzeigenserie in der Tageszeitung *Folha de São Paulo* finanziert, mit der zum Generalstreik der Transportarbeiter aufgerufen wurde.

1996 und 2000 kandidierte Erundina erneut für das Bürgermeisteramt von São Paulo, wurde aber nicht noch einmal gewählt.

Nach Beendigung ihrer Amtszeit holte sie Präsident Itamar Franco (1992–1994) von der bürgerlichen *Partido Movimento Democrático Brasileiro* (PMDB, dt.: Partei der brasilianischen demokratischen Bewegung) als Ministerin für die Bundesverwaltung in sein Kabinett. Die PT, die sich in der Opposition befand, erkannte Erundina daraufhin zunächst für ein Jahr ihre Rechte und Pflichten in der Partei ab, weil sie gegen die Parteidisziplin verstoßen und die Entscheidung der Partei, in Opposition zu Franco zu gehen, missachtet hatte. Sie hatte sich dazu entschlossen, weil sie der Ansicht war, dass Franco Unterstützung verdiente, hatte die PT doch dazu beigetragen, den korrupten Präsidenten Fernando Collor de Mello (1990–1992) über ein Impeachment-Verfahren des Amtes zu entheben. Franco war Collors Vizepräsident und verfassungsmäßiger Nachfolger.

1997 trennte sich Erundina dann schließlich von der PT, die sie selbst mitgegründet hatte und der sie nach eigenen Worten viel verdankt. Sie bezeichnet dies als die schwierigste Entscheidung ihres Lebens, die sie ein Jahr lang fast in eine existentielle Krise gestürzt hat. Sie hat sogar eine Weile überlegt, sich aus der Politik zurückzuziehen, kam dann jedoch zu dem Schluss, dass eine Partei nur das Mittel, und nicht das Ziel sei. Sie hatte damals das Gefühl, dass sich einiges ändern müsse in der PT, dass diese sich ideologisch öffnen sollte. In den Anfängen hatte Erundina immer zum radikalen Flügel der Arbeiterpartei gehört und als Trotzkistin gegolten.

Sie schloss sich dann der *Partido Socialista Brasileiro* (PSB, dt.: Sozialistische Partei Brasiliens) an, für die sie seit 1998 viermal ins Parlament gewählt wurde. Die PSB, und mit ihr Erundina, unterstützten die erste Präsidentschaftskandidatur von Lula 2002. Bei Lulas zweiter Kandidatur 2006 war die PSB in Lula-Anhänger und -Gegner gespalten, Erudina zählte zu letzteren. 2010 unterstützten sie und ihre Partei dann aber die PT-Kandidatin Dilma Rousseff (S. 131).

Erundina ist ein kritischer Geist geblieben: 2006 protestierte sie gegen eine Erhöhung der Abgeordnetendiäten um 91 Prozent. 2008 hätte sie gern als Vizebürgermeisterin für »ihre« Stadt kandidiert, auf der Liste von Marta Suplicy von der PT, doch ihre Partei zog nicht mit. 2010 kämpfte sie in der eigenen

Partei gegen die Unterstützung eines Unternehmers bei den Bürgermeisterwahlen. Heute bemüht sie sich um Koordinierung der »Frauen-Fraktion« im Abgeordnetenhaus und setzt sich für mehr Frauen im Parlament ein. Präsidentin Dilma Rousseff, so meint Erundina, habe man auch gewählt, weil sie eine Frau ist. Als sie Bürgermeisterin von São Paulo wurde, wählte man sie noch, obwohl sie eine Frau war. Sie erinnert sich, dass es damals viele Versuche gab, sie zu boykottieren, und sie sei auch Opfer von Aggressionen gewesen. Sogar einen Brief mit Fäkalien habe man ihr geschickt. In der Rückschau sieht sie sich durchaus als Pionierin, denn ihre Wahl zur Bürgermeisterin der größten Stadt des Landes habe viele Frauen in Brasilien dazu gebracht, politisch aktiv zu werden.

Ausgewählte Literatur:

Webseite von Luiza Erundina. Enthält ausgewählte Reden und politische Aktivitäten der Parlamentsabgeordneten. Auf: http://www.deputadaluizaerundina.com.br, 11.5.2012.

Semira Adler Vainsencher: »Luiza Erundina«. In: *Pesquisa Escolar On-Line*. Fundação Joaquim Nabuco, 6.8.2009. Auf: http://basilio.fundaj.gov.br/pesquisaescolar/index.php?option=com_content&view=article&id=313&Itemid=1, 11.5.2012. Kurzporträt.

»Luíza Erundina aconselha Dilma Rousseff: ›Não se intimide‹.« Interview der Nachrichtenwebseite des Parlaments von Paraíba mit Luiza Erundina über die Rolle der Frauen in der brasilianischen Politik, 24.1.2011. Auf: http://www.parlamentopb.com.br/Noticias/?luiza-erundina-aconselha-dilma-rousseff-nao-se-intimide-24.01.2011, 11.5.2012.

DILMA ROUSSEFF
BRASILIEN, *1947

Die Volkswirtin Dilma Rousseff ist seit dem 1. Januar 2011 Brasiliens erste Frau im Präsidentenamt. Bereits in der Regierung ihres Vorgängers Luiz Inácio Lula da Silva (2003–2010) hatte sie zunächst als Ministerin für Bergbau, Energie und Kommunikation und dann als Präsidialamtsministerin großen Einfluss und einiges bewegt. Präsident Lula hatte Rousseff, die während der Diktatur im Untergrund gekämpft hatte, als Präsidentschaftskandidatin der Arbeiterpartei vorgeschlagen.

Dilma Vana Rousseff wurde am 14. Dezember 1947 in Belo Horizonte, der Hauptstadt des Bundesstaates Minas Gerais, als Tochter des Anwalts und Unternehmers Pedro (Petár) Rousseff und seiner Frau Dilma Jane Coimbra Silva geboren. Sie hat einen älteren Bruder, Igor, und eine jüngere Schwester, Zana Lucía, die bereits 1976 verstarb. Ihr Vater stammte aus Bulgarien, wo er der Kommunistischen Partei angehört hatte und bereits einmal verheiratet gewesen war. Dilma hatte dort einen Halbbruder, der aber auch bereits verstorben ist. Ihr Vater kam Ende der 1930er Jahre nach São Paulo. Auf einer Reise lernte er Dilmas Mutter kennen. Sie stammt aus Uberaba in Minas Gerais und war Lehrerin. Die beiden heirateten und zogen nach Belo Horizonte. Der Vater arbeitete dort eine Weile für Mannesmann, später war er im Bau- und Immobiliensektor tätig. Nach anfänglichen Vorbehalten, weil der Vater Ausländer war, gehörte die Familie in Belo Horizonte dann zur Oberschicht. Als Dilmas Vater 1962 starb, hinterließ er 15 Immobilien von

Wert, die heute Dilmas Bruder verwaltet. Dilmas Mutter ist gelegentlich bei offiziellen Anlässen an der Seite der Tochter zu sehen.

Ab 1952 ging Dilma in die Vorschule, 1955 wurde sie in Belo Horizonte eingeschult. 1964 wechselte sie auf eine staatliche Oberschule. Als am 31. März 1964 das Militär den reformerischen Präsidenten João Goulart absetzte, nahm sie am Schülerprotest gegen den Putsch teil. Noch im gleichen Jahr schloss sie sich der *Política Operária* (POLOP, dt.: Arbeiter-Politik) an, einer Abspaltung der Sozialistischen Partei Brasiliens. Die Mitglieder der Gruppe waren bezüglich des Weges zum Sozialismus gespalten: Ein Teil optierte für eine Verfassunggebende Versammlung, der andere Teil für den bewaffneten Kampf. Aus diesem Teil ging später das *Comando de Libertação Nacional* (COLINA, dt.: Nationales Befreiungskommando) hervor, dem sich auch Dilma anschloss. Angeblich war es Régis Debrays Buch *Revolution in der Revolution?*, das sie von der Notwendigkeit des bewaffneten Kampfes überzeugt hatte. Dilma war im POLOP für die Kontakte zu Gewerkschaften zuständig sowie für die Unterweisung im Marxismus und für die Publikation *O Piquete* (dt.: Der Dienst). Zwar erhielt sie auch eine militärische Ausbildung, soll aber selbst an keiner bewaffneten Aktion direkt beteiligt gewesen sein.

Im POLOP lernte sie 1966 den fünf Jahre älteren Journalisten Cláudio Galeno de Magalhães Linhares kennen, der wie sie den bewaffneten Kampf befürwortete. Er hatte in den Streitkräften gedient und sich am Marineaufstand gegen den Putsch beteiligt und war deswegen eine Weile in Haft gewesen. Im September 1967 heirateten die beiden. Im gleichen Jahr schrieb sich Dilma an der Universität von Minas Gerais für Wirtschaftswissenschaften ein.

Anfang 1969 hatte COLINA im Bundesstaat Minas Gerais einige Dutzend Anhänger, die für Autodiebstähle, vier Banküberfälle und zwei Bombenattentate verantwortlich waren, bei denen allerdings keine Menschen zu Schaden kamen. Als die Polizei dann einen Teil der Gruppe bei einem Treffen überraschte, wurden zwei Polizisten erschossen und einer verletzt. Dilma und ihr Mann konnten entkommen, doch sie lebten nun im Untergrund, weil sie befürchten mussten, dass einer der gefangenen Genossen unter der Folter ihre Wohnung verriet. Es hieß, dass Cláudio Galeno an einem der beiden Banküberfälle von COLINA beteiligt gewesen sei, was er jedoch immer leugnete. Sie suchten sich nun jede Nacht eine neue Bleibe. Bei ihren Eltern konnten sie keinen Unterschlupf finden, da deren Wohnungen unter Beobachtung standen.

Das Paar versuchte zunächst, die COLINA in Belo Horizonte zu reorganisieren, wurde dann aber von der Führung nach Rio de Janeiro beordert. Dort kam es zunächst bei einer Tante von Dilma unter, die glaubte, ihre Nichte und ihr Mann machten bei ihr Urlaub. Nach einer Weile wurde Cláudio für die Gruppe nach Porto Alegre geschickt, Dilma blieb in Rio und arbeitete als Waffen- und Geldkurier von COLINA.

Bei einer Versammlung lernte sie Carlos Franklin Paixão de Araújo kennen, einen zehn Jahre älteren Rechtsanwalt, der die sogenannte *Dissidência* der Kommunistischen Partei Brasiliens anführte, eine andere linke Gruppe, die für den bewaffneten Kampf gegen die Diktatur optierte. Dilma verliebte sich in Araújo und trennte sich von Cláudio Galeno. Die Ehe wurde erst 1981 geschieden und die beiden sind bis heute befreundet. Mit Araújo blieb sie gut 30 Jahre lang zusammen. Die beiden haben eine Tochter, Paula, die im März 1976 geboren wurde und einen Enkel, Gabriel, der im September 2010 zur Welt kam. Paula begleitete ihre Mutter nach deren Amtseid am 1. Januar 2011 auf ihrer Tour im offenen Wagen durch die Hauptstadt Brasilia.

Dilmas Gruppe COLINA fusionierte 1969 mit Araújos Gruppe zur *Vanguarda Armada Revolucionária Palmares* (VAR-Palmares, dt.: Bewaffnete Revolutionäre Avantgarde Palmares), Araújo wurde einer der Führer der militärisch-politischen Organisation marxistisch-leninistischer Ausrichtung. Über Dilmas Rolle gibt es widersprüchliche Informationen: Ein ehemaliger Geheimdienstvertreter behauptete, Dilma hätte damals zur geistigen Führung von VAR-Palmares gehört und Streiks und Banküberfälle organisiert. Sie selbst sagte dazu, ihr würden Aktionen zugeschrieben, von denen sie nichts wisse, und ein Mitstreiter von damals behauptet, sie sei für die Verbindungen zwischen nationaler Führung und Regionalgruppen zuständig gewesen. Sie benutzte die Decknamen Estela, Luísa, Maria Lúcia, Marina, Patrícia und Wanda. VAR-Palmares spaltete sich bald wieder, und Dilma zählte künftig zu dem Teil, der auf Basisarbeit setzte. Die Gruppe schickte sie nach São Paulo, wo sie gemeinsam mit María Celeste Martins, die viele Jahre später im Präsidialamt mit ihr zusammenarbeitete, für die Verwahrung der Waffen zuständig war. Die beiden Frauen zogen in eine Pension und versteckten sie unter dem Bett.

Anfang Januar 1970 verriet ein gefangener Mitkämpfer unter der Folter, wo er sich dreimal pro Woche mit Dilma traf, und so wurde sie am 16. Januar in einer Bar der Rua Augusta von São Paulo festgenommen. Sie wurde 22 Tage in Folge mit Schlägen und Elektroschocks gefoltert. Trotzdem verriet sie weder Carlos Araújo noch María Celeste Martins. Araújo wurde dennoch im Juli gefasst. Während Dilma bereits im Gefängnis Tiradentes von São Paulo saß, hatte er eine Affäre mit einer Schauspielerin, die Dilma ihm allerdings nachsah.

Dilma Rousseff wurde in drei Bundesstaaten zu insgesamt sechs Jahren und einem Monat Gefängnis verurteilt. Sie wurde jedoch Ende 1972 vorzeitig entlassen, weil die Strafen teilweise für das gleiche Delikt verhängt worden waren. Sie hatte zehn Kilo abgenommen und litt nun an einer Schilddrüsendysfunktion. Zunächst zog sie für einige Monate zu ihrer Mutter nach Minas Gerais, um sich zu erholen, dann zu einer Tante nach São Paulo, und schließlich nach Porto Alegre in das Haus ihrer Schwiegereltern, denn ihr Mann saß bis Mitte 1974 in Porto Alegre die letzten Monate seiner Haftstrafe ab, und so konnte sie ihn besuchen.

Ihre Folterer zeigte sie später – vergeblich – an, aber im Dezember 2006 wurde ihr vom Bundesstaat Rio de Janeiro eine Entschädigung zugesprochen. Im November 2011 konnte sie schließlich als Präsidentin ein Gesetz unterzeichnen, das die Schaffung einer Wahrheitskommission vorsieht. Diese soll bis 2014 sämtlichen Menschenrechtsverletzungen nachgehen, die von 1946 bis 1988 von staatlicher Seite, aber auch von Untergrundkämpfern begangen worden sind. Die Militärs hatten in den zähen, dreijährigen Verhandlungen mit der Regierung darauf bestanden, nicht nur die Jahre der Militärherrschaft von 1964 bis 1985 zu untersuchen. Allerdings muss sich die Kommission auf die Dokumentation der Verbrechen beschränken, zu Anklagen der Schuldigen wie in Argentinien oder Chile wird es nicht kommen. Die Militärs hatten bereits 1979 ein Amnestiegesetz erlassen, das Folterern, Mördern und Entführern Straffreiheit zusichert und 2010 vom Obersten Gerichtshof bestätigt wurde, obwohl der Interamerikanische Gerichtshof für Menschenrechte es für juristisch nicht bindend erklärt hatte. Menschenrechtsorganisationen gehen davon aus, dass unter der brasilianischen Militärdiktatur 279 Menschen ermordet worden sind. 136 wurden verschleppt und sind bis heute verschwunden. »Die Wahrheit über unsere Vergangenheit ist fundamental, damit solche Dinge, die unsere Geschichte befleckt haben, nie wieder passieren«, erklärte Rousseff anlässlich der Unterzeichnung des Gesetzes. Zu ihrer eigenen Vergangenheit sagte sie einmal, sie sei damals 22 Jahre alt und Brasilien ein anderes Land gewesen.

Dilma Rousseff war 1973 wegen ihrer politischen Aktivitäten von der Universität von Minas Gerais verwiesen worden. So wechselte sie 1974 an die Universität von Rio Grande do Sul und machte dort 1977 ihr Examen in Volkswirtschaft. Politisch übte sie sich während des weiteren Studiums in Enthaltsamkeit.

Nach dem Examen arbeitete sie am *Instituto de Estudos Econômicos e Sociais* (IEPES, dt.: Institut für wirtschaftliche und soziale Studien) des Staates Rio Grande do Sul und organisierte im Studieninstitut der einzigen legalen Oppositionspartei *Movimento Democrático Brasileiro* (MDB, dt.: Brasilianische Demokratische Bewegung) Diskussionsveranstaltungen, an denen bekannte Wissenschaftler wie der Soziologe und spätere Präsident Fernando Henrique Cardoso (1995–2002) teilnahmen. Mit Cardoso versteht sie sich bis heute sehr gut.

Mitglied des MDB wurde sie nicht, aber gemeinsam mit ihrem Mann beteiligte sie sich am Wahlkampf eines Stadtverordneten der Partei. Nach seiner Wahl wurde dieser jedoch aus dem Amt entfernt, weil er in einer Rede die Folterungen der Militärs erwähnt hatte.

Im November 1977 hieß es in der Tageszeitung *O Estado de São Paulo*, Dilma sei eine von 97 Guerilleros, die als Spione in die Politik eingeschleust worden seien. Sie verlor daraufhin ihre Arbeitsstelle, wurde nach einer Weile jedoch wieder eingestellt.

Als 1979 wieder weitere Parteien erlaubt wurden, halfen sie und ihr Mann zunächst Leonel Brizola beim Wiederaufbau der *Partido Trabalhista Brasileiro* (PTB, dt.: Brasilianische Arbeiterpartei). Als die Großnichte von Parteigründer Getúlio Vargas den Parteinamen für eine eigene Gruppierung in Anspruch nahm, gründeten die drei die *Partido Democrático Trabalhista* (PDT, dt.: Demokratische Arbeiterpartei). Araújo wurde dreimal für die Partei zum Abgeordneten in das Parlament des Bundesstaates gewählt und kandidierte zweimal für das Bürgermeisteramt in Porto Alegre, verlor jedoch immer gegen den Kandidaten von Lulas *Partido dos Trabalhadores* (PT, dt.: Arbeiterpartei). Im Juni 1980 wurde Dilma Fraktionsassistentin der PDT im Parlament von Rio Grande do Sul, was sie bis Dezember 1985 blieb. Von März 1978 bis Juli 1983 war sie an der Universität von Campinas eingeschrieben, um in Wirtschaftswissenschaften zu promovieren, sie gab dieses Ziel jedoch endgültig auf, als sie 1986 das Finanzressort der Stadt Porto Alegre übernahm, das sie bis 1989 innehatte. Die

Meinungen über ihre Amtsführung sind geteilt: Während ihr die einen eine transparente Amtsführung bescheinigen, behaupten die anderen, in ihrem Ressort hätte das Chaos geherrscht.

1989 wurde sie zur Verwaltungschefin des Stadtrates von Porto Alegre ernannt, jedoch nach einer Weile wieder entlassen, weil sie Probleme mit der Pünktlichkeit hatte. Heute ist sie dafür bekannt, nichts auf die lange Bank zu schieben.

1991 wurde sie dann Präsidentin des Instituts für wirtschaftliche und soziale Studien des Bundesstaates, in dem sie bereits nach ihrem Studium gearbeitet hatte. Am 1. Dezember 1993 wurde sie für zwei Jahre Ministerin für Bergbau, Energie und Kommunikation des Bundesstaates Rio Grande do Sul, durch den Einfluss ihres Mannes, wie es heißt. Von dem trennte sich Dilma 1995, denn er wurde Vater eines unehelichen Kindes. Zwar versöhnte sich das Ehepaar 1996 wieder, jedoch nur, um 2000 endgültig auseinanderzugehen. Sie kaufte sich ein Apartment in Porto Alegre, in dem sie bis heute wohnt, wenn sie dort ist.

Vom Ministerbüro wechselte sie 1995 zum dritten Mal in das Institut für Wirtschaft und Statistik, dieses Mal als Chefredakteurin der Zeitschrift *Indicadores Econômicos* (dt.: Wirtschaftliche Indikatoren). Am 1. Januar 1999 kehrte sie dann wieder auf ihren alten Ministerposten zurück. Olívio Dutra von der Arbeiterpartei hatte mit Hilfe der PDT die Gouverneurswahlen in Rio Grande do Sul gewonnen und holte sie in sein Kabinett, »weil sie in der PDT links stand und nicht so populistisch war«.

Während ihrer Amtsführung stieg die Zahl der an die Stromversorgung angeschlossenen Haushalte in Rio Grande do Sul um knapp 50 Prozent – Dank eines Programmes, in dem private und öffentliche Energieproduzenten zusammenarbeiteten. 1999 warnte Rousseff die Zentralregierung in Brasilia, dass das Land mit Versorgungsengpässen würde rechnen müssen, wenn nicht in den Energiesektor investiert würde.

Zur Arbeiterpartei stieß sie 2001, als die PDT bei den Bürgermeisterwahlen von Porto Alegre nicht den Kandidaten der Arbeiterpartei unterstützte, sondern einen eigenen Kandidaten aufstellte. Dieser war auf Allianzen mit dem neoliberalen, rechten Spektrum angewiesen, und die zu tolerieren war Dilma nicht bereit. PDT-Vorsitzender Leonel Brizola nannte sie eine Verräterin, als sie die Partei wechselte, obwohl dies in Brasilien keine Seltenheit ist.

Vor den Präsidentschaftswahlen 2002 wurde sie in die Kommission der Arbeiterpartei berufen, die Lulas Regierungsplattform im Bereich Bergbau und Energie erarbeitete. Nach dem Wahlsieg Lulas waren viele erstaunt, dass nicht einer der landesweit bekannten Energiespezialisten der Partei, sondern Dilma Rousseff von Lula zur Ministerin für Bergbau, Energie und Kommunikation berufen wurde. »Da tauchte Ende 2001 eine Genossin mit einem Computerchen in der Hand auf. Wir fingen an zu diskutieren, und ich stellte fest, dass sie im Unterschied zu allen anderen Praxiserfahrung hatte, denn sie übte das Ministeramt für Bergbau und Energie bereits in Rio Grande do Sul aus. Und da dachte ich: Ich glaube, ich habe meine Ministerin gefunden«, kommentierte Lula seine Entscheidung für Rousseff. Sie trat ihr Amt am 1. Januar 2003 an.

Ihre Amtszeit war von den Bemühungen geprägt, eine neue Energiekrise, wie sie aufgrund einer Dürreperiode 2001 und 2002 aufgetreten war, für die Zukunft zu verhindern. Sie nahm neue Kraftwerksprojekte in Angriff, deren Umsetzung jedoch von Umweltministerin Marina Silva (S. 248) verzögert wurde, die auf Umweltverträglichkeitsprüfungen bestand. Silva fürchtete um das ökologische Gleichgewicht, Rousseff dagegen hatte Kalkulationen vor Augen, denen zufolge der aufstrebende Industriestaat 2009 erneut mit Stromsperren zu rechnen hatte, wenn nicht bald die Kapazitäten erweitert würden. Der damalige Präsidialamtsminister José Dirceu musste ein Vermittlerteam aufstellen, das zwischen den beiden Ministerinnen schlichtete. Auch mit der Führung des staatlichen Energieko-

nzerns Petrobras kam es zu Konflikten, und gelegentlich musste sogar Lula selbst vermitteln. Ein Parlamentsabgeordneter
sagte einmal: »Dilma ist die demokratischste Person der Welt,
wenn man 100-prozentig mit ihr einer Meinung ist.« Dilma
Rousseff gilt als äußerst temperamentvoll, so soll sie den Chef
von Petrobras zum Weinen gebracht haben. Präsident Lula soll
ihr Temperament aber geschätzt haben, weil sie es einsetzte,
um Probleme zu lösen. Sie selbst sagt dazu, dass nicht ihr Temperament, sondern ihre Funktion schwierig sei. »Ich finde es
interessant, dass eine Frau, wenn sie eine Führungsposition
ausübt, immer als hart und rigide oder als Eiserne Lady cha-
rakterisiert wird. Ich halte das für ein Stereotyp, für eine Scha-
blone, eine Zwangsjacke, in die man uns pressen will.«

Privat gilt sie keinesfalls als hart. Sie verbringt ihre Freizeit
gern mit ihren beiden Hunden Nego und Fafá. Zudem liebt
sie Filme von Glauber Rocha und Musik von Wagner, Puccini,
den Beatles und Chico Buarque, und sie meditiert regelmäßig.
Außerdem ist sie sehr belesen und zitiert gern aus literarischen
Werken. Ihr Vater hatte sie für Literatur begeistert. Sie liebt
die »alten Griechen«, aber auch Honoré de Balzac, Fernando
Pessoa und Machado de Assis. Und sie mag die neuen Techno-
logien: Sie schaut sich Filme auf dem Computer an, und auf
ihrem iPad, von dem sie sich kaum je trennt, betrachtet sie
gern ihre virtuelle Kunstgalerie.

Auf ihre Entscheidung als Ministerin hin müssen für Erdöl-
plattformen nun nicht mehr wie früher 15, sondern 60 Prozent
nationale Materialien verwendet werden. Dies stellte sich zwar
kurzfristig teurer, führte jedoch zur Schaffung von 40 000 Arbeitsplätzen auf brasilianischen Werften, brachte dem Land
technisches Know-how und eine weltweit konkurrenzfähige
Schiffbauindustrie.

Zudem initiierte sie das Programm *Luz Para Todos* (dt.:
Licht für alle), dessen Ziel es ist, bis zum Jahr 2015 sämtliche
brasilianischen Haushalte an die Stromversorgung anzuschließen. Bis November 2011 waren bereits 2,9 Millionen Haushal-

te armer Familien vor allem in abgelegenen ländlichen Regionen elektrifiziert.

Als Präsidialamtsminister José Dirceu im Juni 2005 über einen Korruptionsskandal fiel, ernannte Lula am 21. Juni Dilma Rousseff zu dessen Nachfolgerin. Ihm habe gefallen, dass sie es geschafft hat, eine neuerliche Energiekrise abzuwenden und dass sie in der Lage ist, etwas auf die Beine zu stellen, so ein anderer Minister, Franklin Martins, über Lulas Entscheidung. Mit Dilma sei die Ernsthaftigkeit in das Präsidialamt eingezogen, kommentierte sogar Pedro Simon, ein Senator der Opposition. Die US-Botschaft soll damals nach Washington gekabelt haben, dass sie eine detailverliebte Technokratin mit Prestige sei und ein *workaholic*, dass ihr aber politisches Taktgefühl fehle, wenn sie sich immer gleich an die Spezialisten wendet und deren Chefs übergeht.

2007 legte Präsident Lula das *Programa de Aceleração do Crescimento* (PAC, dt.: Wachstumsbeschleunigungsprogramm) vor und bezeichnete Dilma als dessen Mutter. Das PAC sah Investitionen in Höhe von 183 Milliarden Euro in die Infrastruktur, in die Energieversorgung und in die Stadtsanierung vor. Es war nicht nur mit Blick auf die Kandidatur für die Fußballweltmeisterschaft 2014 und die Olympischen Spiele 2016 aufgelegt worden, sondern sollte die infrastrukturellen Voraussetzungen für Brasiliens Aufstieg zum *global player* schaffen. Inzwischen wurde PAC 2 aufgelegt.

2007 wurde zum ersten Mal darüber spekuliert, dass Dilma Rousseff Brasiliens erste Frau im Palácio do Planalto, Brasiliens Präsidentenpalast, werden könnte und sie selbst sagte, ihr sei die Idee sympathisch. Offiziell zur Kandidatin der Arbeiterpartei gekürt wurde sie aber erst auf deren Kongress am 13. Juni 2010. Sie war nicht nur Lulas Favoritin, sondern erhielt auch die Unterstützung vieler bekannter Persönlichkeiten, so von dem Sänger Chico Buarque, dem Architekten Oscar Niemeyer oder dem Befreiungstheologen Leonardo Boff.

Am 25. April 2009 kamen dann Zweifel auf, ob Rousseff

überhaupt würde kandidieren können, denn sie erkrankte an Lymphdrüsenkrebs. Bei einer Routineuntersuchung war ein Knoten in der linken Achselhöhle festgestellt worden. Sie unterzog sich einer Chemotherapie, deren Folge eine Muskelentzündung in den Beinen war. Bis Dezember zeigte sie sich mit einer Perücke, über die sie öffentlich Scherze machte. Ende September erklärten ihre Ärzte sie für geheilt. Ende März 2010 gab sie ihren Posten als Präsidialamtsministerin ab und stürzte sich in den Wahlkampf.

Im Laufe der Kampagne musste sie aufgrund des Drucks der katholischen Kirche von ihrer Forderung nach einer generellen Legalisierung der Abtreibung Abstand nehmen und zog sich auf das geltende brasilianische Recht zurück, das Aborte nur erlaubt, wenn Gefahr für das Leben der Mutter besteht oder die Schwangerschaft Folge einer Vergewaltigung ist. Ihre Gegner versuchten den Positionswechsel auszuschlachten, doch vergeblich. Im ersten Wahlgang wurde sie stärkste Kandidatin und erhielt 46,91 Prozent. In der Stichwahl am 31. Oktober 2010 konnte sie mit 56,05 Prozent ihren Gegenkandidaten José Serra von der sozialdemokratischen PSDB *(Partido da Social Democracia Brasileira)* deutlich schlagen. Dilma Rousseff ist von 55,75 Millionen Brasilianern zur neuen Präsidentin gewählt worden.

Sie erklärte die Abschaffung der extremen Armut zu ihrem vordersten Ziel. Rund 16,3 Millionen Menschen, 8,5 Prozent der BrasilianerInnen, müssen mit weniger als umgerechnet 30 Euro im Monat auskommen. Dilma versprach weiteres Wirtschaftswachstum und die Schaffung von Arbeitsplätzen, eine Verbesserung der öffentlichen Dienstleistungen und mehr öffentliche Ausgaben sowie eine Kontrolle der Inflation, und sie bekannte sich zur Demokratie, zur Presse- und Religionsfreiheit sowie zu mehr Gerechtigkeit für die Frauen. Ihr erstes Interview gab sie nicht, wie es Tradition war, den Medien des *Globo*-Imperiums, sondern zwei Journalistinnen von *Rede Record*, einem Medienkonzern, der Edir Macedo Becerra, dem

Gründer der einflussreichen evangelikalen Kirche *Igreja Universal do Reino de Deus* (dt.: Universalkirche des Reichs Gottes), gehört.

Dilma Rousseff trat ihr Amt am 1. Januar 2011 an. Da ihre Partei im Parlament lediglich knapp 17 Prozent der Abgeordneten stellt, ist sie auf die Unterstützung von neun anderen Parteien angewiesen. So gehört ihr Vizepräsident, Michel Temer, der zweitstärksten Kraft an, der *Partido Movimento Democrático Brasileiro* (PMDB, dt.: Partei der brasilianischen demokratischen Bewegung), die ideologisch wenig festgelegt ist. Zu ihrem Kabinett zählen aber auch Vertreter kleinerer Parteien.

In ihrem ersten Jahr im Amt hatte sie mit vier Korruptionsfällen in ihrem Kabinett zu kämpfen, unter anderem musste sie ihren Präsidialamtsminister entlassen. Sie ersetzte ihn durch eine Verwaltungsfachfrau, Gleisi Hoffmann, der man die gleichen Eigenschaften zuschreibt wie ihr selbst: Disziplin, Pragmatismus, Fleiß.

In vielen Bereichen hält sie an der – von ihr selbst mit konzipierten – Politik ihres Amtsvorgängers Lula fest. So bleibt sie bei der Wirtschafts- und Sozialpolitik Lulas, der eine Umverteilung zur Schließung der Gerechtigkeitslücke begonnen hatte. Sie setzt jedoch auch neue Akzente. Sie wirkt distanzierter als Lula, der sich immer als Mann aus dem Volk gab und ständig in den Medien präsent war. Dilma ist aber flexibler im Umgang mit den Medien. Während Lula immer mal wieder versuchte, die Presse einzuschüchtern, ist Dilma offener für Kritik und Diskussion. Auch in der Außenpolitik sind Kurskorrekturen zu spüren, wenn sie etwa auf mehr Distanz zum Iran geht. »Brasilien hat sich zu einem positiven Faktor in den Abstimmungen über Menschenrechte in den Vereinten Nationen entwickelt, seit Dilma die Macht übernommen hat. Es ist ein drastischer Wandel im Vergleich zur Regierung Lula, der beim Thema Menschenrechte gewöhnlich auf der falschen Seite stand«, erklärte José Miguel Vivanco von *Human Rights*

Watch. Ein Grund dafür könnte sein, so die Vermutung, dass Rousseff eine stärkere Annäherung an die USA sucht. Eine zu starke Exportabhängigkeit von China könnte gefährlich werden für Brasiliens Wirtschaft, wenn sich in dem asiatischen Land die Konjunktur abkühlt. Und während China vor allem an Rohstoffen interessiert ist, nehmen die USA Brasilien Flugzeuge und andere Fertigprodukte ab, woran ihr sehr gelegen ist. Umfragen im September 2011 zeigten, dass 71 Prozent der BrasilianerInnen mit ihrer Präsidentin nach acht Monaten im Amt zufrieden waren. Lula kam nach der gleichen Zeit auf 69 Prozent, und sein Vorgänger Fernando Henrique Cardoso nur auf 57 Prozent. »Die bisherigen Trends zeigen, dass Dilma es – allen Zweiflern zum Trotz – auf ihre Weise ebenso gut kann wie Lula. Vielleicht sogar noch besser«, schrieb ein politischer Beobachter der deutschen Friedrich-Ebert-Stiftung, nachdem sie 100 Tage im Amt war.

Am 21. September 2011 schrieb Dilma Rousseff erneut Geschichte, als sie als erste Frau die Generaldebatte der Vollversammlung der Vereinten Nationen eröffnete. »Ich bin sicher, dass dies das Jahrhundert der Frauen sein wird«, erklärte sie den Delegierten aus 193 Nationen.

Ausgewählte Literatur:

Andrés Oppenheimer: »El giro de Dilma en derechos humanos«. In: *La Nación*, 7.6.2011. Auf: http://www.lanacion.com.ar/1379602-el-giro-de-dilma-en-derechos-humanos, 14.5.2012. Der Artikel beschreibt Rousseffs außenpolitische Kehrtwende.

Yesko Quiroga: »Und Dilma kann es auch …«. Arbeitspapier der Friedrich-Ebert-Stiftung, Mai 2011. Auf: http://library.fes.de/pdf-files/iez/08078.pdf, 14.5.2012. Bilanz der ersten 100 Tage im Amt.

Vera Rosa: »Dilma no poder: Novos gostos e costumes«. Auf: http://www.estadao.com.br/noticias/geral,dilma-no-poder-novos-gostos-e-costumes,660699,0.htm, 14.5.2012. Politisch-persönliches Porträt anlässlich der Amtsübernahme.

http://pt.wikipedia.org/wiki/Dilma_Rousseff, 14.5.2012. Sehr ausführliches Porträt mit zahlreichen Hinweisen zum Weiterlesen.

MICHELLE BACHELET

CHILE, *1951

Als Michelle Bachelet am 11. März 2010 nach vier Jahren im Amt die blau-weiß-rote Präsidentenschärpe ablegt, um sie an ihren Nachfolger Sebastián Piñera weiterzugeben und selbst die UNO-Abteilung für die Gleichstellung der Geschlechter und die Stärkung der Stellung der Frau zu übernehmen, ist sie die beliebteste Präsidentin, die Chile je hatte. In Umfragen zeigten sich gut 84 Prozent ihrer Landsleute mit ihr einverstanden. Ihr populärer Amtsvorgänger Ricardo Lagos erreichte nur 60 Prozent. Dabei hatte Michelle Bachelet nie das Ziel, Präsidentin zu werden. Doch was sie macht, macht sie, so gut sie kann. Als sie 1996 einen Kursus über kontinentale Verteidigung an der Akademie für politische und strategische Studien absolviert, schließt sie ihn als Jahrgangsbeste ab. Sie hatte auch schon das Abitur als Beste ihres Jahrgangs bestanden. Ihre Eltern haben sie von klein auf dazu erzogen, immer ihre Pflicht zu tun und Verantwortung ernst zu nehmen, hat sie einmal in einem Interview geäußert, und danach lebt sie.

Verónica Michelle Bachelet Jeria wurde am 29. September 1951 in Chiles Hauptstadt Santiago geboren, als zweites Kind der Archäologin Ángela Jeria und des Luftwaffenoffiziers Alberto Bachelet. Ihr Großvater mütterlicherseits war Chiles erster Agraringenieur, und ihr Ururgroßvater väterlicherseits, der aus Burgund stammte, war 1860 von der angesehenen Familie Subercaseaux als Önologe unter Vertrag genommen worden und nie mehr nach Frankreich zurückgekehrt. Eine Nachfahrin der Familie Subercaseaux, die bekannte Schriftstellerin Elizabeth Subercaseaux, veröffentlichte 2005 Michelle Bachelets Biographie.

Aufgrund des Berufs des Vaters lebte Michelle als Kind in diversen Militärsiedlungen in unterschiedlichen Regionen Chiles. 1962 zog sie für zwei Jahre nach Bethesda (Maryland), weil der Vater den Posten des Militärattachés in den USA übernommen hatte. Sie besuchte eine örtliche Schule und lernte Englisch. Sie ist ein Sprachtalent, denn sie spricht außerdem Deutsch, Französisch und Portugiesisch. Zurück in Chile besuchte sie bis 1969 ein Mädchengymnasium in Santiago.

Sie spielte Volleyball, sang im Schulchor und gehörte einer Musik- und einer Theatergruppe an. Beim Universitätseignungstest erreichte sie eine der höchsten Punktzahlen im ganzen Land. Zwar interessierte sie sich auch für Wirtschaft und Soziologie, doch sie entschied sich 1970 nach einem Besuch eines Gesundheitspostens, Medizin zu studieren, die sie auch als eine Sozialwissenschaft begreift, wie sie in einem Interview erklärte.

Auf der Universität schloss sie sich der Sozialistischen Jugend an. Ihr Vater, inzwischen Brigadegeneral, arbeitete damals für die Regierung der *Unidad Popular* (dt.: Volksfront) des sozialistischen Präsidenten Salvador Allende (1970–1973). Alberto Bachelet war zwar parteilos, aber fortschrittlich eingestellt. Seine Frau berichtete einmal, er sei kein Macho gewesen und habe im Haushalt mitgearbeitet. Seinen Kindern hat er vermittelt, dass alle Menschen die gleichen Chancen haben sollten und dass man dem anderen Respekt entgegenbringen muss. Er gehörte wie Allende einer Freimaurerloge an. Zunächst war er unter Allende Direktor einer Einrichtung, die für die Verteilung von Grundnahrungsmitteln an die Armen zuständig war, dann übernahm er die Finanzen der Luftwaffe.

Als am frühen Morgen des 11. September 1973 die Streitkräfte unter Führung von General Augusto Pinochet gegen Allende und seine Regierung putschten, und Michelle und ihre Kommilitonen die Bombardierung des Präsidentenpalastes La Moneda vom Dach des Universitätsgebäudes aus ungläubig beobachteten, wurde Alberto Bachelet in seinem Büro im Verteidigungsministerium verhaftet. Abends ließ man ihn wieder frei, um ihn am 14. September auf Befehl des Luftwaffenchefs und Juntamitgliedes Gustavo Leigh wieder festzunehmen. Er wird in die Akademie der Luftwaffe gebracht und von seinen eigenen Waffenbrüdern gefoltert. Im Oktober ist seine Gesundheit zerrüttet, und er darf unter Hausarrest zu Frau und Tochter zurückkehren. Am 18. Dezember wird er, des Vaterlandsverrats für schuldig befunden, wieder in das Gefängnis von Santiago gebracht. Am 11. März erleidet er nach der Folter einen Herzinfarkt, und da ihm jede medizinische Hilfe verweigert wird, stirbt er am Tag darauf, im Alter von 51 Jahren.

Michelle Bachelet setzt trotz Putsch und Ermordung des Vaters ihr Medizinstudium fort und ist im Untergrund weiterhin für die Sozialistische Jugend tätig. Ihre Mutter wird derweil zur Menschenrechtsaktivistin und gerät auf die schwarzen Listen der Militärs. Am Mittag des 10. Januar 1975 werden die beiden Frauen in ihrer Wohnung von der Geheimpolizei DINA verhaftet und mit verbundenen Augen in die Villa Grimaldi gebracht, Chiles berüchtigtste Folterstätte. Dort werden sie getrennt. Michelle teilt die Zelle mit acht weiteren Gefangenen. »Ja, sie haben mich gefoltert. Sie haben mich geschlagen. Aber das war nichts im Vergleich zu dem, was andere durchmachen mussten«, erklärte Michelle später dazu. Nach einigen Tagen werden die beiden Frauen in das Folterzentrum Cuatro Alamos überführt, bis sie Anfang Februar ins Exil gingen.

Ángela Bachelet wurde des Landes verwiesen, und ihre Tochter begleitete sie: »Ich wollte nicht, dass sie sich aus Angst um mich in ihrem Engagement für die Demokratie zurückhielt«, begründete Michelle dies einmal. Sie waren Dank der Hilfe von General Osvaldo Croquevielle Cardemil, dem Ehemann von Alberto Bachelets Schwester Alicia freigekommen. Zwar war auch er am Tag des Putsches aus den Streitkräften entlassen worden, doch er setzte sich bei Juntamitglied General Leigh und beim Innenminister für Frau und Tochter seines Schwagers ein.

Zunächst flogen sie nach Australien, nach Sydney, wo Michelles älterer Bruder Alberto (er verstarb 2001 im Alter von 54 Jahren in San Francisco) seit 1969 als Computerfachmann lebte. Im Mai 1975 brach Michelle dann nach Ostberlin auf, die Mutter folgte ihr vier Wochen später. Michelles damaliger Freund Jaime López war von der Sozialistischen Partei in die DDR entsandt worden und hatte sie gedrängt, ebenfalls dorthin zu kommen. Doch es zog sie auch dorthin, weil sie Mitglied der Führung der Sozialistischen Jugend war und diese sich in der DDR eingerichtet hatte. López kehrte nach Chile zurück und verschwand dort spurlos. Es wird vermutet, die DINA habe ihn »umgedreht«, doch sein Schicksal ist bis heute ungeklärt.

Michelle geht zunächst nach Leipzig, um am Herder-Institut der Karl-Marx-Universität Deutsch zu lernen. Dort trifft sie den etwas älteren Architekturstudenten Jorge Dávalos, der dem Zentralkomitee der Sozialistischen Partei Chiles angehört und bereits seit 1974 in der DDR lebt. Sie heiraten 1977, 1978 wird der gemeinsame Sohn Sebastián geboren. Und ihre Mutter, die eine Weile am Naturkundemuseum in Potsdam gearbeitet hat, zieht nach Washington D.C., um dort die Lobby-Arbeit für Chiles Rückkehr zur Demokratie fortzusetzen. Im September 1978 erhält Michelle, die mit der Familie am Stadtrand von Potsdam, im Neubauviertel »Am Stern«, lebt, einen Studienplatz an der Humboldt-Universität in Berlin.

Sie erinnert sich, dass es keine leichte Zeit war, jeden Tag von Potsdam nach Berlin zu fahren und ein Baby zu betreuen, das tagsüber in der Krippe war. Aber sie erinnert sich auch an einige hervorragende Professoren, sowie an viele Dinge, zu denen die Studenten der DDR Zugang hatten, die es in Chile nicht gab, wie etwas Stipendien für Bücher und Lehrmaterial. Die Humboldt-Universität verlieh ihr 2006 die Ehrendoktorwürde.

Als sich die Exil-Partei 1978 in den Erneuerungsflügel um Parteichef Carlos Altamirano und den der marxistischen Hardliner von Ex-Außenminister Clodomiro Almeyda teilte, schlug sie sich letzterem zu, weil er die Konfrontation mit dem Pinochet-Regime suchte. Doch sie war von der Unfähigkeit der Führung zur Einigkeit und zur Organisation von gemeinsamen Aktionen enttäuscht und war deshalb in der DDR nicht politisch aktiv.

Im Februar 1979 kehrte die Familie nach Chile zurück, nachdem Luftwaffengeneral Fernando Matthei, der Nachfolger von Leigh in der Regierungsjunta, ihnen die Erlaubnis erteilt hatte. Michelle und ihr Mann waren zunächst arbeitslos, doch dann nahm sie ihr Studium wieder auf. Sie machte 1982 ihr Examen als Kinderchirurgin mit Spezialgebiet Epidemiologie und absolvierte anschließend ein praktisches Jahr in Kinderheilkunde. Als sie sich dann um eine Stelle im öffentlichen Gesundheitswesen bewarb, wurde sie aus politischen Gründen abgelehnt, obwohl sie nicht parteipolitisch aktiv war. Allerdings nahm sie an Protestaktionen teil und stand der *Vicaría de la Solidaridad* nahe, einer von der katholischen Kirche gegründeten Hilfsorganisation für die Opfer der Diktatur, in der ihre Mutter mitarbeitete. Sie bekam dann jedoch von der Ärzte-Vereinigung ein Stipendium am Hospital del Río, wo sie sich vier Jahre lang in Kinderheilkunde und Öffentlicher Gesundheit spezialisieren konnte. Auch wirkte sie bis 1990 in einer Nichtregierungsorganisation mit, die Kindern von Opfern der Diktatur half. Öffentlich trat sie jedoch nicht in Erscheinung.

1984 wird Tochter Francisca geboren, doch zwischen den Ehepartnern läuft es nicht gut. 1985 trennen sie sich. Etwas später geht Michelle dann eine Beziehung mit dem Ingenieur Álex Vojkovic ein, der nicht nur Mitglied der Kommunistischen Partei ist, sondern auch Sprecher der *Frente Patriótico Manuel Rodríguez* (FPMR, dt.: Patriotische Front Manuel Rodríguez), die am 7. September 1986 ein Attentat auf Pinochet verübt. Michelle hatte zwar an einigen Diskussionen der Gruppe teilgenommen, aber nicht an deren terroristischen Aktionen. Als Ministerin sollte ihr später der Kontakt zur FPMR und ihre Beziehung zu Vojkovic vorgeworfen werden, und sie musste erklären, dass sie mit dem Attentat nichts zu tun hatte. Sie selbst reagierte genervt darauf, dass man sich für ihr Privatleben vor 20 Jahren interessierte, aber nicht erwähnte, dass der Vater ihrer 1992 geborenen, jüngsten Tochter Sofía Pinochet nahesteht.

1987 ließ die Repression nach und das Regime erlaubte einige oppositionelle Gruppierungen. Bachelet schloss sich einer kleinen sozialistischen Strömung an, die sich für einen Boykott des Plebiszits von 1988 einsetzte, bei dem das Volk darüber abstimmen sollte, ob General Augusto Pinochet noch weiter im Amt bleiben oder 1990 die Regierungsverantwortung abgeben sollte. Michelle fürchtete, dass das Plebiszit nur dazu dienen könnte, Pinochet zu legitimieren. Außerdem glaubte sie, der Diktator werde mittels Wahlbetrug für seinen Sieg sorgen. Schließlich schrieb sie sich aber doch noch ins Wahlregister ein und votierte mit »NO«. 53 Prozent der Wahlberechtigten hatten wie Michelle Bachelet für eine Beendigung der Herrschaft Pinochets im Jahre 1990 gestimmt. Der beschwerliche Übergang zur Demokratie begann.

Am 14. Dezember 1989 gewann der Christdemokrat Patricio Aylwin freie Wahlen und wurde nach 27 Jahren Diktatur am 11. März 1990 als Präsident vereidigt. Er stützte sich auf eine Koalition aus Christdemokraten, Sozialisten und Sozialdemokraten, *Concertación* genannt, die nun für 20 Jahre Chiles Politik bestimmen sollte.

Die Frau, die einmal die vierte Präsidentin dieser *Concertación* werden sollte, war damals nur im Basiskomitee der Sozialistischen Partei aktiv und nahm auch nicht an den immer noch anhaltenden Auseinandersetzungen zwischen Almeyda und Altamirano um den Kurs der Partei teil, die erst auf einem Programmkongress 1992 beendet werden sollten. Die gemäßigten Kräfte setzten sich durch.

Nach Aylwins Regierungsübernahme bekam Bachelet eine Stelle als Epidemiologin im öffentlichen Gesundheitsdienst der Hauptstadt. Sie war dort für die Verbesserung der unter der Diktatur vernachlässigten Hospitäler und Gesundheitsposten zuständig. Nach einer Weile wechselte sie zur Nationalen Aids-Kommission (Conasida) und war als Beraterin für die Panamerikanische Gesundheitsorganisation, die Weltgesundheitsorganisation und die deutsche Gesellschaft für Technische Zusammenarbeit (GTZ) tätig. Während ihrer Arbeit für die Aids-Kommission lernte sie den Vater ihrer dritten Tochter Sofía kennen, den Lungenspezialisten Aníbal Henríquez. Sie war drei Jahre mit ihm zusammen, heiratete ihn jedoch nicht, da ihre Ehe mit Jorge Dávalos nicht geschieden war. Chile legalisierte als letztes westliches Land die Ehescheidung erst 2003, unter Bachelets Amtsvorgänger Ricardo Lagos.

Zwischen 1994 und 1997, unter der Präsidentschaft des Christdemokraten Eduardo Frei, ist Bachelet dann als Beraterin im Gesundheitsministerium beschäftigt. Im Mai 1996 wird sie ins Zentralkomitee der Sozialistischen Partei gewählt und kandidiert im Herbst bei den Kommunalwahlen für das Bürgermeisteramt der reichen Gemeinde Las Condes im Osten Santiagos, einer Bastion der Rechten. Sie bekommt 2622 Stimmen oder gut zwei Prozent und schafft es auch nicht in den Gemeinderat.

»Auf dem Weg zur vollständigen Normalisierung der Beziehungen zwischen Militär und Zivilgesellschaft hielten die Schwierigkeiten an«, begründete sie einmal ihre Teilnahme am Kursus für Kontinentale Verteidigung an der Nationalen Akademie für politische und strategische Studien (ANEPE). Dort wurde sie von zwei ehemaligen Kabinettsmitgliedern Pinochets unterrichtet, und die Hälfte ihrer Lehrer sowie der übrigen Kursteilnehmer waren Militärs. Danach bleibt sie der Verteidigungspolitik erst einmal treu: Mit Unterstützung von Präsident Frei und einem Stipendium geht sie 1997 für ein Jahr an das renommierte Interamerikanische Verteidigungskolleg in Fort Lesley J. McNair, Washington D.C., an dem Militärs und Zivilisten aus den Mitgliedstaaten der Organisation Amerikanischer Staaten unterrichtet werden. Zurück in Chile wird sie für ein Jahr Beraterin im Verteidigungsministerium.

1999 wählt sie der Kongress ihrer Partei erneut in Führungsfunktionen und Bachelet steigt in das Wahlkampfteam ihres Parteifreundes Ricardo Lagos ein. Am 11. Januar 2000 gewinnt er die Stichwahl gegen den rechten Kandidaten Joaquín Lavín, und zwei Monate später zieht fast 27 Jahre nach dem Putsch gegen Salvador Allende wieder ein Sozialist in die Moneda ein. Lagos ernennt Michelle Bachelet zu seiner Gesundheitsministerin und beauftragt sie, innerhalb von drei Monaten die endlosen Warteschlangen im öffentlichen Gesundheitswesen zu beenden. Sie führt die zentralisierte telefonische Anmeldung ein, verlängert die Sprechstunden und richtet 24-Stunden-Notfallsprechstunden für Kinder und über 65-Jährige ein, so dass sich im Juli die Menschenmassen vor den öffentlichen Hospitälern und Gesundheitsposten um 90 Prozent verringert haben. Bachelet bietet ihren Rücktritt an, weil sie ihr Ziel nicht erreicht hat, doch Lagos bestätigt sie im Amt. In der Folgezeit stößt sie eine Reform des öffentlichen Gesundheitswesens und eine Ausweitung des Krankenversicherungsschutzes an, die dann ihr Nachfolger vollendet. Als sie den Verkauf der »Pille danach« erlaubt und deren Gratisabgabe an Vergewaltigungsopfer im öffentlichen Gesundheitswesen verfügt, handelt sie sich Proteste der katholischen Kirche und eine Verfassungsklage ein. 2001 verbietet der Oberste Gerichtshof die Verbreitung der »Pille danach«, denn er wertet sie als Abtreibung.

Nach einer Kabinettsumbildung am 7. Januar 2002 schreibt Michelle Bachelet zum ersten Mal Geschichte: Sie wird die erste Verteidigungsministerin Chiles und ganz Südamerikas und nach 29 Jahren die erste Sozialistin auf diesem Posten. Die konservativen Militärs haben nicht etwa Vorbehalte gegenüber der Sozialistin, vielmehr sehen die meisten die Tochter ihres einst wegen Vaterlandsverrats verurteilten, ehemaligen Kameraden als ein Mitglied der *familia militar* an. Während der zwei Jahre im Amt erreicht sie eine Annäherung zwischen Tätern und Opfern der Diktatur, sie selbst spricht von einer Wiederbegegnung, aber nicht von Versöhnung. Der Chef der Streitkräfte, General Juan Emilio Cheyre, übernimmt die Verantwortung für die unter der Herrschaft der Militärs begangenen Menschenrechtsverletzungen: 3000 Menschen waren ermordet, an die 100000 gefoltert und etwa eine Viertelmillion ins Exil getrieben worden.

Zum 30. Jahrestag des Putsches wird in einem ehemaligen Konzentrationslager auf der Insel Dawson, in dem vor allem Allende nahestehende Politiker inhaftiert waren, eine Gedenkfeier im Beisein von ehemaligen Insassen und Soldaten gehalten. Und ihr Vater wird, gemeinsam mit anderen unter der Diktatur des Verrats bezichtigten Soldaten, in einer Zeremonie auf der Luftwaffenbasis Quintero im Dezember 2003 in Anwesenheit der Ministerin öffentlich rehabilitiert.

Bachelet modernisiert die Streitkräfte und widersetzt sich dem Vorwurf, Chile rüste auf. Es gehe um die Ersetzung schrottreifen Materials, argumentiert sie. Außerdem sei ein Mindestmaß an Abschreckung nötig. Auch sei für die chilenische Beteiligung an UN-Friedensmissionen in Zypern, Bosnien oder Haiti eine moderne Ausrüstung vonnöten. Bachelet erweitert den Zugang von Frauen zu den Streitkräften und setzt die Ottawa-Konvention zur Ächtung und Zerstörung von Anti-Personen-Minen um.

Als ihr die Streitkräfte 2010 einen Orden verleihen, erklärt sie, dass sie nur Dank des Militärs Präsidentin geworden sei. Hintergrund dieser Äußerung ist, dass sie 2002 bei Überschwemmungen im Großraum Santiago, als ganze Gemeinden unter Wasser stehen, nicht nur die Streitkräfte zu Hilfe schickt, sondern auch selbst mit Schirmmütze und Gummimantel auf einem Panzer durch die überfluteten Straßen fährt und den Hilfskräften Anordnungen gibt. Damit hatte sie sich die Herzen ihrer Landsleute endgültig erobert. Im darauffolgenden Jahr ist sie die beliebteste Politikerin nach dem Präsidenten. Bei einem Konzert des in Chile gefeierten spanischen Liedermachers Joan Manuel Serrat wird sie mehr bejubelt als der Sänger und der ebenfalls anwesende Präsident Lagos.

Gemeinsam mit der christdemokratischen Außenministerin Soledad Alvear verließ Bachelet zum 1. Oktober 2004 das Kabinett. Beide Frauen wollten sich in den Parteien der *Concertación* um die Nominierung zur Präsidentschaftskandidatin bewerben. Eigentlich sollte es am 31. Juli 2005 zu für alle Bürger offenen Vorwahlen kommen, doch angesichts der großen Beliebtheit von Bachelet in der Bevölkerung zieht Alvear ihre Kandidatur zurück. Die Sozialistin ist Präsidentschaftskandidatin der *Concertación*. Bei der Wahl am Dezember 2005 erhält sie 45,95 Prozent der Stimmen, in der Stichwahl am 15. Januar 2006 kann sie 53,5 Prozent auf sich vereinigen, ihr konservativer Gegenkandidat, der Multimillionär und heutige Präsident Sebastián Piñera lediglich 46,5 Prozent. Michelle Bachelet wird die erste Präsidentin Chiles, die sechste in Lateinamerika.

Dabei stand sie für sämtliche chilenischen Todsünden: Sie ist Sozialistin, geschieden und bekennende Atheistin. Und eine Frau. Für die Soziologin und Meinungsforscherin Marta Lagos (S. 357) verkörpert Bachelet obendrein das Drama Chiles, »aber auch die Fähigkeit, sich immer neu zu erfinden«. Sie wirkt sanft, aber überzeugend, sie kann auf Menschen zugehen und ihr Lächeln nimmt die Menschen für sie ein. Und sie identifiziert sich mit den Problemen der Frauen und der Jugend.

Im Wahlkampf hatte sie vor allem in der Wirtschaftspolitik auf Kontinuität gesetzt, aber auch mehr Bürgernähe und mehr

Demokratie versprochen, sowie mehr soziale Gerechtigkeit. Vor allem wollte sie die in Chile besonders ausgeprägte Kluft zwischen Arm und Reich verringern.

Nach ihrem Amtseid stellt sie auf dem Balkon der Moneda ein »gerechteres, humaneres, solidarischeres und egalitäreres Vaterland« in Aussicht, und ihrem ersten Kabinett gehören gleich viele Frauen wie Männer an. Bereits am 13. März verfügt sie eine kostenfreie Gesundheitsversorgung für über 60-Jährige sowie eine Erweiterung der Liste der Krankheiten, die bei Bedürftigen kostenlos behandelt werden. Im ersten Amtsjahr werden 800 neue Kinderkrippen eingerichtet, ein Wintergeld für die Ärmsten beschlossen und eine Gesundheitsreform in Angriff genommen.

Doch bereits im Mai weht ihr ein scharfer Wind entgegen. Im ganzen Land fordern Schüler eine Reform des Schulsystems. Sie klagen finanzielle Hilfen für ärmere Schüler und die Abschaffung von Pinochets Ausbildungsgesetz ein, das durch die Qualitätsunterschiede privater und öffentlicher Ausbildung die soziale Ungleichheit fördert. Es kommt zu Unterrichtsboykotts und Ausschreitungen, die sich auf das ganze Land ausdehnen. Bachelet reagiert zunächst nicht auf diese »Revolution der Pinguine« – die Schüler werden wegen ihrer schwarz-weißen Schuluniformen als Pinguine bezeichnet –, weil sie sich von Gewalt nicht unter Druck setzen lassen will. Am 30. Mai gehen dann 800 000 Oberschüler auf die Straße, trotz der inzwischen vom Erziehungsminister eingerichteten Dialogforen. Erst jetzt kündigt Bachelet in einer Fernsehansprache Lösungen für die Forderungen der Schüler an. Am 9. Juni hören die Proteste auf. Dennoch hagelt es Kritik an ihrer Führungsfähigkeit, weil die Koordination innerhalb der Ministerien nicht reibungslos funktioniert und sie dafür ihre Minister öffentlich gerügt hat.

Im Juli geriet sie erneut ins Kreuzfeuer der Kritik, als bekannt wurde, dass Sozialwohnungen von nur neun Quadratmetern Größe an Bedürftige übergeben worden waren, deren

Qualität obendrein zu wünschen übrigließ. Daraufhin wurde eine neue Wohnungsbaupolitik beschlossen, die auf Zuschüssen basiert. Am Ende ihrer Amtszeit war das Wohnungsdefizit im Land um 14,3 Prozent gesunken.

Als am 10. Dezember 2006 Augusto Pinochet im Militärhospital stirbt, beschließt sie, dass er kein Staatsbegräbnis erhalten soll, um den illegitimen Charakter seiner Präsidentschaft deutlich zu machen. Die Ehren eines Oberbefehlshabers werden ihm allerdings gewährt, und Verteidigungsministerin Vivianne Blanlot nimmt an seiner Beerdigung teil.

Zu Beginn von Bachelets Mandat war der Kupferpreis explodiert, was ihr einen Haushaltsüberschuss von sechs Milliarden US-Dollar bescherte. Sie beschloss, das Geld zu sparen – trotz aller Forderungen auch aus ihrer eigenen Partei, in das Sozialsystem zu investieren. Während der Wirtschaftskrise 2009 kam ihr dies zugute, denn die Reserven erlaubten ihr, ein Programm zur Stimulierung der Wirtschaft in Höhe von vier Milliarden US-Dollar aufzulegen. Und nach dem verheerenden Erdbeben vom Februar 2010 zeigte sich erneut, dass ihr Beschluss zu sparen richtig war.

Im Laufe ihrer Amtszeit stand sie immer wieder in der Kritik. Zwar nahmen die Reallöhne in ihrer vierjährigen Präsidentschaft um durchschnittlich 2,8 Prozent zu, aber der Gewerkschaftsdachverband CUT warf ihr dennoch vor, entgegen ihres Versprechens die ungleiche Einkommensverteilung nicht angetastet zu haben. Zwischenzeitlich sanken ihre Beliebtheitswerte auf 40 Prozent. Auch wurde ihr vorgeworfen, dass sie ihre Pläne zur weiteren Demokratisierung des Landes nicht nachdrücklich genug vorangetrieben habe.

Ihre Umweltpolitik war ebenfalls umstritten, da sie zwar einerseits verstärkt auf erneuerbare Energien setzte, die bis 2015 fünf Prozent der Energieversorgung decken sollen, andererseits aber eine neue Flüssiggasanlage bauen ließ.

Größte Kritik trug ihr jedoch die Reform des öffentlichen Nahverkehrs ein. Zwar war der »Plan Transantiago« noch von der Regierung Lagos entworfen worden, doch für die Implementierung zeichnete Bachelet verantwortlich. Die Umsetzung aber führte zu Chaos, zu langen Schlangen an den Haltestellen, zu überfüllten U-Bahnstationen und zu Demonstrationen in den Randbezirken, weil die Busse fehlten. Es zeigte sich, dass der Staat in den unter Pinochet allein Privatfirmen überlassenen öffentlichen Nahverkehr nicht genügend ordnend eingreifen konnte. Bachelet gestand ein, dass die Reform nicht ausreichend vorbereitet war und bildete erneut ihr Kabinett um. Dabei gab sie die Geschlechterparität auf.

Zwar mag sie nicht alles umgesetzt haben, was sie sich vorgenommen hat, doch selbst ihre Kritiker halten ihr zugute, dass sie für sozialpolitische Fortschritte gesorgt hat. Mit ihrer Rentenreform hat sie eine Mindestrente, einen Rentenzuschlag für jedes Kind, einen Rentenausgleich zwischen Ehepartnern im Falle der Scheidung sowie eine Mindestrente für Hausangestellte eingeführt. Nicht nur mit dieser Rentenreform hat sie der Geschlechtergleichheit zu mehr Beachtung verholfen. Im *Global Gender Gap Report* des Weltwirtschaftsforums von 2011 erscheint Chile als eines der zehn Länder, die sich in den vergangenen vier Jahren am meisten verbessert haben, von Rang 78 auf Rang 30. So kam es nicht von ungefähr, dass Michelle Bachelet nach dem Ende ihrer Präsidentschaft am 14. September 2010 von UNO-Generalsekretär Ban Ki-Moon zur Chefin der neu geschaffenen UNO-Abteilung für die Gleichstellung der Geschlechter und die Stärkung der Stellung der Frau ernannt wird.

Ausgewählte Literatur:

Bachelet, Michelle: »Trazos de mi vida«. Auf: http://www.tongoydigital.cl/BiografiaMichelleBachelet.htm, 14.5.2012.

Centro de Estudios y Documentación Internaticonales de Barcelona (CIDOB): »Michelle Bachelet Jeria«. 12.3.2010. Auf: http://www.cidob.org/es/documentacio/biografias_lideres_politicos/america_del_sur/chile/michelle_bachelet_jeria, 14.5.2012.

Gerhard Dilger: »Die Verbündete«. In: *taz*, 9.12.2005. Auf: http://www.taz. de/1/archiv/archiv/?dig=2005/12/09/a0214, 14.5.2012.

Humboldt-Universität zu Berlin: »Ich will da sein für die Menschen in ihrem Schmerz«. Interview von Heike Zappe mit Michelle Bachelet, 2009. Auf: http://www.hu-berlin.de/alumni/prominente/interviews/bachelet, 14.5.2012.

Werner A. Perger: »Versöhnung ist nicht mein Wort«. In: *Die Zeit*, Nr. 3/2003. Auf: http://www.zeit.de/2003/03/Bachelet, 14.5.2012.

Stephan Ruderer: »Vom ›neuen Politikstil‹ zum Krisenmanagement in Chile: Ein Jahr Bachelet«. In: GIGA Focus, Nr. 5/2007. Auf: http://www.giga-hamburg.de/dl/download.php?d=/content/publikationen/pdf/gf_lateinamerika_0705.pdf, 14.5.2012.

CRISTINA FERNÁNDEZ DE KIRCHNER

ARGENTINIEN, *1953

Cristina Fernández de Kirchner wurde im Oktober 2011 zum zweiten Mal in Folge zur argentinischen Staatspräsidentin gewählt, mit dem besten Ergebnis, das bei einer Präsidentschaftswahl nach der Rückkehr zur Demokratie 1983 erreicht wurde. In der argentinischen Geschichte erzielten nur der Gründer von Kirchners politischer Bewegung, Juan Domingo Perón, und der Radikale Hipólito Yrigoyen bessere Ergebnisse. Sie ist die zweite Frau auf dem argentinischen Präsidentenstuhl nach Isabel Perón (S. 118), doch die erste, die vom Volk zur Präsidentin gewählt wurde und nicht im Schlepptau ihres Mannes, sondern als erfahrene Politikerin. Die Juristin blickt auf langjährige politische Erfahrung als Parlamentsabgeordnete und Senatorin zurück.

Cristina Elisabet Fernández Wilhelm wurde am 19. Februar 1953 in La Plata geboren. Sie hat eine zwei Jahre jüngere Schwester, Giselle. Ihr Vater, Eduardo Fernández, hing der Radikalen Bürgerunion an, ihre Mutter Ofelia Wilhelm, eine Angestellte der Steuerbehörde, war dagegen Peronistin und Gewerkschaftsführerin. Die Großeltern väterlicherseits waren aus Spanien eingewandert und kamen mit einer Milchwirtschaft zu einem gewissen Wohlstand. Ihr Vater besaß einen Bus, den er selbst fuhr. Cristina besuchte die Sekundarstufe zunächst in La Plata, zog aber mit 14 Jahren nach der Scheidung der Eltern mit der Mutter in den Nachbarort Tolosa und ging dort auf eine Nonnenschule, wo sie ein Wirtschaftsabitur machte. Sie nahm später an der Universität von La Plata zunächst ein Psychologiestudium auf, wechselte aber nach einem Jahr zu Jura über. Sie schloss sich der *Frente de Agrupaciones Eva Perón* (FAEP, dt.: Front der Gruppen Eva Perón) an, die später in der linksgerichteten *Juventud Universitaria Peronista* (dt.: Universitäre Peronistische Jugend) aufging. Auch Néstor Kirchner gehörte der peronistischen Studentenvereinigung an. Am 8. Mai 1975, nur ein halbes Jahr nachdem Cristina ihn kennengelernt hatte, heirateten sie. Sie haben zwei Kinder, Máximo (1977) und Florencia (1990). Néstors Mutter kümmerte sich um die beiden, so dass Cristina freie Hand für Beruf und Politik hatte. 1984 erlitt sie zudem im sechsten Schwangerschaftsmonat eine Fehlgeburt, was sie auf ihr damaliges starkes Rauchen zurückführte, wie sie bei der Vorstellung eines Antitabakgesetzes bekannte.

Nach dem Staatsstreich der Militärs vom 24. März 1976 eröffneten die beiden im Juli in der patagonischen Kleinstadt Río Gallegos, aus der Néstor stammte, gemeinsam eine Anwaltskanzlei, die sich auf das Eintreiben von Schulden spezialisierte. Sie brachten es damit zu Wohlstand, angeblich, weil sie sich überschuldete Immobilien preiswert aneignen konnten.

Über das Ehepaar Kirchner kursieren viele Gerüchte in Argentinien, und so hieß es auch, Cristina habe kein juristisches Examen abgelegt, da sie zuvor nach Río Gallegos gegangen sei. Die Universität von La Plata bestätigte jedoch, dass sie dort ihren Abschluss gemacht habe.

Anfang 1976, noch unter Isabel Perón, wurde das Ehepaar während eines Besuches in Río Gallegos wegen seiner politischen Aktivitäten einen Monat lang im dortigen Kommissariat festgehalten. In Cristinas offizieller Biographie wird dies jedoch nicht erwähnt. Immer wieder hieß es auch, die Kirchners hätten der linksperonistischen Guerilla *Montoneros* angehört; Néstor dementierte dies jedoch, und gab lediglich zu, der revolutionären Strömung der Peronisten angehört zu haben.

Diese allerdings stand den *Montoneros* nahe. Etliche Freunde und Bekannte der Kirchners wurden unter der Diktatur ermordet oder verschwanden spurlos. Dies erklärt, weshalb Cristina bis heute besonderen Wert auf die Aufklärung der Verbrechen der Diktatur und die Verfolgung der Täter legt. Kritiker wie der Friedensnobelpreisträger von 1980, Adolfo Pérez Esquivel, werfen der Präsidentin aber vor, dass sie bezüglich der heute begangenen Menschenrechtsverletzungen zu nachsichtig sei, etwa wenn es um die Vertreibung von Indigenen von ihrem Land zugunsten großer Investoren geht. Und eine Nichtregierungsorganisation, die sich mit den Menschenrechtsverletzungen seitens der Sicherheitskräfte befasst, hat errechnet, dass seit der Regierungsübernahme Néstor Kirchners 2003 bis Ende 2010 durch Übergriffe der argentinischen Polizei 1633 Menschen zum Teil durch Folter zu Tode kamen, ohne das sich Néstor oder Cristina Kirchner darum kümmerten.

Nach der Rückkehr zur Demokratie wurde das Ehepaar 1983 wieder im Peronismus aktiv. Néstor wurde 1987 zum Bürgermeister von Río Gallegos gewählt und 1991 zum Gouverneur der Provinz Santa Cruz. Cristina wurde 1989 erstmals in das Parlament der Provinz gewählt, und auch 1993 und 1995 schaffte sie erneut den Sprung in das Parlament der Provinz. Sie gehörte dem Rechtsausschuss der Kammer an und wurde 1990 deren Präsidentin. 1994 wurde sie als Vertreterin von Santa Cruz in die Verfassunggebende Versammlung gewählt, ein Jahr später zog sie für Santa Cruz in den Senat ein. Dort kritisierte sie, dass im Senat zu viel Unnützes geredet würde, und die politischen Meinungsverschiedenheiten nicht direkt ausgetragen. Nach zwei Jahren legte sie aufgrund von Meinungsverschiedenheiten mit ihrer peronistischen Fraktion das Senatsmandat nieder, nachdem die mehrheitlich hinter Carlos Menems neoliberaler Politik stehende Fraktion sie ausgeschlossen hatte, weil sie zu rebellisch und wenig kompromissfreudig war – Dialogfähigkeit zählt bis heute nicht zu ihren Stärken. Sie kandidierte nun für das Abgeordnetenhaus, wurde aber nach Ablauf der Legislaturperiode 2001 erneut zur Senatorin gewählt, wieder für die Provinz Santa Cruz. Im Oktober 2005 zog sie dann als Senatorin ihrer Heimatprovinz Buenos Aires in die zweite Kammer ein. Cristina Kirchner galt schon zu ihrer Zeit als Abgeordnete und Senatorin als sehr begabte Rednerin, die die Menschen zu begeistern wusste. Sie glänzt in ihren Reden gern mit Zahlen, die ihre Erfolge dokumentieren sollen. Sie war auch schon immer für ihre Eleganz und ihren aufwendigen, manchmal eigenwilligen Kleidungsstil bekannt, was ihr die Kritik ihrer Gegner einbrachte. Über ihre angeblichen Liftings und die Zeit, die sie täglich auf ihr Äußeres verwendet, wird gern und viel geklatscht, ebenso über ihre ausgedehnten Shoppingtouren, wenn sie im Ausland weilt. Auch ihre chronische Unpünktlichkeit und ihre angeblichen bipolaren Störungen sind immer wieder Thema der Klatschpresse.

Als ihr Mann am 25. Mai 2003 das Präsidentenamt übernahm, blieb sie Abgeordnete, fungierte aber auch als First Lady. Sie vertrat ihn bei diversen internationalen Zusammenkünften, so beim Gipfel der fortschrittlichen Regierungen 2003 in London oder beim Treffen progressiver Regierungsparteien des südlichen Südamerikas, *Cono Sur*, in Montevideo 2005.

Am 28. Oktober 2007 wurde CFK, wie die argentinischen Zeitungen sie gern abkürzen, mit 45,29 Prozent der Stimmen zur Nachfolgerin ihres Mannes gewählt. Am 10. Dezember übernahm sie als erste vom Volk gewählte Präsidentin des Landes das höchste Staatsamt.

Das Ehepaar hatte die Präsidentschaft auch zu Néstors Zeiten bereits als eine gemeinsame Aufgabe betrachtet, und die Medien sprechen gewöhnlich vom »Projekt K«. So behielt Cristina den Kurs ihres Mannes bei, der ihr wichtigster Ratgeber war – wie sie zuvor seine wichtigste Ratgeberin.

Arbeitsmarktflexibilisierung lehnt sie bis heute aus sozialen Gründen ebenso ab wie wirtschaftliche Anpassungsprogramme auf Kosten der unteren Bevölkerungsschichten. Zum Internationalen Währungsfonds (IWF) hielt sie deshalb Distanz.

Néstor Kirchner hatte 2006 Argentiniens Schulden beim IWF beglichen, so dass Cristina es sich leisten konnte, dessen Empfehlungen abzulehnen. 2011 kam es allerdings zu einer vorsichtigen Annäherung zwischen ihr und dem IWF, da die Präsidentin sich dadurch mittelfristig den Zugang zu preiswerten Krediten von Weltbank und Internationaler Entwicklungsbank erhoffte. Seit der Zahlungsunfähigkeit des Landes 2002 bleiben diese dem Land versperrt.

Auch die Politik der Rückverstaatlichung von einstmals staatlichen, in den 1990er Jahren unter der Regierung des Peronisten Carlos Menem privatisierten Unternehmen wie der Fluggesellschaft Aerolíneas Argentinas setzt Cristina Kirchner fort, und nach bester peronistischer Manier nutzt sie die staatlichen Firmen, um ihre Parteigänger mit guten Posten zu versorgen. Sie hatte sich bereits als Senatorin und Abgeordnete gegen Menems Privatisierungsprojekte gewehrt.

Vor allem überführte Cristina trotz zahlreicher Proteste und Klagen die Rentenversicherung wieder in staatliche Hand. Dies brachte Geld in die Staatskasse, das es ihr erlaubte, 2009 ein Kindergeld für jedes Kind einzuführen, umfangreiche Wohnungs- und Schulbauprogramme aufzulegen und die Ausgaben für das Erziehungswesen insgesamt fast zu verdoppeln. So beschloss sie 2010 die Anschaffung eines Notebooks für jeden Sekundarschüler. Ihre Kritiker werfen ihr vor, das Geld aus der Rentenkasse zu verschleudern. Zum Teil zahlt sie auch die fällig werdenden Verbindlichkeiten aus der Rentenkasse.

Auch die hohen Wachstumsraten von 8,7 Prozent 2007 und 6,8 Prozent 2008, vor allem der Nachfrage Chinas und Indiens nach Agrarprodukten und Brasiliens nach Fertigwaren geschuldet, ermöglichten ihr soziale Investitionen wie Beschäftigungsprogramme, Rentenerhöhungen, die Subventionierung von Wasser- und Strompreisen, eine Unterstützung werdender Mütter oder eine Anhebung des Mindestlohnes.

Die weltweite Krise 2008/2009 bewältigte Argentinien zwar mit einem Wachstumseinbruch, aber doch noch mit Wachstum. Die Wirtschaft legte 2009 um 0,9 Prozent zu, denn Cristina Kirchner hatte mit Konsum- und Investitionsanreizen, mit öffentlichen Investitionen sowie mit Steuerstundungen gegengesteuert. In den beiden folgenden Jahren wuchs die Wirtschaft wieder um über neun Prozent. Allerdings war die Inflation hoch: Staatlicherseits wurde sie mit gut zehn Prozent angegeben, doch private Wirtschaftsforschungsinstitute bezifferten sie auf mindestens das Doppelte. Schon unter Néstor Kirchner war der Regierung von *Transparency International* und anderen internationalen Organisationen vorgeworfen worden, Wirtschaftsdaten zu manipulieren. So glauben auch viele Bürger nicht, dass die Zahl der Armen zwischen 2006 und 2009 von 21 auf gut elf Prozent gesunken ist, wie die Präsidentin und ihr Statistikamt behaupten, zumal die Elendsviertel der Städte keineswegs kleiner geworden sind und immer wieder von Hungertoten die Rede ist.

Zum schwersten Konflikt ihrer Präsidentschaft kam es 2008. Er zeigte einmal mehr, wie wenig dialog- und kompromissfähig die Präsidentin ist. Nachdem sie die Exportsteuern für Sojabohnen, Sonnenblumenkerne, Mais, Weizen und daraus hergestellte Produkte angekündigt hatte, riefen die vier Interessenverbände des Agrarsektors zu unbefristeten Streiks und weiteren Protestmaßnahmen wie Straßenblockaden auf. Angesichts des wachsenden Unmuts in der Bevölkerung über die Verknappung der Lebensmittel und den daraus resultierenden Preissteigerungen machte Kirchner zunächst die Steuererhöhungen für kleine und mittlere Betriebe rückgängig, was zu einer zeitweiligen Entspannung und zu neuen Verhandlungen zwischen Regierung und Agrarverbänden führte. Es kam jedoch wieder zu keiner Einigung und die Verbände nahmen den Streik wieder auf. Kirchner brachte trotzdem einen Gesetzentwurf im Parlament ein, der die Steuererhöhungen endgültig festschreiben sollte. Bei der Abstimmung im Senat kam es zu einem Patt, weil sich Senatspräsident Julio Cobos, der auch Cristina Kirchners Vizepräsident war, entschied, mit nein zu stimmen und das Gesetz scheitern zu lassen. Einen Tag später fuhr die Regierung die Exportsteuern wieder auf den Stand von 2007 zurück. Die Agrarverbände erklärten daraufhin den Konflikt für beendet. Das Verhältnis zwischen Kirchner und ihrem Vizepräsidenten war jedoch zerrüttet. Die beiden sprachen bis zum Ende der gemeinsamen Amtszeit kaum noch ein Wort miteinander. Nach dem Agrarkonflikt hatten nur noch rund 30 Prozent der BürgerInnen ein positives Bild von Cristina Kirchner. Direkt nach ihrem Amtsantritt waren es 51 Prozent gewesen.

Während des Konflikts über die Agrarexportsteuern kam es auch zum Bruch zwischen Kirchner und der *Clarín*-Gruppe, dem mächtigsten Medienkonzern des Landes (S. 95). Nachdem die *Clarín*-Gruppe jahrelang auf Seiten der Kirchners gestanden hatte, wandte sie sich nun aus politischen Eigeninteressen von ihnen ab, worauf das Ehepaar Kirchner seinerseits zum Kampf gegen die »Oligopolstellung« der *Clarín*-Gruppe blies. Im Oktober 2009 präsentierte Cristina Kirchner ein neues Mediengesetz, demzufolge die *Clarín*-Gruppe Teile des Konzerns veräußern muss, um die Pressekonzentration zu verringern. Kritiker des Gesetzes werfen Kirchner vor, es ginge ihr nicht um mehr Pressefreiheit, sondern darum, die Medien zu kontrollieren. Man hört auch immer wieder, Investoren aus dem Kirchner-Lager wollten Teile des *Clarín*-Konzerns aufkaufen, um dafür zu sorgen, dass die Präsidentin eine allzeit wohlgesinnte Presse zur Seite hat. Zur Presse hat CFK generell kein besonders enges Verhältnis; sie gibt zwar Erklärungen ab, steht aber nie den Medien Rede und Antwort. Dies trägt ihr häufig den Vorwurf der mangelnden Transparenz ein.

Ihre Außenpolitik blieb konturenlos. Einerseits bemühte sie sich immer um eine enge Beziehung zu US-Präsident Barack Obama, andererseits ließ sie es auf einen diplomatischen Konflikt ankommen, als zu gemeinsamen Manövern eingeladene US-Truppen nicht auf den Einfuhrlisten deklariertes medizinisches Material und Kommunikationsgerät ins Land brachten.

Auch den Nachbarn Brasilien verärgerte sie mehrfach durch einseitige Einfuhrbeschränkungen. Den Europäern erteilte sie im Laufe der Schuldenkrise dozierend Ratschläge zu deren Bewältigung: Sie verwies nicht ohne Arroganz auf das argentinische »Modell«, das nicht auf einem Sparkurs, sondern auf Währungsabwertung und hohen Staatsausgaben basiert.

Am 27. Oktober 2010 starb Néstor Kirchner infolge eines Herzinfarktes. Nach einigen Tagen der Trauer, die über *You-Tube* weltweit mitzuerleben waren, nahm Cristina ihre Amtsgeschäfte wieder auf. Sie trägt seitdem nur noch schwarz. Zunächst herrschte Unklarheit, ob sich Cristina ohne die Unterstützung ihres Mannes zu einer erneuten Präsidentschaftskandidatur entschließen würde. In der Öffentlichkeit war man bis zu Néstors Tod immer davon ausgegangen, dass er 2011 wieder antreten würde. Am 21. Juni 2011 verkündete dann Cristina ihre neuerliche Kandidatur.

Am 14. August wurden erstmals in der argentinischen Geschichte offene Vorwahlen abgehalten, die Cristina mit 50,21 Prozent der abgegebenen Stimmen für sich entschied. Nicht zuletzt, weil die Opposition heillos zerstritten war und sich keine Alternative zu ihr anbot, gewann Fernández de Kirchner am 23. Oktober 2011 erneut die Präsidentschaftswahlen mit unerwartet hohen 54,11 Prozent der Stimmen. Die gute Wirtschaftslage und die dadurch möglichen Sozialleistungen waren ein weiterer Grund für ihr gutes Abschneiden. In den ärmeren Bevölkerungsschichten sowie bei jungen Leuten ist sie sehr beliebt, weil sie wie einst Evita »Wohltaten« verteilt. Unter den Intellektuellen hat sie viele Anhänger, weil sie Künstler und Kulturschaffende, die sie unterstützen und ihrem Projekt »K« damit Legitimation verleihen, großzügig fördert. Überhaupt gilt, was seit je im Peronismus üblich ist, er ist eine klientelistische Bewegung: Wer für Cristina Position bezieht, darf auf staatliche Finanzspritzen hoffen, wer der Opposition anhängt oder sich politisch raushält, hat schlechte Karten. Inzwischen haben sich nicht zuletzt deshalb zahlreiche bedeutende Intellektuelle und Kulturschaffende in einer »Plattform für die Wiedergewinnung des kritischen Denkens« gegen sie gewandt. Sie werfen ihr vor, ihre Kritiker einzuschüchtern und jede politische Diskussion durch die Abqualifizierung ihrer Gegner abzuwürgen, vor allem aber kritisieren sie, dass entgegen dem sozialen Diskurs Kirchners sie die wachsende Konzentration des Landbesitzes in Händen großer Sojaproduzenten fördert und diese mit Repression durchsetze.

Cristina hat seit den Wahlen 2011 eine komfortable Mehrheit in beiden Kammern des Parlaments und in 20 der 24 argentinischen Provinzen regieren ihr gewogene Gouverneure. Am 10. Dezember leistete sie zum zweiten Mal den Amtseid. Die Präsidentenschärpe legte ihr Tochter Florencia um, und »beim Schwur rief sie nicht nur Gott, sondern auch, den Tränen nahe, ›ihn‹, ihren verstorbenen Gatten Néstor Kirchner, an«, schrieb die *Frankfurter Allgemeine Zeitung.* Beides sei streng genommen ein Verfassungsbruch gewesen, da die Übergabe der Insignien dem scheidenden, aber mit Cristina verfeindeten Vizepräsidenten Julio Cobos zugekommen wäre und die Eidformel nach einem vorgeschriebenen Muster hätte erfolgen müssen.

Cristina betreibt seit Néstors Tod einen wahren Kult um seine Person. Sie segnete die Pläne für ein Mausoleum ab, das ein Freund für ihn bauen ließ, und es wurden bereits erste Denkmäler von ihm errichtet. In vielen ihrer Reden bezieht sie sich unter Tränen ehrfurchtsvoll auf ihn. »Die Betroffenheit großer Teile der Bevölkerung vom plötzlichen Tod Kirchners geschickt aufgreifend, verstand es Frau Fernández, sich als trauernde Witwe und Sachwalterin des politischen Vermächtnisses ihre Gatten höchst medienwirksam zu inszenieren«, heißt es bei Klaus Bodemer. Zu Lebzeiten hat sich das Ehepaar allerdings sehr häufig gestritten, wie Cristina vor der Wahl zugegeben hat.

Seit dem Tod ihres Mannes erhält Cristina Kirchner vor allem von ihrem Sohn Máximo Unterstützung, der 2007 auf

Bitten seines Vaters in Río Gallegos unter dem Dach des Peronismus eine Jugendorganisation gegründet hat, *La Cámpora* mit Namen. Ziel der Organisation war es zunächst, der Medienmacht von *Clarín* mit Blogs, Videos, *Facebook*- und *Twitter*-Kampagnen etwas entgegenzusetzen. Auf *YouTube* ist etwa ein Propagandavideo der Gruppe zu sehen, in dem sich das Ehepaar Kirchner vor einem Bild des sich umarmenden Ehepaars Perón fest umschlungen hält. *La Cámpora* gehören viele gutausgebildete junge Leute an, und Cristina hat dafür gesorgt, dass sie bei den Parlamentswahlen gut platziert wurden oder einflussreiche Posten in staatlichen Institutionen bekamen.

Máximo gilt als die graue Eminenz hinter seiner Mutter, obwohl er kein politisches Amt innehat. Die FAZ spricht bereits von einer »Erbdemokratie«. Máximo verwaltet das Vermögen der Familie, das gemäß den – laut Gesetz öffentlich zu machenden – Steuererklärungen des Ehepaars bei Amtsantritt Néstor Kirchners 2003 bei rund sechs Millionen Pesos (rund 1,6 Millionen Euro) lag. Laut Cristinas Steuererklärung für 2010 belief es sich bereits auf rund 70 Millionen Pesos (knapp 13 Millionen Euro).

Während Néstor Kirchner die Fähigkeit fehlte, sich wie seine Frau mit zahlreichen öffentlichen Auftritten und flammenden Reden in den Medien geschickt in *Szene* zu setzen, hatte er es verstanden, durch unermüdliches Verhandeln politische Bündnisse zu schmieden – mit den verschiedenen Strömungen der Peronistischen Partei, mit den peronistischen Gewerkschaften oder sonstigen gesellschaftlichen Gruppen. Diese Fähigkeit zum »Kungeln« besitzt die eher distanzierte und polarisierende Cristina Fernández de Kirchner nicht. So wenden sich inzwischen Teile der mächtigen peronistischen Gewerkschaften gegen sie. Sie hatte sie bereits vor den Kopf gestoßen, als sie sie nicht in der von ihnen geforderten Zahl mit sicheren Listenplätzen für das Parlament versorgt hatte. Der Führer des peronistischen Gewerkschaftsdachverbandes, Hugo Moyano, hat im Dezember 2011 mit ihr gebrochen. Sie hatte zuvor kein

Hehl daraus gemacht, dass sie ihn gern seines Posten enthoben sähe. Die schicken 30-Jährigen der *Cámpora* liegen ihr zweifellos mehr als der grobschlächtige Lastwagenfahrer.

Ihr stehen bewegte Jahre bevor: Die Inflation könnte ihr aus der Hand gleiten, und die Kapitalflucht zeigt, dass die Argentinier ihr nur sehr bedingt trauen. Und sinkende Rohstoffpreise könnten ihrem auf hohen Sozial- und Transferleistungen basierenden »Modell K« ebenfalls zu schaffen machen.

Ausgewählte Literatur:

Klaus Bodemer: »Das argentinische Hegemonieprojekt ›K‹: Von Erfolg zu Erfolg«. In: GIGA Focus, Nr. 11/2011. Auf: http://www.giga-hamburg.de/dl/download.php?d=/content/publikationen/pdf/gf_lateinamerika_1111.pdf, 14.5.2012. Prägnanter analytischer Überblick über die Präsidentschaften der Kirchners sowie ein Ausblick auf die zweite Präsidentschaft Cristinas.

Josef Oehrlein: »In der Erbdemokratie«. In: FAZ, 11.12. 2011. Auf: http://www.faz.net/aktuell/politik/ausland/argentinien-in-der-erbdemokratie-11558702.html, 14.5.2012. Bericht über die zweite Amtsübernahme Kirchners.

http://www.presidencia.gov.ar/la-presidenta/biografia
Webseite des Präsidialamtes mit ihrer offiziellen Biographie.

http://es.wikipedia.org/wiki/Cristina_Fernández_de_Kirchner, 14.5.2012.
Ausführliche, aber ihr wohlgesinnte, unkritische Biographie.

MARÍA EMMA MEJÍA

KOLUMBIEN, *1953

Die Filmemacherin und Journalistin María Emma Mejía ist Kolumbiens bekannteste Politikerin. Sie trug als Friedensbeauftragte des Präsidenten während des Drogenkrieges zur Normalisierung des Lebens in ihrer Heimatstadt Medellín bei, war an Friedensverhandlungen mit der Guerilla beteiligt, vertrat ihr Land als Botschafterin in Spanien, war Erziehungs- und Außenministerin und ein Jahr lang das »Gesicht« Südamerikas in der Welt, als Generalsekretärin der *Unión de Naciones Suramericanos* (Unasur, dt.: Union Südamerikanischer Nationen).

María Emma Mejía Vélez wurde am 27. September 1953 in Medellín als Tochter von Luis Mejía Arango und Sofía Vélez Pérez geboren. Angeblich hatte ihr Vater auf einen Sohn gehofft. Die Mejías zählen zu den traditionellen, großbürgerlichen Familien der Provinz Antioquia, deren Hauptstadt Medellín ist und deren Bewohner, *Paisa* genannt, als besonders zielstrebig und unternehmungslustig gelten. María Emmas Großvater Gonzálo Mejía wird bis heute in Kolumbien als Visionär verehrt. Er gründete Kolumbiens erste Fluggesellschaft und einen der ersten Postflugdienste Lateinamerikas, war eine der treibenden Kräfte für den Bau der Überlandstraße, die Bogotá mit der Hafenstadt Turbo an der Pazifikküste verbindet und produzierte 1925 einen der ersten Spielfilme des Landes, in dem er und María Emmas Großmutter die Hauptrollen übernahmen.

María Emma wurde in Medellíns vornehmen Stadtteil Laureles groß, verbrachte die Wochenenden im familieneigenen Landhaus in Rionegro, nahm Ballettstunden und ging als Austauschschülerin für eine Weile in die USA. Im November 1971 machte sie ihr Abitur am *Colegio Gimnasio Los Pinares* in Medellín, einer privaten Eliteschule, auf der zweisprachig in Englisch und Spanisch unterrichtet wird und die zu den Schulen der konservativen katholischen Laienorganisation *Opus Dei* gehört.

Nach dem Abitur wollte María Emma gern nach Kiew, in die damalige Sowjetunion gehen, um dort eine Ausbildung als Balletttänzerin zu absolvieren, doch die Eltern verweigerten ihr die Reise »hinter den Eisernen Vorhang«. So arbeitete María Emma Mejía eine Weile als Model für Medellíns älteste und bedeutendste Textilfabrik Coltejer, um dann Soziale Kommunikation an der katholischen *Universidad Pontificia Bolivariana* von Medellín zu studieren. Sie machte dort aber keinen Abschluss, sondern ging 1974 für fünf Jahre nach London, wo sie als Aushilfskraft am kolumbianischen Konsulat tätig war, bei der BBC für den lateinamerikanischen Hörfunkdienst als Nachrichtensprecherin und -redakteurin arbeitete und Kurse über Regiearbeit beim Fernsehen absolvierte. Später studierte sie an der *London National Film School.* Durch den Großvater war das Kino von Kindheit an in ihrem Leben präsent, erinnerte sie sich in einem Interview. In London drehte sie mit dem Regisseur Carlos Mayolo ihren ersten zwölfminütigen Film *Bienvenida a Londres* (dt.: Willkommen in London), der 1980 in Kolumbien uraufgeführt wurde und von den Schwierigkeiten einer Immigrantin erzählt. Im gleichen Jahr heiratete sie Lucas Caballero, Viehzüchter und Sohn eines bekannten Zeitungskolumnisten. Das Paar, das sich 1995 trennte, hat einen Sohn, Pedro Lucas.

Zurück in Kolumbien, wurde María Emma zunächst Assistentin eines bekannten Telenovela-Drehbuchautors und -regisseurs. 1984 drehte sie ihren zweiten Kurzfilm über die französische Geliebte Simón Bolívars, *Ana Lenoit*, in dem sie auch die Hauptrolle spielte und der im gleichen Jahr auf dem Filmfestival von Cartagena de Indias prämiert wurde. Kurz darauf wurde sie unter dem konservativen Präsidenten Belisario Betancur (1982–1986) zur Leiterin des *Instituto Nacional de Cinematografía* (FOCINE, dt.: Nationales Filminstitut) ernannt. Nach zweieinhalb Jahren im Amt trat sie im Februar 1987 von diesem Posten zurück, weil ihr in den Medien vorgeworfen worden war, die Premiere eines Films hinausgezögert zu haben, damit dem Werk noch Mittel gemäß einem von ihr selbst aufgelegten Förderprogramm zukommen konnten. Ihre Kritiker gestanden ihr jedoch zu, dass der kolumbianische Film während ihrer Amtszeit einen Aufschwung genommen hatte.

Während ihrer Zeit am FOCINE war sie mit dem Politiker Luis Carlos Galán in Kontakt gekommen. Dieser löste sich von der Liberalen Partei (*Partido Liberal Columbiano*, PLC), für die er 1984 für das Präsidentenamt kandidiert hatte und gründete seine eigene politische Bewegung, *Nuevo Liberalismo* (dt.: Neuer Liberalismus), für die er 1990 bei den Präsidentschaftswahlen kandidieren wollte. María Emma schloss sich seiner Bewegung an und wurde seine Pressesprecherin. Der fortschrittliche Galán, dessen vorderstes Ziel die Bekämpfung des Drogenhandels war, wurde am 18. August 1989 auf einer öffentlichen Veranstaltung in Bogotá von einem Killer des Kokainkartells von Medellín erschossen. María Emma wurde Generalsekretärin des Wahlkampfteams seines Nachfolgers, César Gaviria, der dann 1990 zum Präsidenten gewählt wurde.

Gaviria ernannte María Emma nach seinem Amtsantritt zur direkt dem Präsidenten unterstellten Friedensbeauftragten für die Stadt Medellín, die durch den seit Mitte der 1970er Jahre ständig wachsenden Drogenhandel in einen Strudel der Gewalt geraten war. 1987, als der Krieg des Staates gegen das Kokainkartell des Pablo Escobar seinen Höhepunkt erreicht hatte, starben dort täglich zehn Menschen, die meisten von ihnen junge Männer aus den Armenvierteln der Stadt. Aufgabe der

Friedensbeauftragten war es vor allem, der Jugend von Medellín, die aufgrund mangelnder Arbeitsplätze und fehlender
Freizeitangebote allzu leicht in die Fänge von Drogenhändlern
sowie von Milizen der Guerilla und der rechten Paramilitärs
geriet, wieder eine gewaltfreie Lebensperspektive zu eröffnen.
»Ich war halbtot vor Angst, als ich zum ersten Mal in eines der
Armenviertel kam und sämtliche Jungs eine Maske vor dem
Gesicht hatten. Damals wusste ich noch nicht so genau, was
los war, und ich fragte sie, ob sie alle die Grippe hätten«, erinnerte sie sich später. Sie konnte die Jugendlichen dann überzeugen, ihre Gesichter zu zeigen. Gemeinsam mit dem in Medellín bekannten Journalisten und späteren Bürgermeister der
Stadt, Alonso Salazar, konzipierte und moderierte sie dann die
Fernsehsendung »Arriba mi barrio« (dt.: Aufwärts, mein Viertel), in der erstmals die Jugendlichen der Armenviertel mit
ihren Problemen öffentlich zu Wort kamen. Mejía erhielt unzählige Todesdrohungen. Zum ersten Mal habe sie damals gespürt, dass durch Medellín eine »unsichtbare Mauer« verlaufe,
die Arm und Reich voneinander trennt, erinnerte sie sich in
einem Interview. Zuvor habe sie nie gesehen, unter welch
schwierigen Bedingungen die Armen lebten. Seitdem setze sie
sich für dieses »andere Kolumbien« ein und erziehe auch ihren
Sohn dazu.

Es gelang ihr, Investoren und Hilfsorganisationen dazu zu
bewegen, sich in Medellín zu engagieren. Ihre Arbeit ermöglichte die Reintegration vieler Jugendlicher in die Gesellschaft,
was ihr zu Ansehen im ganzen Land verhalf. Sie gilt seitdem
als glänzende Vermittlerin. Angeblich ist es unmöglich, mit ihr
in Streit zu geraten.

Präsident Gaviria prämierte ihre gute Arbeit in Medellín:
1993 wurde María Emma Mejía zur Botschafterin Kolumbiens
in Spanien ernannt. Dort erwarb sie sich den Ruf einer aktiven und effizienten Diplomatin.

1994 hatte der Liberale Ernesto Samper die Präsidentschaftswahlen gewonnen. Samper war während seiner gesamten

Amtszeit sehr umstritten: Ihm wurde vorgeworfen, für seine Wahlkampfkasse sechs Millionen Dollar vom Drogenkartell von Cali akzeptiert zu haben. Dennoch blieb María Emma Botschafterin in Spanien, obwohl einige ihrer Diplomatenkollegen ihre Ämter niederlegten. Nach ihrer Rückkehr aus Spanien 1995 nahm sie Sampers Angebot an, das Erziehungsministerium zu übernehmen. Ein Jahr später wechselte sie dann für knapp drei Jahre ins Außenministerium. Eine Frau auf dem Sessel des Chefdiplomaten war damals in Kolumbien nicht mehr ungewöhnlich: Bereits von 1991 bis 1994 hatte die konservative Politikerin Noemí Sanín das Außenamt bekleidet. Im Übrigen war es Sanín, die – damals Kommunikationsministerin – María Emma Mejía 1985 auf Vorschlag von Präsident Betancur zur Leiterin des Nationalen Filminstituts ernannt hatte.

Samper soll bei ihrer Amtsübernahme als Außenministerin zu Mejía gesagt haben, sie werde von nun an das schöne Gesicht Kolumbiens im Ausland sein. Unter ihren Freunden herrschte damals Unverständnis, als sie bereit war, Außenministerin einer Regierung zu werden, deren Präsident von den USA aufgrund seiner mutmaßlichen Verstrickungen mit dem Drogenhandel das Einreisevisum verweigert wurde, schrieb damals die Tageszeitung *El Tiempo*.

Ihre Mitarbeiter im Außenministerium beschrieben sie als eine disziplinierte Frau mit fotografischem Gedächtnis, die so diplomatisch sei, dass sie selbst, wenn sie Rüffel austeilte, noch lächelte. Angeblich pflegte sie ihre Mitarbeiter Sonntagnachmittags telefonisch an ihre Aufgaben der nächsten Woche zu erinnern. In den montäglichen Koordinationssitzungen ihres Ministeriums soll immer ihre erste Frage gewesen sein: »Wie kommen wir in dieser Woche in die Nachrichten?«

María Emma Mejía überstand die Präsidentschaft Sampers, ohne dass ihr Ansehen Schaden genommen hätte. Bei den Wahlen 1998 stellten sie die Liberalen denn auch für das Amt der Vizepräsidentin auf. Horacio Serpa, der Präsidentschaftskandidat, verlor jedoch in der Stichwahl gegen den Konservativen Andrés Pastrana.

Pastrana hatte der Bevölkerung versprochen, er werde im Falle seiner Wahl Friedensverhandlungen mit den beiden seit Mitte der 1960er Jahre aktiven Guerillaorganisationen *Fuerzas Armadas Revolucionarias de Colombia* (FARC, dt.: Revolutionäre Streitkräfte Kolumbiens) und *Ejército de Liberación Nacional* (ELN, dt.: Nationales Befreiungsheer) aufnehmen. Wegen ihres inzwischen beinahe sprichwörtlichen Verhandlungsgeschicks berief Pastrana María Emma Mejía in sein Verhandlungsteam mit den FARC. Ihr Foto mit dem inzwischen verstorbenen FARC-Führer Manuel Marulanda ging um die Welt, und ihr Gesicht wurde zum Symbol des Friedenswillens seitens der Regierung. Sie war bis 2001 an den Verhandlungen beteiligt. Diese wurden am 21. Februar 2002 von der Regierung für gescheitert erklärt. Ab Januar 2002 gehörte María Emma dann auch der Kommission für den Friedensdialog zwischen der Regierung und der ELN an, der ebenfalls ergebnislos verlief. Die Guerilla habe nicht wahrgenommen, dass sich Kolumbien seit ihrer Entstehung in den 1960er Jahren verändert habe, erklärte sie 2007: »Kolumbien ist heute trotz aller Schwierigkeiten weniger feudalistisch.« Dennoch ist Mejía davon überzeugt, dass Frieden mit den Guerillaorganisationen nicht mit militärischen Mitteln, sondern nur auf dem Verhandlungsweg zu erreichen ist.

1999 übernahm sie zudem eine eigene Fernsehsendung. Unter dem Titel »Reportajes de fin de siglo« (dt.: Reportagen zum Ende des Jahrhunderts) sprach sie mit berühmten Persönlichkeiten wie dem ehemaligen südafrikanischen Präsidenten Nelson Mandela, dem ehemaligen spanischen Ministerpräsidenten Felipe González, dem ehemaligen US-Außenminister Henry Kissinger und dem brasilianischen Fußballidol Pelé.

2000 kandidierte sie erstmals für das Bürgermeisteramt von Bogotá, für die Liberale Partei. Sie führte lange in den Umfragen, wurde dann aber nur zweite. Drei Jahre später versuchte sie es erneut, diesmal als Unabhängige, landete aber weit abgeschlagen auf dem dritten Platz. Auch 2007 schaffte sie es wieder nicht: Diesmal war sie für das Linksbündnis *Polo Democrático Alternativo* (PDA, dt.: Alternativer demokratischer Pol) angetreten, zu deren Vorstand sie damals auch gehörte. Die Linke, so erklärte sie 2007, habe eher als die beiden traditionellen Parteien, Liberale und Konservative, eine Chance, mit der Guerilla Frieden zu schließen.

María Emma Mejía nutzte ihr großes diplomatisches Geschick in den letzten Jahren für unterschiedliche Aktivitäten. Sie war von 2003 bis April 2011 Präsidentin der Stiftung *Pies Descalzos* (dt.: Nackte Füße) der berühmtesten kolumbianischen Sängerin Shakira (S. 372), die Ernährungs- und Erziehungsprojekte für Kinder in Kolumbien, aber auch in Haiti und Südafrika unterhält. Die beiden Frauen hatten sich kennengelernt, als Mejía Außenministerin war und der Sängerin einen Orden verliehen hatte. María Emma Mejía sammelte erfolgreich Spenden und gewann Sponsoren für Shakiras Stiftung. Die Arbeit für *Pies Descalzos* bezeichnete María Emma Mejía einmal als eine fast noch größere Herausforderung als eine Wahl zu gewinnen.

2009 und 2010 leitete sie die Wahlbeobachtungsmissionen der Organisation Amerikanischer Staaten (OAS) in Paraguay und Costa Rica, und sie gehörte neun Jahre lang der Beraterkommission des Außenministeriums an, bis sie Anfang 2011 einstimmig von allen zwölf Mitgliedsstaaten zur Nachfolgerin des verstorbenen früheren argentinischen Präsidenten Néstor Kirchner als Generalsekretärin von Unasur gewählt wurde. Diese Wahl war Ausdruck einer diplomatischen Wiederannäherung zwischen Kolumbien und Venezuela: Beide Staaten hatten 2010 Kandidaten für eine zweijährige Amtszeit des Unasur-Generalsekretärs benannt, sich dann aber geeinigt, die Amtszeit zu teilen. So wurde María Emma Mejía nach einem Jahr im Amt am 9. Juni 2012 vom ehemaligen venezolanischen OPEC-Generalsekretär und Ex-Außen- und Energieminister

Alí Rodríguez abgelöst. Eine Wiederwahl ist ausgeschlossen. Zweifellos gelang es der attraktiven und eleganten Diplomatin nicht zuletzt auch wegen ihres außerordentlichen Geschicks im Umgang mit den Medien, Unasur international ins Gespräch zu bringen.

Die Tatsache, dass ihr trotz ihrer erfolgreichen politischen Karriere bislang noch nicht die Präsidentschaftskandidatur angetragen worden ist, erklärte sie 2007 damit, dass die Frauen erst am Anfang stünden. Sie zeigte sich aber davon überzeugt, dass eine Präsidentin Hillary Clinton und sie selbst mehr Veränderungen herbeiführen würden als männliche Präsidenten.

Ausgewählte Literatur:

Gema Castellano: »María Emma Mejía: Una política en la trinchera solidaria junto a Shakira«. Auf: http://informativos.net/noticia.aspx?noticia=47851, 14.5.2012. Interview der spanischen Journalistin mit Mejía vom 29.1.2007 über ihr Leben anlässlich ihrer Kandidatur für das Bürgermeisteramt von Bogotá.

»María Emma Majía Vélez«, in: *Internationales Biographisches Archiv* 38/2011 vom 20. September 2011. Auf: http://www.munzinger.de/search/portrait/maria+emma+mejia+velez/0/28730.html

Vales, José: »María Emma Mejía, la nueva cara de la integración regional«. In: *La Nación*, 22.5.2011. Auf: http://www.lanacion.com.ar/1375109-maria-emma-mejia-la-nueva-cara-de-la-integracion-regional, 15.5.2012. Ausführliches Porträt der argentinischen Tageszeitung von Mejía als Generalsekretärin von Unasur.

IRENE SÁEZ
VENEZUELA, *1961

Irene Sáez wurde 1981 zunächst zur Miss Venezuela und dann zur Miss Universum gekürt. Schönheitswettbewerbe sind von großer gesellschaftlicher Bedeutung in Venezuela, ja fast in ganz Lateinamerika. Sie werden im Fernsehen übertragen und erreichen Einschaltquoten von bis zu 90 Prozent. Selbst so manche Feministin hat nichts gegen Misswahlen einzuwenden: Sie zeigen nur, wie schön die Venezolanerinnen seien, so das Argument. Wer es wie Irene Sáez gar zu internationalen Erfolgen bringt, gilt etwas im Lande, ist fast so etwas wie eine moralische Instanz. Ein Sieg bei Misswahlen ist ein Karrieresprungbrett, und längst nicht nur für Schauspielerinnen und Models. Irene Sáez wusste ihren Miss-Bonus zu nutzen: Sie wurde zunächst Bürgermeisterin ihrer Heimatgemeinde Chacao, dann Venezuelas erste weibliche Präsidentschaftskandidatin und schließlich Gouverneurin des venezolanischen Bundesstaates Nueva Esparta.

Irene Lailín Sáez Conde wurde am 13. Dezember 1961 in der zum Großraum Caracas gehörenden, gutbürgerlichen Gemeinde Chacao im venezolanischen Bundesstaat Miranda geboren, als Tochter des Unternehmers Carlos Sáez und seiner Frau Ligia Conde. Sie ist das jüngste von sechs Geschwistern und verlor im Alter von drei Jahren die Mutter, die einem Krebsleiden erlag. Irene wuchs danach bei ihrer älteren Schwester Isabel auf, die zum Zeitpunkt des Todes der Mutter 18 Jahre alt war und gerade geheiratet hatte. Isabel studierte Ingenieurswesen und nahm die kleine Schwester mit zur Fakultät. Irene besuchte später katholische Privatschulen. Bevor sie ihr Abitur machte, ging sie ein Jahr in Frankreich zur Schule.

Schon als Schülerin war sie dreimal in Folge zur Schönheitskönigin des *Club Campestre Los Cortijos* gekürt worden, eines Sport- und Freizeitclubs der Oberschicht. Ein Journalist der einflussreichen Tageszeitung *El Nacional* überredete daraufhin ihre Familie, der damals noch dunkelhaarigen Irene zu erlauben, an der Wahl zur Miss Venezuela teilzunehmen. Die Familie stimmte unter der Bedingung zu, dass sie nur zweimal im Badeanzug fotografiert werden dürfe: während der Pressepräsentation der Teilnehmerinnen und während des Wettbewerbs selbst. Die 20-Jährige studierte damals im ersten Jahr Bauingenieurswesen an der *Universidad Metropolitana* von Caracas.

Am 7. Mai 1981 siegte sie in einem rosa Kleid für den Bundesstaat Miranda, gegen die Vertreterinnen der übrigen 19 Bundesstaaten. Bevor sie sich am 20. Juli 1981 in New York gegen 76 weitere Aspirantinnen als Miss Universum durchsetzte, gewann sie noch den Titel *Miss Cronfraternidad Sudamericana*, Miss Südamerika. Bei ihrer Rückkehr aus den USA erwartete sie Staatspräsident Luis Herrera Campins höchstpersönlich am Flughafen, um ihr zu gratulieren. Ein Jahr lang tourte sie als Miss Universum durch die Welt und arbeitete als Model. Während dieser Reisen wurde sie Ronald Reagan, François Mitterrand und Margaret Thatcher vorgestellt. Letztere bewundert sie, ebenso wie Bill Clinton.

Nach einem Jahr als Miss Universum nahm sie an der *Universidad Central de Venezuela* ein Studium der Politik- und Verwaltungswissenschaften auf, das sie 1989 mit dem akademischen Abschluss *Licenciada* beendete. Sie schloss dann noch eine Spezialisierung in Gemeindeverwaltung an. Kurz darauf ging sie bis 1991 nach New York, als Kulturattaché der venezolanischen Botschaft bei den Vereinten Nationen.

Über ihr Privatleben schwieg sie meist beharrlich, allerdings ist bekannt, dass sie eine fromme Katholikin ist, die regelmäßig die Messe besucht. In ihrem Bürgermeisteramt in Chacao hatte sie einen kleinen Altar mit verschiedenen Mutter-Gottes-Statuen aufgebaut, neben einer Uhr, die ihr Donald Trump geschenkt hatte, mit dem ihr ein Verhältnis nachgesagt wurde. Sie war zudem bei den *Damas Salesianas* aktiv, einer katholischen Frauengruppe, die Sozialarbeit für die Armen leistet. Nach ihrem eigenen Bekenntnis, so schrieb der *Spiegel*, war es Papst Johannes Paul II., der sie zur Politik gebracht hat, denn der Papst hatte nach zwei gescheiterten Putschversuchen unter Führung des heutigen Präsidenten Hugo Chávez 1992 die jungen Venezolaner aufgefordert, ihr Vaterland zu retten. Dies nahm Sáez 1993 zum Anlass, für die Bürgermeisterwahlen von Chacao zu kandidieren, der reichsten Gemeinde des Großraums Caracas mit knapp 200 000 Einwohnern und einer Fläche von etwa zwölf Quadratkilometern. Irene gewann die Wahlen mit 70 Prozent der Stimmen.

Den Bürgern von Chacao machte damals vor allem ihre Sicherheit Sorgen, und die zu verbessern war Sáez' Hauptanliegen. Sie schuf eine neue Polizeitruppe, die sie gut bezahlte, so dass sie weniger korruptionsanfällig war als der übrige Polizeiapparat. Die khakifarbene Uniform der jungen Leute, die fortan mit Mountainbikes durch Chacao flitzten und für Ordnung sorgten, soll sie selbst entworfen haben. Sie privatisierte zudem die Müllabfuhr, und der Abfall verschwand von den Gehwegen. Außerdem organisierte sie eine Altenbetreuung und bemühte sich um die Modernisierung des Gesundheitswesens. Wer Verkehrsregeln übertrat, musste nicht Strafe zahlen, sondern an einer Verkehrserziehung teilnehmen. Straßenkindern verbot sie das Betteln. Sie war obendrein stolz darauf, die Verwaltung in den Dienst der Bürger gestellt und für Transparenz bezüglich des Verbleibs der Gemeindeeinnahmen gesorgt zu haben. Kritiker wandten ein, in einer so reichen Gemeinde wie Chacao, die im Vergleich zu anderen Bezirken des Großraumes Caracas obendrein dünnbesiedelt ist, habe sie leichtes Spiel mit den Reformen gehabt. Die Bürger honorierten sie jedenfalls: Sie wählten Sáez wieder, diesmal mit 96 Prozent der Stimmen. Chacao hieß fortan im Volksmund Irenelandia. 1996 übernahm sie für ein Jahr den Vorsitz des Bürgermeisterrates aller fünf Gemeinden des Großraums Caracas.

Medienvertreter aus aller Welt rissen sich um Interviews mit der inzwischen erblondeten Bürgermeisterin, die nicht nur aufgrund ihrer wallenden Haarpracht von Journalisten gern als Barbie-Puppe bezeichnet wurde. Vielmehr hatte sie sich selbst als Puppe reproduzieren lassen, nachdem die Barbie-Produktion in Venezuela eingestellt und nach Korea verlegt worden war – um Arbeitsplätze zu schaffen, erklärte sie damals.

Anfang 1998 entschloss sich Sáez, sie war gerade 37 Jahre alt, für das Präsidentenamt zu kandidieren und gründete eine eigene politische Gruppierung namens IRENE (*Integración, Renovación Nueva Esperanza*, dt.: Integration, Erneuerung Neue Hoffnung). Anfangs lag sie in den Meinungsumfragen mit 40 Prozent der Zustimmung weit vor ihren Kontrahenten Hugo Chávez und dem Konservativen Henrique Salas Römer. Ideologisch war sie kaum einzuordnen, und für manche Kritiker war sie nur eine Galionsfigur, die Gefahr läuft, dass sich mächtige Interessengruppen ihrer bemächtigen. Aber bei den Bürgern galt sie als ehrlich, verantwortungsbewusst und effizient. Im Laufe der Wahlkampagne beging sie den Fehler, ihre Unabhängigkeit aufzugeben und sich mit den beiden wegen Korruption und jahrzehntelanger Misswirtschaft diskreditierten traditionellen Parteien, der christdemokratischen COPEI *(Comité de Organización Política Electoral Independiente)* und der sozialdemokratischen *Acción Democrática* zu verbünden. Ihre Zustimmungswerte sanken rapide und bei den Wahlen am 6. Dezember erhielt sie nur noch drei Prozent der Stimmen.

Eine US-amerikanische Studie kam zu dem Schluss, dass die Berichterstattung der Medien über Sáez zu ihrem rasanten Abstieg in der Wählerzustimmung beigetragen hatte. Während über ihre beiden männlichen Gegenkandidaten überwiegend themenbezogen berichtet wurde, konzentrierte sich die Presse in ihrem Fall mehr auf Äußerlichkeiten wie ihre Frisur oder führte sie als sich ständig umziehende Modepuppe vor. Und einer solchen trauen die Wähler dann doch nicht zu, ein Land zu führen. Ihr anfänglicher Erfolg in den Umfragen, so die Studie, sei auch darauf zurückzuführen gewesen, dass sie die erste Frau war, die sich in Venezuela für das Präsidentenamt aufstellen ließ. Dies habe zunächst die Neugier der Presse geweckt, die dann jedoch schnell verflogen sei.

Im Wahlkampf versprach Sáez vor allem eine Verbesserung des Erziehungssystems sowie eine Diversifizierung der Wirtschaft, die weitgehend vom Rohöl abhängt. Wenn sie gefragt wurde, wie sie ihre Pläne umsetzen wolle, antwortete sie, sie werde dafür die besten Köpfe des Landes in ihr Kabinett holen.

Im Jahr darauf verbündete sie sich mit dem neuen Präsidenten Hugo Chávez und kandidierte im März 1999 mit Unterstützung von dessen Parteienkoalition *Polo Patriótico* (dt.: Patriotischer Pol) bei den nach dem Tod des Amtsinhabers vorzeitig notwendigen Gouverneurswahlen im Bundesstaat Nueva Esparta, zu dem die Ferieninsel Margarita sowie die beiden kleineren Inseln Coche und Cubagua gehören. Zwar hielten ihr ihre Kritiker entgegen, dass sie nicht aus Nueva Esparta stamme und nie dort gewohnt habe, doch die große Mehrheit der Wähler störte dies nicht: Sáez wurde mit 70 Prozent der Stimmen zur Gouverneurin gewählt.

Ebenfalls im März 1999 hatte sie den venezolanischen Rechtsanwalt Humberto Briceño geehelicht, im Juni des darauffolgenden Jahres wurde der gemeinsame Sohn Eduardo José geboren. Die Ehe wurde 2002 wieder geschieden.

Das Gouverneursamt bekleidete sie nur elf Monate lang, denn nach Annahme der neuen venezolanischen Verfassung wurden am 30. Juli 2000 erneut Gouverneurswahlen notwendig, aber Sáez kandidierte nicht wieder. Als Grund gab sie ihre Schwangerschaft an. Sie zog wenig später nach Miami und trat dem Vorstand einer Bank bei. Der Politik und der Öffentlichkeit hat sie den Rücken gekehrt.

Ausgewählte Literatur:

Magda Belén Hinojosa: »Women Political Candidates and the News Media. The Case of Irene Sáez«. Paper prepared for the 2001 meeting of the Latin American Studies Association, Washington DC 2001. Auf: http://lasa.international.pitt.edu/Lasa2001/HinojosaMagdaBelen.pdf, 14.5.2012. Auswertung der Berichterstattung der venezolanischen Tageszeitung *El Universal* über den Präsidentschaftswahlkampf 1998 unter Genderaspekten.

Eva Karnofsky: »Barbie for President«. In: *Süddeutsche Zeitung*, 26.2.1998.

Paula Urien Aldao: »Una bella en la lucha«. In: *La Nación*, 1.11.1998, S. 26–32. Auf: http://www.lanacion.com.ar/211973-venezuela-br-una-bella-en-la-lucha, 28.5.2012, Porträt über Irene Sáez.

Jens Glüsing: »Vom Papst gerufen«. In: *Spiegel*, Nr. 3/1998, S. 132–133. Bericht über Sáez' Präsidentschaftswahlkampf. Auf: http://www.spiegel.de/spiegel/print/d-7809985.html, 14.5.2012.

II.
MUTIG

INÉS SUÁREZ
SPANIEN/CHILE, 1507–1580

Inés Suárez war die einzige Frau, die Pedro de Valdivia auf seinem Eroberungszug von Cuzco nach Süden begleitete und damit die erste Europäerin, die chilenischen Boden betrat. Es heißt, dass Valdivia und seine rund 100 Männer bei der Durchquerung der Atacama-Wüste verdurstet wären, wenn Inés nicht mit der Wünschelrute auf Wasser gestoßen wäre. Sie war danach Mitbegründerin von Santiago de Chile. Ihr stünde der Titel *conquistadora*, Eroberin, zu, aber in den Schriften aus jener Zeit sowie in den Geschichtsbüchern wird sie nur in Nebensätzen erwähnt.

Inés Suárez wurde wahrscheinlich im Jahr 1507 in der heutigen westspanischen Kleinstadt Plasencia geboren, die damals zum Königreich Kastilien und León gehörte, denn das Königreich Spanien war noch nicht vereint. Sie wuchs im Haus ihres Großvaters auf, der Kunsttischler war. Über ihren Vater ist nichts bekannt. Inés hatte eine ältere Schwester, Asunción, und vermutlich eine Adoptivschwester, Inés Echeverría, die auch die einzige Freundin der verschlossenen Inés war. Ihre Mutter bildete sie bereits als Kind zur Näherin aus, damit sie etwas zum Lebensunterhalt beitragen konnte.

Im Alter von 19 Jahren lernte sie Juan de Málaga kennen, einen Abenteurer und Frauenhelden, der sie einige Jahre später nur heiratete, weil Inés' Großvater ihn dazu brachte. Ihr Mann schiffte sich 1527 oder 1528 nach Panama ein, und sie blieb als »Indienwitwe« zurück, als Frau, deren Mann auf der

Suche nach Gold und Reichtum in das »Neue Indien« aufgebrochen war. Erst Jahre später erhielt sie eine Nachricht von ihm, aus dem heutigen Venezuela. Sie beantragte daraufhin die Erlaubnis, ebenfalls in die Neue Welt aufbrechen zu dürfen, um ihren Mann zu suchen. Da Frauen damals nicht allein reisen durften, nahm sie ihre Nichte Constanza mit. 1537 stachen die beiden Frauen von Cádiz aus in See. Ihre Suche brachte Inés schließlich nach Cuzco. Dort erfuhr sie, dass sich ihr Mann Francisco Pizarro angeschlossen hatte und im April 1538 bei der Schlacht von Las Salinas gegen Diego de Almagro gefallen war. Als Witwe eines spanischen Soldaten erhielt sie in Cuzco ein Stück Land sowie das Recht, Indigene zur Zwangsarbeit zu halten.

In Cuzco lernte sie noch im gleichen Jahr Pedro de Valdivia kennen, einen der Feldherren Pizarros. Inés wurde für mehr als zehn Jahre Valdivias Geliebte. Dessen kränkliche Ehefrau Marina Ortíz de Gaete war in Spanien zurückgeblieben.

Ende 1539 beschloss Valdivia mit zunächst nur elf Soldaten, zu denen dann aber im Laufe der Expedition noch weitere stießen, sowie einer Schar von Indios in den Süden des Kontinents aufzubrechen, in das heutige Chile. So beschreibt zumindest die chilenische Schriftstellerin Isabel Allende die Ereignisse. Beim ersten Mal war diese Expedition gescheitert, was Valdivias Ehrgeiz anstachelte. Inés Suárez begleitete Pedro de Valdivia, musste sich aber auf Geheiß Pizarros als Valdivias Hausangestellte ausgeben, damit die katholische Kirche keine moralischen Einwände dagegen erheben konnte, dass das Paar gemeinsam aufbrach.

In ihrem biographischen Roman über Inés Suárez, für den sie gründlich recherchiert hat, schreibt Isabel Allende Inés das Verdienst zu, aufgrund ihrer Fähigkeiten als Wünschelrutengängerin Valdivias Expedition davor bewahrt zu haben, erneut zu scheitern: Die Männer wären in der Atacama-Wüste verdurstet. Laut einer Studie von 1873 hatte sie dagegen einen Indio angewiesen, unter dem Stuhl zu graben, auf dem sie saß, und dort wurde dann Wasser gefunden. Die Quelle soll zumindest 1873 noch existent gewesen sein.

Einer der Teilnehmer des Eroberungszuges, Tomás Thayer Ojeda, beschrieb Inés als »eine Frau von außergewöhnlicher Verwegenheit und Loyalität, klug, vernünftig und gütig, die große Wertschätzung unter den Eroberern genoss«.

Im Dezember 1540 gelangte die Truppe nach einer entbehrungsreichen Reise in das fruchtbare Tal des Río Mapocho und hisste auf dem Cerro Santa Lucía, dem Hügel im Zentrum der heutigen chilenischen Hauptstadt, die spanische Flagge. Die Eroberer nannten ihre Stadt Santiago de la Nueva Extremadura.

Zwar hatte Valdivia versucht, die Ureinwohner, die Mapuche, mit Geschenken von seinen friedlichen Absichten zu überzeugen, aber die Indigenen griffen die Eindringlinge immer wieder an, obwohl der Fluss und die Hügel der Stadt diese schützten.

Am 9. September 1541 verließ Valdivia mit seinen Reitern die Stadt, um einen Indio-Aufstand in der Umgebung niederzuschlagen. Schon am Tag darauf erfuhren die Bewohner, dass ihre Siedlung von Indigenen umstellt war. Einige schlugen vor, sieben gefangene Mapuche-Führer als Geste des guten Willens freizulassen, doch Inés sprach sich dagegen aus, da die Gefangenen im Falle von Waffenstillstandsverhandlungen ihr einziges Pfand wären. Alonso de Monroy, von Valdivia in seiner Abwesenheit mit dem Kommando über Santiago betraut, folgte ihrem Rat. Am 11. September rückte er mit einer zwar besser ausgerüsteten, doch zahlenmäßig weit unterlegenen Streitmacht gegen die mindestens 8000 Indios aus. Diese zwangen ihn zum Rückzug in die Stadt und setzten sie mit Pfeilen fast vollständig in Brand. Nur wie durch ein Wunder überlebten die meisten Bewohner, erinnerte sich Rodrigo González Marmolejo, der damals der Priester von Santiago und später der erste Erzbischof war. Er war es im Übrigen, der Inés Lesen und Schreiben lehrte. Die Schlacht um die Siedlung kam ihm vor wie der Tag des jüngsten Gerichts.

Während des Gefechts kümmerte sich Inés Suárez um die Verletzten und sprach ihnen Mut zu. Außerdem versorgte sie die Kämpfenden mit Wasser und Lebensmitteln. Sie soll es gewesen sein, die schließlich gegen den Widerstand etlicher Bewohner entschied, die sieben Gefangenen zu töten und ihre Köpfe den Indigenen entgegenzuschleudern, um sie in Panik zu versetzen. Hernando de la Torre, einer der Bewacher der sieben Gefangenen, erinnerte sich, dass sie auf seine Frage, wie die Indios getötet werden sollten, sein Schwert ergriff, zunächst den Anführer und dann die übrigen sechs selbst enthauptete: »Sie ging auf die Plaza und feuerte die Kämpfer mit flammenden Worten an, als wäre sie ein tapferer Hauptmann und nicht eine als Soldat verkleidete Frau mit eisernem Panzerhemd.« Sie erreichte, dass die Indianer verwirrt die Flucht ergriffen. Ein Gemälde aus dem 19. Jahrhundert zeigt Inés, wie sie in ihrer Rüstung mit langem, wehendem Haar ihr Schwert erhebt. Auch soll sie bei dem Brand der Stadt ein Huhn und eine Henne sowie andere für das weitere Überleben wichtige Haustiere gerettet haben.

Die Spanier bauten die Stadt wieder auf, und Inés erhielt 1544 für ihren Einsatz bei ihrer Verteidigung von Valdivia einen Orden.

Valdivia, der 1548 zum Gouverneur des Generalkapitanats von Chile ernannt worden war, hatte nicht nur Freunde in Santiago. Unter anderem stand seine Beziehung zu Inés Suárez in der Kritik, die ihn angeblich beherrschte und seine Macht zur eigenen Bereicherung missbrauchte. Andere Quellen dagegen besagen, sie sei eine mildtätige und hilfsbereite Frau gewesen. Dennoch befahl der Vizekönig, der auch Priester war, dass Valdivia das Verhältnis zu beenden hätte, wenn er Gouverneur bleiben wolle. Valdivia ließ daraufhin im Folgejahr seine Ehefrau nach Chile holen, er starb jedoch, bevor sie, wahrscheinlich 1554, eintraf. Inés verheiratete er, wie vom Vizekönig angeordnet, mit einem seiner treuesten Hauptleute, Rodrigo de Quiroga, der zum Kreis der engsten Vertrauten von Inés und

Valdivia zählte. Hätte sie sich der Ehe widersetzt, hätte sie nach Spanien zurückkehren müssen. Quiroga brachte eine uneheliche Tochter, die Mestizin Isabel, mit in die Ehe. Inés Súarez war damals 42 Jahre alt. Sie starb 1580, kurz nach dem Tod ihres Mannes.

Über Inés Suárez wurden vier biographische Romane geschrieben, der jüngste und bekannteste stammt von Isabel Allende. In Chile wurde ihr zudem bereits 1941 eine Oper gewidmet. 1994 wurde in Santiago ein Park nach ihr benannt. Eine neue U-Bahnstation, die 2014 eingeweiht werden soll, wird ebenfalls ihren Namen tragen.

Ausgewählte Literatur:

Isabel Allende: *Inés meines Herzens*. Aus dem Spanischen von Svenja Becker. Frankfurt am Main 2007. Ein spannender biographischer Roman über das Leben der Inés Suárez, in Ich-Form als Brief an ihre Stieftochter Isabel de Quiroga erzählt.

Diego Barros Arana: »Historias de Chile: Inés Suárez y Marina Ortiz de Gaete«. Studie von 1873 o. O. Auf: http://www.historiasdechile.cl/archivos/ ines-suarez-y-marina-ortiz-de-gaete.php, 14.5.2012.

BERTHA LUTZ

BRASILIEN, 1894–1976

Bertha Lutz verkörpert wie keine zweite den Kampf der Brasilianerinnen für ihre politischen und sozialen Rechte. Ohne ihren unermüdlichen Einsatz hätte Brasilien wahrscheinlich nicht 1932 als eines der ersten Länder Lateinamerikas das Frauenwahlrecht eingeführt. Bertha Lutz war auch dabei, als fast ein halbes Jahrhundert später 1975 die erste Weltfrauenkonferenz in Mexiko stattfand.

Sie wurde 1894 in São Paulo als Tochter des aus der Schweiz stammenden Tropenmediziners Adolfo Lutz und der englischen Krankenschwester Amy Fowler geboren. Mit 17 Jahren sandten ihre Eltern sie nach Paris, dem damaligen Mekka der Intellektuellen Lateinamerikas, um an der Sorbonne Biologie zu studieren. In Europa erregten gerade die radikalen englischen Suffragetten Aufsehen und ließen auch die junge Bertha nicht unbeeindruckt. Als sie 1918 mit dem Examen in der Tasche nach Hause kam, debattierte man auch in Rio über die aufrührerischen Suffragetten, allerdings herrschte in den Zeitungen der Tenor vor, dass deren Ideen für Brasilien keine Bedeutung hätten. Dies veranlasste Bertha zu einer Replik, und ihre politische Tätigkeit begann.

Gleichzeitig kümmerte sich Bertha Lutz um ihre berufliche Zukunft. Sie gewann auf Anhieb die Ausschreibung einer Stelle im Höheren Dienst am *Museu Nacional* in Rio de Janeiro. Damit war sie die zweite Frau in Brasilien überhaupt, die eine leitende Funktion im öffentlichen Dienst bekleidete. Diese

Position erlaubte es ihr in den folgenden Jahren auch, Kontakte zu Regierungsstellen und Politikern aufzubauen, die sie für ihren Einsatz um mehr Frauenrechte nutzte. Sie übte ihren Beruf bis zu ihrer Pensionierung mit viel Erfolg aus. Ihr Interesse galt, wie das ihres Vaters, vor allem den tropischen Regionen Brasiliens. Sie entdeckte mehrere neue Amphibien und publizierte auf Portugiesisch und Englisch über das Tierleben in Brasilien.

Doch ihr Lebenswerk war, bei allem Engagement im Beruf, der Kampf für die Besserstellung der Frauen ihres Landes. 1919 nahm sie, zusammen mit Olga de Paiva Meira, als offizielle Vertreterin Brasiliens an einer Konferenz über Probleme der weiblichen Erwerbstätigkeit der Internationalen Arbeitsorganisation (ILO) in Genf teil, wozu sie vermutlich sowohl aufgrund ihrer Anstellung im öffentlichen Dienst und ihrer Weltgewandtheit – sie sprach fließend Englisch und Französisch – als auch aufgrund ihres Interesses für Frauenpolitik ausgewählt wurde.

Das Thema der weiblichen Erwerbstätigkeit beschäftigte zu Beginn des 20. Jahrhunderts die Öffentlichkeit in Europa, den USA und Lateinamerika, denn die industrielle Revolution, die Massenmigration und das Anwachsen der großen Städte hatten zu zahlreichen neuen Problemen geführt. Politiker, Kleriker und Intellektuelle sahen angesichts der zunehmenden außerhäuslichen Erwerbstätigkeit von Frauen aus der Unterschicht, die nur so sich und ihre Kinder ernähren konnten, die Familie in Gefahr – nicht nur, weil die Frauen sich nicht ausreichend um die Kinder kümmern konnten, sondern auch, weil man Frauen als physisch und moralisch für die Fabrikarbeit ungeeignet hielt. Tatsächlich machten der 13-Stunden-Tag und die schlechten Arbeitsbedingungen krank. Und da passte es auch ins Bild, dass man in den modernen, übervölkerten Industriemetropolen ein starkes Anwachsen der Prostitution beobachten konnte. Dies bereitete den Politikern nicht nur aus moralischen Gründen Sorgen: Sie machten sie auch für die weite Verbreitung der Syphilis verantwortlich, die damals noch nicht heilbar war. Wiederholt auftretende Cholera- und Gelbfieberepidemien, die Verbreitung der Tuberkulose und alarmierend hohe Kindersterblichkeitsraten gaben weiteren Anlass zur Besorgnis. Die Lateinamerikanerinnen, vor allem die Ärztinnen unter ihnen, hatten sich schon länger mit diesen Themen befasst, und so kam es, dass nicht nur Brasilien Frauen als Delegierte zur Konferenz der ILO nach Genf entsandte.

Für Bertha Lutz waren Arbeit und Bildung für Frauen mehr als eine »Notlösung« für die armen Familien, sie waren der Schlüssel zu einem selbstbestimmten Leben. Gleich nach ihrer Rückkehr von der Konferenz in Genf gründete sie, zusammen mit Maria Lacerda de Moura, einer Lehrerin und Schriftstellerin aus Minas Gerais, die *Liga para a Emancipação Intelectual da Mulher* (dt.: Liga für die intellektuelle Emanzipation der Frauen). Bertha Lutz definierte das Ziel der Organisation so: »Ich schlage keine Assoziation von Suffragetten vor, die Fensterscheiben einschlagen, sondern eine von Brasilianern, die einsehen, dass Frauen nicht parasitär von ihrem Geschlecht leben sollten, indem sie von den animalischen Instinkten des Mannes profitieren, sondern dass sie nützlich sein sollen, sich selbst und ihre Kinder erziehen. Sie sollen in die Lage versetzt werden, die politischen Aufgaben zu übernehmen, die die Zukunft ihnen mit Sicherheit übertragen wird.« Daher setzte sie sich zunächst für eine verbesserte Sekundarstufenerziehung der Frauen ein.

Die internationale Konferenz hatte Bertha Lutz mit anderen Lateinamerikanerinnen in Kontakt gebracht, die ähnliche Ziele verfolgten, etwa die Uruguayerin Paulina Luisi oder die Argentinierin Alicia Moreau. So entstanden Netzwerke, die für die Feministinnen von enormer Wichtigkeit waren. Man traf sich auf verschiedenen Kongressen zum Schutz von arbeitenden Frauen und Kindern oder zur Lösung gesundheitlicher Fragen, aber auch im Rahmen der Panamerikanischen Union.

Diese eigentlich auf politischen und ökonomischen Zielen ba-
sierende Organisation führte 1915/1916 erstmals eine wissenschaftliche Konferenz unter aktiver Beteiligung von Frauen in
Washington durch. Diese Frauen gründeten anschließend eine
eigene Vereinigung, aus der wenig später die Panamerikanische Frauenunion hervorging, die aus verschiedenen nationalen Komitees bestand. Die Tatsache, dass die US-amerikanischen Frauen 1920 das Wahlrecht erhielten, gab der Union
erheblichen Aufwind.

Zusammen mit der US-amerikanischen *League of Women
Voters* organisierte diese Union 1922 einen Kongress zum Wahlrecht in Baltimore, an dem mehr als 2000 Frauen aus Nord-
und Südamerika teilnahmen, Bertha Lutz war eine von ihnen.
Zur gegenseitigen Unterstützung schloss man sich zu einer
Pan-American Association for the Advancement of Women zusammen, und zwar nicht auf Anregung der Nordamerikane-
rinnen, wie oft vermutet, sondern der Lateinamerikanerinnen.
Zur Präsidentin der Vereinigung wurde die bekannte US-amerikanische Frauenrechtlerin Carrie Chapman Catt gewählt,
Vizepräsidentin für Südamerika wurde Bertha Lutz, für Nord-
amerika Hermilia Galindo, eine Feministin aus Mexiko.

Das Jahr 1922 kann als entscheidende Wende in der brasilianischen Frauenbewegung gesehen werden. Bertha Lutz blieb
nach der Konferenz in Baltimore drei Monate lang mit einem
Stipendium in den USA und freundete sich mit Carrie Chapman an, die sie bei ihrer Rückkehr nach Brasilien dann auch
begleitete. Die Tatsache, dass Bertha Lutz als Vizepräsidentin
der Interamerikanischen Union aus Baltimore zurückkam,
stärkte ihr Prestige enorm – und damit das der gesamten brasilianischen Frauenbewegung. In organisatorischen Fragen
tatkräftig von der erfahrenen Mitstreiterin aus den USA unterstützt, gründete sie sogleich eine neue Vereinigung, die *Federação Brasileira pelo Progreso Feminino* (FBPF, dt.: Brasilianische
Föderation für den weiblichen Fortschritt). Darüber hinaus
organisierten die brasilianischen Frauen einen weiteren Frau-

enkongress, der ganz bewusst im Jahr der 100-Jahr-Feiern der brasilianischen Unabhängigkeit stattfand, denn die brasilianischen Politiker wollten im Jahr des *Centenario* ihre Modernität und Fortschrittlichkeit unter Beweis stellen, und dazu gehörte neuerdings auch die Beachtung der weiblichen Anliegen. Zu dem Kongress kamen neben brasilianischen Abgeordneten auch Delegierte aus Europa und den USA. Wie wichtig die prominente Unterstützung war, zeigt sich daran, dass im Rahmen dieses Kongresses der US-Botschafter in Brasilien ein Essen zu Ehren der Feministinnen gab. Anschließend wurde Carrie Chapman als erste Frau überhaupt vom brasilianischen Senat empfangen. Dies alles gab dem Kongress und der *Federação* einen enormen Zuwachs an Publizität und Respektabilität, und es zeigt, wie Bertha Lutz arbeitete. Sie setzte nicht auf Konfrontation, wie die englischen Suffragetten, sondern suchte die Unterstützung einflussreicher Bürger, vor allem von Politikern, denn schließlich waren diese es, die die Gesetze verabschiedeten. Und sie hatte bereits einige namhafte Politiker von ihren Anliegen überzeugen können.

In den 1920er Jahren kam es zu einer Reihe von Initiativen, die die Gewährung politischer Rechte für Frauen vorbereiten sollten, und Bertha Lutz war immer dabei. Die Brasilianer gewöhnten sich allmählich an die Präsenz von Frauen im öffentlichen Leben und in der Politik, der Widerstand gegen politische Rechte für Frauen bröckelte. 1927 begann eine Verfassungskommission des brasilianischen Senats die Beratungen über die Gewährung des Stimmrechtes für Frauen. Bertha nahm mit einer Gruppe von Aktivistinnen der *Federação* als Zuschauerin teil. Sie hatten eine Petition mitgebracht, die von 2000 Frauen aus allen Bundesstaaten unterzeichnet worden war. Viele Brasilianerinnen konnten inzwischen nicht nur lesen und schreiben, sondern waren gut ausgebildet und verfügten sogar über einen Universitätsabschluss. Dies war eines der Hauptargumente für das Frauenwahlrecht.

Die brasilianische Verfassung von 1891 gewährte allen Bürgern über 21 Jahren das Wahlrecht, ausgenommen waren nur der Ordensklerus, die Militärs sowie Arme und Analphabeten. Von Frauen war nicht die Rede, und da sie ja zweifelsfrei als Brasilianerinnen und damit als Bürger der Republik galten, begannen die Feministinnen, volle Bürgerrechte zu beanspruchen. Sie pochten darauf, dass viele Frauen aus der städtischen Mittel- und Oberschicht inzwischen gebildeter waren als das Gros der Männer aus der Unterschicht, und somit durchaus qualifiziert, politische Rechte auszuüben. Allerdings gab diese Argumentation der Frauenbewegung auch eine elitäre Note, macht aber Berthas Insistieren auf Bildung für Frauen umso verständlicher.

Und Bertha Lutz selbst beherzigte das, was sie predigte. Angesichts der vielen juristischen Fragen, die im Hinblick auf die Rechte der Frauen relevant waren, entschloss sie sich 1929 noch zum Jurastudium, das sie 1933 erfolgreich abschloss. Gleichzeitig war sie Mitgründerin eines Akademikerinnenbundes, der nicht nur eine Lobby für die noch immer kleine Gruppe von Frauen mit Hochschulabschluss sein wollte, sondern diese auch für die Sache des Feminismus zu gewinnen versuchte.

Bertha Lutz gründete nie eine Familie. Sie selbst hat sich nie dazu geäußert, so dass über die Gründe nur spekuliert werden kann, doch scheint einerseits die Liebe zum Beruf, andererseits der Drang nach Unabhängigkeit und einem selbstbestimmten Leben eine Rolle gespielt zu haben. Vielleicht fand sich auch einfach kein Mann, der die unabhängige und politisch aktive Bertha, die noch dazu ständig im Ausland unterwegs war, heiraten wollte.

1930 schienen die brasilianischen Frauen endlich am Ziel angelangt zu sein: Im Senat wurde ein Gesetzentwurf verabschiedet, der den Frauen volle politische Rechte zusprach. Doch dann gerieten Staat und Wirtschaft in der Folge der Weltwirtschaftskrise in Bedrängnis. Es kam zu einem Putsch, an dem verschiedene Politiker sowie eine Gruppe junger Offiziere beteiligt waren, die sich für Demokratisierung und Zurückdrängung der Macht der traditionellen Oligarchie aus São Paulo und Rio de Janeiro einsetzten. Diese sogenannte Revolution von 1930 setzte die Verfassung außer Kraft und übertrug die Regierungsgeschäfte Gétulio Vargas, einem Politiker aus Rio Grande do Sul, der sich in der Folge immer stärker zu einem autoritären Machthaber entwickelte. Doch zunächst folgte eine Demokratisierungswelle und man beriet über eine neue Verfassung. Eine Kommission sollte ein neues Wahlgesetz erstellen – und Bertha Lutz gehörte ihr an. Man arbeitete einen Entwurf aus, der Frauen politische Rechte zusprach, aber ein männliches Mitglied der Kommission versuchte dies zu torpedieren, da ein solcher Schritt zuvor vom Parlament gebilligt werden müsse. Doch es gelang den Frauen, dies durch massiven öffentlichen Druck zu verhindern. Zuvor schon waren sie gegen einen ersten Entwurf Sturm gelaufen, der ihnen zwar grundsätzlich politische Rechte zusprach, die verheirateten Frauen aber ausnahm. Nicht auszudenken, was es für den häuslichen Frieden bedeuten würde, so die Befürchtung mancher Männer, wenn Mann und Frau politisch unterschiedlicher Meinung waren! Doch diese Argumente zogen allmählich nicht mehr und das Wahlgesetz wurde verabschiedet. 1932 gewährte Brasilien, als zweites lateinamerikanisches Land nach Ecuador, und beinahe zeitgleich mit Uruguay, seinen Frauen endlich volle politische Rechte.

Doch mit dem Wahlgesetz war noch nicht alles gewonnen, zumal es immer noch keine neue Verfassung gab, die diese Rechte hätte festschreiben können. Nach dem ersten Etappensieg veröffentlichte die *Federação* im Juni 1932 ein Manifest, das von fast 5000 Frauen unterzeichnet worden war und die Aufnahme von Bertha Lutz in die Kommission, die die Verfassung vorbereiten sollte, forderte. Die Frauen überbrachten dem Präsidenten, der inzwischen immer mehr Macht an sich zog, die Petition persönlich. Er gab der Bitte statt, zumal sich Bertha Lutz und die nationale Leitung der *Federação* in den folgenden Auseinandersetzungen mit dem politischen Establishment in São Paulo auf die Seite von Vargas schlug. Als 1933 der Wahlkampf zur verfassunggebenden Versammlung begann, kandidierte Bertha Lutz in Rio de Janeiro für den *Partido Autonomista* (dt.: Partei der Autonomie). Im Wahlkampf wurden dann Anschuldigungen gegen sie laut, sie mache gemeinsame Sache mit einem Abgeordneten, dem Wahlbetrug und Bereicherung vorgeworfen wurde. Zwar sprach man sie später von diesen Vorwürfen frei, doch die Kampagne wirkte und Bertha Lutz konnte kein Mandat gewinnen.

Im darauffolgenden Jahr fanden dann erstmals reguläre Abgeordnetenwahlen statt. Bertha kandidierte erneut. Diesmal schaffte sie es immerhin, als Ersatzkandidatin gewählt zu werden. Nach dem Tod des regulären Abgeordneten zog sie zwei Jahre später ins Parlament ein und verstärkte die Riege der neun Frauen, die seit 1934 dort ihr Mandat wahrnahmen. Einig waren sie sich allerdings längst nicht immer. Besonders Bertha Lutz und Carlota Pereira de Queirós, die aus einer einflussreichen Familie in São Paulo stammte, lieferten sich heftige Auseinandersetzungen. Lutz forderte ein spezielles Statut und ein eigenes Ressort für Frauen, das vor allem die Rechte arbeitender Frauen sichern sollte. Carlota Pereira de Queirós wandte sich mit dem Argument dagegen, dass eine solche »Bevorzugung« dem Gleichheitsgrundsatz widerspräche.

Bertha Lutz war weitsichtig – sie stellte Forderungen wie die nach einem eigenen Frauensekretariat, die erst am Ende des Jahrhunderts politische Akzeptanz finden sollten. Und sie erarbeitete im Rahmen der Verfassungsdiskussion ein feministisches Grundsatzprogramm, die sogenannten 13 Prinzipien. Darin wurden neben den üblichen Forderungen nach Gleichberechtigung und politischen Rechten auch bezahlter Mutterschutz oder gleicher Lohn für gleiche Arbeit angemahnt. Auch sollten Frauen im Falle der Heirat künftig das Recht haben, ihre Nationalität zu behalten. Dies war in einer Gesellschaft wie der brasilianischen, in der es Millionen von Einwanderern gab, besonders wichtig und wurde von Lateinamerikanerinnen auch in die Diskussionen des Völkerbundes getragen. Noch galt, dass eine Frau bei ihrer Heirat automatisch die Nationalität des Ehemannes annehmen musste.

Zwischen 1932 und 1936 schien der Kampf der brasilianischen Frauen für ihre Gleichberechtigung, dem sich Bertha Lutz verschrieben hatte, von Erfolg gekrönt oder zumindest auf gutem Wege zu sein. Doch dann putschte der bis dahin auch von Bertha Lutz unterstützte Getúlio Vargas im November 1937 gegen seine eigene verfassungsmäßige Regierung und rief einen autoritären *Estado Novo* (dt.: Neuen Staat) aus. Im Zeichen von Nationalismus und Industrialisierung versuchte Vargas, seine Vorstellung von einem modernen Brasilien zu realisieren und sich gleichzeitig als »Vater der Armen« zu stilisieren. Für eine demokratische Opposition war in diesem neuen Brasilien kein Platz mehr, und so endete auch Bertha Lutz' politische Laufbahn mit diesem Staatsstreich. Zwar blieb sie noch bis 1942 an der Spitze der Frauenföderation FBPF, doch waren deren Gestaltungsspielräume recht eng. Lutz blieb dem Feminismus und dem Kampf der Frauen für Gleichberechtigung allerdings auch ohne hohe Ämter treu. 1944 vertrat sie Brasilien erneut auf einer internationalen Konferenz zu Fragen der Arbeit und beriet im Namen der *Federação* Regierungsgremien, die sich mit Frauenfragen befassten.

Bertha Lutz und dem brasilianischen Feminismus wird manchmal vorgeworfen, dass sie zu elitär und nicht radikal genug gewesen seien, aber letztlich haben sie die Strategie gewählt, die sie am besten beherrschten und die ihnen die meiste Aussicht auf Erfolg zu bieten schien. Der elitäre Lobbyismus und das explizite Abrücken von radikaleren Feministinnen war sicherlich für Brasilien die bessere Taktik, denn das Land war damals im Hinblick auf die Geschlechterverhältnisse und die soziale Hierarchie von noch größerer Ungleichheit gezeichnet als andere lateinamerikanische Länder.

Der Erfolg dieser Strategie wurde am Ende des Zweiten Weltkrieges sichtbar. Brasilien war relativ früh auf Seiten der

USA in den Krieg eingetreten. Seine Soldaten hatten in Europa gekämpft, so dass es auch an den Verhandlungen über die Nachkriegsordnung beteiligt war. Die erste Konferenz der Alliierten in Dumbarton Oaks fand ohne die Beteiligung von Frauen statt. Sie wurden nicht einmal erwähnt! Daraufhin erhob sich der Protest verschiedener internationaler Frauenverbände, auch der brasilianischen Frauenföderation FBPF. Auf der anschließenden konstituierenden Versammlung der Vereinten Nationen (UNICO) in San Francisco im Jahre 1945 hatten Frauenverbände weder einen offiziellen noch einen beratenden Status, aber in den Delegationen einiger Länder waren Frauen vertreten. Unter diesen waren die Lateinamerikanerinnen führend, stellten sie doch gleich fünf Delegierte, darunter Bertha Lutz aus Brasilien, Isabel Pinto de Vidal aus Uruguay und Minerva Bernadino aus der Dominikanischen Republik. Auf Betreiben dieser Delegierten debattierte die UNICO, ob in der Präambel sowie in den Passagen über die Ämterbesetzung in den Vereinten Nationen die Gleichheit von Männern und Frauen explizit festgeschrieben werden und eine eigene Kommission zur Situation der Frauen gebildet werden sollte. Vor allem Artikel 8, der die Beteiligung an den UN-Gremien zum Thema hatte, rief eine heftige Debatte hervor. Die Gegner einer expliziten Erwähnung der Gleichheit von Männern und Frauen in den Gremien beriefen sich darauf, dass die Gleichberechtigung in der Charta ohnehin schon gewährt sei, man sie also nicht explizit erwähnen müsse. Und sie wiesen darauf hin, dass die spezifische Erwähnung der Beteiligung und Repräsentation von Frauen in der *domestic sphere of the member states* auf Probleme stoßen würde. »Frauenthemen«, also Haushalt und Familie sowie Soziales und Fragen der Moral, seien nicht Gegenstand internationaler Politik, sondern Angelegenheit der einzelnen Staaten – eine Vorstellung, die von den Frauen auch schon im Völkerbund bekämpft worden war. Letztlich wurde Artikel 8 mit der expliziten Gleichheitsformel beschlossen. Dies ist vor allem den wenigen weiblichen Delegierten zu verdanken, die sich dafür so vehement eingesetzt hatten.

»Dieser Paragraph ist der Beitrag Lateinamerikas zur Weltordnung. Er wurde von den Frauen der Delegationen Uruguays, Brasiliens, der Dominikanischen Republik und Mexikos geschrieben. (...) Dies ist nicht nur eine Anerkennung der Rechte von Frauen, obwohl ich an die Bedeutung dieser Gesetze glaube. Es ist mehr. Die weiblichen Abgeordneten auf der Konferenz sind die Vorläuferinnen der Beiträge von Frauen zur Weltpolitik«, erklärte Bertha Lutz nach Verabschiedung des Paragraphen und fügte noch hinzu: »Der Umstand, dass die Frauen in der Lage waren, bei der Ausarbeitung der Charta eine Rolle zu spielen, ist eine Folge der Tatsache, dass sie in ihren eigenen Ländern volle politische Rechte haben.« Nationale und internationale Politik sind gerade im Hinblick auf die Frauenrechte eng verbunden, das hatte Bertha Lutz immer wieder erfahren. Daher verlegte sie nun ihre Aktivitäten auf die internationale Ebene, vor allem auf die UNO und die UNESCO. Auf ihr Drängen richteten die Vereinten Nationen 1952 eine Kommission für Frauenrechte ein, in der sie mitarbeitete. Bald darauf wurde sie mit Titeln und Ehren überschüttet, so wurde sie 1951 zur »Frau der Amerikas« erklärt und repräsentierte Brasilien in internationalen Organisationen, die sich mit Frauenfragen befassten. Aus der aktiven brasilianischen Politik zog sie sich nach 1945 zurück, zumal diese demokratischer wurde und ihre Nähe zur Regierung Vargas ihr auch Kritik eintrug. Sie begleitete jedoch die Aktivitäten brasilianischer Feministinnen weiter. Darüber hinaus arbeitete sie bis 1964 im Nationalmuseum und beschäftigte sich mit Fragen der Erhaltung der Natur, vor allem im Amazonasgebiet.

Die Teilnahme an der Gründungsversammlung der Vereinten Nationen und der Erfolg, den sie auch für die Frauen dort verbuchen konnte, war vermutlich der Höhepunkt der politischen Karriere von Bertha Lutz. In Anerkennung ihres Lebenswerkes und ihrer Verdienste nominierte die brasilianische Regierung sie 1975 für die brasilianische Delegation, als die UNO erstmals zu einer Weltfrauenkonferenz einlud und die UN-Dekade der Frauen ausgerufen wurde. Sie war zu diesem Zeitpunkt 81 Jahre alt und bereits von Krankheit gezeichnet. Dass auf dieser UN-Konferenz erstmals auch Frauen aus sozialen Bewegungen und Nichtregierungsorganisationen vertreten waren und letztlich sogar den Ton angaben, dürfte ihr zunächst fremd gewesen sein, aber wohl nicht missfallen haben. Bertha Lutz starb am 16. September 1976 in ihrer Heimatstadt Rio de Janeiro.

Ausgewählte Literatur:

June E. Hahner: *Emancipating the Female Sex: The Struggle for Women's Rights in Brazil, 1850–1940*. Durham, N.C. 1990.

Eine etwas breitere Einführung in die Geschlechterbeziehungen in Brasilien bietet Susan K. Besse: *Restructuring Patriarchy, The Modernization of Gender Inequality in Brazil, 1914–1940*. Chapel Hill 1996.

AZUCENA VILLAFLOR DE VICENTI

ARGENTINIEN, 1924–1977

Nach dem Verschwinden ihres Sohnes unter der argentinischen Militärdiktatur begann die Hausfrau Azucena Villaflor de Vicenti ihn zu suchen. Sie gab den Anstoß zur Gründung der Mütter der Plaza de Mayo. Nachdem ein Geheimdienstoffizier die Mütter ausspioniert hatte, wurden mehrere von ihnen verschleppt, darunter auch Azucena. Sie wurde in der berüchtigten Mechanik-Schule der Marine gefoltert und 1977 aus einem Hubschrauber über dem Río de la Plata abgeworfen.

Anfang Dezember 1976 wurde Azucena Villaflor de Vicenti nervös. Sie hatte schon seit zehn Tagen nichts mehr von ihrem Sohn Néstor und seiner Lebensgefährtin Raquel Mangin gehört, und das war ungewöhnlich, erinnert sich Azucenas Tochter Cecilia. Schließlich erfuhr die Mutter von einer Nachbarin der beiden, dass es eine Militäroperation im Haus der jungen Leute gegeben habe, am 30. November. Néstor sei nicht zu Hause gewesen, nur Raquel. Doch die Soldaten warteten auf ihn. Als er kam, schlugen sie ihn und nahmen schließlich beide mit. Néstor war verletzt, aber er lebte.

Néstor de Vicenti kümmerte sich unentgeltlich um Kinder aus Armenvierteln, und das war während des *Proceso de Reorganización Nacional* (dt.: Prozess der Nationalen Reorganisation), wie die seit ihrem Putsch vom 24. März 1976 regierenden Militärs ihre Diktatur nannten, höchst verdächtig. Außerdem war Néstor in der linksgerichteten Peronistischen Jugend aktiv, und deren Anhänger standen auf der schwarzen Liste der ultrarechten Militärjunta.

Ihre vier Kinder Pedro, Néstor, Adrián und Cecilia waren wie schon Azucena Villaflor selbst in einem peronistischen Umfeld groß geworden. Azucenas Idol war Eva Perón. Ihr Onkel Aníbal Villaflor war ein Peronist der ersten Stunde, denn er hatte bereits an der legendären Massendemonstration am 17. Oktober 1945 teilgenommen, die dafür sorgte, dass der spätere Begründer der peronistischen Bewegung, Juan Domingo Perón, aus dem Gefängnis freigelassen wurde und für das Präsidentenamt kandidieren konnte. Aníbals zwei Söhne, Azucenas Vettern, waren in der peronistischen Gewerkschaftsbewegung aktiv und hatten dort Führungspositionen auf Provinzebene inne. Und ihr Ehemann Pedro de Vicenti, den sie 1949 heiratete, war Gewerkschafter der peronistischen *Unión Obrera Metalúrgica* (UOM, dt.: Metallarbeiter-Union). Kennengelernt hatte sie ihn, als sie im Alter von 15 Jahren begann, als Telefonistin bei SIAM zu arbeiten, einem Hersteller von Elektrohaushaltsgeräten. Azucenas Mutter, Emma Nitz, war bei der Geburt ihrer Tochter am 7. April 1927 erst 15 Jahre alt gewesen, ihr Vater Florentino Villaflor, Arbeiter in einer Wollfabrik, war sechs Jahre älter. Azucena wuchs bei einer Schwester ihres Vaters auf. Sie hat lediglich die Grundschule besucht, für mehr reichte das Geld nicht. Nach ihrer Heirat eröffneten Azucena und Pedro gemeinsam ein Lebensmittelgeschäft in ihrem Geburtsort Avellaneda, einer Vorstadt von Buenos Aires, doch nach der Geburt ihres zweiten Sohnes widmete sie sich dann nur noch dem Haushalt und der Familie. Es ging der Familie gut. Bis zu Néstors Verschwinden.

Zunächst begann Azucena, Krankenhäuser, Friedhöfe und Polizeistationen nach ihrem Sohn abzusuchen. Als sie dort nichts über ihn in Erfahrung bringen konnte, stellte sie sich, wie viele andere Angehörige Verschwundener damals, morgens um fünf Uhr in die Schlange vor dem Innenministerium in der Calle Balcarce 50, um dort um Informationen nachzusuchen. Eine andere Mutter, María del Rosario Carballeda de Cerutti, erinnert sich, dass ihr dort eine Frau aufgefallen war, die sich lautstark beschwerte, weil die Regierung ihnen nichts als Lügen auftischte und nur versuchte, ihnen Informationen zu entlocken. Diese Frau rief die anderen Mütter dazu auf, sich zu organisieren und ihren Protest öffentlich zu machen. Später erfuhr Carballeda de Cerruti, dass es sich bei dieser Frau um Azucena Villaflor gehandelt hatte. Azucenas Tochter Cecilia erinnert sich an ihre Mutter als eine Frau, die immer offen sagte, was sie dachte. Und Nora Cortiñas, die heutige Vorsitzende der Mütter der Plaza de Mayo – Gründungslinie*, beschreibt sie als eine Frau mit der Fähigkeit zu führen: »Sie war wie eine Glucke, die uns alle unter ihre Fittiche nahm.«

Auch bei den Streitkräften wurde Azucena wie etliche andere Mütter bei ihrer Suche vorstellig. In der Marinekapelle Stella Maris, im Stadtteil Retiro von Buenos Aires, wandten sie sich an Pater Emilio Grasselli, den Sekretär des Militärvikars. Er bot ihnen nicht einmal an, sich zu setzen. Als der Pater dann noch einem Vater mitteilte, sein Sohn sei tot, war es Azucena, die rief, sie müssten alle zur Plaza de Mayo, den Platz vor dem Präsidentenpalast gehen, weil sie sonst nie etwas erreichen würden. Einige Mütter waren sofort einverstanden und man tauschte Telefonnummern aus. Auf die Frage, was sie denn auf der Plaza machen sollten, antwortete Azucena laut María Adela Antokoletz: »Nichts besonderes. Uns hinsetzen, reden und jeden Tag mehr werden.« Von Azucena stammte auch das Motto der Mütter: »Alle für eine und eine für alle, und sie alle sind unsere Kinder«, was signalisieren sollte, dass nicht jede nur ihr eigenes Kind suchte, sondern dass sie gemeinsam für das Auffinden aller Kinder kämpften, so Nora Cortiñas.

Am 30. April 1977, einem Samstag, ging Azucena Villaflor dann zum ersten Mal zur Plaza de Mayo, mit rund einem Dutzend weiterer Mütter. Zunächst zogen sie vor den Präsidentenpalast, um Juntachef General Jorge Rafael Videla nach ihren vermissten Kindern zu fragen, doch die Polizei forderte sie auf, ihre Versammlung aufzulösen und weiterzugehen. So beschlossen sie, rund um das Denkmal General Belgranos direkt vor dem Palast zu laufen. Da es kaum Passanten gab und niemand ihnen Aufmerksamkeit schenkte, wollten sie sich in der Woche darauf am Freitag treffen, doch eine der Mütter meinte, Freitag sei der Tag der Hexen und das bringe Unglück. Schließlich einigten sie sich auf den Donnerstag, gegen 15.30 Uhr. Und bei dem Donnerstag ist es bis heute geblieben. Als Erkennungszeichen trugen sie seitdem weiße Kopftücher, die an die Windeln ihrer verschwundenen Söhne und Töchter erinnern sollten. Nach einem halben Jahr waren es bereits 200 Mütter, die in Zweierreihen um die weiße Pyramide in der Mitte der Plaza de Mayo liefen.

Obwohl ihr Mann der Ansicht war, Azucena solle die Suche nach Néstor aufgeben, weil sie zwecklos sei, setzte sie sich gegen ihn durch. Und es war Azucena Villaflor, die ihre Adresse und ihre Telefonnummer als Anlaufpunkt der Mütter der Plaza de Mayo zur Verfügung stellte. Angst hatte sie nicht: »Die Militärs werden sich nicht mit Müttern anlegen«, glaubte sie. Die Frauen trafen sich nun regelmäßig in der Santa-Cruz-Kirche des Passionisten-Ordens im San-Cristobal-Viertel von Buenos Aires. Die Patres waren die einzigen, die sich bereit erklärt hatten, ihnen einen Raum für ihre Zusammenkünfte zur Verfügung zu stellen.

Im Juni oder Juli tauchte dann ein junger Mann in ihren Sitzungen auf, der sich als Gustavo Niño vorstellte. Er behauptete, sein Bruder sei verschwunden und er komme stellvertretend für seine kranke Mutter, die im vierhundert Kilometer entfernt gelegenen Mar del Plata lebte. So gewann er das Vertrauen der Mütter. Pedro, Azucenas Mann, mochte den jungen Mann nie, doch Azucena verteidigte ihn immer. *El rubito*, den Blonden, haben die Mütter ihn aufgrund seiner blonden Haare und seiner blauen Augen genannt. Gustavo Niño hieß eigentlich Alfredo Astiz, war Offizier des Geheimdienstes der Marine und hatte den Auftrag, Dissidenten und Menschenrechtler auszuspionieren. Er verriet die Mütter. Am 8. Dezember 1977 drang die *Grupo de tareas* (dt.: Gruppe für Sonderaufgaben) GT 332 des Marinegeheimdienstes in die Kirche ein und entführte die beiden Mütter María Eugenia Ponce de Bianco und Esther Ballestrino de Careaga sowie die französische Nonne und Menschenrechtlerin Alice Domon. Gustavo Niño alias Kapitän Alfredo Astiz hatte an diesem Tag das Treffen früher verlassen, um den Mitgliedern der Gruppe für Sonderaufgaben die Personen zu beschreiben, die sie entführen sollten. Azucena konnte an dem Treffen nicht teilnehmen. In den beiden kommenden Tagen verschwanden noch mehr Teilnehmer der Zusammenkünfte in der Santa-Cruz-Kirche, darunter eine weitere französische Nonne, Léonie Duquet. Man lauerte ihnen zu Hause, auf der Straße oder am Arbeitsplatz auf.

Kurz nach neun Uhr am Morgen des 10. Dezember, es war ein Samstag, passte eine Gruppe bewaffneter Männer, die in zwei Ford-Falcon-Limousinen gekommen waren, auch Azucena Villaflor unweit ihres Hauses im Stadtteil Sarandí von Avellaneda ab, als sie an der Ecke Avenida Mitre und Calle Crámer ein Exemplar der Tageszeitung *La Nación* kaufen wollte. An diesem Samstag, dem Internationalen Tag der Menschenrechte, hatten die Mütter erstmals eine Anzeige in *La Nación* veröffentlicht, in der die Namen ihrer vermissten Kinder aufgeführt waren. Nur zehn Minuten nachdem Azucena das Haus verlassen hatte, schellte ein Nachbar an der Tür, um nach ihrem Vater zu fragen, erinnert sich Tochter Cecilia. Er hatte gesehen, wie man Azucena mit Gewalt in einen grünen Ford Falcon zerrte. Die Calle Crámer trägt heute Azucenas Namen. Sie war 53 Jahre alt und zweifache Großmutter, als sie verschwand.

Die Gründerin der Mütter der Plaza de Mayo wurde in die *Escuela Mecánica de la Armada* (ESMA, dt.: Mechanikschule der Marine) gebracht, eines der größten der 340 Folterzentren der Diktatur. Über 5000 Menschen wurden hier zwischen 1976 und 1982 gequält, und nur 100 bis 120 von ihnen verließen das weiße Gebäude an der Avenida Libertador in Buenos Aires lebend. In der ESMA wurde 2004 eine Gedenkstätte für die Opfer der Diktatur eingerichtet.

Azucena Villaflor und die beiden anderen Mütter, so wird vermutet, wurden von ihren Peinigern in einen Lagerraum im dritten Stock gebracht, der *La Capuchita* (dt.: die kleine Kapuze) genannt wurde und der früher den Wassertank des Gebäudes beherbergt hatte. Dort wurden zehn bis 15 Gefangene weggeschlossen, deren Zwangsaufenthalt in der ESMA besonders geheim gehalten werden sollte. Die Journalistin Lila Pastoriza, die seit dem 15. Juni 1977 in der ESMA einsaß, erinnert sich, dass man am Sonntag, den 11. Dezember eine etwas ältere, korpulente blonde Frau in einem geblümten Sommerkleid gebracht hatte, die von ihrem verschwundenen Sohn erzählte und sie nach Gustavo Niño fragte. Am Tag darauf holte man die Frau ab, und als sie wieder zurückgebracht wurde, war sie fast bewusstlos und ihr Arm dick geschwollen. Spätestens am Freitag der gleichen Woche war sie nicht mehr da, so die Journalistin. Angeblich hatte man sie verlegt. Wieder auf freiem Fuß, stellte Lila Pastoriza fest, dass es sich um Azucena Villaflor gehandelt hatte.

In der Mechanikschule der Marine endet auch die Spur weiterer Mitglieder der Familie Villaflor. Einer von Azucenas Vettern, eine Cousine und deren Schwager wurden ebenfalls dorthin verschleppt. Bis heute weiß man nichts über ihr Schicksal.

Nach rund einer Woche, so hat man nach dem Ende der Diktatur 1983 rekonstruiert, wurde Azucena gemeinsam mit María Eugenia Ponce de Bianco und Esther Ballestrino de Careaga betäubt, in einen Hubschrauber verladen und bei lebendigem Leib über dem Meer abgeworfen. Tausende von Menschen fanden auf diese Weise den Tod.

Am 20. Dezember 1977 tauchten die ersten Opfer dieser Todesflüge an den Atlantikstränden der Badeorte Santa Teresita und Mar del Tuyú auf, rund 350 Kilometer südlich von Buenos Aires. Gloria Abrego, die die Toten am Vormittag während eines Strandspazierganges gefunden hatte, hielt sie zunächst für Lumpenbündel. Die Leichen wurden am frühen Nachmittag von der örtlichen Feuerwehr geborgen. Der Polizeiarzt Roberto Dios untersuchte sie und stellte anhand der Frakturen fest, dass sie durch »Stöße gegen harte Objekte aus großer Höhe« gestorben seien. Die örtlichen Behörden beschlossen, sie ohne weitere Nachforschungen auf dem Friedhof im nahegelegenen Städtchen General Lavalle in namenlosen Gräbern zu beerdigen. Auch sollen ihnen, um die Identifikation zu erschweren, die Fingerkuppen abgeschnitten worden sein. 1984 wurde im Zuge der Nachforschungen der *Comisión Nacional Sobre la Desaparición de Personas* (CONADEP, dt.: Nationale Kommission zum Verschwinden von Personen) und der Prozesse gegen die Militärjunta auf dem Friedhof von General Lavalle ein erstes Massengrab entdeckt, und Richter Horacio Cattani begann, die Fälle dieser unbekannten Verschwundenen zu untersuchen.

Im Jahr 2002 zeigten deklassifizierte Geheimdokumente der USA, dass es der US-Botschaft bereits seit 1978 bekannt war, dass Azucenas Leiche am 20. Dezember 1977 an der Atlantikküste angeschwemmt worden war. Doch die Botschaft hat geschwiegen und die Familie im Ungewissen gelassen.

Erst 2003 wurden Azucena Villaflors sterbliche Überreste in einem namenlosen Grab ausfindig gemacht, gemeinsam mit den Leichen von Esther Careaga und María Eugenia Bianco sowie fünf weiteren Verschwundenen. Richter Cattani beauftragte daraufhin das *Equipo Argentino de Antropología Forense* (EAAF, dt.: Argentinisches Team für gerichtsmedizinische Anthropologie), das 1984 eigens dafür gegründet worden war, um die Identität der Verschwundenen festzustellen. Am 8. Juli 2005 erhielt der Richter das Gutachten der EAAF: Die Toten zählten tatsächlich zu der Gruppe von Verschwundenen, die zwischen dem 8. und dem 10. Dezember 1977 entführt worden waren. Und die Gründerin der Mütter der Plaza de Mayo war unter den Toten, das ergab die Untersuchung der DNA. Die

Gerichtsmediziner bestätigten, dass ein Fall aus großer Höhe die Todesursache war.

Die sterblichen Überreste von Azucena wurden verbrannt. Auf Wunsch ihrer drei noch lebenden Kinder wurde ihre Asche am Fuß der Pyramide auf der Plaza de Mayo ausgestreut, die sie so oft umrundet hatte. An der Pyramide wurde eine Gedenktafel zur Erinnerung an die Mutter der Mütter der Plaza de Mayo enthüllt.

POSTSCRIPTUM

Alfredo Astiz sowie Hunderten von Schergen der Diktatur wurde mit dem Befehlsnotstandsgesetz von 1986 bescheinigt, lediglich auf Befehl entführt, gefoltert und gemordet zu haben. In Frankreich wurde der »Blonde Todesengel«, wie er genannt wird, 1990 in Abwesenheit zu lebenslänglicher Haft an den beiden Nonnen Alice Domon und Léonie Duquet verurteilt. Seitdem kann er Argentinien nicht mehr verlassen, da er per Interpol gesucht wird. Auch Spanien verlangte 1997 seine Auslieferung, um ihn wegen Verbrechen gegen die Menschlichkeit vor Gericht zu stellen. 2008 folgte eine weitere Verurteilung in Abwesenheit in Italien, wegen Mordes an drei italienischen Staatsbürgern. 2003 annullierte der argentinische Kongress das Befehlsnotstandsgesetz, und 2006 wurde Astiz in Haft genommen und gegen ihn und andere Mitglieder de GT332 wurde ein Verfahren wegen des Verbrechens in der Santa-Cruz-Kirche eingeleitet. Er wurde am 26. Oktober 2011 von einem Gericht in Buenos Aires zu lebenslanger Haft verurteilt.

* Die Mütter der Plaza de Mayo spalteten sich 1986 in die Gründungslinie und die Vereinigung der Mütter der Plaza de Mayo, die bis heute Hebe de Bonafini anführt. Ein Grund für die Spaltung war die Kritik am undemokratischen Führungsstil von Hebe de Bonafini, ein zweiter war der Vorwurf der Bonafini-Anhängerinnen, die Gründungslinie paktiere zu sehr mit dem damaligen Präsidenten Raúl Alfonsín von der Radikalen Bürgerunion.

Ausgewählte Literatur:

David Wroclavsky: *Azucena Villaflor.* Dokumentarfilm. Buenos Aires 2005.
Auf: http://edant.clarin.com/diario/2005/12/12/conexiones/azucena.htm,
14.5.2012.
Sechsteiliger Dokumentarfilm auf Spanisch, der Zeitzeugen zu Wort kommen lässt und Azucena Villaflors Biographie, ihre Arbeit bei den Müttern,
ihr Verschwinden und die Aufklärung des an ihr begangenen Verbrechens
rekonstruiert.
Die Daten, die über Azucena Villaflor in zahlreichen Presseartikeln veröffentlicht wurden, variieren. Dieser Beitrag richtet sich nach den Zeugenaussagen
dieses Films.

»Hallaron los restos de la compañera Azucena Villaflor«. Ohne Ort, 8.7.2005.
Auf: http://www.plataforma-argentina.org/spip.php?article212, 14.5.2012.
Der Artikel enthält eine kurze Biographie so wie Äußerungen anderer Mütter
über Azucena Villaflor.

Katharina Peters: »Der Verrat des blonden Todesengels« vom 27.9.2011.
Auf: http://www.spiegel.de/politik/ausland/0,1518,781096,00.html, 14.5.2012.
Bericht über Alfredo Astiz.

»TANIA« HEIDE TAMARA BUNKE
ARGENTINIEN/DEUTSCHLAND, 1937–1967

Tania, la guerrillera«, die »schöne deutsche Spionin an der Seite von Che Guevara« oder »die Frau, die Che Guevara liebte« – unter solchen Titeln finden sich Abhandlungen über die in den 1970er Jahren wohl berühmteste Guerillera in Lateinamerika. Doch nichts davon stimmt so richtig, denn weder hat sie Che Guevara ausspioniert noch war sie seine Geliebte. Und als Guerillakämpferin hat sie sich wenig hervorgetan, denn sie ist erst ganz zum Schluss und gegen den Willen des *Comandante* zu der Truppe gestoßen. Dennoch hat sie einen großen Anteil am Zustandekommen und am Scheitern der Guerillakampagne in Bolivien.

»Tania« wurde 1937 als Heide (Haydée) Tamara Bunke Bider in Buenos Aires als Kind deutscher Emigranten geboren. Die Eltern, beide überzeugte Kommunisten, waren vor den Nationalsozialisten aus Deutschland geflohen. 1952 kehrten sie in den sozialistischen Teil Deutschlands zurück und ließen sich in Eisenhüttenstadt nieder. Die 15-jährige Deutsch-Argentinierin Tamara hatte zunächst erhebliche Eingewöhnungsschwierigkeiten, engagierte sich dann aber stark in den kommunistischen Jugendorganisationen der DDR. Seit Öffnung der Stasi-Akten wissen wir, dass sie und ihre Eltern nicht nur Mitglieder der SED, sondern auch »Geheime Informanten« (GI, diese wurden später umbenannt in »Informelle Mitarbeiter«, IM) der Stasi waren, konkrete Aktivitäten lassen sich für Heide Tamara aber nicht nachweisen. Nach dem Abitur begann sie ein Studium der Romanistik und begleitete unter anderem kubanische Delegationen und Studenten bei ihren Reisen in Ostdeutschland und Osteuropa. So lernte sie Che Guevara 1960 im Rahmen eines DDR-Besuches kennen, und beide dürften als gebürtige Argentinier schnell eine Gesprächsebene gefunden haben. Zu Beginn des Jahres 1961 trat Tamara eine Stelle als Übersetzerin in der kubanischen Botschaft an, doch bereits am 9. Mai desselben Jahres reiste sie nach Kuba aus. Ob sie dies mit Erlaubnis und Wissen der staatlichen Stellen der DDR tat, ist umstritten, vermutlich aber handelte es sich um eine illegale Ausreise über Prag. Gerüchten zufolge half ihr dabei, dass sie ein Verhältnis mit dem dortigen kubanischen Botschafter hatte. Die unerlaubte Reise brachte ihren Führungsoffizier Günter Männel in Schwierigkeiten, der damals noch zu Protokoll gab, sie habe eigentlich nach Argentinien ausreisen sollen, um von dort aus mit neuer Identität in die USA zu gehen. Einige Jahre später behauptete Männel, nachdem er in den Westen übergelaufen war, sie sei in geheimer Mission im Auftrag des KGB in die Karibik geschickt worden, um Che zu beschatten und seine Intentionen zu erkunden. Diese Version wurde ab 1968 von verschiedenen Seiten verbreitet, doch weder in ostdeutschen noch in sowjetischen Archiven lassen sich hierfür Beweise finden. Zudem scheint ein solches Vorhaben wenig überzeugend, denn 1961 war Che noch ein Verfechter der engen Anlehnung Kubas an die Sowjetunion. Tamaras Kontakte zur Stasi, nicht aber zu ihren Eltern und einigen Freundinnen in der DDR, brachen jedenfalls ab, als sie sich in Kuba niederließ. Heide Tamara Bunke arbeitete weiterhin als Dolmetscherin für Delegationen aus der DDR und kehrte in dieser Funktion auch noch einmal nach Deutschland zurück. Kuba jedoch wurde ihre neue Heimat. Sie nahm erneut ein Studium auf und integrierte sich in kubanische Jugendorganisationen. Als 1962 die Krise um die in Kuba stationierten sowjetischen Raketen die Welt an den Rand eines neuen Krieges zu bringen drohte, trat Tamara den kubanischen Milizen bei und ließ sich

vom dortigen Geheimdienst rekrutieren. Sie erhielt den Decknamen Tania und begann, sich auf eine Agententätigkeit in
Südamerika vorzubereiten. Auf Kuba erhielt sie eine solide
Ausbildung als Geheimagentin, die sie 1964 abschloss. Dabei
entwickelte sich mit Ulises Estrada, ihrem Ausbilder, entgegen
den Regeln eine Liebesbeziehung. Estrada verfasste vor einigen
Jahren eine Biographie über Tania, in der er unter anderem den
Gerüchten einer Liaison von Che und Tania energisch entge-
gentritt.

Nach gelungener Ausbildung wurde Tania erst einmal unter
falschem Namen nach Europa geschickt, um sich dort eine
neue Identität aufzubauen. Schließlich kehrte sie als deutsch-
argentinische Ethnologin Laura Gutiérrez Bauer, versehen mit
einem argentinischen Pass, nach Südamerika zurück. Von Peru
aus sollte sie nach Bolivien reisen, von wo aus die – inzwischen
allerdings gescheiterten – Guerillaaktivitäten in Argentinien
und Peru koordiniert werden sollten, doch machte ein Militärputsch in La Paz die Aufgabe schwieriger. Im November 1964,
kurz vor ihrem 27. Geburtstag, erreichte Tania alias Laura Bauer auf dem Landweg Bolivien.

Ein halbes Jahr später brach Che Guevara, unbemerkt von
der Weltöffentlichkeit, in den Kongo auf, um dort die Formie-
rung einer antiimperialistischen Guerilla zu unterstützen. Ta-
nia/Laura/Tamara begann derweil, sich in La Paz als an tradi-
tioneller Musik interessierte Ethnologin zu etablieren und
knüpfte Kontakte zu Kolleginnen, Nachbarn und über diese
zu einer Reihe von einflussreichen Personen in Bolivien. So
kann man sie auf einem Foto anlässlich eines Wettbewerbs zu
indigenen Tänzen auch mit dem damaligen bolivianischen
Präsidenten René Barrientos sehen. Zu Beginn des Jahres 1966
heiratete sie einen jungen Bolivianer, wodurch sie auch die
bolivianische Staatsbürgerschaft annehmen und sich freier im
Land bewegen konnte. Die Verstellung schien perfekt. Niemand
vermutete hinter der hübschen, unpolitischen und etwas cha-

otischen jungen Frau, die angeblich von Deutschunterricht lebte, eine kubanische Spionin. Auf ihren völkerkundlich getarnten Reisen durch das Land sammelte Tania/Laura/Tamara politische und militärische Informationen, die sie im Rahmen einer Reise nach Mexiko im Detail an ihre Arbeitgeber weiterleitete. Sie half so, die Mission von Che Guevara vorzubereiten, die ab 1966 anlief.

Laura kehrte nach La Paz zurück, ihr Mann erhielt ein Stipendium in Bulgarien, so dass er ihre Arbeit nicht stören konnte, und im November 1966 etablierte sich Che Guevara mit einigen Kämpfern auf einer abseits gelegenen Farm im bolivianischen Tiefland. Tanias Aufgabe war es, den Kämpfern bei ihrer Ankunft in La Paz zu helfen, politische und militärische Informationen zu beschaffen und ein Verbindungsnetz aufzubauen, zu dem auch Unterstützer aus dem Ausland gehörten.

Insgesamt waren die Aktivitäten der Untergrundkämpfer politisch wie militärisch erfolglos und gestalteten sich immer schwieriger. Die erhoffte Unterstützung von Seiten der bolivianischen Bevölkerung blieb weitgehend aus, selbst die Beziehungen zur kommunistischen Partei Boliviens waren gespannt. Die Bauern halfen den zumeist städtischen Milieus entstammenden Ausländern kaum, Krankheiten und andere Unannehmlichkeiten der Tropen setzten den Guerilleros zu, und das bolivianische Militär, unterstützt von demjenigen der USA und der CIA, bekam bald Wind von der Sache. Die Gerüchte, dass es sich bei der bolivianischen Guerilla um eine Truppe unter der Führung Che Guevaras handelte, der inzwischen zu einer Symbolfigur der westlichen Linken geworden war, verbreiteten sich auch außerhalb Boliviens rasch. Sympathisanten aus Europa und Lateinamerika versuchten, mit den Kämpfern in Bolivien in Kontakt zu treten. Eine der Aufgaben Tanias war es, die Besucher zu Che zu führen. Sie erfüllte diese Aufgaben gewöhnlich mit großer Umsicht und Effizienz, das jahrelange Doppelleben unter falscher Existenz schien sie jedoch zunehmend zu belasten. So jedenfalls äußerten sich Verbindungsoffiziere, die sie länger in La Paz erlebten. Spätere Biographen schlossen daraus, sie habe die Situation, die schließlich zu ihrer Enttarnung führte, absichtlich herbeigeführt, um bei den Guerilleros bleiben zu können.

Doch vermutlich lief im Februar 1967 einfach nur einiges schief: Tania hatte den Auftrag, zwei ausländische Sympathisanten, den Argentinier Ciro Bustos (genannt Carlos) und den Franzosen Régis Debray (genannt Dantón) zu Che Guevara zu bringen. Sie begleitete die beiden, entgegen anderslautender Anweisung, persönlich bis zum Lager der Guerilleros, wohl in der Annahme, bald wieder zurückzukehren. Der *Comandante* war gerade auf einem Übungsmarsch und ließ länger auf sich warten als angenommen. In dieser ohnehin angespannten Situation desertierten zwei bolivianische Kämpfer, die den Militärs in die Hände fielen und offenbar umfangreiche Aussagen machten. Die sich daraufhin entfaltenden Aktionen der Militärs führten zur Entdeckung von Tanias Jeep, in dem sie ihr Notizbuch mit zahlreichen Adressen zurückgelassen hatte, und zu ihrer Enttarnung. Damit war eine Rückkehr ausgeschlossen. Obwohl vermutlich vor allem die Aussagen der beiden Deserteure, die Tania kannten, zur Enttarnung führten, haben spätere Interpreten immer wieder entweder Tanias Unvorsichtigkeit, gepaart mit einer angeblichen emotionalen Labilität, für die Entdeckung verantwortlich gemacht. Oder sie haben sogar eine Absicht dahinter vermutet. Diese soll dann entweder darin bestanden haben, dass Tania Pläne der Stasi und des KGB ausführte, die auf diese Weise die Unternehmung Che Guevaras torpedieren wollten, oder sie soll im Gegenteil versucht haben, sich von diesen zu lösen und ein Leben als Guerillera an der Seite Ches zu führen. Wie oben dargestellt, entbehren beide Varianten aber jeder Grundlage.

Tania blieb nichts anderes übrig, als bei der Truppe zu bleiben. Nun wurde sie zu »Tania, *la guerillera*«. Allerdings übertrug ihr Che zunächst nur »typisch weibliche« Arbeiten wie Essenkochen und Nähen sowie das Abhören und Aufbereiten der Radionachrichten. Als Tania darauf bestand, mit einer Waffe ausgestattet und zu Wachdiensten eingeteilt zu werden, widersetzte sich Che, dessen Frauenbild ziemlich konservativ war. Schließlich gab er aber nach. Dies heißt jedoch nicht, dass er Tania zum Kern der Kämpfer zählte. Für Che stellten Tania sowie die beiden ausländischen Gäste eine Belastung dar, und er versuchte, ihre Flucht vorzubereiten. »Carlos« und »Dantón« entkamen tatsächlich, wurden aber von den Militärs aufgegriffen und zu langen Haftstrafen verurteilt. Tania war nicht bei ihnen, denn nach zwei Monaten im Dschungel war ihre Gesundheit angegriffen und sie musste mit anderen Kranken bei der Nachhut gelassen werden. Die Situation der Guerilleros wurde immer prekärer, und schließlich wurde die Nachhut, bei der Tania sich aufhielt, Ende August 1967 in einen Hinterhalt gelockt und fast alle Mitglieder erschossen. Einen Monat später kam auch die Gruppe unter Che Guevara auf ähnliche Weise um.

Der Leichnam Tanias war zunächst nicht aufzufinden, wurde aber eine gute Woche später in furchtbarem Zustand angeschwemmt. Im Gegensatz zu den Leichen der anderen Guerilleros, insbesondere derjenigen Che Guevaras, die heimlich verscharrt wurden, um jeglichem Märtyrerkult vorzubeugen, erhielt Tania von den bolivianischen Militärs ein christliches Begräbnis. Offenbar hatte man nicht befürchtet, sie könne zu einer Märtyrerin der revolutionären Bewegung werden, oder aber man hatte geargwöhnt, dass eine Verweigerung eines christlichen Begräbnisses für eine Frau negative Reaktionen selbst bei denjenigen hervorrufen würde, die den Zielen der Guerilla ablehnend gegenüberstanden, vor allem bei denjenigen, die Tamara/Tania als Laura Bauer gekannt hatten. Anderen Berichten zufolge hätten die Frauen des Dorfes, in dem sie gefunden wurde, auf einem würdigen Begräbnis für die Guerillera bestanden.

Der frühe Tod Che Guevaras und seine charismatische Ausstrahlung, die von dem italienischen Verleger und Kommunisten Giangiacomo Feltrinelli geschickt vermarktet wurde, führten dazu, dass Che Guevara ein Jahr nach seinem Tod zum Idol der Studentenproteste von 1968 wurde. Sein berühmtes Konterfei nach einem Foto von Alberto Korda war in der Protestbewegung allgegenwärtig, manchmal wurde aber auch dasjenige von Tania, meist bekleidet mit einer schräg ins Gesicht gezogenen Baskenmütze, mitgeführt. Möglicherweise als Antwort darauf verbreiteten einige Journalisten unter Berufung auf den übergelaufenen Stasi-Offizier Männel in konservativen Blättern die Version von Tania als Doppelagentin und Verräterin.

Doch auch in der DDR war die Erinnerung an Tania/Tamara schwierig, selbst wenn sich ihre Mutter Nadja Bider immer wieder bemühte, das Ansehen ihrer Tochter als Heldin des Sozialismus hochzuhalten. Angesichts der Tatsache, dass Che Mitte der 1960er Jahre mit der Sowjetunion gebrochen hatte, war Tanias Unterstützung seiner Aktivitäten allerdings erklärungsbedürftig. Hinzu kam, dass sie unerlaubt die DDR verlassen hatte, was man aber einfach verschweigen konnte. Schließlich widmete ihr 1969 die *Junge Welt* eine Reihe von Artikeln, in denen anhand verschiedener Episoden die junge Heide Tamara als eine von Che Guevara zwar faszinierte, aber von seinen politischen Positionen nicht überzeugte Frau dargestellt wurde. Ihr sei es letztlich darum gegangen, nach Lateinamerika zurückzukehren und beim Aufbau des Sozialismus dort zu helfen.

Während Che Guevara inzwischen größtenteils zu einem Pop- und Werbeidol ohne politischen Inhalt verkommen ist, ist Tania weitgehend in Vergessenheit geraten. Obwohl weder Che Guevara selbst noch die kubanischen Geheimdienstoffiziere sie als Guerillakämpferin einsetzen wollten, ist ihr Nachruhm nicht der einer Geheimagentin, sondern einer Guerillera, die stellvertretend für die vielen Frauen steht, die sich später dem bewaffneten Kampf gegen ungerechte und undemokratische Regierungen anschlossen.

Ausgewählte Literatur:

Die neueste Biographie von Gustavo Rodríguez Ostia: *Tamara, Laura, Tania. Un misterio en la guerrilla del Che.* Buenos Aires 2011 ist eine der wenigen ausgewogenen und auf solider Quellenbasis basierenden Darstellungen. Die Thesen des in Deutschland weitverbreiteten Buches von José A. Friedl Zapata: *Tania. Die Frau, die Che Guevara liebte.* Berlin 1997 hingegen sind größtenteils reine Spekulation und aufgrund der neuesten Forschungen unhaltbar. Nicht zuletzt, um diese Thesen zu widerlegen, verfasste der ehemalige Geliebte und Ausbilder von Tania eine Biographie, die naturgemäß parteiisch ausfällt. Ulises Estrada Lescaille: *Tania. Mit Che Guevara im bolivianischen Untergrund.* Bremen 2007. Ähnliches gilt für die »klassische« Biographie von Marta Rojas und Mirta Rodríguez Calderon: *Tania la Guerrillera.* Berlin 2007.

DOMITILA BARRIOS DE CHÚNGARA

BOLIVIEN, 1937–2012

Domitila Barrios de Chúngara ist eine der bekanntesten Gewerkschaftsaktivistinnen in Lateinamerika. In den 1970er Jahren wurde sie durch ihre Lebensberichte vor allem in Europa zur Symbolfigur der Unterdrückung der Unterschichten in Lateinamerika.

Domitila wurde 1937 als Tochter eines Minenarbeiters im Dorf einer der großen Zinnminen Boliviens mit Namen *Siglo XX* (dt.: 20. Jahrhundert) geboren. Bereits früh musste sie miterleben, wie ihr Vater, ein engagiertes Gewerkschaftsmitglied, verhaftet und deportiert wurde. Ihre Mutter starb bei der Geburt der fünften Tochter, als Domitila gerade einmal zehn Jahre alt war. Das junge Mädchen musste sich infolgedessen vermehrt um ihre jüngeren Geschwister kümmern. Dennoch erhielt sie eine Grundschulbildung, und mit 16 Jahren begann sie, in einem Laden der Minengesellschaft zu arbeiten. Mit 20 Jahren heiratete Domitila einen Arbeiter der Mine *Siglo XX*. Sie gebar mehrere Kinder, von denen sieben überlebten, und führte zunächst das Leben einer typischen Ehefrau eines Minenarbeiters. In den Minendörfern herrschte eine strenge geschlechtsspezifische Arbeitsteilung, und angesichts der abgelegenen Lage im Hochland gab es für die Frauen praktisch keine Möglichkeiten, anderweitig Geld zu verdienen. Der Lohn des Mannes war das einzige Einkommen der Familie, und auch das Leben der Frauen und Kinder drehte sich ausschließlich um die Mine. Deren

Betreiber war für die Versorgung mit Lebensmitteln, Medikamenten sowie den Bau von Häusern oder Schulen zuständig.

Erze, vor allem Zinn, stellten seit dem 19. Jahrhundert das wichtigste Exportprodukt Boliviens dar, die Minen waren jedoch in der Hand einiger weniger Konzerne, die zusammen mit den Großgrundbesitzern und Teilen des Militärs jegliche Ansätze zu sozialen und politischen Reformen zu verhindern wussten. Gegen diese oligarchische Herrschaft kam es 1952 unter der Führung des *Movimiento Nacionalista Revolucionario* (MNR, dt.: Nationalistisch-Revolutionäre Bewegung) zu einer Revolution, in deren Folge die Zinnvorkommen verstaatlicht und eine Landreform in Angriff genommen wurde. Allerdings zahlte man den »Zinnbaronen« hohe Entschädigungen. Als dann noch die Erträge der Minen angesichts verschlechterter Absatzbedingungen erheblich zurückgingen, musste die bolivianische Regierung 1957 in Zusammenarbeit mit dem Internationalen Währungsfond (IWF) einen Sanierungsplan ausarbeiten, der langfristig in wirtschaftlicher Hinsicht erfolgreich war, aber einen hohen sozialen Preis verlangte. Die ohnehin latenten gesellschaftlichen und politischen Spannungen wuchsen. Zudem unternahm die Regierung Versuche, die umfangreichen Rechte der Gewerkschaften und andere revolutionäre Errungenschaften rückgängig zu machen, was heftige Proteste seitens der Arbeiter hervorrief. Gleichzeitig war die staatliche Minenverwaltung COMIBOL *(Corporación de Minera de Bolivia)* aufgrund der wirtschaftlichen Probleme immer weniger in der Lage, die Versorgung der Minen sicherzustellen, was wiederum die Frauen auf den Plan rief. 1961, in dem Jahr, als der Sanierungsplan entworfen wurde, entstanden in mehreren Zinnminen die ersten sogenannten Hausfrauen-Komitees, die gegen die schlechte Versorgung und Infrastruktur in den Minen aufbegehrten. Einem der wichtigsten Komitees, demjenigen von *Siglo XX*, stand Domitila Barrios vor. Zunächst ging es den Frauen vor allem darum, das Überleben der Familie zu organisieren. Nach einer Großdemonstration in La Paz gegen die Maßnahmen der Regierung, bei der die Mehrzahl der Demonstranten, unter ihnen viele Minenarbeiter aus *Siglo XX*, verhaftet wurden, begannen die Hausfrauen, sich in die Politik einzumischen. Sie zogen nun ihrerseits in die Hauptstadt, um die Freilassung ihrer Männer zu erreichen, was ihnen nach einem zehntägigen Hungerstreik auch gelang. Dieser Erfolg stärkte die Komitees, und die Frauen stritten nun nicht mehr nur für eine bessere Versorgung in den Minenläden, Schulen oder Krankenhäusern, sondern auch für die Zahlung ausstehender Löhne und die Lösung grundsätzlicher Probleme der Mine, in der sie lebten.

Die Frauen verstanden sich als Proletarierinnen und Gewerkschafterinnen, die die Kämpfe der Männer unterstützten, obwohl diese sich bis Anfang der 1980er Jahre weigerten, sie als Gewerkschaftsmitglieder aufzunehmen mit der Begründung, sie seien schließlich keine Arbeiter(innen). Nicht nur deshalb kamen viele der »Hausfrauen«, so auch Domitila, im Laufe ihres Engagements nicht umhin, die Geschlechterverhältnisse in ihren Familien zu überdenken. Auf diese Weise hatte Domitila, wie so viele andere Frauen auch, gegen den Willen ihres Mannes begonnen, sich im Hausfrauen-Komitee zu engagieren, wurde aber letztlich durch ihr politisches Engagement immer selbstbewusster, auch gegenüber ihrem Mann und ihrem Vater.

Als Präsidentin des Hausfrauen-Komitees organisierte Domitila Hungerstreiks oder Protestmärsche, in denen die Frauen teilweise zusammen mit ihren Kindern an vorderster Front marschierten, um den Militärs ein Eingreifen zu erschweren. So nutzte man die traditionellen Geschlechterrollen für die eigenen Zwecke, denn auf wehrlose Frauen und Kinder zu schießen war für Männer, auch für Soldaten, ehrenrührig. Langfristig allerdings funktionierte dies nur bedingt, denn gerade unter den immer wiederkehrenden Militärdiktaturen wurde Domitila, die immer stärker politisch argumentierte, mehrfach verhaftet und gefoltert. Es scheint, als habe gerade ihr

»unweibliches« Verhalten die Militärs besonders aufgebracht und als Rechtfertigung für die Misshandlungen gedient. Unter der Militärdiktatur von General René Barrientos (1964–1969) spitzte sich die Lage in Bolivien nicht nur allgemein zu, sondern auch für Domitila persönlich. Hochschwanger wurde sie erneut verhaftet und so schwer misshandelt, dass sie ihr Kind verlor und beinahe ebenfalls gestorben wäre. Nach der Entlassung aus der Haft brachten ihr Mann und ihr Vater sie mitsamt den Kindern in das bolivianische Tiefland, um sie aus der politischen Schusslinie zu nehmen. Doch auch dies konnte ihren Kampfeswillen nicht brechen; im Gegenteil, sie nutzte die Zeit, um das Leben der Bauern im Tiefland kennenzulernen und sich politisch zu bilden. 1970, in einer kurzen Phase der Demokratisierung, kehrte sie wieder in die Minenregionen im Hochland zurück, und obwohl ihr Vater und ihr Mann ihr jegliche gewerkschaftliche Betätigung mit Hinweis auf die Familie verboten, ließ Domitila sich nicht beirren.

Die heftigen Auseinandersetzungen zwischen der Regierung und den *mineros* und ihren Familien erregten bald das Interesse der Öffentlichkeit und es kamen Intellektuelle und Künstler, die mit den Minenarbeitern und dem Hausfrauen-Komitee diskutierten. Einer von ihnen war der bolivianische Filmemacher Jorge Sanjinés, der einen Film über ein in der Nähe von *Siglo XX* an den protestierenden Arbeitern verübtes Massaker drehte (*El coraje del Pueblo*, dt.: *Der Mut des Volkes*, 1971). Dieser Film, der in Bolivien zunächst nicht gezeigt werden durfte, machte die Frauen auch im Ausland bekannt. Dieser Film war es auch, der eine brasilianische Filmemacherin 1974 nach *Siglo XX* brachte, als sie im Auftrag der UNO nach lateinamerikanischen Frauen suchte, die sich politisch engagierten, um sie zur Weltfrauenkonferenz in Mexiko einzuladen. So bestieg Domitila 1975 erstmals in ihrem Leben ein Flugzeug und lernte ein anderes Land als Bolivien – und letztlich auch eine ganz andere Welt – kennen.

1975 fand in Mexiko-Stadt die ersten Weltfrauenkonferenz

der Vereinten Nationen statt, auf der neben der offiziellen Tagung der Regierungsdelegationen erstmals auch ein Forum für nichtstaatliche Akteure einberufen wurde – ein absolutes Novum, das inzwischen zu einer Selbstverständlichkeit geworden ist. Diese erste Weltfrauenkonferenz wurde auch zum Ausgangspunkt einer zweiten Welle von Frauenbewegungen in Lateinamerika. Doch hierzu bedurfte es einiger harter Auseinandersetzungen, an denen Domitila einen wichtigen Anteil hatte. Domitila Barrios und andere Frauen aus der damals sogenannten Dritten Welt wollten in Mexiko vor allem das Thema der Ausbeutung und Unterdrückung der Arbeiter und ihrer Familien diskutieren, die europäischen und US-amerikanischen Frauen beschäftigte hingegen stärker die Frage der Selbstbestimmung und der Sexualität. Es kam zu heftigen Debatten, in denen Domitila Barrios, die inzwischen gelernt hatte, vor großem Publikum zu sprechen, die Auffassung vieler Frauen aus den Ländern der Dritten Welt artikulierte. So stritt sie sich mit der bekannten US-amerikanischen Feministin Betty Friedan über die Geburtenkontrolle, die auf dem Kongress erstmals intensiv diskutiert wurde, und versuchte, den Frauen der Ersten Welt zu erklären, dass die Probleme der Lateinamerikanerinnen sich von denjenigen der Frauen in wohlhabenden Ländern grundlegend unterscheiden. Zusammen mit anderen Lateinamerikanerinnen konnte Domitila Barrios schließlich die Diskussion wenden und in der Abschlussproklamation dominierten die Themen von Ausbeutung und »Unterentwicklung« gegenüber denjenigen von Reproduktionsrechten und sexueller Selbstbestimmung der Frauen. Die teilweise hart geführten Auseinandersetzungen brachten aber nicht nur die unterschiedlichen Interessen von Frauen aus den verschiedenen Weltregionen ans Licht, sondern bewegten in den folgenden Jahren beide Seiten, die Probleme der anderen ernst zu nehmen und sich aufeinander zu zu bewegen.

Hierzu trug der autobiographische Bericht Domitilas ganz erheblich bei, der 1977 unter dem Titel *Si me permiten hablar* (dt.: »*Wenn man mir erlaubt zu sprechen …*«) erschien und rasch in mehr als 15 Sprachen übersetzt wurde. Domitila hatte ihn mit Hilfe der brasilianischen Soziologin und Journalistin Moema Viezzer verfasst, die sie auf der Konferenz in Mexiko kennengelernt hatte. Das Buch machte die Lebenssituation der Unterschichtfrauen in Lateinamerika weltweit publik, und Domitila wurde in weiten Teilen der westlichen Welt zu einer Symbolfigur für die Probleme der Frauen der Unterschicht in Lateinamerika und der Dritten Welt.

Im Gegensatz zu manchen anderen Frauen, deren Leben sich veränderte, nachdem sie durch die Schilderungen ihres Kampfes gegen Armut und Unterdrückung berühmt geworden waren, veränderte sich das Leben Domitilas kaum. Die Jahre unmittelbar nach der Konferenz in Mexiko stellten den Höhepunkt der Proteste der bolivianischen Gewerkschaften gegen die Diktatur von General Hugo Banzer dar. In dieser Zeit kam den Hausfrauen-Komitees aufgrund des Verbotes gewerkschaftlicher Aktivitäten eine besondere Rolle zu, was allerdings schließlich auch die Verhaftung von Frauen aus den Komitees zur Folge hatte. 1977 begann Domitila Barrios zusammen mit weiteren »Hausfrauen« und ihren Kindern einen Hungerstreik gegen die Repression, der sich rasch auf andere Gruppen ausweitete und schließlich entscheidend mit zur Ablösung der Militärregierung führte. Dies sollte das Prestige und die Bedeutung der Hausfrauen-Komitees weiter steigern, allerdings machte die instabile politische Situation eventuelle Erfolge immer wieder zunichte. Wahlen, Unruhen und Putschversuche kennzeichneten die Zeit zwischen 1978 und der nächsten Diktatur ab 1980.

Für die Wahlen im Juli 1978 stellte die *Frente Revolucionario de Izquierda* (FRI, dt.: Revolutionäre Front der Linken), unterstützt von den Gewerkschaften und einer indigenistischen Gruppe, Domitila Barrios als Kandidatin für die Vizepräsidentschaft auf, doch als der Parteiführer nach der – später aufgrund von Unregelmäßigkeiten annullierten – Wahl mit dem

MNR zusammengehen wollte, kam es zu Streitigkeiten. Domitila empfand diesen Schritt als Verrat, wandte sich von der Parteipolitik ab und wieder ganz der Gewerkschaftsarbeit zu. Allerdings war ihre Rolle dort inzwischen auch nicht mehr unumstritten, denn ihre Popularität rief auch Neid hervor. Anschuldigungen, sie habe Gelder des Hausfrauenkomitees von *Siglo XX* veruntreut, stellten sich zwar als falsch heraus, doch sie sah sich aufgrund der Anfeindungen gezwungen, aus dem Komitee auszutreten. Stattdessen kümmerte sie sich nun um die Koordination und Organisation der Komitees auf nationaler Ebene. Die kurze Zeit der demokratischen Öffnung unter der Parlaments- und Interimspräsidentin Lydia Gueiler Tejada (S. 90) blieb eine Episode. Angesichts der immer prekärer werdenden wirtschaftlichen Situation und eines daraus resultierenden neuen Austeritätsprogramms organisierte die bolivianische Dachgewerkschaft *Central Obrera Boliviana* (COB) wieder Straßenblockaden und Streiks, bei denen die Frauen vor allem in der Organisation und Versorgung eine zentrale Rolle spielten. Putschgerüchte machten bald die Runde. In dieser Situation wurde Domitila zur zweiten Weltfrauenkonferenz eingeladen, die dieses Mal in Kopenhagen stattfand, was sie in einen Gewissenskonflikt stürzte, ob sie fahren sollte oder bleiben. In ihren Erinnerungen schreibt sie, der Führer der Zentralgewerkschaft COB habe ihr erklärt, sie müsse fahren, um das Forum zu nutzen und von den Vorgängen in Bolivien zu berichten. Und tatsächlich erreichte Domitila, kaum war sie in Kopenhagen eingetroffen, im Juli 1980 die Nachricht von einem erneuten Militärputsch. Sie begann sofort, Proteste zu organisieren und Sanktionsmaßnahmen zu fordern. Domitila und einige andere in Kopenhagen anwesende Bolivianerinnen nutzten ihre Popularität in den folgenden Tagen zu zahlreichen öffentlichkeitswirksamen Maßnahmen wie Pressekonferenzen, Demonstrationen und Solidaritätsveranstaltungen, so dass sie bald auch in andere Länder eingeladen wurden, um dort über die Zustände in ihrer Heimat zu berichten. Für die Frauenkonferenz blieb dabei keine Zeit mehr. Die nächsten Jahre verbrachte Domitila damit, aufgrund von Einladungen verschiedener Solidaritätskomitees Europa, Kanada und einige lateinamerikanische Länder, vor allem Nicaragua, zu bereisen. Sie traf dort auf Genossinnen auch aus anderen lateinamerikanischen Ländern, knüpfte weitere Netze der Solidarität und lernte andere (Arbeits-)Welten kennen. Sie nahm am Russell-Tribunal gegen Diskriminierung teil, wo sie sich vor allem für die Rechte der Indigenen einsetzte, und erhielt 1981 den Bruno-Kreisky-Preis für Menschenrechte.

Die Bekanntheit und die Arbeit für die Solidaritätsgruppen forderte jedoch auch einen hohen persönlichen Preis. Kurz nach dem Putsch hatte ihre Schwester, bei der ihre Kinder lebten, sie aufgefordert, zurückzukehren, denn dies sei ihre Pflicht als Mutter und als Funktionärin, die ihre Familie und ihr Volk nicht im Stich lassen dürfe. Dies tat sie jedoch nicht, und ihre Kinder zogen nach Schweden, wo sie Asyl erhalten hatte. Während des Exils starb ihre Schwester, einige Zeit später ihr Vater, und offenbar zerbrach auch ihre Ehe, denn ihr Mann findet in ihren Erinnerungen keinerlei Erwähnung mehr.

1982 kehrte Bolivien zur Demokratie zurück, und Domitila konnte wieder in ihre Heimat. Sie zog zunächst zu einer anderen Schwester nach Cochabamba, und vor allem ihre jüngste Tochter hatte Schwierigkeiten, sich wieder an die Armut und das damit verbundene Leben zu gewöhnen. Domitila setzte ihre nationalen und internationalen Aktivitäten fort, nahm 1983 an einer Konferenz des Weltkirchenrates in Ecuador teil und reiste wieder nach Nicaragua, dessen Aufbruch nach dem Sieg der Sandinisten sie begeisterte. Gleichzeitig bereitete sie zusammen mit dem bolivianischen Journalisten David Aceby ein weiteres Buch vor, das ihre Erfahrungen nach der Weltfrauenkonferenz und im Exil schilderte, aber nicht an den Erfolg des ersten anknüpfen konnte.

Ab Mitte der 1980er Jahre wurde es nicht nur stiller um Domitila Barrios, sondern die Gewerkschaft der Minenarbeiter geriet auch durch den Zusammenbruch des staatlichen Minenbetriebes in eine große Krise. Zwar konnte sie 1985 noch einmal mit großen Protestdemonstrationen die Ablösung der Regierung und Neuwahlen erzwingen, doch wurden die Arbeiter anschließend unter der neuen Regierung von Víctor Paz Estenssoro (MNR) mit einer Wirtschaftspolitik konfrontiert, die die Privatisierung der Minen, das Einfrieren der Löhne, die Aufhebung des staatlichen Versorgungssystem und schließlich 1987 die Entlassung der Minenarbeiter, euphemistisch als »Relokalisierung« bezeichnet, zur Folge hatte. Auch der von den »Hausfrauen« 1986 organisierte große »Marsch für das Leben« *(Marcha por la Vida)* konnte die Maßnahmen nicht mehr stoppen. Die ehemaligen *mineros* und ihre Familien waren gezwungen, entweder in die Städte oder aber in die Tieflandregionen zu ziehen, wo sie sich mangels Alternativen als Straßenhändler oder Cocabauern betätigten.

Damit war der Zusammenhalt und die Macht der Gewerkschaft erst einmal gebrochen, bis sie sich in den 1990er Jahren in der Gewerkschaft der Cocabauern neu aufstellten und ab der Jahrtausendwende unter der Führung von Evo Morales für eine entscheidende Wende in der bolivianischen Politik sorgten.

Domitila Barrios lebte seither in Cochabamba, hatte sich aber aus der Politik zurückgezogen, seit ihr Versuch, bei den Wahlen 2001 mit einer eigenen Partei in die Politik zurückzukehren, fehlschlug. Zwar bemühte sich auch der *Movimiento al Socialismo* (dt.: Bewegung zum Sozialismus) von Evo Morales, die noch immer verehrte Gewerkschaftsaktivistin zu gewinnen, doch konnte sich Domitila mit dem neuen Kurs nicht identifizieren. Enttäuschung über die linken Parteien sowie eine schwere Krankheit haben dazu geführt, dass »La Domi«, wie sie in Bolivien genannt wird, sich ganz aus der Öffentlichkeit zurückgezogen hatte, als sie am 13. März 2012 starb.

Ausgewählte Literatur:

Moema Viezzer und Domitila Barrios de Chúngara: *Wenn man mir erlaubt zu sprechen ... Zeugnis der Domitila, einer Frau aus den Minen Boliviens.* Bornheim 1983 sowie David Aceby und Domitila Barrios.: *Domitila. Das Zeugnis einer Frau aus den Minen Boliviens, Teil 2: 1976–1984.* Bornheim 1986. Für eine Analyse der Entwicklung der Frauenbewegung in Bolivien nach der Privatisierung der Minen und den daraus resultierenden Migrationsbewegungen bis in die 1990er Jahre siehe Maria Lourdes Zabala: *Nosotras en democracia. Mineras, cholas y feministas (1976–1994).* La Paz 1995.

VERA GRABE
KOLUMBIEN, *1951

Sie ist mittelgroß und zart, wirkt fast durchscheinend mit ihrer weißen Haut und den wasserblauen Augen. Auch ihre freundlich-ernste, zurückhaltende Art lässt kaum vermuten, dass die Kolumbianerin Vera Grabe einst mit der Waffe in der Hand Dörfer und Städte besetzt hat und eine der wenigen einflussreichen Frauen in Lateinamerikas Guerillabewegungen des vergangenen Jahrhunderts war. Sie hatte verschiedene Führungsposition im *Movimiento 19 de abril* (M-19, dt.: Bewegung 19. April) inne, saß nach dessen Friedensschluss für die linke Partei *Alianza Nacionalista Democrática-M 19* (AD-M-19, dt.: Demokratische Nationalistische Allianz) zunächst als deren einzige Vertreterin im Repräsentantenhaus und dann im Senat, um schließlich 2002 für den linken *Polo Democrático* (dt.: Demokratischer Pol) für das Amt der Vizepräsidentin zu kandidieren.

Vera Grabe wurde am 2. Dezember 1951 in Bogotá geboren, als ältere von zwei Töchtern von Thea Löwenherz und Werner Grabe. Das Ehepaar Grabe war Ende 1950 von Hamburg nach Bogotá ausgewandert, weil es seinen Kindern eine bessere Zukunft ermöglichen wollte. Man entschied sich für Kolumbien, weil ein Bruder von Thea bereits kurz vor der »Reichskristallnacht« 1938 dorthin gegangen war. Veras Großvater Conrad Löwenherz war Musiker. Aufgrund seines Nachnamens verlangten die Nazis einen Ariernachweis von ihm, der ihn nur zu drei Achteln als arisch auswies, und so starb er 1943 in Auschwitz. Veras Mutter verboten die Nazis den Besuch einer höheren Schule, so dass sie nicht Musik studieren konnte. Sie machte nach dem Krieg eine kaufmännische Lehre und lernte Spanisch. Da Veras Vater ebenfalls keinen Ariernachweis erbringen konnte, erteilten die Nazis ihm Berufsverbot. In Bogotá eröffnete er dann als Tischlermeister eine eigene Werkstatt.

Als Vera acht und ihre Schwester Helga sechs Jahre alt waren, verließ der Vater die Familie, blieb aber in Bogotá. Einige Jahre später kehrte die Mutter mit Helga nach Hamburg zurück, Vera blieb jedoch beim Vater.

Sie besuchte das *Colegio Andino*, die deutsche Schule in Bogotá. Sie liebte schon als Kind Musik und nahm Gesangs- und Cellostunden. Als junges Mädchen hörte sie regelmäßig *Radio Havanna*, um sich über die neue lateinamerikanische Musik aus Kuba, Chile oder Nicaragua auf dem Laufenden zu halten.

Politisch schien ihr damals alles möglich: Die kubanische Revolution hatte den Sieg davongetragen, Che Guevara war das große Idol, viele Geistliche widersetzten sich der katholischen Amtskirche, und der kolumbianische Priester, Befreiungstheologe und Universitätsprofessor Camilo Torres schloss sich der ältesten kolumbianischen Guerilla, dem marxistischen *Ejército de Liberación Nacional* (ELN, dt.: Nationales Befreiungsheer) an. Er starb 1966 im Gefecht.

In den letzten Jahren vor dem Abitur nahm Vera mit ihrer Klasse an der Alphabetisierung eines Armenviertels von Bogotá teil und sah, wie ungerecht die kolumbianische Gesellschaft war. Zu Hause hatte man sie zu Solidarität erzogen, und auch ein Lehrer, Herr Eckhardt, trug viel dazu bei, dass sie die Welt verändern wollte. Gerechtigkeit, Freiheit und Gleichheit wurden ihre großen gesellschaftlichen Ziele. Die Tatsache, dass ihre Eltern in Kolumbien auf Großzügigkeit, Respekt und Anerkennung gestoßen waren, hat Vera zudem für sich immer als eine Verpflichtung gegenüber dem Land verstanden.

Nach dem Abitur nahm sie 1970 ein Anthropologiestudium an der *Universidad Nacional de Colombia* (dt.: Nationaluniversität von Kolumbien) auf, wo jedoch vor allem politisch agitiert und wenig studiert wurde.

Auf Wunsch des Vaters geht sie deshalb zum weiteren Studium zu Mutter und Schwester nach Hamburg, doch sie wird nicht heimisch dort. Der Aufenthalt in Deutschland, so schreibt sie in ihren Memoiren, »diente mir dazu zu erkennen, dass trotz meiner Abstammung und meiner Erziehung Deutschland nicht mein Land war«. Sie kehrt zurück nach Bogotá, zunächst an die *Universidad Nacional*, wechselt aber 1972 auf die angesehenste Universität des Landes, die private *Universidad de los Andes* (dt.: Universität der Anden). In ihrer Freizeit alphabetisiert sie im Armenviertel Prado Veraniego nach den Lehren des brasilianischen Pädagogen Paulo Freire, der Alphabetisierung mit Bewusstseinsbildung verknüpfte und als einen Beitrag zur Demokratisierung verstand.

Bei den Wahlen vom 19. April 1970 wurde die *Alianza Nacional Popular* (Anapo, dt.: Nationale Volksallianz) des fortschrittlichen Generals Rojas Pinilla aller Wahrscheinlichkeit nach von Liberaler und Konservativer Partei um den Wahlsieg betrogen, und Vera zieht, wie viele junge Leute, daraus den Schluss, dass das System nur mit Waffengewalt verändert werden kann. Sie und ihre Freunde diskutieren darüber und treffen sich mit anderen Gruppen, die entweder der Anapo angehören oder aber bereits Erfahrungen mit einer der anderen Guerillagruppen im Land gesammelt haben und davon enttäuscht sind. Gemeinsam gründet man die M-19.

Die Bewegung unterschied sich von den bereits existierenden Guerillabewegungen, weil sie undogmatisch war, Diskussionen zuließ und die Mitglieder freundschaftlich miteinander umgingen, erinnert sich Vera. Kritiker von Links warfen ihnen vor, sie seien eine Gruppe von sozialdemokratischen Bürgerkindern. Als Ziele definierte man damals den Kampf gegen die herrschende Oligarchie, die nationale Befreiung und den Erhalt der nationalen Werte, die Errichtung einer sozialistischen Gesellschaft, die Unterstützung des sozialistischen Blocks, die

Einheit aller Guerillagruppen sowie die Bekämpfung von Sektierertum und Dogmatismus.

Die Gruppe trat am 17. Januar 1974 erstmals öffentlich in Erscheinung, mit einem symbolischen Akt: Sie stahl das Schwert, mit dem Simón Bolívar für die Befreiung von Spanien gekämpft hatte, aus dem Museum, und erst, wenn Kolumbien ein freies Land wäre, wollte sie es zurückgeben. Das M-19-Kommando hinterließ ein Manifest mit dem Titel »Bolívar, dein Schwert zieht wieder in den Kampf«. Vera Grabe hatte die Spionagearbeit zur Vorbereitung des Diebstahls geleistet, zwei Monate lang hatte sie täglich das Bolívar-Haus und das Schwert umrundet. Erst 1991 gab die M-19 die Waffe zurück, als nach ihrem Friedensschluss mit der Regierung eine Verfassunggebende Versammlung einberufen wurde, die Kolumbien mehr Demokratie bringen sollte.

1974 nehmen die Aktivitäten der M-19 immer mehr zu. Vera bekommt ihren ersten Decknamen, in der Organisation heißt sie nun Cristina. Sie lernt schießen und Karate und ist auch weiterhin für die Spionage zuständig. Mitte des Jahres nimmt sie an der ersten Operation teil. Diesmal stiehlt die M-19 medizinisches Material aus einem Depot an der Avenida Caracas, das sie dem Gesundheitsposten eines Armenviertels übergibt.

1975 lernt sie einen *compañero* namens Pablo García kennen, den alle nur Flaco nennen. Die beiden verlieben sich ineinander. Erst später erfährt Vera, dass es sich bei Pablo um Jaime Bateman, den Führer der M-19 handelt. Die beiden bleiben bis zu Batemans Tod zusammen: Er stürzt am 28. April 1983 auf dem Weg nach Panama mit einem Flugzeug ab. Einen Monat zuvor hatte Vera ein Kind von ihm abgetrieben, obwohl sie gern hätte Mutter werden wollen, doch Bateman hatte sie dazu gedrängt, weil Mutterschaft und bewaffneter Kampf, wie er ihr zu verstehen gab, nicht vereinbar seien. Erstmals fühlte Vera sich in der Organisation als Frau benachteiligt, weil ihre männlichen *compañeros* fast alle Familie hatten, dies aber den Frauen nicht zugestanden wurde.

1976 übernahm sie ein erstes eigenes Kommando. Heute lehnt sie zwar Entführungen ab, da sie auch bei guter Behandlung des Entführten immer inhuman bleiben, doch damals bereitete sie die Entführung des korrupten Gewerkschafters José Raquel Mercado vor, der vor ein »Volksgericht« gestellt werden sollte. Sie sammelte Material über seine politischen Verfehlungen. Mercado wurde gekidnappt, aber die Regierung war nicht bereit, auf die Forderungen der M-19 einzugehen: Sie verlangte die Wiedereinstellung von nach einem Streik entlassenen Arbeitern verschiedener Staatsfirmen. So wurde Mercado zum Tode verurteilt und ermordet. Der Tod des Gewerkschafters trug der M-19 unerwartet viel Sympathie ein und brachte ihr neuen Zulauf.

Vera wurde danach in die Regionalführung von Bogotá gewählt. In dem Gremium hatte sie erstmals das Gefühl, dass ihre männlichen *compas* sie nicht wahrnahmen, und sie gegen Wände sprach. Die Frauen waren *las niñas*, die Mädchen – man war nett und zuvorkommend zu ihnen, aber man nahm sie nicht immer ernst.

In der Folgezeit häuften sich die Aktionen: Die M-19 besetzte Fabriken, Gewerkschaftssitze, Schulen sowie Eltern-, Lehrer- und Belegschaftsversammlungen. Einige *compas* mit Kapuzen über dem Kopf drangen in die Gebäude ein, verteilten Propagandamaterial und zogen wieder ab. Man begann, sich militärisch zu organisieren. Trotzdem studierte Vera weiter. Im März 1978 machte sie ihr Examen als Anthropologin. Bevor sie eine Forschungsarbeit über Volksreligiosität begann, nahm sie noch an einem Guerillatraining im Caquetá teil.

Das Jahr 1979 beginnt die M-19 mit einem spektakulären Schlag: In der Silvesternacht raubt ein Kommando 5700 Waffen aus einer Kaserne in Bogotá. Die Guerilla hatte ein Haus in der Nähe angemietet und einen 80 Meter langen Tunnel bis in das Waffendepot der Kaserne gegraben. Vera hat selbst nicht an der Aktion teilgenommen; sie wurde nach Panama geschickt, um dort Kontakt mit der kubanischen Regierung aufzunehmen und um Aufnahme des Ehepaars nachzusuchen, das das Haus angemietet hatte, von dem aus der Tunnel gegraben worden war.

Die Armee, in ihrer Ehre verletzt, beginnt nun eine Hetzjagd nicht nur auf die Mitglieder der M-19, sondern auf sämtliche Linken und Menschenrechtsaktivisten.

Vera hat inzwischen die Verantwortung für die Zeitung der M-19 übernommen, ist zuständig für die Kontakte zu Sympathisanten etwa im Verwaltungsapparat, und ihr obliegt die Fälschung von Personalausweisen und Führerscheinen, was damals noch einfach war und für die M-19 lebenswichtig. Und sie wurde gemeinsam mit Nelly Rivas in die nationale Führung gewählt. Immer wieder musste sie sich von Männern den Vorwurf gefallen lassen, sie säße nur aufgrund ihrer Beziehung zu Bateman dort, und es ärgerte sie, dass bei Frauen fast nie die Leistung gesehen, sondern regelmäßig vermutet wurde, sie gelangten über das Bett in Spitzenpositionen. Als die Männer in der Führung verhindern wollten, dass die Frauen an Kämpfen teilnahmen, weil sie nur Unordnung schafften, rebellierten die Frauen und setzten sich durch.

Am 26. Oktober 1979 wurde Vera Grabe wie viele ihrer Mitkämpfer festgenommen. Sie wurde zehn Tage lang gefoltert, weil sie ihre *compañeros* und das Versteck der aus der Kaserne geraubten Waffen verraten sollte. Man setzte sie Kälte aus, ließ sie nicht schlafen, gab ihr weder zu essen noch zu trinken und steckte ihr einen Stock in die Vagina. Doch sie blieb standhaft: »Eine große Wut hielt mich aufrecht. Leute, die mich foltern, verdienen nicht, dass ich mit ihnen auch nur ein Wort wechsle«, schreibt sie dazu in ihren Memoiren. Ein Jahr lang saß sie im Frauengefängnis von Bogotá, das den Namen *El Buen Pastor* (dt.: Der gute Hirte) trägt. Vor allem ihr Vater unterstützte sie während dieser Zeit, obwohl er selbst immer wieder von den Sicherheitskräften belästigt wurde; immer wieder wurde seine Werkstatt durchsucht, woraufhin auch die Kunden weniger wurden. Veras Mutter versuchte derweil, über die deutsche Bundesregierung die Freilassung der Tochter zu erreichen.

Am 27. Februar 1980 besetzte ein Kommando der M-19 für zwei Monate die Botschaft der Dominikanischen Republik in Bogotá, um so die Freilassung ihrer Gefangenen durchzusetzen. Doch die Regierung trickste die Besetzer aus: Sie ließ sie zwar mit ihren Geiseln in einem kubanischen Flugzeug ausfliegen, setzte aber keinen einzigen Gefangenen auf freien Fuß. Trotzdem feiert die M-19 dies als Sieg, da die Welt nun wisse, dass es in Kolumbien politische Gefangene gibt.

Im November des gleichen Jahres wird Vera aus dem Gefängnis entlassen und geht zunächst nach Panama und dann nach Mexiko, wo sie drei Jahre lang für die internationalen Beziehungen der Gruppe zuständig ist. Sie ist ständig unterwegs, reist nach Havanna, Berlin, Prag, Tripoli, Paris, Madrid, Rom, Quito, Caracas, Managua oder San José. Ihre Aufgabe ist es, dort Kontakte zu knüpfen, Solidaritätsgruppen zu gründen, die Ideen der M-19 bekannt zu machen und zu »konspirieren«, sprich: Geld zu besorgen. Sie nennt sich nun Julia, und mit diesem Namen tritt sie auch als Sprecherin der Gruppe nach außen auf. Kuba war immer die Rückfallposition, erinnert sie sich in ihren Memoiren. Dort wurden kranke und verletzte *compañeros* behandelt, Kuba war mit Kontakten zu anderen Ländern behilflich, und nicht zuletzt wurden dort auch viele *compas* im Guerillakampf unterwiesen.

Nach ihrer Rückkehr werden sie und Nelly Rivas neben zehn Männern Mitglieder des militärischen Oberkommandos. Nachdem Rivas gefallen ist, bleibt Vera die einzige Frau im Oberkommando. Sie zieht nun Uniform und Gummistiefel an und geht als Comandante Catalina mit der Truppe in die Berge und nimmt an der Besetzung von Dörfern und Kleinstädten im Departement Antioquia teil. 1984 lernt sie dabei Rosemberg Pabón kennen, der als Comandante Uno den Überfall auf die Botschaft der Dominikanischen Republik geleitet hatte. Er heißt nun Juan. Die beiden werden ein Paar.

Am 6. November 1985, während Vera Grabe in Antioquia kämpft, besetzt ein Kommando der M-19 den Justizpalast im Herzen der Hauptstadt. Die Armee stürmt das Gebäude, ohne dies mit der Regierung abzustimmen und ohne Rücksicht auf die im Gebäude befindlichen Menschen. 89 Menschen sterben dabei und zehn sind bis heute verschwunden. Die M-19 – und mit ihr Vera Grabe – begründete den Überfall damit, sie hätte im Palast einen Prozess gegen die Regierung anstrengen wollen, die einen 1984 begonnenen Friedensprozess mit sämtlichen Guerillagruppen verraten habe. 2009 erklärt Grabe in einer Diskussion, das Ziel des Überfalls sei ein politisches gewesen: Die M-19 wollte eine Debatte über einen Friedensprozess anstoßen und hatte mit einer Verhandlungslösung gerechnet. Die Wahrheitskommission, die zur Aufklärung der Ereignisse einberufen worden ist, hat jedoch auch Hinweise, dass es Ziel des Angriffs war, sämtliche Unterlagen über das Drogenkartell von Medellín zu vernichten. Angeblich hat die M-19 dafür zwei Millionen Dollar von Drogenbaron Pablo Escobar für die Kriegskasse bekommen. An jenem 6. November wurde im Palast die Auslieferung von Drogenbossen an die USA verhandelt. Grabe erklärt dies für falsch.

Der Überfall auf den Justizpalast schwächt die M-19. Und auch das Massaker von Tacueyó bringt sämtliche Guerillagruppen in der Bevölkerung in Misskredit: Eine Abspaltung der *Fuerzas Armadas Revolucionarias de Colombia* (FARC, dt.: Revolutionäre Streitkräfte Kolumbiens) ermordet 164 der eigenen Leute, weil sie angeblich Spione des US-Geheimdienstes CIA waren. Obendrein weht der Guerillabewegung der Wind ins Gesicht, da immer mehr rechte paramilitärische Gruppen entstehen, die den Aufständischen den Kampf angesagt haben.

In diesen schwierigen Zeiten wird Vera wieder schwanger und zieht sich damit den Zorn der männlichen Kampfgenossen zu, die argumentieren, im Feld sei kein Platz für Schwangere. Doch diesmal weigert sie sich abzutreiben. Sie bleibt zunächst bei der Truppe. Als sie dann schließlich nach Medellín aufbricht, hat die Armee den direkten Weg abgeriegelt, Vera muss weite Umwege gehen und leidet Hunger. Sie entbindet am 26. April 1986 in einer Privatklinik in Medellín, wo sie ein Bekannter als seine Frau untergebracht hat. Ihre Tochter Juana ist zu früh auf die Welt gekommen und wiegt nicht einmal ein Kilo.

Nach 40 Tagen gibt sie Juana in die Obhut von Bekannten, denn es ist zu gefährlich für das Kind, bei einer Mutter zu leben, die steckbrieflich gesucht wird. Vera vertritt nun die M-19 in der *Coordinadora Guerrillera Simón Bolívar* (CGBS, dt.: Guerillakoordination), einem losen Zusammenschluss aller Rebellentruppen, denn die Führung hat kein Verständnis dafür, dass sie in der Nähe ihrer Tochter sein will. Bei einem ihrer Treffen mit dem legendären FARC-Chef Manuel Marulanda fragt sie diesen, weshalb der FARC-Führung keine Frau angehöre. Er antwortet ihr, die CGSB habe ja nun sie, sie sei das Maskottchen. Schließlich gelingt es ihr, in die Kommandantur von Bogotá zurückkehren, so dass sie ihre Tochter regelmäßig besuchen kann. Deren Vater Rosemberg Pabón hat sich inzwischen mit seiner Ehefrau versöhnt und Vera lebt ab 1987 mit dem bekannten Schauspieler, Gewerkschafter und Menschenrechtler Jorge Emilio Salazar zusammen, der jedoch 1992 Opfer einer schweren Krankheit wird und stirbt.

Sie ist in Bogotá für politische Kontakte zuständig, denn die M-19 strebt Friedensverhandlungen an. Sie lebt im Untergrund, verlässt das Haus nur selten und auch nur mit Perücke und Brille. Und Salazar sondiert zuvor, ob sie sich auf die Straße wagen kann.

Am 29. Mai 1988 entführt die M-19 den konservativen Politiker Álvaro Gómez Hurtado. Einzige Bedingung für seine Freilassung ist die Aufnahme von Friedensverhandlungen. Nach diversen Kontakten mit Regierungsvertretern, Parteien und gesellschaftlichen Gruppen wird Gómez Hurtado am 20. Juli freigelassen, und es beginnen zunächst Vorverhandlungen für einen Friedensprozess. Es kommt dann zu einem Waffenstillstand, und 1989 zieht M-19-Chef Carlos Pizarro seine Kämpfer und Kämpferinnen in einem Camp in Santo Domingo im Departemente Cauca zusammen, wo sie sich ohne die Gefahr der Festnahme aufhalten dürfen. Auch Vera begibt sich dorthin. Mit anderen Frauen gründet sie dort die Gruppe *Mujeres de Abril* (dt.: April-Frauen), die sich mehr weibliche Beteiligung an den Entscheidungsprozessen auf die Fahnen schreibt. Dennoch wird in die neue, fünfköpfige Kommandantur keine Frau gewählt. Vera Grabe ist allerdings an den Friedensverhandlungen beteiligt.

Am 8. März 1990 geben die Kämpfer und Kämpferinnen der M-19 feierlich ihre Waffen ab, für sie gilt nun eine Amnestie. Drei Tage später wird ein neues Parlament gewählt und Vera Grabe zieht als einzige Vertreterin der M-19 und erste Rebellin überhaupt für den Wahlbezirk Bogotá in das Repräsentantenhaus ein.

Für den 7. August sind Präsidentschaftswahlen vorgesehen, bei denen die Bevölkerung zudem darüber abstimmen soll, ob sie mit der Einberufung einer Verfassunggebenden Versammlung einverstanden ist. Diese Abstimmung hatte die M-19 in den Friedensverhandlungen durchgesetzt.

Am 26. April wird dann Präsidentschaftskandidat Carlos Pizarro von einem jungen Paramilitär an Bord eines Linienflugzeuges erschossen. Er ist nach Jaime Pardo Leal und Bernardo Jaramillo Ossa bereits der dritte linke Präsidentschaftskandidat, der vor diesen Wahlen erschossen wird. Die Wahl gewinnt schließlich César Gaviria. Antonio Navarro Wolf, der für den charismatischen Pizarro einsprang, erhält gut zwölf Prozent der Stimmen und wird Gesundheitsminister.

Von der Arbeit im Kongress war Vera enttäuscht. Niemand höre niemandem zu, schrieb sie dazu. Sie arbeitete eine Medikamentenverordnung aus, die auch Arzneimittelversorgung für die arme Bevölkerung vorsah und wollte das Recht auf eine bessere medizinische Versorgung für Schwangere erreichen, scheiterte jedoch an den Mehrheitsverhältnissen. Häufig musste sie sich von ihren eigenen Leuten den Vorwurf gefallen lassen, sie sei untätig.

Bei den Wahlen zur *Constituyente*, der Verfassunggebenden Versammlung, am 9. Dezember 1990 erreicht die M-19 schließlich 28 Prozent der Stimmen. Mit der Einberufung der Verfassunggebenden Versammlung, schreibt Vera Grabe in ihren Memoiren, schloss sich der Kreis für die M-19. Sie hatte damit ihr Ziel erreicht, den Weg zur Demokratie zu ebnen. Die neue Verfassung, die die alte von 1886 ablöst, garantiert nun die Menschenrechte und die bürgerlichen Freiheitsrechte, sie beinhaltet ein Recht auf eine saubere Umwelt und lässt mehr Bürgerbeteiligung zu.

Nach Inkrafttreten der neuen Verfassung wird am 27. Oktober 1991 ein neuer Kongress gewählt. Erstmals führt mit Vera Grabe eine Frau eine Liste von Senatskandidaten an. Sie wird gewählt, doch insgesamt erhält der M-19 nur acht Prozent der Stimmen – eine bittere Niederlage und der Anfang vom Ende der Partei. Dem neuen Kongress, so Vera, gelang es nicht, die mit der neuen Verfassung eingeleitete politische Transformation zu mehr Demokratie mit Leben zu füllen, denn die alteingesessene politische Klasse wollte ihre Privilegien nicht verlieren. Die meisten Senatsmitglieder dachten mehr an ihre eigenen Geschäfte als an das Land, so Vera. Außerdem habe sich der starke Einfluss der wirtschaftlichen Gruppen auf die Politik gezeigt. Was mache ich hier?, fragte sie sich oft, wenn sie im Senat saß. Aber dann stürzte sie sich doch kopfüber in die Arbeit, weil sie der ihr übertragenen Verantwortung gerecht werden wollte. Oft war ihr jedoch ihre Schüchternheit ein Hindernis, sich gegen die Männer durchzusetzen, so ihr eigenes Empfinden. Sie setzte sich vor allem für Chancengleichheit für Frauen ein. Bei den Kongresswahlen 1994 wurde sie nicht wiedergewählt.

Sie ging daraufhin als Menschenrechtsbeauftragte für drei Jahre an die kolumbianische Botschaft in Spanien, wo sie auch ihre Memoiren schrieb. Nach ihrer Rückkehr arbeitete sie in der Nichtregierungsorganisation *Observatorio para la Paz* (Obserpaz, dt.: Observatorium für den Frieden) mit, die sich unter anderem um Alphabetisierung, Friedenserziehung, Eingliederung von Frauen aus Konfliktzonen in den Beruf sowie um Vorschläge zur Überwindung der politischen Gewalt kümmert.

2002 kandidiert sie für den *Polo Democrático*, dem sich etliche Mitglieder der M-19 angeschlossen hatten, als Vizepräsidentin, wird jedoch nicht gewählt. Danach kehrt sie an ihre alte Universität zurück, um dort einen Master in Geschichte zu machen. An der Universität von Granada in Spanien schreibt sie ihre Doktorarbeit zu einem Thema der Friedens- und Konfliktforschung. Heute leitet sie das *Observatorio para la Paz*.

Ausgewählte Literatur:

Vera Grabe: *Razones de Vida*. Bogotá 2000. Sehr ausführliche und offene Autobiographie, die nicht nur die persönliche Geschichte der Autorin, sondern auch die der M-19 erzählt, diese allerdings nicht immer kritisch hinterfragt.

ANA GUADALUPE MARTÍNEZ
EL SALVADOR, *1952

Ana Guadalupe Martínez ist die bekannteste Politikerin El Salvadors. Sie gehörte ab 1973 dem *Ejército del Pueblo* (ERP, dt.: Revolutionäre Volksarmee) an, einer der fünf Guerillagruppen, die die *Frente Farabundo Martí para la Liberación Nacional* (FMLN, dt.: Nationale Befreiungsfront Farabundo Martí) bildeten. Sie war Mitglied der FMLN-Führung und am 16. Januar 1992 eine der Unterzeichnerinnen des Friedensvertrages zwischen Regierung und Guerilla, der den Bürgerkrieg beendete. Danach war sie stellvertretende Parlamentspräsidentin und engagierte sich für die Wiedereingliederung der Guerilla ins Zivilleben. Heute ist sie stellvertretende Parlamentsabgeordnete der Christdemokratischen Partei El Salvadors und eine ihrer beiden stellvertretenden Vorsitzenden.

Ana Guadalupe Martínez wurde am 19. Juni 1952 geboren. Ihr Vater war Offizier der Polizei und zählte zur Rechten. Mit 16 Jahren verlor sie ihre Mutter. 1969 schrieb sie sich an der Universität von San Salvador für Medizin ein und nahm erstmals an einer Demonstration gegen die Diskriminierung armer Studenten teil. Ihr Medizinstudium trieb sie immer weiter nach links: »Ich sah zu viele Kinder, die an leicht vermeidbaren Krankheiten wie Unterernährung, Darmproblemen oder Dehydrierung litten«, erläuterte sie in einem Interview. Sie fragte sich damals oft, ob es überhaupt Sinn machte, Medizin zu studieren, wenn die wirtschaftliche Situation des Landes sich nicht änderte. Bis heute leben trotz Wirtschaftswachstums 2,8

Millionen der 5,7 Millionen Salvadorianer in Armut, und jährlich sterben nach Schätzungen der Vereinten Nationen immer noch 12 000 Kinder an den von Martínez damals beklagten Folgen dieser Armut, obwohl die FMLN, die sich nach dem Friedensvertrag in eine Partei umwandelte, seit dem 1. Juni 2009 mit Mauricio Funes erstmals den Präsidenten stellt.

Als 1972 Wahlen ausgeschrieben wurden, unterstützte Ana Guadalupe die *Partido Demócrata Cristiano* (PDC, dt.: Christdemokratische Partei) und ihren Kandidaten José Napoleón Duarte, der jedoch nach nur einem Tag von den Militärs aus dem Amt gejagt wurde. Damals habe sie gesehen, dass Wahlen keine Veränderung bringen würden, und gemeinsam mit anderen Studenten suchte sie nach neuen Wegen, das Land zu verändern, erklärte sie später. 1973 schloss sie sich, wie etliche junge Christdemokraten, der Anfang des Jahrzehnts gegründeten ERP an. Diese machte durch Entführungen, Banküberfälle und Bombenangriffe von sich reden. Ana Guadalupe wurde Kommandeurin der ERP für den Osten des Landes. Sie galt als hart, und es wird ihr nachgesagt, damals fünf Polizisten erschossen zu haben. Die Wahrheitskommission zur Aufarbeitung der während des Bürgerkrieges begangenen Menschenrechtsverbrechen warf ihr als Mitglied der ERP-Führung vor, zwischen 1985 und 1988 für die Exekution von zahlreichen Bürgermeistern in den Konfliktzonen verantwortlich gewesen zu sein. Sie bat hierfür öffentlich um Verzeihung.

Die Kommandantin mit den Kampfnamen Josefina, Tiburcia und María wurde am 5. Juli 1976 auf der Landstraße, die von der im Osten des Landes gelegenen Stadt San Miguel in die Hauptstadt San Salvador führt, von mehreren bewaffneten Männern in Zivil überfallen und entführt. Es stellte sich heraus, dass es sich um Angehörige der politischen Polizei handelte, die sie in die Hauptstadt, in das Hauptquartier der Nationalgarde, brachten. Ein ehemaliger Kampfgefährte hatte sie aus Rache verraten. Er war desertiert, und als Kommandierende der östlichen Front ihrer Truppe hatte Ana Guadalupe ihn deshalb in Abwesenheit zum Tode verurteilt. Sie wurde nackt in Isolationshaft gehalten, man verband ihr über Wochen die Augen, schlug und vergewaltigte sie, ließ sie hungern und traktierte sie und ihre Mitgefangenen wiederholt mit Elektroschocks. Sie berichtet darüber ausführlich in ihrem 1982 erschienenen Buch *Die geheimen Kerker El Salvadors*.

Am 27. Januar 1977 entführte ein Kommando der ERP den Direktor der salvadorianischen Fremdenverkehrsbehörde, Roberto Poma. Poma gehörte einer der »14 Familien« an, der kleinen Oberschicht, die große Teile des Grundbesitzes hielten – und halten – und das Land seit Jahrzehnten beherrschen. Für Pomas Freilassung verlangte die Guerilla zwei Millionen Dollar und die Ausreise Ana Guadalupes und eines weiteren Guerilleros der ERP nach Algerien. Wenige Tage später flogen die beiden über Spanien nach Algier.

In Algerien knüpfte Ana Guadalupe erste Kontakte zu anderen Befreiungsbewegungen. Nach vier Monaten ging sie dann nach Paris, wo sie das erste Solidaritätskomitee für den Befreiungskampf El Salvadors gründete. Wie sie feststellen konnte, wusste im Ausland niemand etwas über die wirtschaftliche und soziale Situation in El Salvador, und so begann die FMLN auf ihr Betreiben, Informationsmaterial zu erarbeiten, und bemühte sich nun, nach dem Modell der Sandinisten in Nicaragua die Solidaritätsarbeit zu systematisieren. Ana Guadalupes Buch über ihre Haft war Teil der internationalen Kampagne der FMLN, es sollte auf die eklatante Verletzung der Menschenrechte seitens der Militärregierung aufmerksam machen.

Ende des Jahres ging Ana Guadalupe zunächst nach Venezuela, und dann ließ sie sich auf Anordnung der ERP in Tegucigalpa, der Hauptstadt des Nachbarlandes Honduras nieder, von wo aus sie sich 1978 und 1979 dem Aufbau einer geheimen Auslandsorganisation widmete, die die Versorgung der Guerilla sicherstellen sollte. Sie intensivierte aber auch die internationale Solidaritätsarbeit sowie die diplomatischen Kontakte mit ausländischen Regierungen.

Sie kehrte in dieser Zeit einige Male nach El Salvador zurück und trat sogar bei einer spektakulären Demonstration auf, für die die FMLN die Universität besetzt hatte. Ana Guadalupe avancierte zur Ikone der Guerilla: Im Inland wurde bei Manifestationen ihr stilisiertes Konterfei, auf dem sie stolz die Waffe emporreckt, die linke Hand selbstbewusst in die Hüfte stemmt und wie Che Guevara auf Alberto Kordas berühmten Foto visionär ins Weite schaut, durch die Straßen getragen. Sie war zur Volksheldin geworden, zu einer Art Superfrau. Im Ausland war sie als einziges weibliches Mitglied der neugegründeten politisch-diplomatischen Kommission des nun enger zusammenarbeitenden Guerillabündnisses FMLN das Gesicht der Bewegung, etwa für die Kampagne »Waffen für El Salvador«, die die Berliner *Tageszeitung* im November 1980 ins Leben rief. Ana Guadalupe zählte mittlerweile auch zum siebenköpfigen nationalen Führungsgremium der ERP, als eine von insgesamt drei Frauen. Sie selbst bezifferte in einem Interview die Anzahl der Frauen in der Guerilla ihres Landes mit 30 Prozent. Heute wendet sie sich gegen Quotenregelungen für Frauen, fordert aber bessere Ausbildungs- und Weiterbildungsmöglichkeiten sowie Stipendien, damit Frauen sich qualifizieren können.

Ab 1980 intensivierten sich die bewaffneten Auseinandersetzungen in El Salvador und entwickelten sich zu einem blutigen Bürgerkrieg, nicht zuletzt, weil die USA nach dem Sieg der Sandinisten in Nicaragua 1979 begonnen hatten, El Salvadors Militärjunta sowie sämtliche rechten Regierungen der Region massiv mit Waffen, Material und Ausbildern zu unterstützen. Die demokratischen Kräfte des Landes – Christdemokraten, Sozialdemokraten, Kirchenvertreter und Landarbeiterorganisationen – hatten sich nach der Ermordung des fortschrittlichen Erzbischofs Óscar Arnulfo Romero am 24. März 1980 durch rechte Todesschwadronen zur *Frente Democrático Revolucionario* (FDR, dt.: Demokratisch-Revolutionäre Front) zusammengeschlossen und unterstützten die FMLN, die sich am

10. Oktober 1980 eine gemeinsame Führungsstruktur gab und bis zu 30 000 Kämpfer unter Waffen hatte.

In der Guerilla lernte Ana Guadalupe ihren Mann Claudio Armijo kennen, der unter dem Namen »Comandante Chico« bekannt war. Die Hochzeitszeremonie wurde von der Guerilla ausgerichtet. Zwischen 1984 und 1990 bekam das Ehepaar drei Kinder. Auch während ihrer Schwangerschaften blieb Ana Guadalupe größtenteils bei der Truppe.

Ihr Mann leitete bei der großen Offensive der FMLN ab dem 11. November 1989 in der Hauptstadt die Einnahme des Hotels *Sheraton*, in dem der Generalsekretär der Organisation Amerikanischer Staaten sowie einige US-Marines untergebracht waren. Die Kämpfe dauerten bis zum 12. Dezember und kosteten über 2000 Menschen das Leben. Beiden Parteien wurde von Menschenrechtsorganisationen vorgeworfen, die Zivilbevölkerung nicht genügend geschützt zu haben. Der Angriff auf San Salvador sowie auf andere Städte des Landes zeigte, dass zwischen Streitkräften und Guerilla ein Patt herrschte. Im Februar 1990 wurden dann Friedensverhandlungen aufgenommen, an denen Ana Guadalupe permanent beteiligt war, 21 Monate später wurde das Friedensabkommen unterzeichnet, im Februar 1992 trat ein Waffenstillstand in Kraft und am 15. Dezember erklärten beide Parteien offiziell den Bürgerkrieg für beendet. Er hatte fast 80 000 Opfer gefordert.

Nach Kriegsende war Ana Guadalupe Martínez Mitgründerin der neuen Partei FMLN und arbeitete zeitweilig für *Radio Venceremos*, deren Radiostation, sowie für ein Forschungsinstitut. Sie gehörte zudem der Kommission zum Wiederaufbau des Landes sowie der Verhandlungskommission für die Programme zur Wiedereingliederung der FMLN-Kämpfer in die Zivilgesellschaft an. Sie wurde 1994 ins Parlament gewählt, war bis 1997 dessen Vizepräsidentin und Mitglied des Außenpolitischen Ausschusses.

1994 verließ sie gemeinsam mit anderen Führungsmitgliedern die FMLN, weil sie die Position des kommunistischen

Flügels der Partei, als zweitstärkste Fraktion auf die Parlaments-vizepräsidentschaft zu verzichten, um nicht mit der Rechten zusammenarbeiten zu müssen, als zu radikal befand.

Zudem nahm sie ihr Studium wieder auf. 1998 machte sie an der Universität von San Salvador ihren Abschluss in Prä-ventivmedizin, bildete sich im gleichen Bereich an der Zentral-amerikanischen Universität der Jesuiten weiter und belegte in Costa Rica Kurse über Wirtschaftspolitik. Seitdem hat sie ver-schiedene Studien zur Gesundheitspolitik vorgelegt, vor allem im Bereich der Präventivmedizin für Frauen und Kinder. Von 2000 bis 2009 war sie außerdem Mitglied des akademischen Beirats der nach dem Friedensschluss eingerichteten neuen Po-lizeischule, deren Absolventen besonders den Menschenrech-ten verpflichtet sein sollen.

Sie schloss sich 2003 erneut der Christdemokratischen Par-tei (*Partido Demócrata Cristiano*, PDC) an, die sich 2012 in *Partido de la Esperanza* (PES, dt.: Partei der Hoffnung) umbe-nannte. Als die Partei von 1984 bis 1989 mit José Napoleón Duarte den ersten gewählten Präsidenten nach 53 Jahren Mili-tärdiktatur stellte, hatte sie diese noch bekämpft. Heute ist sie deren stellvertretende Parlamentsabgeordnete und stellvertre-tende Vorsitzende sowie Sprecherin des politischen Instituts der Partei. Obwohl sich Martínez heute als zur politischen Mitte gehörig bezeichnet, unterstützten sie und ihre Partei bei den Präsidentschaftswahlen 2009 die Rechte, da sie einen Sieg von Mauricio Funes und der FMLN verhindern wollten.

2010 machte sie gemeinsam mit dem ehemaligen FMLN-Kommandanten Joaquín Villalobos den inzwischen verstorbe-nen FMLN-Führer und ehemaligen Bürgermeister von San Salvador, Shafik Handal, sowie weitere ehemalige Kampfge-nossen, die alle dem kommunistischen Flügel der Partei ange-hören, öffentlich für zahlreiche während des Bürgerkrieges begangene Menschenrechtsverletzungen und Ermordungen verantwortlich.

Ausgewählte Literatur:

Pamela Andriotakis: »Trained as a Healer, Ana Martinez Is the Che of El Salvador's Deadly War«. In: *People*, 30.3.1981. Auf: http://www.people.com/people/archive/article/0,,20078913,00.html, 14.5.2012. Porträt über Ana Guadalupe Martínez.

Comisión para la Verdad para El Salvador (Presidente Belisario Betancur, Reinaldo Figueredo Planchart und Thomas Buergenthal): »De la Locura a la Esperanza: la guerra de los Doce Años en El Salvador.« San Salvador, Mai 1993. http://www.uca.edu.sv/publica/idhuca/cv.pdf, 14.5.2012. Resümee der Wahrheitskommission, die die Menschenrechtsverletzungen des Bürgerkrieges aufgearbeitet hat.

Klaas Dykmann: *El Salvador – Die Menschenrechte im Visier. Die Auseinandersetzung vom Beginn des Bürgerkriegs bis zum Amnestiegesetz (1980–1993).* Hamburg 1999. Das Buch stellt die Ereignisse chronologisch dar und schildert ausführlich die Menschenrechtsverletzungen beider Kriegsparteien.

Ana Guadalupe Martínez: *Die geheimen Kerker El Salvadors. Das Zeugnis der Comandante Guerillera.* Aus dem Spanischen von Karin Schmidt. Bornheim 1982.

Carlos Meyer: »Ana Guadalupe Martínez – Secretaria Adjunta del PDC«. Interview, 10.6.2010. Auf: http://mediolleno.com.sv/entrevistas/1202/ana-guadalupe-martinez-secretaria-adjunta-del-pdc, 14.5.2012. Ana Guadalupe Martínez äußert sich rückschauend zur FMLN, zum Friedensvertrag und zu ihrer heutigen politischen Arbeit.

MARINA SILVA
BRASILIEN, *1958

Niemand hatte vermutet, dass die Kandidatin der kleinen Grünen Partei Brasiliens (*Partido Verde*, PV), Marina Silva, es bei den Präsidentschaftswahlen 2010 auf 19,4 Prozent der Stimmen bringen würde. Denn das große Thema der einstigen *seringueira* (dt.: Kautschuksammlerin) aus dem Amazonasbundesstaat Acre, der Erhalt und die nachhaltige Nutzung des Regenwaldes, war in den letzten Jahrzehnten nicht sonderlich populär in Brasilien. Der unerwartete Erfolg der von ihren Anhängern als »Königin von Amazonien« bezeichneten ehemaligen Umweltministerin der Regierung Lula zeigt jedoch, dass vor allem in den städtischen Mittelschichten das Umweltbewusstsein wächst. Vor allem aber haben ihre Unbeugsamkeit, ihre Gradlinigkeit, ihre Zähigkeit und ihr Fleiß der vierfachen Mutter Stimmen eingebracht.

Maria Osmarina da Silva, die sich seit 1986 Marina Silva nennt, wurde am 8. Februar 1958 geboren, auf der Gummipflanzung Bagaço im Weiler Breu Velho 70 Kilometer östlich von Rio Branco, der Hauptstadt des Bundesstaates Acre. Ihre Großmutter half ihr im für die Amazonasregion typischen, mit Palmen gedeckten Stelzen-Holzhaus auf die Welt. Marina ist die zweitälteste Tochter von Maria Augusta und Pedro Augusto da Silva, die beide sowohl afrikanische als auch weiße Vorfahren haben. Der älteste Sohn des Ehepaars da Silva starb im Alter von einer Woche an einer Nabelschnurentzündung, und erst später kam ein zweiter Sohn zur Welt. Die da Silvas wurden immer bedauert, weil sie lange keine Söhne hatten, schreibt Marinas Biographin Ziporah Hildebrandt, da die Söhne gewöhnlich ab dem neunten oder zehnten Lebensjahr dem Vater beim Gummizapfen zur Hand gehen.

Das Essen war oft knapp, weil das Geld nicht reichte, und so zog die Familie in der Hoffnung auf ein besseres Leben in die 1400 Kilometer entfernte Amazonasmetropole Manaus. Marina war damals sieben Jahre alt. Der Vater eröffnete dort ein kleines Lebensmittelgeschäft, das er jedoch nach fünf Monaten wieder schließen musste. Ein Bruder riet ihm, es mit einer Maniokpflanzung zu versuchen, und so zogen die da Silvas weiter nach Santa Maria im Mündungsgebiet des Amazonas. Doch bald fielen die Preise für Maniokmehl, und erstmals litt die Familie Hunger. Nach fast zwei Jahren war dann Pedro da Silvas ehemaliger Chef auf der Gummipflanzung in Acre bereit, der Familie das Geld für die vierwöchige Rückfahrt über den Amazonas vorzustrecken. Ein weiteres Jahr später, Marina war zwölf, wurde auch sie Gummizapferin, weil der Vater Hilfe brauchte: »Mit ihrem Messer ritzte Marina vorsichtig die Barke an. Weißer Latex floss aus dem langen Schnitt. Sie hielt einen Zinnbecher darunter, um den milchigen Saft aufzufangen und setzte dann ihren Weg fort. Sie ging schnell, denn sie musste etliche Meilen gehen, bis sie zum Abendessen nach Hause kam«, beschreibt Hildebrandt die Arbeit. In jener Zeit lernte Marina, dass die Bewahrung des Waldes mit seinen Gummi- und Paranussbäumen für die Menschen im Amazonasgebiet lebenswichtig ist.

Um 1970 begann dann die brasilianische Militärregierung (1964–1985), Straßen in den Amazonaswald zu schlagen und den Regenwald in vorher nie gekanntem Ausmaß zu roden. Tausende von Siedlern kamen, um Landwirtschaft und Viehzucht zu betreiben. Auch viele Gummizapfer wurden Bauern. Die Bulldozer hinterließen riesige Pfützen, in denen sich stehendes Wasser sammelte, und so nahm die Malaria überhand. Fünfmal erkrankte Marina an Malaria, und auch von der

Leishmaniose blieb sie nicht verschont, doch sie überlebte. Zwei ihrer jüngeren Schwestern aber starben an Malaria und Masern, und als Marina 14 Jahre alt war, erlag ihre Mutter einer Meningitis, weil es in der abgelegenen Region an angemessener medizinischer Versorgung fehlte. Somit war Marina künftig für die Versorgung ihrer jüngeren Geschwister verantwortlich – bis sie selbst an Hepatitis erkrankte. Sie schlug ihrem Vater vor, sie in Rio Branco auf eine katholische Schule zu schicken, denn dort würde sie medizinische Hilfe bekommen und könnte sich ihre beiden Lebensträume erfüllen: Lesen und Schreiben zu lernen und Nonne zu werden. Die Großmutter hatte Marina zur frommen Katholikin erzogen. Glaubensfragen hatten sie bereits in ihrer Kindheit bewegt, und bis heute hat sie stets ihre Bibel bei sich. Zu ihrem Erstaunen stimmte der Vater zu.

Sie kam bei Verwandten unter, und als ihre Hepatitis auskuriert war, suchte sie sich eine Stellung als Hausmädchen und nahm abends an einem Programm zur Alphabetisierung Erwachsener teil. Sie absolvierte das Pensum der Grundschule in einem Jahr und fand dann einen Konvent, zu dem eine Schule gehörte und der sie aufnahm. Ein Jahr später bestand sie bereits die Aufnahmeprüfung für das Gymnasium und nach nur zwei weiteren Jahren das Abitur. Ihren Traum, Nonne zu werden, begrub sie jedoch wenige Monate vor der Weihe. Sie hatte beschlossen, eine Familie zu gründen und Kinder zu erziehen, denen es einmal besser gehen sollte. Und sie wollte politisch aktiv sein.

Währenddessen ging in Acre Hektar um Hektar Wald in Flammen auf, um Farm- und Weideland zu weichen. Familien, die bislang vom Wald gelebt hatten, landeten in den Elendsvierteln von Rio Branco. Vielerorts regte sich bereits Widerstand: seitens christlicher Basisgemeinden, die überall in Brasilien entstanden, sowie seitens sich formierender Gewerkschaften, die der Militärdiktatur zum Trotz mehr Rechte für die Arbeiter forderten. Marina schloss sich einer Gruppe an, die von dem

Gewerkschafter Chico Mendes angeführt wurde und Blockaden gegen die oftmals bewaffneten Rodungstrupps organisierte. Mendes versuchte, die Männer mit den Kettensägen mit Argumenten auf seine Seite zu ziehen, und manchmal gelang dies. Doch so manche Blockade endete blutig. Die Blockierer, die lediglich auf passiven Widerstand setzten, mussten Schläge, Tritte und Schüsse einstecken. Und manchmal gab es Tote.

Nach einer Weile leitete Marina ebenfalls Blockaden. Und sie engagierte sich in einer Basisgemeinde, wurde mit der Theologie der Befreiung vertraut sowie mit den Methoden des Pädagogen Paulo Freire, die darauf abzielten, armen Menschen nicht nur Lesen und Schreiben beizubringen, sondern ihnen auch Selbstbewusstsein zu vermitteln und sie in die Lage zu versetzen, ihr Leben zu verändern. Marina Silva lernte viel über soziale Gerechtigkeit und setzte sich dafür ein. Franz von Assisi und Gandhi wurden dabei ihre Vorbilder.

In ihrer Gemeinde lernte sie ihren ersten Mann Raimundo Souza kennen. Er half ihr, ihre erste Demonstration in Rio Branco zu organisieren, den »Marsch der Ausgeschlossenen«, der Wasser- und Elektrizitätsanschlüsse für die *favelas*, die Elendsviertel forderte. Raimundo machte ihr einen Heiratsantrag, und sie nahm an. Vorher wollte sie jedoch die Aufnahmeprüfung für die Universität bestehen. Wieder machte ihr die Gesundheit einen Strich durch die Rechnung – eine schwere Hepatitis, die in Rio Branco nicht zu behandeln war. Die Familie legte zusammen, und Marina flog zum ersten Mal in eine Großstadt, nach São Paulo. Im Krankenhaus schockierte sie erneut die Ungerechtigkeit: Es starben Patienten, weil sie kein Geld für die ärztliche Behandlung hatten.

Erst nach drei Monaten kehrte sie nach Rio Branco zurück. Die Aufnahmeprüfung für die Universität hatte sie verpasst, sie holte sie aber im darauffolgenden Jahr nach und schrieb sich für Pädagogik und Geschichte ein. Später, als Senatorin in Brasilia, studierte sie an der dortigen Universität noch Theorie der Psychoanalyse und Psychopädagogik.

1980 heiratete sie Raimundo, der inzwischen eine Ausbildung als Elektriker beendet hatte. Für ihren Lebensunterhalt arbeitete Marina in einem Heim für Straßenkinder und erledigte Näharbeiten. Und sie nahm weiterhin an Blockaden teil und arbeitete in der von Chico Mendes gegründeten Gewerkschaft der Landarbeiter mit. Ihre erste Tochter Shalom kam 1981 zur Welt.

Auf der Universität trat sie einer politischen Gruppe bei, die Widerstand gegen das Militärregime leistete. Der Anführer der Gruppe war Mitglied der neugegründeten *Partido dos Trabalhadores* (PT, dt.: Arbeiterpartei). In der Partei waren auch Leute willkommen, die bislang von der Macht ausgeschlossen waren: Gummizapfer, Indigene oder landlose Bauern. Und die Satzung der PT sieht vor, dass 30 Prozent ihrer Führungspositionen mit Frauen besetzt sein müssen. Marina Silva schloss sich der Partei an, nicht zuletzt, um Chico Mendes zu unterstützen, der für die PT bei den ersten demokratischen Wahlen für das Parlament des Bundesstaates Acre kandidierte. Marina übernahm zum ersten Mal einen politischen Posten: Sie wurde seine Wahlkampfleiterin. Doch Mendes verlor, denn im Gegensatz zu seinen Gegnern aus dem bürgerlichen Lager hatte er kein Geld für teure Wahlkampfgeschenke, und es war ihm und Marina nicht gelungen, die Bürger und Bürgerinnen mit Argumenten zu überzeugen. In ihren Augen war es undemokratisch, wenn der reichste Kandidat gewann: Nur Bildung konnte dafür sorgen, dass die Bürger nicht dem Kandidaten ihre Stimme gaben, der die größten Geschenke verteilte, sondern dem, der ihre Interessen vertrat.

Derweil wuchs die Landarbeitergewerkschaft. Sie organisierte inzwischen Kooperativen, damit die *seringueiros* ihr Gummi gemeinsam zu besseren Preisen verkaufen konnten, und sie eröffnete Schulen. Marina half, Lehrer auszubilden. Und gemeinsam mit Chico begann sie, in Acre eine Filiale des Gewerkschaftsdachverbandes *Central Única dos Trabalhadores* (CUT) aufzubauen.

1982 wurde ihr Sohn Danilo geboren. Sie hatte ständig ein schlechtes Gewissen, weil sie sich nicht ausreichend um ihre Kinder kümmern konnte und war oft eifersüchtig, dass diese zu Marinas Tante Chica, die sie hauptsächlich versorgte, Mama sagten. Doch Marina wusste, dass ihr Weg, für eine bessere Welt für ihre Kinder zu kämpfen, der richtige war, so Biographin Hildebrandt. Obwohl sie sich immer wieder den Vorwurf gefallen lassen musste, sie sei eine schlechte Mutter. Auch ihr Mann hatte eine andere Vorstellung vom Familienleben als sie, und so trennten sie sich 1985.

1984 hatte sie die Universität abgeschlossen und begann, als CUT-Koordinatorin von Acre zu arbeiten. Sie warb dafür, die Ressourcen des Regenwaldes zu nutzen und damit Arbeitsplätze für die Armen zu schaffen. Als Chico Mendes sich um den Bürgermeisterposten der Gemeinde Xapurí bewarb, leitete sie erneut seinen Wahlkampf. Bei den nächsten Wahlen kandidierte sie selbst für einen Sitz in der Verfassunggebenden Versammlung des Bundesstaats, denn ihr wurde klar, dass soziale Bewegungen allein nicht ausreichten, um das Leben der Amazonasbewohner zu verbessern. Die Politik musste sich ändern. Die begabte Rednerin rechnete den Menschen vor, dass mit Gummi und Paranüssen zwanzigmal mehr Geld zu verdienen war als mit der Landwirtschaft. Viele Menschen horchten zwar auf, doch Marina verlor die Wahl. Nicht so 1988, als sie für das Stadtparlament von Rio Branco kandidierte: Sie erhielt so viele Stimmen wie nie ein Stadtratskandidat zuvor und zog am 1. Januar 1989 für zwei Jahre als erste Frau und erste Linke überhaupt in den Rat ein. Rio Branco hatte sich aufgrund des Zuzugs vom Land von einer verschlafenen Kleinstadt in eine Stadt mit heute 330 000 Einwohnern verwandelt. Vor allem die Menschen in den *favelas* vertrauten Marina Silva, denn sie war eine von ihnen und kannte ihre Sorgen und Nöte.

Der Agrarexperte Fábio Vaz de Lima aus São Paulo, der in Xapurí dabei half, eine Gummizapfer-Kooperative aufzubauen, unterstützte sie in ihrer Wahlkampagne. Marina fand in ihm

den Mann, der sie nicht nur liebte, sondern auch ihr Engagement für die nachhaltige Entwicklung des Regenwaldes teilte.
Die beiden sind bis heute verheiratet, und Marina bekam zwei
weitere Kinder mit ihm, Moara und Mayara.

Als sie ihren ersten Gehaltsscheck als Stadträtin bekam, erschien ihr dieser um Einiges zu hoch, und sie machte in den
Medien publik, wie viel die Politiker der Stadt verdienten und
was sie obendrein noch an Extras bekamen. Sehr zum Ärger
vieler Stadtverordneter setzte sie eine Gehaltskürzung durch.

Das für Marina Silva so erfolgreiche Jahr endete mit einer
Schreckensnachricht: Am 22. Dezember 1988 wurde ihr Freund
und Mitstreiter Chico Mendes von einem Großgrundbesitzer
erschossen.

Im Folgejahr fanden erstmals nach dem Ende der Militärdiktatur 1985 freie und geheime Präsidentschaftswahlen statt,
bei denen auch der PT-Gründer Luiz Inácio Lula da Silva kandidierte, wenn auch noch vergeblich. Erst bei den Wahlen
2002 und 2006 trug er den Sieg davon. Marina Silva kandidierte 1990 für das Parlament des Bundesstaates Acre und
machte ihren Wahlkampf zu einem Feldzug gegen Korruption
und soziale Ungleichheit. Sie gewann auch diese Wahl und saß
bis Ende 1994 im Abgeordnetenhaus ihres Bundesstaates. Sie
war inzwischen eine populäre Politikerin. Die einfachen Leute
honorierten es, dass sie, obwohl inzwischen Akademikerin,
ihre Herkunft nicht vergessen hatte.

Im Jahr darauf wurde sie erneut schwer krank. Sie fühlte
sich schwach und hatte Schmerzen, doch die Ärzte entdeckten
zunächst nichts. Erst ein Haartest in den USA brachte ans
Licht, dass sie, wie viele Menschen in der Region, an einer
Quecksilbervergiftung litt. Das Quecksilber wird in Amazonien zum Goldwaschen benutzt, und die Goldgräber leiten es
unkontrolliert in die Flüsse. Es verseucht Fische und Feld-
früchte. Da Marina erneut schwanger war, konnte die Entgif-
tung erst nach der Geburt ihrer Tochter Mitte 1992 beginnen.
Zwar musste sie immer wieder pausieren und zeitweise stützte

sie sich beim Gehen auf einen Stock, doch sie setzte, so weit es ihr möglich war, hohlwangig und mit tiefen Augenringen ihre politische Arbeit fort. In Folge der Quecksilbervergiftung isst Marina bis heute eine strikte Diät, nimmt weder Fleisch- noch Milchprodukte oder Kaffee zu sich. Auch eine Hausstauballergie plagt sie seitdem. Ihre Krankheit bestärkte sie noch mehr in ihrem christlichen Glauben.

1994 war ihre Gesundheit immer noch nicht gänzlich wieder hergestellt, dennoch kandidierte sie für den Bundesstaat Acre für den Senat und bereiste den gesamten Bundesstaat, manchmal zu Pferd oder zu Fuß. Mit ihrer Ehrlichkeit, ihrer Intelligenz und ihrer Entschlossenheit gewann sie sogar den Respekt ihrer Gegner, schreibt Biographin Hildebrandt. Ein Geschäftsmann bezeichnete sie damals als »Tornado«. Sie erhielt mehr Stimmen als jeder andere Senator in Brasilien und zog mit nur vier weiteren Frauen als jüngstes Mitglied der brasilianischen Geschichte in den Senat ein. Sie wurde als Senatorin wiedergewählt und legte in dieser Zeit rund 100 Gesetzesvorhaben vor. 2010 stellte sie sich nicht mehr zur Wahl, da sie für das Präsidentenamt kandidierte.

Im Senat bekämpfte sie zunächst vor allem die Agrarpolitik der Regierung, die für das Amazonasgebiet weitere Rodungen vorsah. Sie setzte sich vor allem dafür ein, nur noch brachliegendes Farmland für Plantagen zu nutzen und um des Erhalts des Bodens willen schnell wachsende mit langsam wachsenden Kulturen zu mischen. Auch die Erziehung blieb ihr Thema, denn nach wie vor waren 40 Prozent der Bürger Amazoniens Analphabeten.

Sie übernahm 1995 zudem für zwei Jahre den Posten der Umwelt- und Entwicklungsbeauftragten ihrer Partei. Die brasilianische Wochenzeitung *Veja* setzte sie auf die Liste der sechs einflussreichsten Politiker des Landes, die feministische US-Zeitschrift *Ms. Magazine* kürte sie 1997 zur Frau des Jahres, und sie erhielt mehrere Umweltpreise; in den Folgejahren sollten noch viele Preise und Auszeichnungen dazukommen.

Im gleichen Jahr wandte sie sich, einer Eingebung folgend, vom Katholizismus ab und trat der *Assambleia de Deus* bei, der größten Pfingstkirche Brasiliens, der sie bis heute angehört.

Am 1. Januar 2003 holte sie Präsident Lula da Silva als Umweltministerin in sein Kabinett. Ihre Amtszeit war von Konflikten mit anderen Ministern geprägt, denen sie vorwarf, die ökonomischen Interessen vor die ökologischen zu stellen. Ihre erste große Niederlage erlebte sie, als die Regierung Lula genverändertes Saatgut zuließ. Damals weinte sie vor Enttäuschung und erwog erstmals ihren Rücktritt. Besonders ausgeprägt war ihre Auseinandersetzung mit der heutigen Präsidentin. Dilma Rousseff (S. 131), zunächst Bergbau- und Energieministerin und später Präsidialamtsministerin, warf ihr vor, die Zustimmung zu Infrastrukturprojekten zu verzögern. Rousseff begriff Umweltauflagen lediglich als Wachstumshindernis. Marina konterte, sie werde um des Verbleibs im Amt willen nicht die Umweltprüfungen entschärfen. Viele Kämpfe im Kabinett verlor sie. So wurden gegen ihren Willen eine weitere Überlandstraße und zwei Wasserkraftwerke in Amazonien gebaut. Als die Fertigstellung des Atomkraftwerkes Angra III zur Debatte stand, konnte sie sich ebenfalls nicht durchsetzen. In anderen Bereichen war sie erfolgreich, etwa beim Schutz des Fischbestands des Rio Madeira. Vor allem aber war es unter ihrer Ägide gelungen, ab 2003 die Entwaldung von 28 000 Quadratkilometern pro Jahr auf 12 000 Quadratkilometer zu senken. Als die Abholzung 2008 wieder zu steigen begann, wies sie die Behörden an, hart gegen Brandrodungen vorzugehen. Die Namen der verantwortlichen Holz-, Vieh- und Sojabarone wurden im Internet veröffentlicht, und wer ihnen Kredite gab oder etwas abkaufte, machte sich selbst strafbar. Mehr als 700 Personen wurden wegen illegaler Aktivitäten im Regenwald verhaftet.

Am 13. Mai 2008 trat sie zurück, weil die Umsetzung des neuen Entwicklungsplans für Amazonien nicht ihr, sondern dem Minister für strategische Angelegenheiten, Roberto Mangabeira Unger, übertragen wurde. Präsident Lula begründete diese Ernennung damit, dass dieser im Gegensatz zu Silva unabhängig sei. Ihr Traum, dass nachhaltige Entwicklung zum durchgängigen Politikprinzip erhoben würde, hatte sich nicht erfüllt. Ein gutes Jahr später kehrte sie auch der Arbeiterpartei den Rücken, nach rund 30 Jahren Mitgliedschaft. Sie verglich diesen Entschluss mit der Entscheidung, das Elternhaus zu verlassen.

Bereits ab 2007 war sie wiederholt von ihren Anhängern aufgefordert worden, sich um die Präsidentschaft zu bewerben. Eine Zeitlang keimte sogar Hoffnung auf, sie könnte Präsident Lulas Nachfolgerin werden, doch der hatte sich bereits dafür entschieden, seiner Partei seine Präsidialamtsministerin Rousseff als Kandidatin vorzuschlagen. Nach Marina Silvas Austritt aus der PT trug ihr dann die bis dato unbedeutende Grüne Partei die Kandidatur an. Im Juni 2010 nahm sie an und erklärte, sie wolle als erste schwarze Frau aus armen Verhältnissen in den *Palácio do Planalto* einziehen. Doch Dilma Rousseff, ihre Widersacherin im Kabinett Lula, trug den Sieg davon. Silva wurde hinter dem Sozialdemokraten José Serra Dritte, sie bekam beachtliche 19,4 Millionen Stimmen. In einigen Großstädten, darunter die Hauptstadt Brasilia und Belo Horizonte, konnte Marina sogar ihre beiden Gegenkandidaten schlagen. In der Stichwahl zwischen Rousseff und Serra bezog sie für keinen der beiden Kandidaten Position.

Vor allem von progressiven Kräften musste sich Silva Kritik gefallen lassen, weil sie Stammzellenforschung, Abtreibung und Homosexuellenehen ablehnt und das Recht der Adventisten verteidigt, an ihren Schulen nicht die Evolutionstheorie, sondern den Kreationismus zu lehren, der von einem Schöpfungsakt ausgeht. Dem Glauben müsse der gleiche Stellenwert eingeräumt werden wie der Wissenschaft, so ihre Forderung. In religiösen evangelikalen Kreisen, aber auch unter katholischen Bischöfen hat Marina dies jedoch Zustimmung eingetragen.

Nach ihrem unerwarteten Wahlerfolg wollte sie die Grüne Partei dazu bewegen, sich nicht nur vorwiegend um Umweltaspekte zu kümmern, sondern grundlegende politische Reformen im Sinne der sozialen Basisbewegungen in ihr Programm aufzunehmen. Damit scheiterte sie jedoch und kehrte auch den Grünen den Rücken. Diese sahen sich von ihr getäuscht, weil sie gehofft hatten, mit ihr als Führungsfigur auch bei den Kommunalwahlen 2012 punkten zu können. Marina Silva bemüht sich nun um den Aufbau einer eigenen politischen Bewegung.

Die brasilianische Filmemacherin Sandra Werneck verfilmt zur Zeit Marina Silvas Leben.

Ausgewählte Literatur:

Juan Arias: »Marina Silva quiere fundar un nuevo movimiento político en Brasil«. In: *El País*, 23.6.2011. Auf: http://internacional.elpais.com/internacional/2011/06/23/actualidad/1308780008_850215.html, 14.5.2012.

Ana Flor: »Marina Silva: A filha da floresta«. Auf: http://www1.folha.uol.com.br/poder/744238-marina-silva-a-filha-da-floresta.shtml, 14.5.2012. Kurzbiographie mit persönlichen Daten sowie Informationen zu ihrer politischen Arbeit und ihren Konflikten als Ministerin.

Ziporah Hildebrandt: *Marina Silva. Defending Rainforest Communities in Brasil.* New York 2001. Ausführliche Biographie, die ihren privaten und politischen Werdegang bis 1999 beschreibt.

Christian Schwägerl: »Schutzpatronin des Regenwalds tritt ab«. Auf: http://www.spiegel.de/wissenschaft/natur/0,1518,553304,00.html, 11.5.2012.

http://www.minhamarina.org.br/home/home.php. Offizielle Webseite von Marina Silva mit Kurzbiographie, Reden und aktuellen Nachrichten über die Arbeit der Politikerin.

RIGOBERTA MENCHÚ
GUATEMALA, *1959

Die Menschenrechtsaktivistin Rigoberta Menchú erhielt 1992 als erste Frau aus Lateinamerika den Friedensnobelpreis, der damit auch zum ersten Mal nach Guatemala ging. Sie war obendrein die erste Vertreterin eines indigenen Volkes, die die Auszeichnung entgegennehmen konnte und die bislang jüngste Preisträgerin. Rigoberta Menchú kommt das große Verdienst zu, die Augen der Welt auf die Menschenrechtsverletzungen an Lateinamerikas indigener Bevölkerung im Allgemeinen und in ihrer Heimat Guatemala im Speziellen gelenkt zu haben. Viele Menschen werfen ihr allerdings vor, die Öffentlichkeit hinsichtlich ihrer Person getäuscht zu haben.

Rigoberta Menchú Tum wurde am 9. Januar 1959 als sechstes von zehn Kindern des Bauern Vicente Menchú Pérez und der Geburtshelferin Juana Tum Kótoja in der Ortschaft Chimel in der Nähe von Uspatán im guatemaltekischen Hochland-Departement El Quiché geboren. Bezüglich ihrer Herkunft existieren verschiedene Versionen: Sie selbst behauptet, aus einer Familie armer Landarbeiter zu stammen, und so hatte sie es der venezolanisch-französischen Ethnologin Elisabeth Burgos zu Protokoll gegeben. Die beiden Frauen hatten während Rigobertas Exil in Frankreich 1981 eine Woche lang in Burgos' Wohnung miteinander gesprochen. Burgos hat mit dem in der ersten Person aus Sicht Menchús geschriebenen Buch *Me llamo Rigoberta Menchú y así me nació la conciencia* (dt.: Ich heiße Rigoberta Menchú, und so habe ich das Bewusstsein erlangt), im Original 1983 erschienen, dafür gesorgt, dass die Guatemaltekin bekannt und die in ihrer Heimat von den Militärs begangenen Verbrechen international publik wurden. Das Buch erhielt 1983 den angesehenen kubanischen Literaturpreis *Casa de las Américas* und wurde in etliche Sprachen übersetzt. Die deutsche Fassung *Rigoberta Menchú – Leben in Guatemala* erschien 1984. Nachforschungen des US-Anthropologen und Guatemala-Kenners David Stoll ergaben dann 1998, dass Rigobertas Vater eine Farm beachtlicher Größe besessen hat. Laut Stoll stritt sich Vater Vicente damals auch nicht mit Großgrundbesitzern um Land, wie es in Burgos' Buch heißt, sondern mit der Familie von Rigobertas Mutter.

Menchú behauptete lange, erst als 22-Jährige Spanisch sowie Lesen und Schreiben gelernt zu haben. Stoll fand jedoch heraus, dass sie zwei angesehene Klosterschulen besucht und bereits mit der Einschulung Spanisch gelernt hatte. Als die Verfasserin dieses Beitrages Menchú 1985 in Mexiko-Stadt kennenlernte – da war letztere 26 Jahre alt – sprach sie ein fehlerfreies, teilweise blumig-poetisches Spanisch, was nicht auf eine erst kürzlich erlernte Sprache schließen ließ. Ihre Muttersprache ist allerdings Maya Quiché, eine der 23 Maya-Sprachen, die in Guatemala gesprochen werden.

Unter Tränen berichtete Rigoberta Menchú auch der Verfasserin, dass sie bereits als Kind auf den Kaffeefarmen der Großgrundbesitzer gearbeitet und dort miterlebt habe, wie ihr Bruder Felipe starb: Er lief unter den Kaffeesträuchern herum, als der Großgrundbesitzer diese mit Pflanzenschutzmitteln besprühte. Und ihr Bruder Nicolás sei dort an Unterernährung gestorben. Die *New York Times* machte den angeblich toten Nicolás ausfindig, und Stoll recherchierte, dass Rigoberta nie auf einer dieser Farmen tätig war, weil sie zur fraglichen Zeit ein Nonneninternat besucht hatte. Die Lebens- und Arbeitsbedingungen auf den Farmen hat sie jedoch korrekt beschrieben. Menchú warf zunächst Burgos vor, sich nicht an die

Wahrheit gehalten zu haben, die Ethnologin hatte die Aussagen Menchús jedoch auf Band aufgenommen. Später räumte Rigoberta dann ein, in ihrer Biographie an der einen oder anderen Stelle übertrieben zu haben. Ihr Wohlmeinende erklären dies damit, dass sie auf das Elend ihrer indigenen Mitbürgerinnen habe aufmerksam machen wollen. Im Übrigen sei es in der indigenen Kultur durchaus üblich, ein kollektives Ich zu verwenden. Ihr Übelgesinnte halten dagegen, sie habe bewusst die Unwahrheit gesagt und deshalb den Nobelpreis nicht verdient. Ultrarechte Kräfte in Guatemala nutzten die Unstimmigkeiten in Menchús Biographie dazu aus, um die Menschenrechtsbewegung generell zu verunglimpfen.

Rigoberta Menchú wuchs zu einer Zeit auf, in der die Indigenen Guatemalas – sie machen die Mehrheit der Bevölkerung aus – unter extrem schwierigen Bedingungen leben mussten. Seit 1960 herrschte Bürgerkrieg im Land. Ihm fielen rund 200 000 Menschen zum Opfer, die meisten von ihnen Zivilisten. Die Menschen in den Dörfern des Hochlandes wurden zwischen den Fronten aufgerieben. Die linken Guerillagruppen suchten bei der indigenen Landbevölkerung Unterstützung, und das Militär, bis heute eng mit der kleinen Großgrundbesitzerschicht des Landes verbunden, betrieb eine Politik der verbrannten Erde: In 410 Fällen wurde versucht, ganze Gemeinden auszulöschen. Die meisten dieser Massaker geschahen zwischen 1981 und 1983. Rund 80 Prozent der Toten des Krieges gehen auf das Konto der Militärs und der von ihnen im ganzen Land gegründeten Selbstverteidigungsgruppen, stellte der *Bericht zur Wiedergewinnung der geschichtlichen Wahrheit* fest, den eine Menschenrechtsgruppe um den 1998 nach Vorlage des Berichts des von Militärs ermordeten Bischof Juan Gerardi erarbeitet hat.

Tatsache ist auch, dass Rigobertas Familie nachweislich großes Leid erfahren musste: Ihr Vater Vicente Menchú hatte am 31. Januar 1980 gemeinsam mit 34 anderen indigenen Bauern aus Protest gegen die Massaker der Militärdiktatur von General Fernando Romeo Lucas García (1978–1982) friedlich die spanische Botschaft in Guatemala-Stadt besetzt. Das Militär stürmte die Botschaft und tötete sämtliche Besetzer. Spanien brach daraufhin die diplomatischen Beziehungen zu dem mittelamerikanischen Land ab.

Nur wenige Monate nach dem Tod des Vaters wurde Rigobertas Mutter von den Militärs festgenommen, gefoltert, vergewaltigt und schließlich ermordet. Juana Tum hatte zuvor das Angebot von Kirchenleuten abgelehnt, ihr zur Flucht aus Guatemala zu verhelfen.

Rigoberta Menchú hat sich, und das ist verbrieft, bereits in jungen Jahren im Kampf der indigenen Bevölkerung um Land und für bessere Lebensbedingungen engagiert, und für dieses Engagement wurde ihr der Nobelpreis verliehen. 1979 hatte sie sich dem *Comité de Unidad Campesina* (CUC, dt.: Komitee der bäuerlichen Einheit) angeschlossen, zu dem auch ihr Vater gehört hatte. Sie führte Protestaktionen und Streiks an, mit denen das CUC neben dem Recht auf Land für die indigenen Bauern ein Ende der Landvertreibungen durch die Militärs, menschenwürdige Arbeitsbedingungen und gerechte Löhne auf den Kaffeeplantagen sowie das Recht, sich zu organisieren, durchzusetzen versuchte. 1981 musste Rigoberta, wie viele Mitglieder des CUC, ihr Land für zwei Jahre verlassen, weil ihr Leben bedroht war. Die Militärs unterschieden nicht zwischen Guerilla und Bauern, die friedlich für ihre Rechte eintraten: für die Militärs waren sie alle Kommunisten, die es auszumerzen galt. 1983 kehrte Rigoberta zurück, um 1984 erneut fliehen zu müssen. Im Ausland arbeitete sie als internationale Repräsentantin des CUC, klärte in vielen Ländern über die Diktatur in ihrer Heimat auf und knüpfte Verbindungen zu anderen indigenen Gruppen Lateinamerikas, die im Vorfeld der sich 1992 zum 500. Mal jährenden Landung von Kolumbus in der Neuen Welt verstärkt begannen, sich zu organisieren und für ihre Rechte einzutreten. Menchú nahm damals auch zeitweilig an der Formulierung der 2007 schließlich von der Vollversammlung der Vereinten Nationen abgesegneten Erklärung der Rechte der indigenen Völker teil. 1990 wurde ihr der UNESCO-Preis für Friedenserziehung zugesprochen.

Als ihr 1992 der Friedensnobelpreis zuerkannt wurde, geschah dies nicht nur in Anerkennung ihres unbestreitbaren persönlichen Einsatzes für indigene Rechte, sondern auch als Respektsbezeugung für die indigenen Völker Lateinamerikas 500 Jahre nach Beginn der Kolonisierung des Kontinents. Mit ihrem Preisgeld in Höhe von 973.000 US-Dollar richtete Menchú eine Stiftung ein, die Bildungs-, Friedens- und Entwicklungsprojekte für arme Guatemalteken finanziert. Ein Jahr später wurde sie vom Generalsekretär der Vereinten Nationen zur UNESCO-Botschafterin des guten Willens für das Jahr der indigenen Völker ernannt.

Seitdem agiert Menchú glücklos. Im Oktober 1995 geriet sie ins Kreuzfeuer der Kritik, weil sie nach dem Massaker einer Armeeeinheit in einem indianischen Dorf die Todesstrafe für die Soldaten gefordert hatte. Nachdem sie darauf hingewiesen worden war, dass noch nie ein Friedensnobelpreisträger der Todesstrafe das Wort geredet habe, erklärte sie, sie sei falsch verstanden worden.

Nur wenige Wochen später trommelte sie die internationalen Medien zusammen, da ihr zweijähriger Großneffe entführt worden sei. Hinter dem Verschwinden des Kindes steckten »mächtige Sektoren der Gesellschaft« erklärte sie, dies zeige sich an der perfekten Planung des Verbrechens; anonyme Anrufer hätten eine halbe Million Dollar für die Freilassung gefordert. Es gebe Hinweise, dass man mit der Entführung sie selbst angreifen wolle. Eine neuseeländische Indianerin, die sich gerade in Guatemala befand, bot auf einer Pressekonferenz an, sich gegen das Kind austauschen zu lassen. Schließlich stellte sich heraus, dass Menchú bereits am Abend zuvor gewusst hatte, wo sich der kleine Juan Carlos aufhielt: Sein Vater hatte ihn zu seiner Großmutter gebracht, weil er sich mit seiner Frau, der Nichte Menchús, zerstritten hatte. In einer weiteren Biographie erklärte sie dann 1997 wenig glaubhaft, der Vater des Jungen hätte Hintermänner gehabt, die ihn zu der Entführung angestiftet hätten.

Am 2. Dezember 1999 reichte Rigoberta bei einem spanischen Gericht eine Klage wegen Völkermordes, Folter und Staatsterrorismus gegen mehrere ehemalige Diktatoren und hohe Militärs ihres Landes ein, und zunächst wurde diese auch angenommen. Ein Jahr später erklärte jedoch eine höhere Instanz die spanischen Gerichte für nicht zuständig, da die guatemaltekische Justiz selbst in der Lage sei, die Fälle zu untersuchen. Bis heute ist es jedoch in Guatemala zu keinem Prozess wegen der Verbrechen der Diktatur gekommen. Ex-Diktator Efraín Ríos Montt (1982–1983) war sogar nach der formalen Rückkehr zur Demokratie eine Weile Parlamentspräsident.

2003 wurde Rigoberta Menchú dann Aktionärin und Präsidentin der Firma *Salud para Todos* (dt.: Gesundheit für alle), Tochtergesellschaft einer großen mexikanischen Pharmaziekette, die Generika zu niedrigen Preisen anbietet. Ángel Francisco Canil, ihr Ehemann und Vater ihres Sohnes Mash Nahualja' (dt.: Wassergeist), übernahm die Verkaufsleitung des Unternehmens. Nach fünf Jahren trennten sich die Mexikaner allerdings von ihr, Pressemeldungen zufolge im Streit.

Als sie sich 2004 entschloss, mit der Regierung des konservativen Präsidenten Oscar Berger zusammenzuarbeiten, rief dies Enttäuschung in den Reihen der Menschenrechtsaktivisten ihres Landes hervor. Sie wurde Mitglied einer Regierungskommission, die die Arbeit des Parlaments untersuchen sollte und arbeitete zudem als Botschafterin des guten Willens für die Regierung des Unternehmers Berger. »Ich glaube, wir müssen die Gelegenheit wahrnehmen, den Staat zu repräsentieren, um die Unterstützung der internationalen Gemeinschaft für die Friedensverträge zu erreichen«, begründete Menchú ihre Entscheidung. Nach 36 Jahren Bürgerkrieg war es 1996 zu einem Friedensvertrag zwischen Regierung und ehemaliger Guerilla gekommen, dessen Umsetzung bis heute nicht abgeschlossen ist. Rosalina Tuyuc, Vorsitzende der Vereinigung der Kriegswitwen und langjährige Kampfgefährtin Menchús, konnte nicht fassen, dass Rigoberta mit einem Präsidenten zusammenarbeitete, der es an Respekt für die Indigenen fehlen lasse. Berger nutze lediglich Menchús guten Ruf im Ausland aus, so Tuyucs Vermutung.

Rigoberta kandidierte dann 2007 zum ersten Mal selbst für das Präsidentenamt, für eine Koalition kleiner linker Parteien. Sie erhielt jedoch nur drei Prozent der Stimmen, und auch vier Jahre später, bei ihrer erneuten Kandidatur, waren es nicht mehr.

Ausgewählte Literatur:

Elisabeth Burgos: *Rigoberta Menchú. Leben in Guatemala.* Aus dem Spanischen von Willy Zurbrüggen. Bornheim 1984.

Eva Karnofsky: »Rigoberta Menchú im Zwielicht«. In: *Süddeutsche Zeitung,* 14.11.1995.

Dies.: »Rigoberta Menchú. Friedensnobelpreis-Trägerin unter Fälschungsverdacht«. In: *Süddeutsche Zeitung,* 17.12.1998.

Gudrun Lux: »Rigoberta Menchú Tum (*1959), Friedensnobelpreisträgerin aus Guatemala«. In: Annegret Langehorst, Johannes Meier und Susanne Reick (Hrsg.): *Mit Leidenschaft leben und glauben. 12 starke Frauen Lateinamerikas.* Wuppertal 2010, S. 219–231.

Rigoberta Menchú (in Zusammenarbeit mit Dante Liano und Gianni Minà): *Enkelin der Maya. Autobiographie.* Aus dem Spanischen von Werner Horch. Göttingen 1999.

Barbara Potthast: *Von Müttern und Machos. Eine Geschichte der Frauen Lateinamerikas.* 2. überarbeitete Auflage. Wuppertal 2010. S. 400–413.
Hier wird der Umgang mit der sogenannten *Testimonio*-Literatur am Beispiel Menchús exemplarisch aufgearbeitet.

GLORIA CUARTAS

KOLUMBIEN, *1960

Die Sozialarbeiterin und Menschenrechtsaktivistin Gloria Cuartas wurde Mitte der 1990er Jahre international bekannt, als sie drei Jahre lang Bürgermeisterin der kolumbianischen Stadt Apartadó war und dort versuchte, den vom Krieg zwischen linker Guerilla, rechten Paramilitärs und Armee geschundenen Bürgerinnen und Bürgern zu einem halbwegs normalen Leben zu verhelfen. Die UNESCO zeichnete sie dafür 1996 mit dem Ehrentitel »Bürgermeisterin für den Frieden« aus.

Gloria Isabel Cuartas Montoya wurde am 18. Juni 1960 in der Gemeinde Sabaneta im Großraum Medellín geboren. Glorias Vater, Josua Cuartas, war fliegender Händler für Heilkräuter, und sie lernte ihn erst 1993 kennen, als er bereits im Sterben lag. Gloria wuchs bei ihren Großeltern mütterlicherseits auf, während ihre Mutter, María Eugenia Montoya, in anderen Landesteilen als Hausmädchen oder Krankenpflegerin arbeitete. Gloria besuchte eine Schule der Karmelitinnen, die mit ihren Schülerinnen gemeinnützige Arbeit leisteten und ihr soziales Gewissen schärften. Durch die Nonnen kam Gloria mit der Theologie der Befreiung in Kontakt, die sie stark beeinflusst hat. Bis heute ist sie sehr gläubig.

Nach dem Abitur war sie zunächst unschlüssig, ob sie ins Kloster gehen oder studieren sollte. 1979 schrieb sie sich dann an der katholischen *Universidad Pontificia Bolivariana* von Medellín zunächst für Soziologie ein, wechselte jedoch im zweiten Semester zur Sozialarbeit über. Bereits im ersten Semester hatte sich Gloria als freiwillige Rote-Kreuz-Helferin gemeldet. Sie spezialisierte sich auf lokale Entwicklung, Konfliktlösung und Friedensarbeit. Anfang 1985 machte sie ihr Examen. Um der Tochter das Studium an der privaten Universität zu finanzieren, war Glorias Mutter, die selbst Analphabetin war, 1979 nach Venezuela gegangen, weil sie dort mehr verdiente als in Kolumbien. Die Mutter starb 1991, während Gloria in Israel an einer Fortbildung zum Thema »Wiederaufbau von Krisenvierteln« teilnahm. 1983 hatte Cuartas bereits ihren Verlobten verloren, mit dem sie fünf Jahre lang zusammengewesen war und den sie hatte heiraten wollen. Er war unter bis heute nicht geklärten Umständen in Medellín ermordet worden. Gloria ist seitdem keine feste Beziehung mehr eingegangen und hat auf die Gründung einer Familie verzichtet, aus Angst, dass ihr nahestehende Menschen getötet werden könnten.

Ebenfalls 1983, Gloria besuchte noch die Universität, kam es im Departement Cauca zu einem verheerenden Erdbeben, weite Landstriche wurden verwüstet. Viele Menschen hatten ihre Bleibe und ihre Habe verloren, und angesichts des Ausmaßes der Zerstörung fehlte ihnen auch die Kraft, den Wiederaufbau anzugehen. Der Architekt Gabriel Jaime Giraldo leitete damals das Wiederaufbauteam, und er brauchte eine Person, die ihm helfen könnte, den Menschen das Selbstvertrauen zurückzugeben. Er suchte unter den höheren Semestern der Sozialarbeitsstudenten der *Universidad Pontificia* – und stieß auf Gloria Cuartas. Sie sprach mit den Bewohnern der zerstörten Gemeinden und »entdeckte die persönlichen Stärken eines jeden einzelnen, und erarbeitete Möglichkeiten, wie jeder seine Fähigkeiten in den Aufbau der Gemeinde einbringen könne«, erinnerte sich Giraldo in einem Interview mit Cuartas' Biographin Jeanette Erazo Heufelder. Sie habe bei den Opfern den Willen geweckt, die Katastrophe aus eigener Kraft zu überwinden, so der Architekt, der seitdem zu Glorias engstem Freundeskreis zählt.

In den darauffolgenden Jahren wurde Cuartas von Giraldo immer dort eingesetzt, wo Erdbeben, Überschwemmungen oder Erdrutsche stattgefunden hatten. 1991 wechselte sie dann zum staatlichen Institut für Wohnungsbaupolitik, wo sie für die Konzeption von Wohnungsbauprogrammen in abgelegenen Gebieten zuständig war.

Ein Jahr später kam sie in den Urabá, die Region zwischen Karibik und Pazifik an der Grenze zu Panama. Die Elektrizitätswerke von Antioquia suchten dort jemanden, der die Bauern in ländlichen Gemeinden dazu brachte, ihre Stromrechnungen zu bezahlen. Die Menschen konnten die Rechnungen nicht lesen und verstanden nicht, was sie da überhaupt bezahlen sollten. Unter dem Einfluss der FARC-Rebellen, die im Urabá besonders stark waren, hatten sie ihre Zahlungen eingestellt. Cuartas organisierte ein Gespräch zwischen Elektrizitätswerk, unzufriedenen Kunden sowie Guerillavertretern, und dabei stellte sich heraus, dass das Problem mit sachlicher Information zu lösen war. Gloria blieb im Urabá und war dort bis Mai 1994 wieder für den staatlichen Wohnungsbau tätig. Und im Herzen des Urabá liegt auch Apartadó, die Stadt, deren Bürgermeisterin sie am 1. Januar 1995 für drei Jahre werden sollte.

Apartadó ist das Zentrum der Bananen-Anbauzone des Urabá, und dem Bananenanbau verdankt die Stadt auch ihre Existenz. Ende der 1940er Jahre begann der Zuzug aus anderen Landesteilen, 1967 erhielt der Weiler Stadtrechte und heute leben bereits rund 130 000 Menschen in Apartadó. Die einzelnen Stadtviertel entstanden fast alle in Folge von Landbesetzungen, meist durch Arbeiter der großen Bananenpflanzungen, die bis dahin mit ihren Familien auf den Plantagen gelebt hatten und sich aus der Abhängigkeit vom Dienstherrn lösen wollten. Diese tauschten sie jedoch gegen neue Abhängigkeiten ein, diesmal von den politischen Parteien, die die Landbesetzungen organisierten und den Familien einen Besitztitel versprachen, wenn sie sie politisch unterstützten. So war das

Verhältnis der einzelnen Viertel untereinander meist von vorn-
herein konfliktbeladen, weil die Bewohner unterschiedlichen,
sich bekämpfenden Parteien angehörten. Zudem waren in
Apartadó die FARC und rechte paramilitärische Gruppen aktiv. Und der damalige Gouveneur von Antioquia, der spätere
Präsident Álvaro Uribe, hatte mit dem Aufbau der *Convivir*
(dt.: Zusammenleben) begonnen, Selbstverteidigungsgruppen,
deren Aufgabe ebenfalls die Bekämpfung der Guerilla war.

Im Januar 1994 war es in einem der Viertel der Stadt zu einem Massaker gekommen, bei dem 35 Menschen ermordet
worden waren. Vermutlich waren die FARC dafür verantwortlich. Schließlich wurde auch noch der Bürgermeister unter
dem Vorwurf festgenommen, der geistige Urheber des Massa-
kers gewesen zu sein. Er gehörte der linken Partei *Unión Patriótica* (UP, dt.: Patriotische Union) an. In der Stadt, so
schreibt Erazo Heufelder über die Zustände damals, war das
öffentliche Leben in seinen Grundfesten erschüttert, niemand
hatte mehr Vertrauen in die staatlichen Organe. Eigentlich
hätten Kandidaten für eine neue Bürgermeisterwahl aufge-
stellt werden müssen, doch dies hätte die Polarisierung unter
den Bürgern nur noch weiter vertieft. So setzten sich auf Initiative des inzwischen verstorbenen Bischofs Isaías Duarte Can-
cino katholische Kirche, Unternehmerverbände und Vertreter
der politischen Parteien zusammen, um einen Kandidaten zu
suchen, der keiner politischen Gruppierung angehörte und
von allen Parteien getragen würde. Die Wahl fiel auf Gloria
Cuartas, die sich inzwischen einen Namen als Vermittlerin in
schwierigen Situationen gemacht hatte.

Als der Vorschlag am 24. August 1994 von Bischof Duarte
an sie herangetragen wurde, hatte Gloria sich gerade an der
Universität von Medellín für ein Aufbaustudium in Entwick-
lungsmanagement eingeschrieben und betreute von Medellín
aus einige kleine Entwicklungsprojekte. Sie flog noch am gleichen Tag nach Apartadó und nach Gesprächen mit sämtlichen
14 Parteien schrieb sie sich als Einheitskandidatin für die Bür-

germeisterwahl am 30. Oktober 1994 ein. »Als ich mich dazu entschloss, nach Apartadó zu gehen, war mir bewusst, dass es in der Region zahlreiche Probleme gab. Aber was tatsächlich alles auf mich zukommen würde, ahnte ich nicht«, gab sie Erazo Heufelder zu Protokoll. Cuartas verzichtete auf Bodyguards und weigerte sich auch noch, eine Waffe zu tragen, als sie bereits regelmäßig Todesdrohungen erhielt. Angst vor dem Tod hat sie nicht. Eine kleine, fingergroße Marienstatue ließ sie auch in Apartadó ruhig schlafen. Sie legte sie jeden Abend auf ihre Türschwelle.

Eigentlich verdiente ihre Wahl den Namen nicht, denn die Bürgerinnen und Bürger waren nicht gefragt worden, ob sie mit der einzigen Kandidatin einverstanden waren. Rund 7000 Wahlberechtigte, 20 Prozent der Wähler, gingen dennoch zur Wahl und bestätigten sie als Bürgermeisterin.

Als sie am 1. Januar 1995 ihr Amt antrat, hatten die sie tragenden 14 Parteien weder ein Programm für sie erarbeitet, noch gab es irgendwelche Vorstellungen darüber, wie sie ihr Amt ausgestalten und die Krise der Stadt überwinden sollte. Auch der Stadtrat, bei dem die Entscheidungsbefugnisse lagen, hatte keine Konzepte vorzuweisen. Einigkeit bestand nur darüber, dass die Gewalt aufhören müsse. Wie das bewerkstelligt werden sollte – darüber gingen die Vorstellungen jedoch weit auseinander.

Wie in der Politik war auch in der Gesellschaft der Stadt Kommunikation nicht mehr möglich. Andere Meinungen wurden nicht mehr toleriert, ja, der Respekt vor dem Leben existierte nicht mehr. Cuartas' Ziel war es, die Kommunikation wieder herzustellen. Mit dem Rathaus fing sie an: Sie öffnete dessen Türen für die Bürger, und sie legte am Eingang ein sogenanntes Friedensbuch aus, in dem jeder seine Wünsche, Beschwerden und Anregungen festhalten konnte. Sie selbst hatte immer ein offenes Ohr für jedermann; zuhören zu können sei eine ihrer Stärken, erklärten die Menschen in Apartadó Cuartas' Biographin. Sie organisierte Kulturveranstaltungen – Musik, Tanz, literarische Workshops oder Malkurse sollten den Menschen wieder ein wenig Vergnügen und sie einander näherbringen. Und es gab öffentliche Diskussionen, bei denen erstmals über Menschenrechte und das Recht auf Leben gesprochen wurde.

Zudem kümmerte sie sich um Kinder und Jugendliche: Es gab über 3000 Kriegswaisen in der Stadt, und viele Kinder und Jugendliche waren voller Hass, weil Guerilla oder Paramilitärs ein Elternteil auf dem Gewissen hatten oder weil sie hatten mit ansehen müssen, wie die Eltern gefoltert worden waren. Diesem Hass wollte Cuartas entgegenwirken. In den Schulen führte sie eine »Pädagogik des Zusammenlebens« ein, und die Erarbeitung friedlicher Konfliktlösungen wurde Unterrichtsfach. Sie richtete Jugendtreffs ein, rief eine Jugendtheatergruppe ins Leben und unterstützte die Einrichtung eines Jugendkanals im Radio. Die Kinder der Stadt wurden aufgerufen, ihre eigene Vertretung im Rathaus zu wählen. Cuartas erreichte zudem, dass UNICEF zusammen mit der kolumbianischen Regierung in Apartadó eine Pilotstudie für ein Programm für Kinder in Konfliktzonen in Angriff nahm. Das Erziehungsministerium in Bogotá zeichnete Cuartas für ihre Bildungs- und Erziehungsarbeit mit einem Orden aus.

Cuartas eröffnete auch eine Begegnungsstätte für Frauen, in der nun Frauen zusammenkamen, die bislang nicht miteinander geredet hatten, weil sie aus verfeindeten Stadtvierteln stammten. Daraus entstand dann eine Kooperative für den Vertrieb von Bananenprodukten. Mit dem Aufruf »Frauen für das Leben« machte Cuartas Krieg und Frieden in ganz Kolumbien zu einem Frauenthema. Sie wurde daraufhin zu Vorträgen in andere Gemeinden eingeladen und brachte so Apartadó in das Blickfeld der nationalen und internationalen Öffentlichkeit.

Auch ihre Unterstützung für das »Friedensdorf« San José de Apartadó, zwölf Kilometer außerhalb der Stadt gelegen, drang über die Grenzen Kolumbiens hinaus. Dessen rund 1300 Einwohner verpflichteten sich auf Rat des Bischofs zur Neutralität, nachdem es dort mehrfach zu Massakern gekommen war. Die Bewohner tragen seitdem keine Waffen mehr und weigern sich, mit bewaffneten Gruppen gleich welcher Couleur zusammenzuarbeiten, um sich so aus dem Schussfeld heraushalten zu können. Als Gouverneur Álvaro Uribe anreiste, um den Bewohnern anzubieten, das Friedensdorf militärisch zu schützen, lehnten die Bürger und Bürgerinnen dies ab. Uribe soll erbost wieder abgereist sein. Weder die Unterstützung von *Amnesty International* noch anderer internationaler Organisationen hat San José vor weiteren Toten bewahrt. Gloria Cuartas setzt sich weiterhin für das Friedensdorf ein.

Die kolumbianische Familiensozialkasse Cafam wählte sie 1996 zur Frau des Jahres, im selben Jahr ernannte sie die UNESCO zur Bürgermeisterin für den Frieden.

Den Unternehmern der Stadt schlug sie vor, weniger in Sicherheit und mehr in soziale Projekte zu investieren, und appellierte an deren soziale Verantwortung. Mit diesen Ideen stieß sie jedoch auf wenig Resonanz, sie führten sogar dazu, dass bald Gerüchte ausgestreut wurden, sie stecke mit den FARC unter einer Decke. Anfang 1997 wurde deshalb von der Armee ein Ermittlungsverfahren gegen sie eingeleitet, allerdings ohne Ergebnis. Sie muss sich den Vorwurf der Zusammenarbeit mit der Guerilla immer wieder gefallen lassen. Auch der ehemalige Präsident Álvaro Uribe kreidete ihr an, dass sie sich mit FARC-Vertretern getroffen hat, vergaß dabei allerdings zu erwähnen, dass sie bei ihrer Vermittlungsarbeit auch verschiedentlich mit Paramilitärs zusammengekommen ist. Ihre Gegner warfen ihr auch Veruntreuung von öffentlichen Geldern vor, doch diese Anschuldigungen erwiesen sich ebenfalls als haltlos. Ihre Reisen zahlte sie, wenn man sie nicht eingeladen hatte, aus eigener Tasche; Geld und Besitztümer spielen keine Rolle für sie. Ihre Wohnung in Apartadó war kaum möbliert, in Medellín nennt sie nur ein winziges Häuschen ihr Eigen.

Im Laufe der Zeit hatten sich sämtliche Gruppierungen, die sie nach Apartadó geholt hatten, von ihr abgewandt. Sie war keine Politikerin, sondern Sozialarbeiterin, und sie arbeitete ausschließlich sach- und zielorientiert, während es den Parteien um Machtpositionen und Posten ging. Die wiederum waren Cuartas gleichgültig. Als dann auch noch Bischof Duarte versetzt wurde, stand sie allein auf weiter Flur. Und die Zahl der Toten nahm zu. Die Stadt wurde militarisiert, und die Bürgermeisterin hatte keinerlei Einfluss mehr auf die Sicherheit in der Stadt. Während ihrer Amtszeit mussten 1200 Menschen in Folge des Krieges begraben werden. Nicht nur einmal zog sie selbst aus, um Leichen zu zählen. Von den sechs Stadträten der *Unión Patriótica* erfüllte keiner die dreijährige Legislaturperiode, sie wurden von Paramilitärs ermordet oder flohen. Von Glorias Mitarbeitern im Rathaus starben 17. Bis sie eine junge Frau einstellte, hatten sämtliche Chauffeure ihres Dienstwagens aus Angst immer bereits nach kurzer Zeit gekündigt. Viele Menschen entschuldigten sich bei ihr dafür, dass sie keinen Kontakt mit ihr haben wollten – weil sie um ihr Leben fürchteten. Doch die zähe Bürgermeisterin war es gewohnt, einsam zu sein. Sie hielt sämtlichen Unkenrufen zum Trotz bis zum Ende ihrer Amtszeit am 31. Dezember 1997 durch. Wenige Tage zuvor war bei ihren vier alten Tanten in Sabaneta eine Todesdrohung eingegangen: Vier bewaffnete Männer drangen in deren Haus ein, gingen schweigend durch die Räume und zogen wieder ab, so Cuartas' Biographin.

Eine Verlängerung der Amtszeit ist per Gesetz nicht möglich. So verließ Curatas Apartadó und ging zunächst im Auftrag der UNESCO nach Caracas, um dort im länderübergreifenden Netzwerk der Städte für den Frieden mitzuarbeiten und ihre Erfahrungen aus Apartadó international weiterzugeben. Ende 1998 ging sie dann für die UNESCO für einige Monate in das vom Hurrikan Mitch verwüstete Honduras, um dort beim Wiederaufbau zu helfen.

Zurück in Kolumbien, beriet sie verschiedene Organisationen, die sich um weibliche Kriegsopfer kümmern, war als Beraterin der Gewerkschaft der Ernährungsindustrie tätig, leitete ein Forschungsprojekt über die Erfahrungen des Friedens-dorfes San José de Apartadó und hat in verschiedenen Regionen für öffentliche Einrichtungen gearbeitet, die wirtschaftliche Entwicklung und soziale Integration fördern. Obendrein gründete sie die Kampagne *Otra Colombia es posible* (dt.: Ein anderes Kolumbien ist möglich), die im In- und Ausland für Frieden und soziale Gerechtigkeit wirbt, und sie koordinierte in Kolumbien die internationale Initiative *1000 peacewomen across the globe*, die sich dafür stark machte, den Friedensnobelpreis 2005 an 1000 Friedensaktivistinnen aus der ganzen Welt zu verleihen.

2007 zeichnete sie die UNESCO erneut aus, diesmal als eine der 60 wichtigsten Friedensaktivistinnen der Welt, im Jahr darauf verlieh ihr die französische Stadt Nantes einen Menschenrechtspreis.

Bereits im März 1997 hatte sie sich an der Gründung der linken Bewegung *Alternativa Democrática* (dt.: Demokratische Alternative) beteiligt, die sich 2005 mit dem *Polo Democrático Independiente* (dt.: Unabhängiger Demokratischer Pol), einem weiteren Linksbündnis, zum *Polo Democrático Alternativo* (dt.: Alternativer Demokratischer Pol) vereinigte. Gloria kandidierte 2002, 2006 und 2010 für den Senat, wurde aber nicht gewählt. Im Mai 2010 konnte sie jedoch für zwei Monate in den Senat nachrücken.

Von Juli 2011 bis Januar 2012 leitete sie das *Instituto Distrital de la Participación y Acción Comunal* (IDPAC, dt.: Distriktsinstitut für Partizipation und kommunale Aktion) der Hauptstadt Bogotá, das mehr Bürgerbeteiligung durchsetzen, die Organisation der Bürger vorantreiben und die Integration marginalisierter Gruppen erreichen soll. Besonderes Augenmerk liegt dabei auf der Jugend, den Indigenen und auf Behinderten. Nebenbei absolvierte sie an der Hochschule für Pädagogik und Technologie ein Postgraduiertenstudium in Geographie.

Ausgewählte Literatur:

Jeanette Erazo Heufelder: *Gloria Cuartas. Bürgermeisterin für den Frieden. Porträt der kolumbianischen Menschenrechtskämpferin.* Göttingen 1999. Das Buch schildert detailliert Cuartas' drei Jahre als Bürgermeisterin von Apartadó.

Lebenslauf von Gloria Cuartas auf der Webseite des Instituto Distrital de la Participación y Acción Comunal: http://www.participacionbogota. gov.co/index.php?option=com_content&view=article&id=1272:Aidpac-directora&catid=410=Aidpac-directora&Itemid=99, 14.5.2012.

YOANI SÁNCHEZ

KUBA, *1975

Yoani Sánchez ist Kubas Bloggerpionierin und international bekannteste Regimekritikerin. Ihre »Waffen«, Internet und Mobiltelefon, stellten die Diktatur der Brüder Castro vor neue Herausforderungen. Yoanis Blog mit dem Namen *Generación Y*, inzwischen in viele Sprachen übersetzt, erschwert Repression alten Stils und deren späteres Leugnen, denn meist nur Stunden später kann die ganze Welt lesen oder auf *YouTube* sehen, wo und wie die Schergen der Regierung zugeschlagen haben.

Yoani María Sánchez Cordero wurde am 4. September 1975 im Stadtteil Centro Habana der kubanischen Hauptstadt Havanna geboren, als eine von zwei Töchtern von William Sánchez und María Eumelia Cordero. Ihre Eltern waren beide überzeugte Kommunisten. Ihr Vater arbeitete, wie schon der Großvater, als Lokomotivführer bei der Eisenbahn. Als nach dem Zusammenbruch des Ostblocks 1989 Kubas Eisenbahn in die Krise geriet, wurde er entlassen. Er verdiente fortan mit Fahrradreparaturen seinen Lebensunterhalt. Ihre Mutter arbeitet in einer Taxizentrale.

Yoani machte ihr Abitur in Centro Habana und besuchte danach zunächst zwei Semester lang die Pädagogische Hochschule, wo sie sich auf spanische Literatur spezialisierte. Bereits im Alter von 19 Jahren baute sie sich aus Einzelteilen ihren ersten Computer und eignete sich Informatikkenntnisse an. Heute ist sie so versiert auf dem Gebiet, dass sie zu Hause dazu

Schulungen anbietet und 2011 ein Buch über die Technik des Bloggens vorlegen konnte. Sie fühlt sich heute weniger als Philologin denn als Informatikerin.

Anfang 1990 lernte sie den 28 Jahre älteren Reinaldo Escobar kennen, einen Dissidenten, der zuvor als Journalist bei *Juventud Rebelde* tätig gewesen war, der Zeitung der Kommunistischen Jugend, dort aber entlassen wurde, weil er zu kritisch war. Die beiden zogen zusammen, und 1995 wurde ihr Sohn Teo geboren. Nach der Geburt des Sohnes schrieb sich Yoani an der Fakultät für Schöne Künste und Geisteswissenschaften der Universität von Havanna für Lateinamerikanische Literatur ein, 2000 legte sie ihr Examen als Philologin ab. Mit ihrer Examensarbeit eckte sie zum ersten Mal an. Diese trug den Titel »Wörter unter Druck. Eine Studie über die Literatur der Diktatur in Lateinamerika«. Ein Teil des Prüfungsausschusses vertrat damals die Ansicht, dass Yoani darin Fidel Castro mit den rechten lateinamerikanischen Diktatoren verglichen hätte. Mit Ende des Studiums wurde ihr dann klar, dass sie den falschen Beruf gewählt hatte. Der Kulturbetrieb und Kubas Intellektuelle stießen sie ab.

Im September 2000 trat sie trotzdem eine Stelle in dem Kinderbuchverlag *Editorial Gente Nueva* an, doch bereits nach kurzer Zeit kündigte sie, weil sie von dem Gehalt, das in kubanischen Pesos gezahlt wurde, nicht leben konnte. Sie begann, auf eigene Faust ausländische Touristen durch Havanna zu führen und ihnen Spanisch beizubringen, denn die Touristen zahlten in Devisen, ohne die man auf Kuba zu materieller Not verdammt ist.

2002 ging sie mit einer elfmonatigen Ausreiseerlaubnis vor allem aus finanziellen Gründen in die Schweiz, aber auch, weil sie das Gefühl hatte, es auf Kuba nicht mehr auszuhalten. Sie arbeitete in Zürich in einer Bar und in einer Bibliothek für spanische Literatur. Und sie googelte nächtelang. Nach einem Jahr zog ihr Sohn nach, doch sie wurde in der Schweiz nicht heimisch, sie vermisste ihre Familie und ihre Freunde. Da sie nicht nach elf Monaten zurückgekehrt war, hatte sie allerdings die Berechtigung verloren, sich erneut in Kuba niederzulassen. Nach zwei Jahren erhielt sie jedoch ein zweiwöchiges Besuchsvisum, flog nach Havanna und blieb trotz Verbots. Sie zerstörte ihren Reisepass, so dass die kubanischen Behörden sie nicht in die Schweiz ausweisen konnten.

2004 gründete sie mit ihrem Mann das Internetmagazin *Consenso* (dt.: Konsens), eine Plattform zur Diskussion politischer, kultureller und gesellschaftlicher Themen. 2007 begann sie als Webmistress und Herausgeberin ihres eigenen Internetportals *Desde Cuba* (dt.: von Kuba aus) zu arbeiten. Auslöser dafür war, dass man ihr und einer Gruppe anderer junger Leute den Einlass zu einer Diskussion des Schriftstellerverbandes über die Verschärfung der Zensur zu Beginn der 1970er Jahre verwehrte – nur geladene Gäste erhielten Zutritt. Yoani arbeitete nun nicht mehr auf dem selbstgebauten Computer, sondern auf einem alten Laptop, den sie gegen einen Automotor getauscht hatte. Sein ehemaliger Besitzer brauchte den Motor, weil er damit das Floß antreiben wollte, das ihn nach Miami bringen sollte.

Yoanis Server steht im Ausland, angeblich in Berlin, so dass die kubanischen Behörden keinen Zugriff darauf haben. Im April 2007 eröffnete sie ihren Blog *Generación Y*, mit dem sie in weniger als einem Jahr weltberühmt wurde. Sie beschreibt darin den mühsamen Alltag auf Kuba, die Sorgen, Ängste und Hoffnungen der Menschen, und sie bezieht gegen die Regierung Position, aber nicht als Politikerin oder Journalistin, sondern als eine Bürgerin, die ihre Fragen, Frustrationen und Gefühle niederschreibt, wie in einem Tagebuch. Sie nannte ihren Blog *Generation Y*, weil es in den 1970er und 1980er Jahren in Kuba Mode war, den Kindern Phantasienamen zu geben, die wie Yoani oder Yanisleidi mit Y beginnen. Sie bezeichnet sie als die Generation der Landschulheime, der russischen Zeichentrickfilme, der illegalen Ausreisen und der Frustration. Der *Generation Y*, so schrieb sie einmal, gehe es, wie ihr selbst, nicht um ein Programm oder eine politische Richtung, links und rechts seien für sie veraltete Begriffe.

Immer wenn sie genügend Geld zusammenhatte, ging sie in das Internetcafé eines der großen Hotels und lud ihre Vignetten und Aperçus vom USB-Stick ins Netz. Binnen kurzem war sie so bekannt, dass sie auch für die britische Onlinezeitung *Huffington Post* schreiben konnte, eine eigene Kolumne in der spanischen Tageszeitung *El País* bekam und Gastbeiträge für internationale Medien wie den *Miami Herald*, die *Washington Post*, den argentinischen *Clarín* und die *Sonntaz,* für deren Rubrik »Politik von unten«, absetzen konnte.

Ihr Blog wurde auch in Kuba selbst bekannt. Allerdings war – und ist – der Internetzugang dort sehr begrenzt. Zuerst wurde er nur Ausländern gestattet sowie ausgesuchten linientreuen Funktionären, Privatleuten war er bis September 2009 nicht erlaubt. Anfangs nahmen die Behörden Yoanis Blog gar nicht wahr, denn Blogs zählten bis dahin nicht zu den Bedrohungen, denen sich das Regime ständig ausgesetzt sieht. Doch als der Blog an Popularität gewann, und andere Blogger folgten, holte die Regierung schließlich zum Gegenschlag aus: Die neue Szene wurde als vom Ausland gesteuert verunglimpft und regimetreue Blogger begannen ebenfalls ihre Ansichten ins Netz zu stellen, als vermeintlich unabhängige Diskussionsbeiträge.

2008 erlaubte die kubanische Regierung Privatleuten den Kauf von Rechnern, gleichzeitig aber blockierte sie Yoanis Blog, der inzwischen eine Million Mal pro Monat angeklickt wurde. Wer nun in Kuba ihre Seite besuchte, stieß auf eine Fehlermeldung. Sie bezeichnet sich seitdem als »blinde Bloggerin«, weil sie ihren eigenen Blog nicht mehr sehen konnte. Sie kann ihn aufrechterhalten, weil Freunde außerhalb Kubas ihre Texte einstellen, die sie per E-Mail schickt oder telefonisch durchgibt. Der Blog wird von ehrenamtlichen Übersetzern in 14 Sprachen übertragen, darunter ins Deutsche. Sánchez brennt inzwischen auch ihre Kolumnen auf CD und verteilt sie mit ihren Freunden auf der Straße.

Im Mai 2009 wurde den kubanischen Bloggern verboten, die Cybercafés der Hotels zu nutzen. Als die Regierung dieses Verbot leugnete, stellte Yoani ein Video ins Netz, das zeigte, wie ihr und ihrem Mann untersagt wurde, das Internet im Hotel *Meliá Cohiba* an Havannas Uferpromenade zu benutzen, mit dem ausdrücklichen Hinweis darauf, das Cybercafé stehe nur Ausländern offen. Wenige Tage später wurde das Verbot wieder aufgehoben, wahrscheinlich nicht zuletzt dank Yoanis Videos. Im September 2009 wurde dann schließlich allen Kubanern die Nutzung des Internets erlaubt, es ist jedoch nur für die allerwenigsten bezahlbar, denn eine Stunde in einem Internetcafé eines Hotels kostet rund fünf Euro – für viele Kubaner ein halber Monatslohn. Die Nichtregierungsorganisation Reporter ohne Grenzen hat auch beobachtet, dass die Staatssicherheit die Identität der Nutzer der Internetcafés überprüft und checkt, welche Seiten sie besuchen.

Längst twittert Yoani auch und über 100 000 Menschen empfangen inzwischen ihre Nachrichten, die auf *Generación Y* ebenfalls zu lesen sind.

Zur Wahl Raúl Castros zum Präsidenten am 24. Februar 2008 ließ das Regime viele internationale Journalisten ins Land, und etliche von ihnen, darunter auch Vertreter deutscher Medien, nutzten die Gelegenheit, um die mutige Bloggerin zu interviewen. Sie war in weniger als einem Jahr zu Kubas bekanntester Regimekritikerin geworden.

Ende 2008 wurde sie dann erstmals von der Staatssicherheit vorgeladen. Ihr wurde vorgeworfen, Kontakt zu »konterrevolutionären Elementen« zu unterhalten, und es wurde ihr deshalb verboten, eine geplante Blogger-Versammlung abzuhalten. Natürlich berichtete sie davon im Netz.

Einige Tage später ging sie Raúl Castros Tochter Mariela, die das staatliche Zentrum für Sozialerziehung leitet, öffentlich an. Auf einem Kongress, bei dem es um mehr sexuelle Freiheit ging, stellte Yoani Castros Tochter die unbotmäßige Frage, ob auch die politische und ideologische Freiheit ausgedehnt werden sollten. Natürlich berichtete Yoani auch darüber in ihrem Blog. Wenig später, auch dies postete sie, begann die Staatssicherheit, ihr Haus rund um die Uhr zu beobachten.

Sie nutzte auch eine öffentliche Veranstaltung der Kunstbiennale in Havanna, um vor laufenden Kameras von der Regierung Meinungsfreiheit und freien Zugang zum Internet zu fordern. Eine weitere Bloggerin unterstützte sie dabei. Die Kulturzeitschrift *La Jiribilla* nannte sie daraufhin »eine professionelle Dissidentin, ein Produkt der mächtigen Mediengruppe PRISA«. Dem spanischen Medienkonzern PRISA gehört die Tageszeitung *El País*, für die Yoani regelmäßig schreibt.

Auch Fidel Castro befasste sich mit ihr im Vorwort zu einem Buch von Boliviens Präsident Evo Morales. Er schreibt darin von »einer jungen Kubanerin, die Spitzeldienste leistet und für die neokoloniale Presse arbeitet« und dafür vom spanischen Staat prämiert würde. Er bezieht sich damit auf ihre Auszeichnung mit dem Ortega-y-Gasset-Journalistenpreis in der Sparte Digitale Medien, der ihr 2008 von *El País* zuerkannt wurde. Im gleichen Jahr rechnete sie das amerikanische *Time Magazine* zu den 100 einflussreichsten Menschen, die Zeitschrift *Foreign Policy* zählte sie zu den zehn einflussreichsten Intellektuellen Lateinamerikas und die Deutsche Welle verlieh ihr den *Weblog Award* für den besten Weblog. In den kommenden Jahren sollten noch zahlreiche Preise und Auszeichnungen folgen. Die Regierung ließ sie jedoch nie ausreisen, um ihre Preise persönlich in Empfang zu nehmen. 2010 verbot man ihr auch, an einer Podiumsdiskussion der Bertelsmann-Stiftung über Lateinamerika auf der Frankfurter Buchmesse teilzunehmen. Sie schickte eine Grußbotschaft. 2009 stellte sie ein Video ins Netz, das zeigte, wie sie gegenüber einer Beamtin der Migrationsbehörde, die ihr wieder einmal die Ausreise verweigerte, die Reisefreiheit für alle KubanerInnen forderte. Bis Januar 2012 wurde ihr siebzehnmal verboten, das Land zu verlassen. Allerdings nahm sie an mehreren Veranstaltungen per Videokonferenz teil, so an einer Debatte des Europaparlaments und an einer Menschenrechtskonferenz des Osloer Freedom Forum. Und so mancher offizielle Besucher Kubas traf sich mit ihr, beispielsweise Jimmy Carter.

Ende des Jahres 2009 wurde sie gemeinsam mit anderen Bloggern von der Staatssicherheit angehalten, als sie auf dem Weg zu einer Friedenskundgebung in Havanna war. Sie wurde in ein Auto gezerrt und geschlagen. Die Behörden leugneten die Aggression und behaupteten, ihr Ehemann habe ihr die Verletzungen zugefügt, die später auf *YouTube* zu sehen waren. Sie selbst identifizierte den Schläger als einen der Agenten, die regelmäßig ihr Haus bewachten. Zwei Wochen später forderte ihr Mann den Agenten zu einem »Verbalduell« an der Stelle auf, an der Yoani ins Auto gezerrt worden war. Reinaldo Escobar stieß dort auf mehrere Hundert Castro-Anhänger, die ihn unter »Viva Fidel!«-Rufen verprügelten. Mehrere internationale Medien filmten dies.

Im Jahr 2009 stellte Yoani Sánchez US-Präsident Barack Obama sieben Fragen zur amerikanischen Kuba-Politik und zur Überwindung des Konfliktes zwischen den beiden Ländern. Sie fragte ihn beispielsweise, ob er bereit sei, Kuba zu besuchen. Obama antwortete ihr, und seine Antwort stellte sie ins Netz – das State Department schaltete einen Link zu *Generación Y*. Ähnliche Fragen stellte sie auch Raúl Castro, der ihr jedoch nicht antwortete. Sánchez richtete auch einen Brief an das US-Repräsentantenhaus, in dem sie für die Aufhebung des US-Embargos gegen Kuba eintrat. Aus von *WikiLeaks* veröffentlichten, geheimen diplomatischen Korrespondenzen ging hervor, dass eine Diplomatin der US-Interessenvertretung in Havanna Yoani daraufhin aufgesucht habe, um ihr den Sinn des Embargos zu erläutern. Ebenfalls durch *WikiLeaks* wurde bekannt, dass US-Diplomaten glauben, Yoani und andere sogenannte »nicht-traditionelle Dissidenten« könnten in einem Kuba nach den Castros eine politische Rolle spielen.

2010 wurde sie erneut Opfer der Repression. Die Staatssicherheit hinderte sie daran, an der Beerdigung des nach einem

85-tägigen Hungerstreik verstorbenen Dissidenten Orlando Zapata teilzunehmen. Wieder wurde sie geschlagen. Ohne dass die Agenten es merkten, schnitt sie die Festnahme mit ihrem Handy mit. Mit dem Mitschnitt erstattete sie Anzeige gegen ihre Peiniger, doch sie erhielt nie eine Antwort der Staatsanwaltschaft, obwohl das Gesetz binnen einer Frist von 60 Tagen eine Antwort vorschreibt.

Im März 2010 wurde sie zum fünften Internationalen Kongress über spanische Sprache nach Chile eingeladen, um über *Twitter* zu sprechen. Nicht nur, dass man sie wieder einmal nicht reisen ließ – Kuba sagte aus Protest gegen die Einladung Yoanis auch seine Teilnahme an dem Kongress ab. Als ihr argentinischer Verlag ihr im gleichen Monat zehn Exemplare ihres Buches *Cuba libre* zuschickte, wurden diese von den Behörden konfisziert, und ein Chilene, der zu einem Kongress für junge Führungspersönlichkeiten nach Havanna kommen wollte, wurde am Flughafen festgenommen, weil er ein Exemplar davon im Gepäck hatte. Das Buch verstoße gegen die Interessen der kubanischen Nation, da es die Auffassung vertrete, in Kuba müsse es zu politischen und wirtschaftlichen Veränderungen kommen, damit die BürgerInnen zu mehr materiellem Wohlstand und zu mehr Selbstverwirklichung gelangen könnten. Dies widerspreche den Prinzipien der kubanischen Gesellschaft, hieß es in der Begründung für die Verhaftung des jungen Mannes. *Cuba libre*, 2010 auch auf Deutsch erschienen, enthält eine Auswahl der Texte ihres Blogs.

Das kubanische Fernsehen widmete Yoani Sánchez 2011 einen Dokumentarfilm, der auch auf *YouTube* zu sehen ist, in dem man ihr vorwirft, einen Cyberkrieg angezettelt zu haben und eine »Cyberguerilla« anzuführen, von den USA unterstützt und finanziert mit den Geldern aus ihren Preisen. »Man fühlt in jedem Augenblick, dass der Staat für den Bürger entscheidet, angefangen bei dem, was er isst bis zur Erziehung seiner Kinder, oder ob er ein- oder ausreisen darf. Der Bürger wird praktisch von der Staatsmacht annulliert«, schrieb sie einmal. Sie ist weiterhin entschlossen, sich das nicht gefallen zu lassen.

Ausgewählte Literatur:

Yoani Sánchez' Blog: http://www.desdecuba.com/generaciony.

Yoani Sánchez: *Cuba libre. Von der Kunst, Fidel Castro zu überleben*. Aus dem Spanischen von Bruno Genzler. München 2010.

Hoffmann, Bert: »Civil Society 2.0? – How the Internet Changes State-Society Relations in Authoritarian Regimes: The Case of Cuba«. In: *GIGA Working papers*, Nr. 156/2011. Auf: http://www.giga-hamburg.de/dl/download. php?d=/content/publikationen/pdf/wp156_hoffmann.pdf, 15.5.2012. Wissenschaftlicher Beitrag über die Rolle des Internets in Kuba, der auch ausführlich auf Sánchez eingeht.

Felix Lill: »Yoani Sánchez«. In: *Annabelle*, 21.1.2010. Auf: http://www.annabelle.ch/reisen/reise-reportagen/yoani-sanchez-7790?page=0,2, 14.5.2012.

III.
GENIAL

SOR JUANA INÉS DE LA CRUZ

MEXIKO, 1651–1695

Ich erinnere mich, dass ich damals (im Alter von ca. 3 Jahren) ... aufhörte, Käse zu essen, weil mir zu Ohren gekommen war, er mache dumm; das Verlangen zu wissen war größer als das zu essen, obwohl die Esslust bei Kindern doch so stark ist.« Mit diesen Worten verteidigte sich 1691 die wohl gebildetste Frau nicht nur Spanisch-Amerikas, sondern der gesamten europäisch geprägten Welt gegen die Angriffe eines Bischofs, dem ihre Gelehrsamkeit – und vermutlich auch ihre Berühmtheit – ein Dorn im Auge war. Der Ruhm von Sor Juana Inés de la Cruz war inzwischen weit über die Grenzen des Vizekönigreiches Neu-Spanien, des heutigen Mexiko, hinausgedrungen, und heute gilt sie als eine der größten Dichterinnen der spanischsprachigen Welt.

Doch das war ihr alles nicht in die Wiege gelegt, als sie am 12. November 1651 (anderen Annahmen zufolge 1648) in San Miguel de Nepantla, einem Dorf an den Hängen des Vulkans Popocatépetl etwa 60 Kilometer entfernt vom heutigen Mexiko-Stadt geboren wurde. Ihrer Mutter, Isabel Ramírez de Santillana, war eine spanischstämmige Mexikanerin, ihr Vater ein baskischer Marineoffizier namens Pedro Manuel de Asbaje y Vargas Machuca. Die beiden waren nicht verheiratet, ein Umstand, der vielleicht mit der Tatsache zusammenhing, dass Militärangehörige nicht heiraten durften ohne eine Genehmigung ihrer Vorgesetzten, die mühselig in Spanien einzuholen war. Jedenfalls verschwand der Vater, mit dem die Mutter noch zwei weitere Kinder hatte, aus Nepantla und dem Leben von Juana Inés, als diese vier oder fünf Jahre alt war. Ein zweiter spanischer Offizier, Diego Ruíz Lozana, ersetzte den Vater, und Juana Inés bekam drei weitere Halbgeschwister. Später sollten Biographen aus der nichtehelichen Geburt Juanas eine Reihe von Thesen ableiten, die jedoch eher auf den Moralvorstellungen des 19. Jahrhunderts als auf denen der kolonialen Gesellschaft beruhen. Nichteheliche Geburten waren zwar Normenverstöße und stellten einen gewissen Makel auch für die Kinder dar, waren jedoch selbst in der Oberschicht gar nicht so selten. So verstieß denn auch Juanas Großvater seine Tochter nicht, als diese sich einen neuen Lebenspartner suchte, sondern bot ihr die Nutzung seiner Ländereien im benachbarten Panoayán an. Damit erhielt Juana Zugang zu der offenbar großen Bibliothek ihres Großvaters. Hier stillte die junge Juana Inés ihre Wissbegierde, obwohl diese von der Familie zunächst nicht besonders gefördert wurde, denn Bildung für Frauen – zumal, wenn diese über die Lektüre von frommen Schriften hinausging – galt als unnötig, ja, als gefährlich, da sie zu Hochmut und Aufmüpfigkeit verleiten könnte.

Juana Inés musste denn auch verschiedene Listen anwenden, um ihre Ziele zu erreichen. Als sie etwa drei Jahre alt war, begleitete sie ihre ältere Schwester zu einer *amiga* und überredete diese, zunächst unter falscher Altersangabe, auch ihr das Lesen beizubringen. *Amigas* waren Frauen, oft Witwen, die in ihren Häusern privaten Unterricht erteilten. In der eingangs zitierten, berühmt gewordenen Rechtfertigungsschrift gibt Sor Juana weitere Beispiele für ihren ungeheuren Wissensdrang und die Schwierigkeiten, die sie zu überwinden hatte, um ihn zu stillen. So schnitt sie sich die Haare ab, um ihren Lernfortschritt in Latein zu kontrollieren. Diese damalige Gelehrtensprache lernte sie nach wenigen Unterrichtsstunden autodidaktisch. »Als ich sechs oder sieben Jahre alt war und schon lesen und schreiben konnte und auch die Hand- und Näharbeiten, die man den Mädchen beibrachte, beherrschte, hörte ich, dass es in der Hauptstadt eine Universität und Schulen gab, an denen man die Wissenschaften studieren konnte. Kaum hatte ich davon erfahren, begann ich meine Mutter mit lästigen Bitten und ständigem Betteln zu bedrängen, meine Kleider gegen Knabenkleider auszutauschen und mich in die Hauptstadt zu ihren Verwandten zu schicken, damit ich die Universität besuchen könne.« Schließlich musste die Mutter nachgeben und schickte sie mit etwa acht zu ihrer in der Hauptstadt lebenden Schwester. Genauere Angaben über die Zeit dort fehlen, vielleicht aber schlich sich das junge Mädchen tatsächlich in Männerkleidern in die Universität ein. Auf jeden Fall lernte Juana in dieser Zeit weiter, begann aber auch, Gedichte und Theaterstücke zu schreiben. Der Ruf der ungewöhnlichen Gelehrsamkeit der jungen Frau verbreitete sich offenbar rasch, ein Umstand, der aber auch Probleme mit sich bringen konnte und der Familie offenbar mehr Unbehagen als Stolz bereitete. So fügte es sich gut, dass im Jahr 1664 ein neuer Vizekönig samt Familie und Gefolge nach Mexiko kam. Das Ereignis bot Anlass für zahlreiche Feierlichkeiten, auf denen kreolischen Familien auf sich aufmerksam machen und ihre heiratsfähigen Töchter bei Hofe einführen konnten. Die 17-jährige Juana Inés, die nicht nur gebildet, sondern auch schön war, zog denn auch die Aufmerksamkeit der Herrscherfamilie auf sich und fand im Gefolge der Vizekönigin einen Platz bei Hofe. Auch der Vizekönig war offenbar fasziniert von ihr und veranstaltete einen wissenschaftlichen Wettstreit mit Professoren der Theologie, Mathematik und anderen Wissensgebieten, in dem Juana brillierte. Dank der Protektion des Hofes konnte sich Juana weiter ihren Studien widmen, musste aber auch an den geselligen Veranstaltungen teilnehmen und schrieb Sonette, Tänze, Dramen und Elogen auf den Vizekönig. Auch in den galanten Spielen, die Teil der barocken höfischen Kultur waren, konnte sie reüssieren.

Doch nach wenigen Jahren als Hofdame entschied sich Juana Inés 1667 plötzlich, mit 19 Jahren, den Schleier zu nehmen und ins Kloster zu gehen. Angeblich kam dieser Schritt für ihre Umgebung völlig überraschend, denn bis dahin hatte sie keinerlei besondere religiöse Berufung gezeigt. So nahm man an, ihr Beichtvater habe sie hierzu gedrängt. Sie selbst aber erklärte später, sie habe keinerlei Neigung zu heiraten verspürt, so dass der Gang ins Kloster für sie das kleinere Übel schien. Sie erhoffte sich dort Ruhe und Abgeschiedenheit, um ihre Studien fortsetzen zu können. Vermutlich wählte sie daher zunächst auch den strengen Orden der Barfüßigen Karmelitinnen, den sie aber nach wenigen Monaten aus gesundheitlichen Gründen wieder verließ. Kurz darauf trat sie dem Hieronymitenorden bei, und dieser Schritt war endgültig. Sie legte ein Gelübde ab und nahm den Namen Sor (dt.: Schwester) Juana Inés de la Cruz an. Zunächst schienen sich ihre Hoffnungen auf mehr Muße für ihre »Leidenschaft, von der ich nicht weiß, ob sie ein Geschenk oder eine Strafe des Himmels ist«, auch zu erfüllen. Sie veröffentlichte in dieser Zeit weltliche und geistliche Dichtungen, zwei Theaterstücke, ein kurzes Epos *(Der Traum)* und die für die Barockkultur so typischen allegorischen Werke in Versen und Prosa. Auch konnte sie weiterhin gelehrte Dispute führen, empfing Besuche von Personen aus Politik und Wissenschaft und stand mit dem berühmten spanischen Wissenschaftler und Literaten Carlos de Sigüenza y Góngora in Briefkontakt. Sie las Kopernikus, Kepler und den damals berühmten deutschen Jesuiten Athanasius Kircher. In ihrer Klosterzelle beherbergte sie eine der besten Bibliotheken ihrer Zeit, sammelte Musikinstrumente und wissenschaftliche Geräte. 1690 erschien ihr einziges theologisches Traktat, die »Carta Atenagórica«, in der sie in Auseinandersetzung mit einer der bekanntesten Predigten der damaligen Zeit eine relativ gewagte These über den Liebesbeweis Christi aufstellte. Damit bot sie aber allen, denen ihre »unweiblichen« Studien und ihr Ruhm schon immer ein Dorn im Auge gewesen waren, eine willkommene Angriffsfläche. Der Bischof von Puebla, wo das Traktat gedruckt worden war, bislang einer ihrer Förderer und

Gesprächspartner, sah sich zu einer öffentlichen Maßregelung veranlasst, die er unter dem Pseudonym Sor Filotea, verfasste. Auch ihre Oberin hatte sie zuvor aus Angst vor dem Eingreifen der Inquisition mehrfach aufgefordert, ihre Studien aufzugeben, mit wenig Erfolg, wie Sor Juana in ihrer Antwort auf den Brief der vermeintlichen Nonne Filotea schreibt. Dieser Brief ist eine noch heute lesenswerte Verteidigung des Rechtes von Frauen auf Bildung, und zwar Bildung jeder Art. Juana schilderte darin ausführlich ihren von Kindheit an ungeheuren Wissensdurst, aber auch die fruchtlosen Versuche, dagegen anzukämpfen. Anschaulich berichtet sie, wie sie nach ernsten Ermahnungen ihrer »sehr frommen und sehr arglosen« Oberin die Bücher beiseitegelegt habe, dem völligen Studierverbot jedoch nicht folgen konnte, denn »wenn ich auch nicht in Büchern studierte, so studierte ich in all den Dingen, die Gott erschuf, sie waren für mich die Buchstaben, und die Maschine des Alls war das Buch. Nichts, war es auch noch so klein und plump, sah ich, ohne nicht in Nachdenken zu verfallen, nichts hörte ich, ohne nicht in Überlegungen zu versinken. ... Was ... könnte ich Euch nicht alles über die Geheimnisse erzählen, die ich beim Kochen der Natur entlockte? Da sieht man, dass ein Ei wie eine Masse zusammenhält, wenn es in Schmalz oder Öl gebraten wird, in Sirup aber auseinanderläuft. ... Aber ... was bleibt uns Frauen anders als Küchenphilosophie? ... Und wenn ich all diese unscheinbaren Dinge betrachte, denke ich: wenn Aristoteles gekocht hätte, hätte er noch viel mehr geschrieben.«

Es waren gerade der naturwissenschaftliche Forschungsdrang sowie ihre häresieverdächtige theologische These, die den Argwohn des Bischofs hervorriefen. Hätte Sor Juana sich auf mystische Gedichte beschränkt, so wäre ihr literarisches Schaffen eher akzeptiert worden, doch einen Einbruch in die »männliche« Welt der Naturwissenschaften und der Theologie, noch dazu in so »respektloser« Form, wollte die koloniale Gesellschaft des 17. Jahrhunderts nicht zulassen. Daran konnte auch die Verteidigungsschrift Sor Juanas, die 1691 erschien, nichts ändern. Der Druck von allen Seiten wuchs und auch ihr Beichtvater stimmte in den Chor der Kritiker ein. 1694 hatten sie ihr Ziel erreicht: Sor Juana verkaufte alle Bücher und sonstigen Besitz, der nicht von theologischer Relevanz war, wie etwa ihre Instrumente zur Naturbeobachtung. Der Erlös hat sie den Armen gespendet. Sor Juana begann ein Klosterleben mit Bußübungen und Selbstkasteiungen, das sie jedoch nicht lange aushielt. Im Professbuch des Klosters bat sie, in der Ahnung des nahen Todes, ihre Mitschwestern um Fürbitten für sie und bezeichnete sich als »die schlechteste auf der Welt«. Kurz darauf, am 17. April 1695 starb sie im Alter von 43 Jahren während einer Pestepidemie.

Ausgewählte Literatur:

Die Literatur zu Sor Juana Inés de la Cruz, besonders literarische Analysen ihres Werkes, sind sehr zahlreich.

Stephanie Merrin: *Early Modern Women's Writing and Sor Juana Inés de la Cruz.* Nashville 1999.

Weite Verbreitung fand die Biographie von Octavio Paz: *Sor Juana oder die Fallstricke des Glaubens.* Aus dem Spanischen von Maria Bamberg und Fritz Vogelsang. Frankfurt am Main 1991, die allerdings eine sehr persönliche Vision des bekannten mexikanischen Schriftstellers darstellt. Eine neuere Perspektive bietet Pamela Kirk: *Sor Juana Inés de la Cruz. Religion, Art, and Feminism.* New York 1999.
Von ihren Werken sei hier nur die zitierte *Antwort an Schwester Philothea* genannt, aus dem Spanischen von Hildegard Heredia. Frankfurt am Main 1991. Spanische Ausgabe: Gomez, Miguel (Hrsg.): *Respuesta a Sor Filotea de Juana Inés de la Cruz.* Introducción de Iris M. Zavala. Málaga 2005.

CLORINDA MATTO DE TURNER

PERU, 1854–1909

Die Schriftstellerin, Verlegerin, Feministin und Be-
gründerin des indigenistischen Romans wurde zu Lebzeiten
aufgrund ihrer Kritik an der peruanischen Gesellschaft sowie
der Thematisierung weiblicher Sexualität so stark angefeindet,
dass sie ihr Heimatland Peru verlassen musste. Ihr Leben spie-
gelt in besonderer Weise die Probleme wider, mit denen Frauen
in den konservativen lateinamerikanischen Republiken des
ausgehenden 19. Jahrhunderts zu kämpfen hatten.

Clorinda Matto wurde am 11. November 1854 als Tochter des
Großgrundbesitzers und Schriftstellers Ramón Matto geboren.
Sie wuchs auf der Hacienda Paullo Chico in der Nähe von
Cuzco auf. Auf der väterlichen Hacienda lernte sie nicht nur
das Leben der indigenen Bevölkerung kennen, sondern auch
ihre Sprache, Quechua. Der Vater schickte das junge Mädchen
nach Cuzco zur Schule, doch musste sie diese bereits mit zehn
Jahren wieder verlassen, als ihre Mutter starb. Clorinda fiel die
Aufgabe zu, ihre jüngeren Geschwister zu versorgen. Dennoch
gab sie ihren Wunsch nach Bildung nicht auf und träumte von
einem Medizinstudium in den USA, wo Frauen damals schon
zum Studium zugelassen waren. Doch ihr Vater gestattete
nicht ihr, sondern ihrem Bruder ein solches Studium, und der
Tochter lediglich die Heirat mit dem englischen Arzt und Ha-
ciendabesitzer Joseph Turner. Die Ehe war offenbar glücklich,
blieb aber kinderlos und währte nur zehn Jahre. 1881 starb Joseph Turner, und Clorinda stürzte nicht nur in eine emotiona-

le, sondern auch in eine finanzielle Krise, da korrupte Anwälte und Richter sie um einen großen Teil des Besitzes brachten. Clorinda, die inzwischen aufgrund ihrer angeschlagenen Gesundheit von der Hacienda in die Stadt Arequipa umgezogen war, begann, von ihrer schriftstellerischen Tätigkeit zu leben. 1884/1885 wurde sie Chefredakteurin der ersten Tageszeitung der Stadt, *La Bolsa*. Nebenher schrieb sie ein Theaterstück, Erzählungen und eine Anleitung für Frauen, sich mit Literatur auseinanderzusetzen. 1886 zog sie in die Hauptstadt Lima um, und 1889 übernahm sie den Posten der Chefredakteurin von *El Perú Ilustrado*, der wohl wichtigsten literarischen Zeitschriften des Landes.

Clorinda hatte bereits während ihrer Ehe mit dem Schreiben begonnen, indem sie zunächst, entsprechend der damaligen literarischen Strömungen, die Gebräuche der indigenen Bevölkerung in eher romantisierender Form beschrieb. Allerdings begann sie bereits hier, die Situation der Indigenen und der Frauen miteinander zu verquicken. Möglicherweise war dies zunächst ein Trick, um das Thema der weiblichen Sexualität – hier bezogen auf die exotisch dargestellten indigenen Frauen – ansprechen zu können. Berühmt, aber auch angefeindet, wurde Clorinda Matto de Turner, seit 1889 ihr Roman *Aves sin nido* (dt.: Vögel ohne Nest) erschien. Dieser Roman, der oft als der erste indigenistische Roman in Lateinamerika bezeichnet wird, schildert die Lebenswelt der indigenen Bevölkerung der Anden »wahrheitsgetreu«. Dargestellt werden nicht nur Armut und Ausbeutung, sondern auch korrupte weltliche und geistliche Amtsträger. Die beiden Hauptprotagonisten müssen denn auch am Ende feststellen, dass sie als illegitime Kinder eines Priesters Halbgeschwister sind. Auch in ihrem zweiten Roman *Índole* (dt.: Wesensart), der 1891 erschien, beschreibt Clorinda Matto den wenig zölibatären Lebensstil der peruanischen Priester und seine Auswirkungen auf die Frauen. In ihrem dritten Roman *Herencia* (dt.: Erbe), der in der Stadt angesiedelt ist, greift die Schriftstellerin dann erstmals unverblümt und ohne den Umweg über die Exotisierung die weibliche Sexualität auf. Doch solche Themen durfte man im konservativ-klerikalen Peru des ausgehenden 19. Jahrhunderts nicht ungestraft behandeln, schon gar nicht als Frau. Das Maß schien ihren Gegnern voll, als die von Matto de Turner geleitete Zeitschrift *El Perú Ilustrado* 1890 die »erotisch-laszive Bibelinterpretation« »Magdala« des brasilianischen Schriftstellers Henrique Coelho Netto veröffentlichte. Dieser behauptete, Christus habe sich sexuell zu Maria Magdalena hingezogen gefühlt. Der Erzbischof von Lima verbot daraufhin die Lektüre und den Erwerb der Zeitschrift und exkommunizierte kurz darauf die Herausgeberin. Im katholisch geprägten Arequipa zerstörte ein vom dortigen Erzbischof aufgewiegelter Mob ein Bild der ehemaligen *La-Bolsa*-Redakteurin und in ihrer alten Heimat Cuzco wurden Matto de Turners Bücher auf Scheiterhaufen verbrannt. Im Juli 1891 trat sie daraufhin als Chefredakteurin von *El Perú Illustrado* zurück.

Allerdings hatten die öffentlichen Diskussionen um *Aves sin nido* auch dafür gesorgt, dass der Roman ein großer Erfolg wurde und bald vergriffen war.

1892 gründete Clorinda Matto de Turner gemeinsam mit ihrem Bruder David eine eigene Druckerei, wo auch ihre neue Zeitschrift *Los Andes* produziert wurde. Hier beschäftigte sie nur Frauen.

Politisch bekannte sich Matto de Turner zur amtierenden Regierung der *constitucionalistas*, die das politische Geschehen seit 1886 bestimmten. 1895 kam es jedoch zu einer »demokratische Revolution« genannten Revolte unter dem klerikalen Nicolás de Piérola, dessen Anhänger ihr Haus und die Druckerei in Lima plünderten und zerstörten. Daraufhin verließ Matto de Turner im April Peru und lebte bis zu ihrem Tod 1909 im Exil in Buenos Aires. Dort arbeitete sie für verschiedene Zeitungen und als Lehrerin. Gleich nach ihrer Ankunft in Argentinien wurde sie – als erste Frau – in den *Ateneo de Buenos Aires* aufgenommen. Von 1896 bis 1908 führte sie erneut eine bekannte Literaturzeitschrift, *El Búcaro Americano*. Gleichzeitig begann sie, sich in der Frauenbewegung zu engagieren. Sie reiste mehrfach nach Europa, nach Frankreich, Deutschland, Spanien, Italien und England, wo sie Vertreterinnen der bürgerlichen Frauenbewegung traf und mit ihnen diskutierte. Den ersten internationalen »weiblichen Kongress«, der 1910 in Buenos Aires stattfand und als Beginn der feministischen Bewegung im *Cono Sur* gilt, hat Clorinda Matto de Turner nicht mehr erlebt. Sie starb am 25. Oktober 1909 im bonarensischen Exil. Erst 1924 rehabilitierte ein Beschluss des peruanischen Kongresses die Schriftstellerin und Verlegerin, woraufhin ihr Leichnam nach Peru überführt und dort bestattet wurde.

Ausgewählte Literatur:

Gabriele Küppers: *Peruanische Autorinnen vor der Jahrhundertwende. Literatur und Publizistik als Emanzipationsprojekt bei Clorinda Matto de Turner.* Frankfurt am Main u. a. 1989.

GABRIELA MISTRAL

CHILE, 1889–1957

Lateinamerika gilt als der Kontinent der Machos, und auch der erste Boom seiner Literatur in den 1960er und 1970er Jahren suggerierte dies. Dabei war es eine Frau, der erstmals in der Geschichte des Subkontinents der Literaturnobelpreis verliehen wurde – der chilenischen Dichterin und Essayistin Gabriela Mistral. Ihren Biographen gibt die unkonventionelle Weltbürgerin und Intellektuelle bis heute so manches Rätsel auf.

Sie hieß eigentlich Lucila de María del Perpetuo Socorro Godoy Alcayaga und wurde am 7. April 1889 in der Anden-Kleinstadt Vicuña, gut 400 Kilometer nördlich der Hauptstadt Santiago, als Tochter von Juan Jerónimo Godoy und Petronila Alcayaga geboren. Ihre Mutter hatte baskische Vorfahren, ihr Vater war Mestize. Von ihm erbte sie ihre indianischen Gesichtszüge. Als sie drei Jahre alt war, verließ der Vater, ein Lehrer, die Familie, und sie zog mit ihrer Mutter in das Dorf Monte Grande im Tal des Elqui-Flusses. Hier wuchs sie mit ihrer bereits erwachsenen Halbschwester Emelina und deren Tochter in bescheidenen Verhältnissen auf. Emelina, die ebenfalls Lehrerin war, brachte Lucila Lesen und Schreiben bei. Ihr widmete Gabriela Mistral später das Gedicht »La maestra rural« (dt.: Die Landschullehrerin).

Monte Grande war für Mistral die Heimat, auf die sie in ihrem Werk immer wieder Bezug nahm. Sie hat sich einmal selbst als »ländliche Dichterin« bezeichnet, denn auch die Natur spielte für sie eine große Rolle. Wie sie es verfügt hatte, wurde sie in Monte Grande begraben, und dort wurde ein Berg nach ihr benannt, wie sie es sich gewünscht hatte. In ihrem Testament hatte sie zudem festgelegt, dass nach ihrem Tod sämtliche Gelder aus ihren Autorenrechten den Kindern von Monte Grande zukommen sollen. Mistrals langjährige Freundin und Testamentsvollstreckerin, die 2006 verstorbene US-Schriftstellerin Doris Dana, beklagte jedoch Ende 2002, dass man sich in Chile nicht daran hielte: Diktator Augusto Pinochet habe ihr die Autorenrechte entzogen. Inzwischen trägt das Land der Verfügung der Dichterin Rechnung.

Bereits im Alter von 15 Jahren begann Lucila Godoy zu unterrichten, als Hilfslehrerin im Badeort La Serena, und sie schrieb Beiträge für regionale Zeitungen. 1906 forderte sie in einem Artikel besseren Zugang zu Bildung für Frauen und kritisierte die traditionelle Rollenverteilung der Geschlechter. Es gibt zwei Erklärungen, warum sie selbst nie ein Lehramtsstudium absolviert hat: Ihr fehlte das Geld, lautet die eine; sie wurde nicht zum Studium zugelassen, weil sie in ihren Artikeln atheistisches und revolutionäres Gedankengut verbreitete, besagt die andere. 1910, sie unterrichtete inzwischen an einer Schule in Santiago, verlieh man ihr jedoch aufgrund ihres Wissens und ihrer Erfahrung den staatlichen Titel zur Lehrbefähigung an höheren Schulen. Dies soll ihr den Unmut vieler Kollegen eingetragen haben.

Ihr Pseudonym Gabriela Mistral legte sie sich 1914 zu, als sie sich erstmals an einem Dichterwettbewerb in Santiago beteiligte, den sie mit ihren drei »Sonetos de la Muerte« (dt.: Sonette des Todes) gewann. Sie nahm die Ehrung jedoch nicht persönlich entgegen, sondern wohnte ihr still im Publikum bei. »Rückblickend erscheinen die drei Kompositionen, die sie in ihre erste Sammlung *Desolación* (dt.: Trostlosigkeit, 1922) aufnahm, kaum als Produkt einer vielversprechenden Debütantin, sondern als ausgereifte Schöpfung einer großen und einsamen Persönlichkeit«, heißt es im *Autorenlexikon Lateinamerika*.

Als Dichterin nannte sie sich nun fast immer Gabriela Mistral, auch wenn sie 1917 noch in einer Anthologie chilenischer Dichtung mit ihrem Geburtsnamen erschien. Sie entschied sich für den Namen, weil sie den italienischen Dichter Gabriele D'Annuncio und seinen französischen Kollegen Frédéric Mistral besonders verehrte. Sie schrieb jedoch später auch: »Als Kind betete ich andächtig zum Erzengel Gabriel. Von ihm legte ich mir den Namen zu. Mistral – das ist der Name des heftigen Mittelmeerwindes. Ungewöhnlich stark haben mich immer die Elemente angezogen, überhaupt die Kräfte der Natur.« Gabriela hieß auch ihre frühverstorbene Nichte, die für sie wie eine Schwester war.

Zwar wuchs sie ab ihrem dritten Lebensjahr nur unter Frauen auf, doch sie erinnerte sich später auch oft an ihren Vater, der ebenfalls gelegentlich Gedichte schrieb und zu ihrer Geburt eines für die »süße Lucila« verfasst hatte: »Die Verse meines Vater waren die ersten, die ich las, und sie erweckten meine poetische Leidenschaft.«

In den folgenden Jahren arbeitete sie zunächst als Lehrerin an verschiedenen Schulen im ganzen Land. Mit knapp 30 Jahren wurde sie erstmals Schulleiterin, in Temuco. Sie war auch in der Erwachsenenbildung tätig und gründete Bibliotheken. Dort im Süden hat sie auch Pablo Neruda kennengelernt, der 1971, 36 Jahre nach ihr, als zweiter Lateinamerikaner den Nobelpreis für Literatur erhielt. Er erinnerte sich an sie als eine menschenfreundliche Frau, die ihm Bücher schenkte und in langen Kleidern und mit flachen Absätzen durch den Ort ging. Auf Kleidung legte sie wenig Wert. Im Übrigen wird sie »als hager beschrieben, mit bleichem Gesicht, doch anmutigen Zügen, mit grünen Augen und feinen Händen, als schwärmerisch, romantisch und verträumt«, heißt es in Irene Ferchls Biographie der Mistral.

1922, dem Erscheinungsjahr von *Desolación*, kehrt Gabriela zunächst nach Santiago zurück. Auf Einladung des mexikanischen Schriftstellers und Bildungsministers José Vasconcelos sticht sie dann im Juni in Begleitung ihrer Freundin Laura

Rodig für zwei Jahre nach Mexiko in See, um dort an einer Bildungsreform und einer Neuorganisation der Bibliotheken mitzuwirken. Die Malerin und Bildhauerin Rodig hatte sie 1917 während einer kurzen Tätigkeit an einer Schule in der südchilenischen Stadt Punta Arenas kennengelernt, die Mistral jedoch wegen des polaren Klimas schnell wieder verlassen hatte. Rodig ist im Übrigen später Mitgründerin des chilenischen Maler- und Künstlerverbandes und die erste chilenische Künstlerin, die die indigenen Wurzeln entdeckt. Mistral pflegte nur Freundschaften zu Frauen, die waren wie sie: eigenständig und innovativ. So gehörte auch die Argentinierin Victoria Ocampo, die die bedeutende Literaturzeitschrift *Sur* herausgab und eine wichtige Rolle in der internationalen Kulturszene spielte, zum Kreis ihrer engen Vertrauten.

1923 geht *Desolación* in Chile in die zweite Auflage, es werden 20 000 Exemplare gedruckt, in Spanien erscheint eine Mistral-Anthologie und in Mexiko kommt *Ternura* (dt.: Zärtlichkeit) heraus, eine Sammlung von Kindergedichten und Wiegenliedern, sowie das Buch *Lectura para mujeres* (dt.: Lektüren für Frauen). Letzteres widmete sie der mexikanischen Lehrerin Palma Guillén, mit der sie sich während ihres Aufenthaltes angefreundet hatte. Guillén wurde zwölf Jahre später Mexikos erste Botschafterin.

Von Mexiko aus reist Mistral nach New York, wo *Desolación* auch bereits erschienen ist, und dann weiter nach Europa. Als sie 1925 für eine Weile zu ihrer kranken Mutter nach Chile zurückkehrt, ist sie so berühmt, dass ihr das Parlament eine Rente auf Lebenszeit aussetzt, die jedoch nach vier Jahren wieder gestrichen wird.

1926 geht sie nach Paris, wo sie bedeutende Intellektuelle wie Marie Curie oder Miguel de Unamuno kennenlernt. Es folgen Aufenthalte in Genf und Madrid und 1930 ein Semester an der New Yorker Columbia-Universität, um lateinamerikanische Literatur zu lehren. Danach kommt sie Einladungen an Universitäten verschiedener Länder Mittelamerikas nach; in

Guatemala wird ihr die erste von zahlreichen Ehrendoktor-würden zuerkannt, und der nicaraguanische Freiheitskämpfer Augusto César Sandino verleiht ihr den Orden seines Befreiungsheeres, dessen Sache sie in ihren Schriften unterstützt hatte.

1932 wird sie Chiles erste Konsulin: »Doch als sie das Amt in Neapel antreten möchte, wird es ihr im Italien Mussolinis verwehrt, weil sie eine Frau ist«, schreibt Annegret Langenhorst in ihrer Mistral-Biographie. Über 20 Jahre ist Gabriela als Diplomatin tätig, ab 1933 in Spanien. Zwei Jahre später geht sie nach Portugal, wo sie spanischen Bürgerkriegsflüchtlingen hilft. 1938 erscheint ihr Gedichtband *Tala* (dt.: Kahlschlag): »Religiosität, Sehnsucht nach Mutterschaft, Mitleid mit den Armen und Verfolgten« sind die hauptsächlichen Themenkreise«, fasst das *Autorenlexikon Lateinamerika* dessen Inhalt zusammen. Die Einkünfte daraus lässt sie Kindern zukommen, die Opfer des spanischen Bürgerkrieges geworden sind.

Ihre Konsulatstätigkeit führt Mistral 1941 in die brasilianische Kaiserstadt Petropolis. Hier freundet sie sich mit ihren Nachbarn Lotte und Stefan Zweig an, die vor den Nazis nach Brasilien geflohen sind. Als die beiden 1942 Selbstmord begehen, widmet ihnen Mistral einen Artikel. Ein Jahr später treibt sie ein weiterer Selbstmord in die Verzweiflung: Ihr Neffe und Adoptivsohn Juan Miguel, genannt Yin Yin, vergiftete sich mit Arsen, wahrscheinlich, weil der 17-Jährige Schikanen seiner Klassenkameraden nicht ertragen konnte. Letztlich geklärt ist sein Tod nicht. Gabriela Mistral hat sich zeitlebens nicht mehr davon erholt. Ihre langjährige Freundin, die US-Schriftstellerin Doris Dana, enthüllte 1999, dass Yin Yin nicht der 1927 von Mistral adoptierte Sohn eines Halbbruders war, sondern ihr leibliches Kind. Vater war Dana zufolge ein Italiener, mit dem Gabriela eine kurze Affäre hatte. Der Junge sei in Frankreich zur Welt gekommen, und Palma Guillén habe sie während der Schwangerschaft unterstützt. Laut Dana war Yin Yin Mistral wie aus dem Gesicht geschnitten. Mistral habe die

Mutterschaft damals verheimlicht, und den Jungen als Neffen und Adoptivsohn ausgegeben, weil sie, »die katholische Vorzeigefrau Chiles«, wie Langenhorst sie nennt, keinen Skandal heraufbeschwören wollte.

Genauso viel Raum für Spekulationen lässt Mistrals vermeintliche Homosexualität. Doris Dana leugnete stets, eine lesbische Beziehung zu Mistral gehabt zu haben, diese sei für sie vielmehr wie eine Mutter gewesen. Und auch zu Laura Rodig und Palma Guillén habe Mistral keine sexuellen Kontakte unterhalten. Im Übrigen habe Gabriela Männer gemocht und sei auch mehrfach liiert gewesen. Ihre erste Gedichtsammlung, *Desolación*, wird als eine Auseinandersetzung mit dem Selbstmord eines geliebten Mannes interpretiert. Einige Forscher glauben jedoch, dass einige Briefe Mistrals ihre lesbische Beziehung zu Doris Dana bestätigen.

Dana wehrte sich auch dagegen, immer wieder als Mistrals Sekretärin bezeichnet zu werden, die sie gar nicht hätte sein können, da sie nicht ausreichend des Spanischen mächtig war.

Die Nachricht von der Zuerkennung des Literaturnobelpreises erreicht Mistral im November 1945 in Petropolis, und sie soll vor einem Kreuz niedergekniet sein. Später, so Ferchl, habe sie sich als Kandidatin der Kinder und Frauen der Welt gesehen. Obwohl krank, reist sie nach Stockholm, um den Nobelpreis entgegenzunehmen. In der Laudatio wird sie vom schwedischen König als die »spirituelle Königin Lateinamerikas« bezeichnet.

Zum Jahresende ging sie dann nach Los Angeles, um dort als Konsulin zu arbeiten. Von ihrem Preisgeld kaufte sie sich ein Haus in Santa Barbara, das sie als Altersruhesitz vorgesehen hatte. Doch noch war an Ruhe nicht zu denken: Sie wurde chilenische Delegierte für die UN-Kommission für die Rechte der Frauen und Kinder, arbeitete für das UNO-Kinderhilfswerk UNICEF und als Beauftragte der Organisation der Vereinten Nationen für Erziehung, Wissenschaft und Kultur (UNESCO).

In Kalifornien lernt sie Thomas Mann und Hilde Domin kennen, und hier schreibt sie einen großen Teil der Gedichte des Bandes *Lagar* (dt.: Kelter, 1954), in denen sich der Zweite Weltkrieg ebenso widerspiegelt wie die Selbstmorde Yin Yins und des Ehepaars Zweig.

Doris Dana lernte sie kennen, als diese eine Essaysammlung internationaler Schriftsteller über Thomas Mann herausgab, zu der auch Mistral einen Beitrag schrieb. Auf Danas Dankesbrief folgte eine Einladung nach Santa Barbara. »Sie war jemand besonderes. Ich habe nie in meinem Leben einen Menschen kennengelernt, der weniger an sich selbst gedacht hätte und so viel an die anderen und an die Welt«, sagte Dana über ihre Freundin. Gemeinsam reisten sie nach Veracruz in Mexiko, wo sie bis 1948 blieben, um von dort nach Italien zu fahren, wo sie in Rapallo ein Haus mieteten. Mistral arbeitete dort jeweils als Konsulin und schrieb Beiträge für die kolumbianische Tageszeitung *El Tiempo*, womit sie ihren Lebensunterhalt bestritt, da sie laut Dana für ihre Konsulatsarbeit nur ein geringes Salär erhielt. Erst 1953 kehrten sie in die USA zurück, in Doris' Haus auf Long Island. Im Jahr darauf reiste Mistral zum letzten Mal nach Chile, wo sie wie ein Staatsgast empfangen wurde. Die Universität Chile verlieh ihr einen weiteren Ehrendoktortitel. Sie litt damals bereits an Diabetes und Herzproblemen. Sie starb im Beisein von Doris Dana am 10. Januar 1957 in einem Krankenhaus in Hampstead (New York) an Bauchspeicheldrüsenkrebs. Ihr Leichnam wurde zunächst nach Santiago überführt und drei Jahre später in einem Mausoleum in Monte Grande beigesetzt. »Was die Seele für den Köper bedeutet, tut der Künstler für das Volk«, hatte sie einst gesagt, und dieser Satz ziert ihren Grabstein.

Mistral vermachte Dana 21 Kisten mit Korrespondenz, die 2007 nach Chile gebracht wurden und dort bearbeitet werden. Doris Dana stellte nach Mistrals Tod eine Gedichtsammlung mit dem Titel *Poema de Chile* zusammen, eine geistige Reise Mistrals durch ihre Heimat.

In fast jeder chilenischen Stadt ist heute eine Straße oder ein Platz nach Gabriela Mistral benannt, eine U-Bahnstation der Hauptstadt trägt ebenso ihren Namen wie eine private Universität und eine Verdienstmedaille für Lehrer, und sie prangt auf einem 5000-Peso-Schein. Die Organisation Amerikanischer Staaten lobt seit 1979 einen Kulturpreis aus, der ebenfalls nach Gabriela Mistral benannt wurde.

Ausgewählte Literatur:

Irene Ferchl: »›Du sollst dein Werk wie dein Kind hervorbringen, mit dem Blut aus tausend Tagen‹. Gabriela Mistral (1889–1957), Nobelpreis für Literatur«. In: Charlotte Kerner (Hrsg.): *Nicht nur Madame Curie ... Frauen, die den Nobelpreis bekamen.* Weinheim/Basel 1990. S. 111–134. Informative Biographie, die jedoch aufgrund ihres Erscheinungsjahres nicht auf den neuesten Stand der Mistral-Forschung eingeht.

Annegret Langenhorst: »›Ich liebe, was sich nicht stolz erhebt‹. Gabriela Mistral (1889–1957), Dichterin Chiles«. In: Annegret Langenhorst / Johannes Meier / Susanne Reick (Hrsg.): *Mit Leidenschaft leben und glauben. 12 starke Frauen Lateinamerikas.* Wuppertal 2010. S. 9–28. Diese Biographie geht ausführlich auf Mistrals Religiosität ein.

»Gabriela Mistral«. In: Dieter Reichardt (Hrsg.): *Autorenlexikon Lateinamerika.* Frankfurt am Main 1992. S. 268–270. Das Kurzporträt umreißt Mistrals dichterisches Schaffen

Cherie Zalaquett Aquea: »Gabriela Mistral: Doris Dana, la albacea de la Mistral, rompe el silencio: ›Me da escalofrío lo que dicen de Gabriela‹.« In: *El Sábado*, Beilage des *Mercurio*, 22.11.2002. Interview mit Mistrals Freundin Doris Dana über die Person Mistral, ihren Nachlass, ihren Adoptivsohn und ihre vermeintliche Homosexualität.

FRIDA KAHLO
MEXIKO, 1907–1954

Es gibt keine andere Kunst, die so ausschließlich weiblich zu nennen wäre«, schrieb André Breton über die Bilder Frida Kahlos. Und er fuhr fort: »... unfasslich schillernd zwischen absoluter Reinheit und völliger Durchtriebenheit.« Der französische Surrealist bemühte damit einmal mehr die archetypischen Vorstellungen von der Frau als Heilige oder Hure, um die Bilder der heute berühmtesten Malerin Lateinamerikas zu beschreiben. Die Faszination für die Künstlerin hat aber nicht nur etwas mit Fridas Bildern, sondern ebenso viel mit ihrem Leben zu tun. Bilder und Biographie sind bei Frida Kahlo untrennbar miteinander verwoben, was sich nicht zuletzt darin äußert, dass der größte Teil ihrer Bilder Selbstbildnisse sind. Aber Frida Kahlo malte nicht naiv ihre Gefühle, sondern inszenierte sich und die verschiedenen Facetten ihrer Persönlichkeit in Bildern, Kleidung, Äußerungen und Auftritten. Ihr Leben kann als eine Art Gesamtkunstwerk aufgefasst werden, das bis heute wenig von seiner Anziehungskraft eingebüßt hat.

Geboren wurde Frida Kahlo als Magdalena Carmen Frieda Kahlo y Calderón am 6. Juli 1907 in Mexiko-Stadt. Später allerdings datierte sie ihre Geburt auf 1910, das Jahr der mexikanischen Revolution, deren bis heute nicht eingelösten Idealen sie sich verbunden fühlte, und ihren deutschen Vornamen Frieda hispanisierte sie nach der Machtergreifung der Nationalsozialisten. Ihr Vater Carl Wilhelm (Guillermo) Kahlo stammte aus einer deutsch-ungarischen jüdischen Familie und war als 18-Jähriger nach Mexiko gekommen. Nach dem Tod seiner ersten Frau heiratete er Matilde Calderón, Fridas Mutter, die aus dem noch stark von indigener Bevölkerung geprägten Oaxaca stammte. Der Vater wurde bald ein erfolgreicher Fotograf und prägte die Interessen Fridas entscheidend mit. Sie erhielt eine gute Schulbildung, und viele ihrer Schulkameraden blieben ihr Zeit ihres Lebens verbunden – und wurden einflussreiche Politiker und Intellektuelle. Doch das bis dahin – trotz einer Erkrankung an Kinderlähmung im Alter von sechs Jahren – relativ unbeschwerte Leben Fridas änderte sich am 17. September 1925, als sie bei einem Busunglück schwer verletzt wurde. Eine Stahlstange durchbohrte ihr das Becken, die Folgen waren ständige Schmerzen, zahlreiche Operationen, Monate im Streckverband, Gips- und Stahlkorsetts, die sich auch auf ihren Bildern wiederfinden. Sie lernte wieder laufen, litt aber für den Rest ihres Lebens an den Schäden. Auch konnte sie infolge des Unfalls keine Kinder bekommen. Frida, die eigentlich hatte Medizin studieren wollen, begann im Krankenhaus auf einem über dem Bett aufgehängten Gestell zu malen und entdeckte darin ihre Berufung. In ihren Bildern verarbeitete sie ihre privaten Probleme, ihre Schmerzen und erfand sich selbst immer wieder neu.

Kurz nach ihrem Unfall begegnete Frida Kahlo – vermutlich im Haus der Fotografin Tina Modotti – Diego Rivera, einem der damals berühmtesten Maler Mexikos, dessen Wandgemälde mit revolutionären Botschaften zahlreiche öffentliche Bauten schmücken. Obwohl Rivera mit seiner ungeheuren Körperfülle alles andere als attraktiv war, galt er als Schürzenjäger, und es scheint, als hätten wenige Frauen seinem Werben widerstehen können. Auch Frida verliebte sich in den 22 Jahre älteren Künstler, und im August 1929 heirateten die beiden. Neben der Kunst vereinte beide auch der politische Standpunkt, Frida war, wie ihr Mann und viele andere mexikanische Intellektuelle, Mitglied der kommunistischen Partei Mexikos, trat aber wieder aus, als Rivera von der Partei ausgeschlossen wurde. Während Rivera zum berühmtesten Maler der Revolution wurde, dessen Wandgemälde kommunistische und indigene Motive vereinte, überwiegen bei Frida letztere. Vor allem durch ihre Kleidung und ihren Schmuck trug sie zur Akzeptanz der indigenen Kultur bei, auch wenn dies vermutlich nicht ihre primäre Absicht war. Doch zunächst standen Frida Kahlo und ihre Kunstwerke ganz im Schatten des bekannten Ehemannes, zumal, als die beiden 1930 in die USA reisten, wo Diego Rivera verschiedene Aufträge erhielt. Sie lebten hier mit Unterbrechungen die nächsten vier Jahre, und Frida schloss einige wichtige Freundschaften, die sie bis an ihr Lebensende begleiteten. Auch ihre erste Ausstellung hatte sie 1938 in den USA. Allerdings erlitt sie hier auch eine Fehlgeburt und sah sich aufgrund ihrer gesundheitlichen Probleme gezwungen, eine Abtreibung vornehmen zu lassen, was ihr schwer zu schaffen machte.

Diego Rivera geriet in den USA ins Kreuzfeuer der Kritik, als er sich weigerte, in einem von der Ford Motor Company bezahlten Wandgemälde im Rockefeller Center ein Porträt Lenins zu entfernen. Das Paar kehrte nach Mexiko zurück und lebte in den folgenden Jahren in einem von einem bekannten Architekten für sie entworfenen Doppelhaus in dem vornehmen Vorort San Ángel. Allerdings zog Frida zeitweise aus, nachdem sie entdeckt hatte, dass der notorisch untreue Rivera eine Affäre mit ihrer Lieblingsschwester Cristina hatte. Sie schnitt sich die Haare ab und hörte auf zu malen. Nach einer Reise nach New York in der Gesellschaft von zwei Freundinnen verzieh sie Cristina und Diego, und ihre jüngere Schwester blieb ihre wichtigste Bezugsperson, vor allem, wenn sie wieder einmal ins Krankenhaus musste, aber auch, wenn sie einen verschwiegenen Ort für ein Treffen mit einem ihrer Liebhaber benötigte.

Sowohl in den USA als auch in Mexiko erregte das ungleiche Paar das Interesse der Öffentlichkeit, zumal beide großen

Gefallen an der Selbstdarstellung hatten. Ihre Streitigkeiten und Affären wurden Stadtgespräch. Aber nicht nur der Klatsch und Tratsch machte sie so interessant, sondern das Ehepaar Rivera war auch ein wichtiger Referenzpunkt für die intellektuelle und künstlerische Avantgarde der damaligen Zeit. Der bereits erwähnte André Breton und seine Frau, John Dos Passos, Waldo Frank, Manuel Álvarez Bravo und viele andere waren Gäste in dem blau- und rosafarbenen Doppelhaus. Leo Trotzki und seine Frau, die vor allem aufgrund der Fürsprache Riveras in Mexiko Exil erhalten hatten, wohnten zeitweise in dem »Blauen Haus« in Coyoacán, in dem Frida aufgewachsen war und das heute das Museum Frida Kahlo beherbergt.

Doch es waren nicht nur die illustren Gäste, die das Aufsehen der Öffentlichkeit erregten, sondern auch die Malerin selbst. Sie hatte begonnen, sich meist in der traditionellen Tracht der indigenen Frauen aus verschiedenen mexikanischen Regionen zu kleiden. Hinzu kamen phantasievolle Frisuren und schwerer exotischer Schmuck. Sie trat auf wie eine klassische Diva, glamourös und zugleich verletzlich. Die zierliche und auch in Mexiko exotisch wirkende Frida übte auf Männer wie Frauen eine starke erotische Anziehungskraft aus, die sie zunehmend einsetzte und auslebte. Allerdings litt sie deshalb nicht weniger unter der ständigen Untreue ihres Mannes. Diego benahm sich wie ein typischer mexikanischer Macho, wenn er für sich zwar alle Freiheiten beanspruchte, Liebhaber seiner Frau aber mit dem Tode bedrohte. Seit den 1930er Jahren führte Frida jedoch zunehmend ein eigenes Leben, nicht nur künstlerisch, sondern auch privat. Und hierzu gehörten diverse Liebesaffären. Allerdings war sie dabei, entsprechend den traditionellen Geschlechterrollen, diskreter als ihr Mann. Zu ihren Liebhabern und Liebhaberinnen zählten Leo Trotzki, der Bildhauer Isamu Noguchi, der Fotograf Nicolas Murray, der spätere Kunstmäzen Heinz Berggruen sowie die costa-ricanische Sängerin Chabela Vargas. Sexualität war für Frida Kahlo etwas Natürliches, ein zentraler Bestandteil des Lebens, und sie thematisiert diese in vielen ihrer Bilder. Nicht zuletzt deshalb entdeckte die Frauenbewegung der 1970er Jahre Frida als eine der Ihren.

Diego Rivera hatte die Kunst seiner Frau stets sehr geschätzt, und allmählich wurde sie immer bekannter. Der Besuch des berühmten surrealistischen Schriftstellers André Breton in Mexiko, der in ihren Bildern eine Art von volkstümlichem mexikanischen und wie oben angemerkt, »typisch weiblichen« Surrealismus erkennen wollte, verschaffte ihr eine Einladung nach Paris. Dort fühlte sie sich allerdings nicht allzu wohl, und nicht nur, weil ihre Ausstellung kein großer Erfolg wurde. Sie konnte auch dem intellektuellen Klima und den Diskussionen der surrealistischen Künstler der Metropole nicht viel abgewinnen, obwohl die Begegnungen mit Marcel Duchamps, Wassily Kandinsky, Pablo Picasso, Max Ernst und vielen anderen ihre Kunst beeinflusst haben dürften.

Ende des Jahres 1939 kam es für Frida Kahlo zu einem erneuten Tiefpunkt. Ihre Beziehung mit dem amerikanischen Fotografen Murray ging zu Ende, aber auch diejenige mit Rivera war so verfahren, dass sich das Paar Ende des Jahres scheiden ließ. Frida zog in ihr Elternhaus in Coyoacán, da das Ehepaar Trotzki sich mit Rivera überworfen hatte und ausgezogen war. Als Trotzki im darauffolgenden Jahr in Mexiko ermordet wurde, gerieten Rivera und Kahlo in Verdacht, an dem Attentat beteiligt gewesen zu sein, wurden jedoch bald wieder von dem Verdacht freigesprochen. Trotz ihrer Scheidung hielten Frida und Diego engen Kontakt und heirateten ein gutes Jahr später erneut, diesmal in den USA, wohin Diego wegen der Beschuldigungen im Zusammenhang mit dem Mord an Trotzki geflohen war und wo Frida sich später in medizinische Behandlung begeben hatte. Für die erneute Vermählung stellte Frida aber Bedingungen, u. a. diejenige, dass es keinen Sex mehr geben sollte, da sie den Gedanken an all die anderen Frauen, mit denen ihr Mann sexuelle Beziehungen hatte, nicht ertragen könne. Die zweite Ehe der beiden vertiefte und stabilisierte die

Bindung, gleichzeitig ließ man sich aber mehr Freiheiten und agierte unabhängiger voneinander. Frida Kahlo und Diego Rivera lebten ab 1941 in dem »Blauen Haus« in Coyoacán, das Fridas Vater zu Beginn des Jahrhunderts gebaut hatte, das Doppelhaus diente als Atelier.

Fridas Ruhm als eigenständige Künstlerin wuchs nun ständig. In den USA hatte sie zahlreiche erfolgreiche und prestigeträchtige Ausstellungen, und die mexikanische Regierung erteilte ihr einen Lehrauftrag an der Schule für Malerei und Skulptur. Auch als Lehrerin wirkte sie vor allem durch ihre spontane und unkonventionelle Art sowie durch die Tatsache, dass sie die Studenten auf andere Themen und Objekte ansetzte als die klassisch europäischen.

Seit den 1930er Jahren waren Frida und Diego zunehmend politisch aktiv. Wie stark Fridas eigenes politisches Bewusstsein war oder inwiefern es Teil der Inszenierung war, lässt sich schwer einschätzen. Jedenfalls hat sie ihre Studierenden zu politischem Engagement gedrängt, und sie verstand ihre Hinwendung zur mexikanischen Volkskunst ebenfalls als einen politischen Akt und nahm bis zu ihrem Tode an politischen Diskussionen und Demonstrationen teil.

Ihre gesundheitlichen Probleme zwangen sie jedoch ab Mitte der 1940er Jahre zu immer stärkeren Einschränkungen. Sie musste sich mehrfach schweren Operationen am Rücken und am Bein unterziehen, im Jahr 1950 allein sechsmal. In dieser Zeit (1944) begann sie auch, ein persönliches Tagebuch zu führen, das tatsächlich als ein surrealistisches Kunstwerk angesehen werden kann, in dem Sinne, dass sie hier in Worten und Bildern, assoziativ und spontan, ihren Befindlichkeiten Ausdruck verlieh. Ab 1951 saß Frida Kahlo im Rollstuhl, malte aber weiterhin so oft es möglich war, nun auch zunehmend Stillleben. 1953, kurz vor ihrem Tod, bekam sie erstmals eine große Einzelausstellung in Mexiko. Zur Eröffnung ließ sich die Künstlerin aufgrund ihrer Bettlägerigkeit tragen und machte das Ereignis ein weiteres Mal zu einem für alle unvergesslichen »Event«, in deren Mittelpunkt die Inszenierung der Person Frida Kahlo stand. Am 13. Juli 1954 starb Frida Kahlo, vermutlich an den Folgen einer Lungenentzündung, doch gibt es auch Gerüchte, dass sie mit einer Überdosis von Schmerzmitteln, von denen sie stets reichlich im Hause hatte, ihrem Leben selbst ein Ende gesetzt hat.

Nach ihrem Tod wurde es zunächst still um die Künstlerin. Es bedurfte des Aufbruches der 1968er Jahre und einer neuen Frauenbewegung in den 1970ern Jahren, um das alle bürgerliche Konventionen und alle politische Korrektheit missachtende Leben und Werk von Frida Kahlo für ein großes Publikum zu entdecken. Inzwischen ist sie die bekannteste Künstlerin Mexikos, wenn nicht Lateinamerikas, und hat den Ruhm ihres Mannes weit übertroffen. Ihre Bilder zählen zu den teuersten lateinamerikanischen Kunstwerken überhaupt und gelten in Mexiko als »nationales Kulturgut«. Ihr Haus in Coyoacán in Mexiko-Stadt ist eine der bekanntesten Touristenattraktionen. Das Museum stellt vor allem Kleidung und Schmuck sowie Möbel aus ihrem Besitz aus.

In Deutschland fand 1982 die erste große Ausstellung über Frida Kahlo und ihre Freundin Tina Modotti statt, weitere folgten. Die letzte große Ausstellung 2010 im Berliner Martin-Gropius-Bau, die anschließend nach Wien ging, verzeichnete in beiden Städten Besucherrekorde. Dies mag nicht zuletzt daran gelegen haben, dass mit dem 2002 entstandenen Hollywoodfilm *Frida* erstmals ein breites Publikum auf die Künstlerin und ihr Leben aufmerksam wurde. Inzwischen gibt es neben einer Oper und einem Theaterstück auch eine Comicbiographie über die Künstlerin. Sie ist zu einem Popstar mit Fangemeinde und Merchandisingartikeln avanciert, hinter dem die Künstlerin selbst immer mehr zu verschwinden droht. Aber vielleicht hätte ihr dies sogar gefallen.

Ausgewählte Literatur:

Zu Frida Kahlo gibt es, entsprechend ihrer Popularität, zahlreiche populäre Darstellungen, deren Qualität unterschiedlich ist. Die meisten basieren auf der klassischen Biographie von Hayden Herrera, die auch die Grundlage für den Hollywoodfilm *Frida* von 2002 darstellt: Hayden Herrera: *Frida Kahlo. Malerin der Schmerzen – Rebellin gegen das Unabänderliche.* Aus dem Amerikanischen von Dieter Mulch. Frankfurt am Main 1987, und dieselbe: *Frida Kahlo. Ein leidenschaftliches Leben.* München 2002. Empfehlenswert ist auch Karen Genschow: *Frida Kahlo. Leben – Werk – Wirkung,* Frankfurt am Main 2007 sowie der Wikipedia-Artikel http://de.wikipedia.org/wiki/Frida_Kahlo, 15.5.2012.

Von den zahlreichen Katalogen und Editionen ihrer Briefe und Tagebücher seien hier nur der letzte Berliner Katalog Helga Prignitz-Poda (Hrsg.): *Frida Kahlo. Retrospektive.* München u. a. 2010, sowie *Frida Kahlo. Gemaltes Tagebuch.* München 1995 erwähnt.

MERCEDES SOSA
ARGENTINIEN, 1935–2009

Die Sängerin Mercedes Sosa wird in Argentinien, ja in ganz Lateinamerika über ihren Tod hinaus verehrt, und nicht nur wegen ihrer weichen Altstimme. Sie gehörte zu einer Gruppe lateinamerikanischer Künstler, die in den 1960er Jahren die Musik des Kontinents radikal verändert haben, denn sie haben sich gegen die Allmacht des Marktes gewehrt und ihre Lieder als Begleitung der Bevölkerung, nicht zuletzt in ihrem Streben nach gesellschaftlicher Veränderung gesehen. Mercedes Sosa sang für soziale Gerechtigkeit, die Gleichstellung der Frau, gegen die Zerstörung der Umwelt und für die Freiheit. Ihre Konzerte gegen Ende der Militärherrschaft gaben vielen Menschen den Anstoß zum Protest gegen die Diktatur.

Wenn man in Argentinien von »La Negra«, der Schwarzen, spricht, weiß jeder, wer gemeint ist. Das schwere, blauschwarze Haar, das der Sängerin den Kosenamen eintrug, hatte Mercedes Sosa ihren indianischen Vorfahren zu verdanken, ebenso die breiten Wangenknochen. Dass indianisches Blut durch ihre Adern floss, erfuhr sie, als ihre Großmutter väterlicherseits auf dem Sterbebett lag und plötzlich nur noch Quechua sprach. Zeit ihres Lebens bedauerte die Sängerin, dass die Großmutter ihren Enkeln ihre Muttersprache nie beigebracht hatte. »Soy india«, betonte sie immer, und wenn Mercedes Sosa spürte, dass ihre Lieder den Indianern ihrer Heimat – rund 600 000 leben in Argentinien – etwas gaben, war sie besonders stolz darauf, zu ihnen zu gehören.

Haydée Mercedes Sosa wurde als zweites von vier Kindern am 9. Juli 1935 in San Miguel de Tucumán geboren, der Hauptstadt von Tucúman, einer kleinen, armen Provinz im argentinischen Nordwesten, die bis heute hauptsächlich von Zitronen und Zuckerrohr lebt. Auch die Sosas waren arm. Der Vater schuftete am Ofen einer Zuckerrohrfabrik, und es gab Zeiten, da reichte das Geld kaum fürs Essen. Dann aß die Familie gesalzene Weizenkleie. Wenn Mutter Emma – sie stammte von französischen Einwanderern ab – *empanadas* zubereitete, die berühmten argentinischen Teigtaschen, gab sie immer zuerst den Kindern – dieses Bild kam ihr immer in den Sinn, wenn sie an ihre Kindheit dachte, erklärte Mercedes Sosa einmal in einem Interview. Und wenn sie sich als junges Mädchen das einzige Paar Strümpfe vor dem Monatsende zerriss, musste sie sich welche leihen. Auch das vergaß sie nie.

»Triste estoy«, ich bin traurig, hieß das Lied, mit dem die Karriere der Frau begann, die später als die Stimme Amerikas bezeichnet werden sollte. Sie trug das Lied im Oktober 1950 bei einem Gesangswettbewerb von Radio LV12 vor, einem Sender ihrer Heimatprovinz. Ein paar Freundinnen hatten sie dazu gedrängt. Sie trat unter dem Pseudonym Gladys Osorio an, denn sie wollte ihren Eltern keine Schande machen. Gladys Osorio gewann den Wettbewerb, ein Zweimonatsvertrag mit dem Sender war die Belohnung.

Sechs Jahre später lernte Mercedes Sosa in einem Folklorelokal den Sänger und Komponisten Oscar Matus kennen, und sie verliebte sich nach eigenen Worten in seine Lieder und seine Musik. Am 5. Juli 1957 heirateten die beiden, zogen zunächst in seine Heimatstadt Mendoza und 1960 nach Buenos Aires. Inzwischen war ihr einziger Sohn Fabián geboren. In Buenos Aires schlug sich die Familie mit Hausmeister- und Putzarbeiten durch. Sosas erster Platte *La Voz de la Zafra* von 1962 mit Liedern von Matus, war kein Erfolg beschieden.

1963 war das Ehepaar mit zwölf anderen Folklorsängern und -sängerinnen aus Mendoza maßgeblich daran beteiligt, die argentinische Volksmusik, die seit einiger Zeit in Mode war, auf einen neuen Kurs zu bringen. Sie nannten sich *Movimiento del Nuevo Cancionero* (dt.: Bewegung des neuen Liedgutes) und wandten sich in einem 1963 veröffentlichten Manifest dagegen, dass der Tango, der aus Buenos Aires stammte, dem Land als alleinige Ausdrucksform der Folklore übergestülpt würde. Sie propagierten eine Weiterentwicklung der traditionellen Musik sämtlicher Regionen des Landes, in der sich alle Bevölkerungsschichten wiederfinden könnten. Und sie wandten sich dagegen, dass sich das musikalische Schaffen lediglich am Markt orientierte. »Die Kunst soll sich, wie das Leben, ständig verändern, und deshalb versucht die Bewegung des neuen Liedgutes, das Volkslied in das kreative Schaffen des Volkes einzubinden, um dieses auf seinem Weg zu begleiten, indem es seinen Träumen, seinen Freuden, seinen Kämpfen und seinen Hoffnungen Ausdruck verleiht«, hieß es in dem Manifest, das die argentinische Folklore zudem im lateinamerikanischen Kontext sah: In den 1950er Jahren hatte Violeta Parra, mit deren bekanntesten Liedern Sosa 1971 ein Album aufnehmen sollte, bereits begonnen, die chilenische Volksmusik zu verändern, indem sie sie mit aktuellen, sozialkritischen Texten zusammenband. Die Bewegung griff, mit regionalen Besonderheiten, in den folgenden Jahren auf ganz Mittel- und Südamerika über. Mercedes Sosa blieb dem Anspruch des Manifests des *Movimiento del Nuevo Cancionero* ihr Leben lang treu.

Sosa und Matus traten an der Universität und in Lokalen auf und begeisterten die Zuschauer, doch der große Erfolg stellte sich nicht ein. 1965 nahm Sosa ihr zweites Album auf, auf dem sie wieder hauptsächlich Kompositionen ihres Mannes sang. Matus war es gelungen, *Canciones con fundamento* (dt.: Lieder mit Fundament) bei einer kleinen, unabhängigen Plattenfirma unterzubringen. Im gleichen Jahr gelang ihr dann der Durchbruch: Der bekannte Sänger Jorge Cafrune hatte 1962 das bis heute größte Folklore-Ereignis Argentiniens ins

Leben gerufen, das Festival von Cosquín in der Provinz Córdoba. Cafrune lud Mercedes Sosa ein, und ihre Altstimme war erstmals im ganzen Land zu hören. Noch im gleichen Jahr bot man ihr an, bei der Aufnahme der Folkloreoper *El Romance de la muerte de Juan Lavalle* (dt.: Die Romanze vom Tod des Juan Lavalle) des bekannten Schriftstellers Ernesto Sábato, zu der der nicht minder bekannte Komponist und Gitarrist Eduardo Falú die Musik geschrieben hatte, ein Stück zu singen.

Privat lief es weniger rund. Nach acht Jahren Ehe ließ Oscar Matus Frau und Kind wegen einer anderen Sängerin sitzen. In der Rückschau stellte sie einmal fest, dass sie erst zu Mercedes Sosa wurde, nachdem er nicht mehr versuchte, sie in den Schatten zu stellen. Sie erinnerte sich an die Jahre mit Matus als die unglücklichsten ihres Lebens, nicht nur, weil sie arm und verbittert waren, sondern auch, weil er sie schlecht behandelt hatte. Dennoch litt sie darunter, dass er sie verließ: »Zu der Zeit brauchten wir Frauen doch noch eine Stütze … und als die galt der Ehemann.« In die Scheidung willigte er erst ein, nachdem sie ihm die Rechte an ihren bisher aufgenommenen Platten übertragen hatte.

Kurze Zeit später ging sie erneut eine feste Beziehung ein, mit ihrem Manager Pocho Mazzitelli, den sie bis zuletzt als ihre große Liebe bezeichnete. Mazzitelli starb 1978 an einem Hirntumor. Seitdem lebte Sosa allein.

Beruflich ging es nach der Trennung von Matus stetig bergauf: 1966 erschienen gleich zwei Alben, und 1967 folgte die erste internationale Tournee, die sie in die USA, in die Sowjetunion und in verschiedene europäische Länder führte. 1969 komponierte Ariel Ramírez für sie die Musik zu *Mujeres Argentinas* (dt.: Argentinische Frauen), und der im Lande hochgeschätzte Historiker Félix Luna schrieb die Texte. Das Album ist acht bekannten und unbekannten, aber immer kämpferischen Argentinierinnen der Geschichte gewidmet. »Alfonsina y el mar« (dt.: Alfonsina und das Meer), die Huldigung an die feministische Dichterin Alfonsina Storni, die 1938 im Meer den Freitod gesucht hat, zählt neben »Gracias a la vida« (dt.: Dank an das Leben, von Violeta Parra, 1971) und »Todo Cambia« (dt.: Alles verändert sich, 1984) zu ihren berühmtesten Liedern.

Bereits im Juni 1966 hatte sich das Militär mit General Juan Carlos Onganía an der Spitze an die Macht geputscht, und Mercedes Sosas Lieder, die von Freiheit, Abschaffung der Armut oder der Gleichstellung der Frau handelten, passten nicht in das Weltbild der streng katholischen, antikommunistischen Generäle. Die meisten ihrer Lieder durften im staatlichen Radio nicht mehr übertragen werden.

Sosa träumte davon, die Welt zu verändern. Sie bezeichnete sich selbst als Kommunistin, war aber nie parteipolitisch aktiv. Sie behauptete von sich selbst, politisch naiv gewesen zu sein. Wie so viele arme Argentinier, waren ihre Eltern Anhänger von General Juan Domingo Perón und seiner Frau Eva (S. 118) gewesen. Dank des sozialen Wohnungsbauprogramms seiner Regierung (1946–1955) hatte die Familie ein Haus bekommen. In einem Interview erinnerte sich Mercedes Sosa, wie sie alle geweint hatten, als Evita Perón 1952 ihrem Krebsleiden erlag. Für Sosa war Evita eine Revolutionärin ihrer Zeit, die sie für ihre Schönheit und ihre Kraft bewunderte.

Perón wurde 1973 erneut ins Präsidentenamt gewählt, doch bereits im Juli des Folgejahres starb der General. Seine dritte Frau María Estela Martínez de Perón (S. 118), die gewählte Vizepräsidentin, übernahm daraufhin die Macht. Das Land versank in Gewalt. Zwei linke Guerillagruppen warfen Bomben und entführten reiche Unternehmer und rechte Politiker. Die von der Regierung und den Streitkräften gestützte, paramilitärische Organisation *Alianza Argentina Anticomunista* (dt.: Argentinische Antikommunistische Allianz, gemeinhin als *Triple A* bekannt) antwortete ebenfalls mit Terror. Die *Triple A* forderte Mercedes Sosa schließlich in einem Brief auf, Argentinien binnen vier Tagen zu verlassen. »Bis dahin war ich jeden Tag spazieren gegangen, aber jetzt lag ich da, wusste nicht, was ich tun sollte. Pocho, mein Mann, der damals noch lebte, sagte: Steh auf, lass uns an die frische Luft gehen, sie werden nicht erreichen, was sie wollen. Es war ein Sonnabend, ich werde es nie vergessen. Wir gingen also los, die Straße Carlos Pellegrini entlang bis zur Córdoba und zurück, und auf diesem Spaziergang lernten wir, was Angst ist«, berichtete sie 2003 der *Berliner Zeitung*.

Sie ging dann auf Tournee nach Ecuador und Japan, und als sie zurückkam – inzwischen hatten die Militärs die Präsidentin aus dem Amt geputscht und erneut die Macht übernommen – ließ man sie zunächst in Ruhe. Bis 1978, als sie im Studentenclub der Veterinärmediziner der Stadt La Plata auftrat. An der Universität von La Plata hatten die *Montoneros*, eine der beiden Guerrillagruppen des Landes, besonders starken Rückhalt, und die Armee war dort immer wieder eingeschritten. »La Plata mit seiner Universität war die röteste Stadt Argentiniens – rot von all dem Blut, das dort geflossen ist. Auf dem Campus, in den Wäldern, überall lagen jeden Morgen die Leichen. Wenn Pocho damals noch am Leben gewesen wäre, er hätte nie zugelassen, dass ich nach La Plata fahre«, erinnerte sich die Sängerin. Sie hatte gerade das Lied »Cuando tenga la tierra« (dt.: Wenn ich das Land habe) gesungen, ein Plädoyer für eine Agrarreform, als Polizei und Militär den Saal stürmten. Ihr Sohn Fabián holte sie von der Bühne, um sie in Sicherheit zu bringen, doch es half nichts, Mercedes Sosa wurde verhaftet und mit ihr die 350 Zuhörer des Konzerts. Sie blieb 18 Stunden in der Gewalt der Militärs, bis ein Anwalt ihre Freilassung erwirkte. Die Generäle wussten, dass sie nichts mit der Guerilla zu tun hatte, das rettete ihr das Leben.

Es sprach für ihre politische Naivität, dass sie geglaubt hatte, ein Star wie sie, dem die Menschen an den Lippen hingen, könnte öffentlich für eine Agrarreform singen, wie sie die Guerilla forderte, und ungeschoren davonkommen, nur, weil auch die Militärs sie und ihre Musik mochten. Man verbot ihr aufzutreten, und so verließ La Negra im Februar 1979 das Land, um zunächst in Paris und schließlich in Madrid im Exil zu leben, das sie »als die schlimmste aller Strafen« empfand. Sie litt unter Einsamkeit.

Die Militärs waren noch an der Macht, doch bereits erheblich geschwächt, weil die Wirtschaft täglich schlechter lief und sich immer mehr Unmut über die Repression breitmachte, als Mercedes Sosa am 18. Februar 1982 für sieben Tage nach Buenos Aires zurückkehrte, um im *Teatro Ópera* an der Avenida Corrientes im Herzen der Stadt gemeinsam mit anderen Künstlern, die sich nicht mit den Militärs arrangiert hatten, 13 legendäre Konzerte zu geben. Gemeinsam mit León Gieco sang sie dort dessen Lied »Sólo le pido a Díos« (dt.: Ich bitte Gott nur darum, 1978), das sich in den kommenden Monaten zum Protestsong der Demokraten gegen die Diktatur entwickeln sollte. Und sie sang »La Carta« (dt.: Der Brief), ein Lied von Violeta Parra, in dem die Chilenin die Verhaftung ihre Bruders beschreibt, der an einem Streik teilgenommen hatte: »Die Leute sprangen auf, sie waren völlig außer sich, viele weinten«, erinnerte sich Sosa. Die Konzerte, aus deren Live-Mitschnitten kurze Zeit später das Doppelalbum *Mercedes Sosa en Argentina* (dt.: Mercedes Sosa in Argentinien) entstand, wirkten für viele Menschen wie ein Signal, nicht länger zu schweigen. Im Mai kam es zur ersten großen Demonstration gegen die Diktatur. Mercedes Sosa kehrte nach der Konzertreihe gleich wieder nach Madrid zurück, da sie Repressalien der Militärs befürchten musste.

Die Militärs verloren nach zehnwöchigen Kämpfen im Juni 1982 den Falkland- oder Malwinenkrieg gegen Großbritannien und sahen sich gezwungen, für Oktober 1983 Wahlen auszuschreiben, die der Liberale Raúl Alfonsín für sich entschied. Nach dessen Amtsübernahme ließ sich La Negra wieder in Buenos Aires nieder, um künftig für Alfonsín Position zu beziehen, vor allem, weil er die Militärs für ihre Menschenrechtsverbrechen vor Gericht stellen ließ. Rund 30 000 Menschen waren unter der Diktatur in Folterzentren verschleppt worden und seitdem spurlos verschwunden. Sosa widmete den Verschwundenen 1983 das Lied »Todavía cantamos« (dt.: Wir singen noch, geschrieben von Víctor Heredia), ein flammender Aufruf, sie nicht zu vergessen und die Suche nach ihnen nicht aufzugeben. Weil sie sich für die weitere Verfolgung der unter der Diktatur begangenen Menschenrechte einsetzten, unterstützte Sosa in den letzten Jahren die Regierungen von Néstor Kirchner und seiner Frau Cristina Fernández de Kirchner (S. 158).

Nach dem Ende der Diktatur in ihrer Heimat feierte Mercedes weiterhin weltweit Triumphe. Sie sang in New Yorks *Carnegie Hall*, im *Concertgebouw* in Amsterdam und trat auch verschiedentlich in Deutschland auf. Insgesamt, so hat ihr Management errechnet, hat sie vor einer halben Million Menschen gesungen. Sie stand mit Luciano Pavarotti auf der Bühne, mit ihrer nordamerikanischen Kollegin Joan Baez und immer wieder mit dem von ihr hoch geschätzten Brasilianer Milton Nascimento. Nur zu einem Duett mit Carlos Santana, das sie sich so gewünscht hatte, kam es nie. Sie sang in Deutschland mit Konstantin Wecker, und in Argentinien gibt es keinen ernstzunehmenden Künstler, mit dem sie nicht aufgetreten wäre. Sie lud junge Sänger und Musiker in ihre Konzerte ein, um sie zu fördern, und akzeptierte auch deren Einladungen, an ihren Konzerten teilzunehmen – gewöhnlich, ohne ihnen ein Honorar abzuverlangen. Gelegentlich sang sie ohne Gage für die Bewohner der Hauptstadt, die sich im Hochsommer keinen Urlaub leisten konnten und auch für teure Eintrittskarten nicht das Geld hatten. Und für Kinder sang die UNICEF-Botschafterin ebenfalls gratis. Sie gab gern. So unterstützte sie auch eine Suppenküche in einem Viertel armer Immigranten aus Bolivien und Peru.

Kein Musik- oder Fernsehpreis, den man ihr in Argentinien nicht zuerkannt hätte, und auch an internationalen Ehrungen fehlte es nicht. Sie erhielt fünf Grammys, unter anderem im Jahr 2000 für ihre CD *Misa Criolla* (dt.: Kreolische Messe), die ihr erneut Ariel Ramírez auf den Leib geschrieben und die sie in Israel produziert hatte. UNIFEM zeichnete sie für ihre Verdienste um die Rechte der Frau aus, und die UNO-Weltfrauenkonferenz lud sie 1995 ein, zu deren Musiksammlung *Global Divas* ihr »Gracias a la Vida« beizusteuern. Sie fand sich auf diesem Album in illustrer Gesellschaft: Edith Piaf sang ebenso darauf wie Marlene Dietrich, Aretha Franklin oder Miriam Makeba. Ein Jahr später wurde ihr in Aachen der Internationale Musikpreis der UNESCO verliehen, mit dem Musiker ausgezeichnet werden, die auf besondere Weise zur Entwicklung des internationalen Musiklebens beigetragen haben und sich für Frieden, Völkerverständigung und die Bewahrung traditionellen Kulturguts eingesetzt haben. In der Laudatio hieß es, der Preis werde ihr nicht nur für ihre brillante Karriere zuerkannt, sondern auch, weil sie sich während der »dunklen Jahre« der argentinischen Diktatur um die Verteidigung der Menschenrechte verdient gemacht habe.

1997 nahm Sosa dann in ihrer Eigenschaft als Vizepräsidentin der lateinamerikanischen Sektion des Rates der Erde am Forum Rio + 5 teil, um mit Vertretern von Nichtregierungsorganisationen aus aller Welt darüber zu diskutieren, wie sich nachhaltiges Wachstum in die Tat umsetzen lässt, und um sich an der Redaktion der sogenannten Erd-Charta zu beteiligen, einer Deklaration grundlegender ethischer Prinzipien für eine nachhaltige globale Entwicklung.

Für die Klatschpresse gab Mercedes Sosa nie viel her, denn sie lebte sehr zurückgezogen. Im letzten Lebensjahrzehnt waren gelegentliche Erkrankungen Anlass, über sie zu berichten. So zwangen sie 1998 ein Magenproblem und eine schwere Depression für fünf Monate ins Bett. Sie selbst meinte dazu, die schlimme Erfahrung des Exils sei die Ursache ihrer Krankheit gewesen.

Gelegentlich gab auch ihr Verhältnis zu ihrem Sohn Fabián, der sie seit Jahren managte, den Klatschblättern Nahrung, denn zwischen Mutter und Sohn flogen bisweilen die Fetzen.

Sie liebte ihre beiden Enkel, obwohl sie mit ihnen auch streng sein konnte. Mit Araceli, Musiktherapeutin und zehn Jahre älter als ihr Bruder Agustín, stand sie mehrfach auf der Bühne. Sie fuhr gern Auto, weil es ihr das Gefühl von Unabhängigkeit gab, und sie gab zu, dass sie hochmütig sein konnte, vor allem, wenn es ums Singen ging. Und ja, die Frau, die sich uneitel selbst als dick bezeichnete und immer in den schlichten, weiten, meist schwarz-roten Ponchos der Hochlandindianer auftrat, mochte auch Luxus: Bevor sie sich fotografieren ließ, streifte sie angeblich ihre Ringe ab.

»Ich habe aufrecht gelebt und sie sollen mich aufrecht begraben«, sang sie auf ihrer letzten CD *Cantora* (dt.: Sängerin), auf der sie mit Shakira, Juan Manuel Serrat und anderen Stars im Duett zu hören ist. Wenige Tage nach Erscheinen der CD, am 4. Oktober 2009, verstarb Mercedes in »ihrem« Buenos Aires, dessen Ehrenbürgerin sie längst war, an einem Herz-Lungenstillstand. Zwei Wochen zuvor war sie mit Leberproblemen in eine Klinik eingeliefert worden. Ihr Leichnam wurde im Kongress aufgebahrt. Wie tausende Bürger erwies auch Präsidentin Cristina Fernández de Kirchner La Negra die letzte Ehre.

Ausgewählte Literatur:

http://www.mercedessosa.com.ar. Die Webseite enthält einen ausführlichen Lebenslauf und eine vollständige Discographie.

Víctor-M. Amela: »Entrevista a Mercedes Sosa: ›Tomamos la vida muy a la ligera.‹« Auf: http://www.theclinic.cl/2009/10/05/mercedes-sosa-tomamos-la-vida-muy-a-la-ligera, 14.5.2012.

Gabriel Bauducco: »Mercedes Sosa«. Auf: http://www.astrolabio.net/msosa/articulo/101962137572533.html, 14.5.2012.

Hinnerk Berlekamp: »Irgendwann singe ich John Lennons ›Imagine‹«. In: *Berliner Zeitung*, 25.10.2003. Auf: http://www.berliner-zeitung.de/archiv/10810590,10124710.html, 11.5.2012.

Cristina Castello: »Mercedes Sosa. La Voz«. In: *Viva*, Beilage zur *Clarín*, 11/1994.

Ausführliches Interview mit Mercedes Sosa über ihr Leben. Teilweise nachge-
druckt auf: http://www.revista.agulha.nom.br/ag11sosa.htm, 14. 5. 2012.

Volker Schmidt: »Die Stimme Südamerikas ist verstummt«. Auf: http://www.
zeit.de/kultur/musik/2009-10/mercedes-sosa, 14. 5. 2012.

MARTHA ARGERICH
ARGENTINIEN, *1941

Martha Argerich war das argentinische Wunderkind am Klavier und entwickelte sich in Europa zu einer der bekanntesten Pianistinnen der letzten Jahrzehnte. Gleichzeitig faszinierte sie durch ihre unkonventionelle Art zu spielen und zu leben, die ihr Beinamen wie die »Löwin« oder die »Sphinx am Klavier« eintrugen. In den letzten Jahren ist es allerdings aufgrund ihrer Krankheit, aber auch aufgrund der Veränderungen im Musikbetrieb still um sie geworden.

Martha Argerich war die Rolle einer Diva der klassischen Musikszene nicht in die Wiege gelegt. Geboren am 5. Juni 1941 in eine argentinische Familie der Mittelklasse, wurde ihr Talent eher per Zufall entdeckt. Die berufstätigen Eltern schickten María Martha, genannt Marthita, mit knapp drei Jahren in einen progressiven Kinderhort, wo vor dem Mittagsschlaf eine Pianistin Wiegenlieder spielte. Eines Tages setzte sich die kleine Martha dort ans Klavier und klimperte ein wenig herum. Die Erzieherin erkannte sogleich, dass sie es mit einem hochbegabten Kind zu tun hatte und überredete die Eltern, ein Klavier zu kaufen. Das zunächst erstandene Kinderklavier lehnte die kleine Martha jedoch vehement ab, und erhielt prompt ein richtiges. Nach kurzer Zeit drehte sich das ganze Familienleben um das kleine Wunderkind. Vor allem Juanita, Marthas Mutter, wurde zu einer unerbittlichen Förderin der Karriere der Tochter. Mit fünf Jahren schickte sie sie in die Musikakademie des bekanntesten Klavierlehrers Argentiniens.

Die Mutter überwachte die technischen Fortschritte. Der Vater, der stärkere musische Neigungen hatte, brachte seiner Tochter die Grundlagen des Lesens, Schreibens und Rechnens bei, später kamen Privatlehrer ins Haus, die ihr Fremdsprachenunterricht gaben. Eine normale Kindheit und Jugend hat Martha also kaum erlebt und auf die praktische Gestaltung des Alltags wurde sie nicht vorbereitet.

Mit sieben Jahren gab Martha Argerich ihr erstes großes Konzert im *Teatro San Martín* von Buenos Aires, auch wenn ihre Zähne vor Angst klapperten und sie beinahe auf die Bühne gezerrt werden musste. Extremes Lampenfieber und Versagensängste vor einem Konzert sollten die Pianistin ihr Leben lang begleiten und später zu zahlreichen kurzfristigen Absagen führen. Neben eigenen Konzerten hatte das hochbegabte Mädchen auch die Gelegenheit, zahlreiche berühmte Pianisten zu erleben, denn das berühmte *Teatro Colón* und der damalige Wohlstand Argentiniens zogen Künstler aus aller Welt an. Marthas Mutter verschaffte ihrem Wunderkind zahlreiche Vorstellungstermine, doch niemand beeindruckte sie so wie Friedrich Gulda, der 1953 für einen Monat nach Buenos Aires kam. Der damals erst 22 Jahre alte österreichische Pianist brachte frischen Wind in die Klassikszene und war eine ebenso unkonventionelle Künstlerpersönlichkeit wie Martha es später werden sollte. Im darauffolgenden Jahr spielte Martha ihm vor, und Gulda bot dem jungen Mädchen an, sich um Marthas Ausbildung zu kümmern, wenn sie nach Wien käme. Hierzu allerdings fehlten der Familie die Mittel. Doch Marthas Ruhm hatte sich inzwischen in Musikerkreisen in Buenos Aires verbreitet, und jemand vermittelte einen Termin im Präsidentenpalast. Juan Domingo Perón verschaffte den Eltern eine Anstellung an der argentinischen Botschaft in Wien, und 1955 übersiedelte Martha Argerich mit ihren Eltern und ihrem jüngeren Bruder nach Wien. Gulda sagte später einmal, technisch habe er ihr nichts mehr beibringen können. Sie selbst jedoch sagt, er habe sie fast alles gelehrt, und bezog sich dabei auf den emotionalen Zugang zu den Stücken und die Ausdrucksfähigkeit.

Im Alter von 16 Jahren gewann Martha den ersten Preis beim internationalen Klavierwettbewerb in Bozen, der damals noch getrennt nach Geschlechtern vergeben wurde, kurz darauf einen weiteren in Genf. Damit hatte sie den Durchbruch geschafft. Die Deutsche Grammophon bot ihr sogleich einen Plattenvertrag an, doch sie lehnte ab, da sie sich noch nicht reif dafür fühlte. Erst 1960 willigte sie ein. Dazwischen lag eine ereignisreiche Tournee durch die Sowjetunion als Begleitung eines bekannten ungarischen Geigers, zahlreiche Konzerte, aber auch Absagen und eine Auszeit bei Freunden auf dem Bahnhof Rolandseck bei Bonn. Mit dem Erscheinen ihrer ersten Schallplatte festigte sich ihr Ruf, doch sie selbst geriet in eine persönliche und berufliche Krise. Diese verstärkte sich, als sie 1963 nach New York reiste, um Vladimir Horowitz zu treffen, den sie sehr bewunderte. Er gab seit zehn Jahren keine Konzerte mehr, und ein Treffen kam nie zustande. Beinahe hätte sie die Karriere »an den Nagel gehängt«, doch während des New-York-Aufenthaltes schloss sie auch zahlreiche Freundschaften mit Kollegen, die sie ein Leben lang begleiten und stützen sollten. Mit dem jungen chinesisch-amerikanischen Komponisten Robert Chen entspann sich ein kurzes Verhältnis, und als Martha wieder in Europa war, stellte sie fest, dass sie schwanger war. Die beiden heirateten, trennten sich jedoch nach wenigen Wochen wieder, unter anderem, weil er das chaotische Leben Marthas nicht aushielt. Kurz vor der Geburt flog sie in die Schweiz zurück, wo sie im März 1964 ihre erste Tochter Lyda gebar. Marthas Mutter kümmerte sich anschließend sowohl um das Baby als auch um die Zukunft ihrer Tochter. Juanita und Juan Manuel Argerich hatten sich kurz zuvor getrennt, Vater und Bruder waren nach Argentinien zurückgegangen, die Mutter jedoch blieb in Europa und managte die Tochter. Ihr und den befreundeten Kollegen ist es zu verdanken, dass Martha sich nicht in einem Anfall von Selbstzweifel zurückzog. Die Mutter überredete sie, nach drei Jahren Pause wieder ins Konzertgeschäft einzusteigen. Allerdings ging dies auf Kosten des Kontaktes zu dem gesundheitlich schwachen Baby, das von der Mutter betreut wurde. Als diese sich mit Robert Chen zerstritt, erkämpfte der Vater sich das Sorgerecht und nahm Lyda mit in die USA.

1965 gewann Martha Argerich den Internationalen Chopin-Wettbewerb in Warschau, der die lange Zeit der Krise beendete. Sie war der Star des Wettbewerbs, sowohl wegen ihres fulminanten Spiels als auch wegen ihrer außergewöhnlichen Erscheinung, deren Markenzeichen die Löwenmähne wurde. Damit begann für die Pianistin aber auch das Leben einer global konzertierenden Virtuosin, die vor allem in Europa erhebliche Furore machte und in ihrem Heimatland zu einer Art Nationalheldin wurde. Martha gastierte oft in London, wo sie dem Pianisten Stephen Kovacevich begegnete, der einer der wichtigsten Männer in ihrem Leben werden sollte. Gleichaltrig, wie sie mit kroatischen Wurzeln und unter demselben Sternzeichen geboren, schienen die beiden wie füreinander gemacht, doch erwies sich diese Ähnlichkeit auch als ein Problem. Die Beziehung hielt nur drei Jahre, erlebte allerdings eine Fortsetzung und mündete in eine lebenslange Freundschaft.

Marthas Beziehungen zu Männern, die allesamt Musiker waren, gestalteten sich extrem schwierig. Ihr unkonventionelles Leben und ihre Abneigung gegen jede Art von Regeln, ihre widersprüchliche Mischung aus Selbstbewusstsein und Versagensängsten, enormer Vitalität und Verletzbarkeit waren oft schwer auszuhalten. Martha empfängt ständig Gäste, die kommen und gehen, auch wenn sie sich zwischendurch zum Üben zurückzieht. Sie schläft bis mittags, verbringt dann den Nachmittag mit allerlei alltäglichen Dingen und beginnt erst nachts zu arbeiten. Ihre Zimmer quellen über von Partituren, Aschenbechern und Essensresten. Martha Argerich ist unberechenbar, auch für ihre Agenten. Sie reist nicht gern und verpasste unzählige Male das Flugzeug, sie unterzeichnet seit den 1970er Jahren keine Verträge mehr, um Konventionalstrafen zu entgehen, und sagt immer wieder kurzfristig Auftritte ab, selbst in den berühmtesten Konzerthallen der Welt. Auch Interviews sind nicht ihre Sache. Musikliebhaber fragen sich, wie sie es schafft, als weltbekannte Pianistin niemals eine Beethovensonate oder wichtige Stücke von Mozart oder Haydn gespielt zu haben. Ein ehemaliger Agent soll einmal gesagt haben: »Martha hat alles dafür getan, ihre Karriere zu ruinieren, aber es ist ihr nie gelungen.«

Kurz nach ihrer Trennung von Kovacevich heiratete Martha 1969 den Dirigenten Charles Dutoit, den sie zehn Jahre zuvor in Genf kennengelernt hatte, und 1970 wurde die zweite Tochter Annie geboren. Doch auch diese Ehe, die in musikalischer Hinsicht sehr fruchtbar war, hielt nur ein paar Jahre. Nach ihrer Trennung im Jahr 1973 blieben die beiden gute Freunde, und Dutoit hat sie immer wieder dazu gebracht, aufzutreten, und erfolgreiche Konzerttourneen mit ihr unternommen.

1974 ging Martha, frisch geschieden, zurück nach London und Genf, wo sie ein Haus besaß. Die Beziehung zu Stephen Kovacevich lebte wieder auf und im März 1975 gebar Martha in der Schweiz das dritte Kind, Stéphanie Argerich, die den Vornamen von ihrem Vater und den Nachnamen der Mutter erhielt. Martha blieb in Genf wohnen, gönnte sich erstmals eine Babypause und spielte 1977 mit Kovacevich ihre erste und einzige gemeinsame Platte ein. Kurz darauf beendete der Vater ihrer dritten Tochter die Beziehung, was Martha in tiefe Verzweiflung stürzte.

Danach hatte sie erst mal genug von den Männern, bis sie 1983 Michel Béroff kennenlernte, der ebenfalls Pianist war und zehn Jahre jünger als sie. Diese Liaison ging in die Brüche, da sich der junge Künstler von ihr ausgesaugt und verunsichert fühlte, so dass er nicht mehr spielen konnte. Beim Nächsten war es genau umgekehrt: Alexandre Rabinovitch, ein aus der UdSSR geflüchteter Pianist, Komponist und Dirigent, nutzte

ihre Berühmtheit für seine Karriere, fühlte sich ihr aber mindestens ebenbürtig. Viele ihrer Freunde und die Mutter sahen
das anders.

Die Mutter blieb bis zu ihrem Tod im Jahr 1989 eine wichtige Figur im Leben der Künstlerin, auch wenn ihre bestim-
mende Art immer wieder zu Konflikten zwischen beiden führte. Kurz nach dem Tod der Mutter siedelte die Pianistin von
Genf nach Brüssel um. Der Umzug sollte etwas mehr Ruhe in
ihr Leben bringen, denn die Wohnung in Genf mit dem ständigen Kommen und Gehen von Künstlern und Freunden war
zu einem regelrechten Taubenschlag geworden. Martha, die
lange Zeit ständig jemanden um sich haben musste, mit dem
sie reden konnte, selbst wenn sie übte, entwickelte allmählich
ein Bedürfnis nach Ruhe und Ungestörtheit, dem sie nun
mehr Raum geben wollte. Doch auch ihr Haus in Brüssel war
stets offen, vor allem für junge Künstler, und bot bald auch
keine Abgeschiedenheit mehr. Marthas Ausweg bestand darin,
sich ein weiteres Domizil in Paris zuzulegen, in unmittelbarer
Nähe ihres langjährigen Freundes, des brasilianischen Pianisten Nelson Freire.

Musikalisch ging ihre Karriere weiter steil bergauf, Tourne-
en durch Europa, die USA, Russland und Japan mehrten ihren
Ruhm und brachten sie mit anderen Kulturen in Kontakt. Zu
der Faszination für Russland in den frühen Jahren gesellte sich
eine besondere Liebe zu Japan, wo sie 1995 ein eigenes Festival
ins Leben rief. Das Festival im japanischen Beppu war nicht
nur der Beginn einer Reihe von Festivals, die sich mit dem
Namen Martha Argerich verbinden, sondern zeigt auch ihr
soziales Engagement. Die Einnahmen fließen in eine Stiftung
für soziale Zwecke, vor allem für die Unterstützung von not-
leidenden Kindern und Jugendlichen. Auf der Höhe der argentinischen Wirtschaftskrise im Jahr 2001 flossen Mittel aus
dieser Stiftung auch in Sozialprojekte in Marthas Heimatland.

Die Künstlerin hatte Argentinien seit der Zeit der Militärdiktatur nicht mehr betreten, ab den 1990er Jahren gab sie je-

doch wieder Konzerte dort und rief 1999 das *Festival Martha Argerich* ins Leben, das von ihrem Bruder geleitet wurde. Hier erprobte sie auch neue Formen, indem sie ein zwölfstündiges Marathonkonzert organisierte oder aber zusammen mit anderen argentinischen Künstlern im Hangar eines von der Schließung bedrohten Industriebetriebes auftrat. Nach dem Tod ihres Bruders im Jahre 2003 geriet das Festival allerdings ins Schlingern, und als finanzielle Unregelmäßigkeiten offenkundig wurden, stellte Martha es 2005 ein. Dafür nahm sie im selben Jahr an der Japantournee des Simón-Bolívar-Jugendorchesters teil. Dieses Orchester basiert auf einem in den 1970er Jahren gegründeten Netzwerk für Musikförderung in Venezuela, das Kindern aus sozial schwachen Familien mit Hilfe von Musik eine neue Perspektive geben soll. In Europa rief sie sodann in Lugano das *Progetto Martha Argerich* ins Leben, dem durch die Beteiligung ihres großen Freundeskreises besonderer Glanz verliehen wird.

Martha Argerich, die immer die Nähe ihrer Freunde und Freundinnen brauchte, hatte seit den 1990er Jahren eine Reihe von Schicksalsschlägen zu verkraften. Nach dem Tod ihrer Mutter 1989 starb 1992 ihre engste Freundin, die vieles in ihrem Leben für sie geregelt hatte, an Krebs, zeitgleich wurde bei ihr selbst Hautkrebs diagnostiziert. Die Operation verlief erfolgreich, doch drei Jahre später kam die Krankheit zurück, und nach einer Japantournee mit Charles Dutoit stellte sich heraus, dass sich in der Lunge Metastasen gebildet hatten. Die Künstlerin ließ sich in Los Angeles behandeln, unterstützt von ihren Töchtern und zahlreichen Weggefährten, die sie dort besuchten. Martha hörte auf zu rauchen – und trat kurz nach ihrer Rückkehr nach Europa wieder auf, begleitet von ihren beiden engen Freunden, dem Geiger Gidon Kremer und dem Cellisten Mischa Maisky. Seit 1983 hat sie keine Solokonzerte mehr gegeben, da ihr diese zu einsam sind, doch für die Krebsklinik, die sie erfolgreich behandelt hatte, willigte sie 2000 ein, in einem Benefizkonzert in der *Carnegie Hall* erneut zumindest ein Solostück zu spielen. Nach wie vor bevorzugt sie Kammerkonzerte mit Freunden oder, wie 1996, mit ihrer Tochter Lyda, die als einzige der Mädchen auch eine Musiker-karriere machte. Auch im Jahr ihres 70. Geburtstages 2011 ab-solvierte sie zahlreiche gefeierte Auftritte. Vermutlich plagt sie davor noch immer Versagensangst, aber ihr Spiel hat auch nach Jahrzehnten der Konzertpraxis und des Übens nichts von ihrer Frische und Wucht eingebüßt. Nur die dunkle Mähne der »Löwin am Klavier« ist grau geworden.

Ausgewählte Literatur:

Olivier Bellamy: *Martha Argerich. Die Löwin am Klavier.* München 2010.

ISABEL ALLENDE

CHILE, *1942

Isabel Allende ist die bekannteste Schriftstellerin Chiles und ganz Lateinamerikas. Sie hat bislang 18 Bücher veröffentlicht, die in über 40 Sprachen übersetzt wurden, einige wurden auch verfilmt. Insgesamt hat sie über 57 Millionen Exemplare verkauft. Allende begreift sich als Feministin, und ihre Romane huldigen immer starken Frauen.

Als sie erfuhr, dass ihr Chiles Nationaler Literaturpreis 2010 überreicht werden würde, habe sie geweint, gestand Isabel Allende. Bereits 2002 war sie nominiert worden, doch wieder einmal ging damals die begehrte Auszeichnung an einen Mann. Obwohl die Auszeichnung seit 1942 verliehen wird, ist Allende erst die vierte Frau, der sie zuerkannt wurde. In der Jury sitzen ausschließlich Männer.

Zwölf Universitäten haben ihr Ehrendoktorwürden verliehen, in den USA, in Italien, der Dominikanischen Republik und auch in Chile, ebenso befand man sie des französischen Ordens der Künste und der Literatur für würdig, sie ist Mitglied der chilenischen Akademie der Sprache und gehört dem Kuratorium des spanischen Cervantes-Instituts an, um nur einige der Ehrungen zu nennen, die Isabel Allende im Laufe der letzten 20 Jahre zuteil wurden. Nur ihr Heimatland versagte ihr bislang seine höchste staatliche Auszeichnung. Und hätten sich nicht zahlreiche Schriftstellerinnen und einige männliche Kollegen öffentlich für sie stark gemacht, wäre auch 2010 wieder nichts daraus geworden.

Ihre Gegner sparten nicht mit Beleidigungen. Der Chef des Kulturteils der Tageszeitung *La Tercera* behauptete, ihr den Preis zu verleihen »ist das Gleiche, als prämierte eine Gastronomie-Messe die Hamburger von McDonalds«. Ein anderer Kommentator meinte, Allende den Preis zu geben, bedeute, ihn zu einem Preis für den größten Export-Erfolg verkommen zu lassen, und nannte ihre Romane »Sprösslinge eines García Márquez, gelesen mit der Brille von Corín Tellado«. Letztere ist das spanische Pendant zu Hedwig Courths-Mahler.

Als sich die Jury dann schließlich für Isabel Allende entschieden hatte, vermutete so manches Medium dahinter politische Gründe: Noch im Wahlkampf 2010 hatte sie Eduardo Frei, den Kandidaten der Mitte-Links-Koalition *Concertación* unterstützt. Der neue Staatschef Sebastián Piñera wolle mit der Verleihung an Allende unterstreichen, dass er nicht nur auf nationale Einheit setzt, sondern auch, obwohl rechts-konservativ, die Gleichstellung der Frau vorantreibt. Isabel Allende ist bekennende Anhängerin der *Concertación*, vor allem aber versteht sie sich als Feministin. In ihrer Dankesrede erklärte sie dann auch, der Preis sei eine Anerkennung für alle Frauen. Und eine Spitze für ihre Kritiker hatte sie ebenfalls parat: »Der Prophet gilt nichts im eigenen Land.« Isabel Allende hat 18 Bücher veröffentlicht, die in rund 40 Sprachen übersetzt und über 57 Millionen Mal verkauft wurden. Kein Chilene, keine Chilenin hat jemals mehr Bücher abgesetzt, und sie ist die weltweit meistgelesene Romanautorin in spanischer Sprache, nimmt man die Volksschriftstellerin Corín Tellado aus.

Isabel Allende Llona wurde am 2. August 1942 in Lima/Peru geboren, wo ihr Vater, der Diplomat Tomás Allende, als Sekretär der chilenischen Botschaft arbeitete. Ihre Eltern trennten sich 1945, und ihre Mutter Francisca Llona, genannt Panchita, zog mit Isabel und ihren beiden Brüdern Francisco und Juan in ihr Elternhaus in Santiago de Chile. Panchita heiratete 1953 mit Ramón Huidobro erneut einen Diplomaten, den Isabel sehr schätzt. Die Familie zog von 1953 bis 1956 in den Libanon und anschließend nach Bolivien. In Beirut besuchte Isabel eine britische Privatschule, und in La Paz ging sie auf ein US-amerikanisches Gymnasium. 1958 kehrte sie nach Santiago de Chile zurück und beendete dort ihre Schulausbildung. Im gleichen Jahr lernte sie den Bauingenieur-Studenten Miguel Frías kennen, den sie 1962 heiratete. Trauzeuge war der spätere Präsident Salvador Allende. Ein Jahr später wurde ihre Tochter Paula geboren.

Nach dem Abitur verzichtete sie auf ein Studium, weil sie finanziell unabhängig sein wollte. Sie arbeitete in der Abteilung Öffentlichkeitsarbeit der Ernährungs- und Landwirtschafts-organisation der UNO in Santiago, wo sie nach einer Weile die Verantwortung für eine Sendung über Unterernährung in der Welt übernahm, die das staatliche Fernsehen wöchentlich aus-strahlte. Ab 1964 lebte sie mit Mann und Tochter eine Weile in Belgien und der Schweiz. Vor der Geburt ihres Sohnes Nicolás 1966 kehrte sie nach Santiago zurück.

Das Hausfrauendasein lag ihr nicht, und so wurde sie im Juli 1967 Mitgründerin und Redaktionsmitglied der Frauen-zeitschrift *Paula*, war dort für den Bereich Humor verantwort-lich und verfasste zudem feministische Beiträge. »Damals«, so schrieb sie in dem autobiographischen Band *Mein erfundenes Land*, »war ich zum ersten Mal Teil einer Gemeinschaft, ich besaß einen Freibrief, durfte indiskrete Fragen stellen und mei-ne Ansichten verbreiten«. Simone de Beauvoirs *Das zweite Geschlecht* und Germaine Greers *Der weibliche Eunuch* zählten zu den Büchern, die sie damals sehr beeinflussten.

Ab 1973 schrieb sie auch für die Kinderzeitschrift *Mampato*, die sie kurze Zeit leitete. Ihr erstes Theaterstück wurde 1972 uraufgeführt, es erschienen zwei Kurzgeschichten für Kinder, und sie veröffentlichte ihr erstes Buch: eine Sammlung femi-nistisch-humoristischer Artikel mit dem Titel *Zivilisieren Sie Ihren Höhlenmenschen*. »Ohne Humor«, sagte sie einmal, »wäre die Strafe, eine Frau in einer für Männer gemachten Welt zu sein, unerträglich. Aber mit Humor kann man Schläge an jeden austeilen, der sie verdient«. Außerdem arbeitete sie für zwei Fernsehkanäle, für die sie eine Comedysendung und eine Talkshow moderierte, die ihr zu einiger Popularität verhalfen.

1970 hatte der Vetter ihres Vaters, der Sozialist Salvador Allende, an der Spitze des Parteienbündnisses *Unidad Popular* (dt.: Volkseinheit) in Chile die Präsidentschaft übernommen, und ihr Stiefvater Ramón wurde chilenischer Botschafter in Argentinien. Am 11. September 1973 endete Chiles sozialistisches Experiment: Die Streitkräfte unter Führung von General Augusto Pinochet putschten den demokratisch gewählten Allende aus dem Amt, und dieser beging Selbstmord. Noch vier Tage zuvor hatte Isabel im Kreise der Familie mit ihm im Präsidentenpalast zu Mittag gegessen. »Ich denke nicht daran, zurückzutreten, das Volk hat mich gewählt und ich mache weiter, es sei denn, sie tragen mich tot hier heraus«, hatte er da geäußert, erinnerte sich Isabel 1988 in einem Interview. Der Putsch habe dafür gesorgt, dass sie binnen 24 Stunden erwachsen geworden sei und begriffen habe, dass sie künftig Position beziehen müsse. Unumwunden gibt sie zu, dass ihr der Nachname Allende am Anfang ihrer Schriftstellerkarriere geholfen hat, erst recht, weil viele anfänglich glaubten, sie sei Allendes Tochter, die ebenfalls Isabel heißt.

Nach dem Putsch ging sie noch eine Weile ihrer Arbeit nach, wurde dann jedoch sowohl bei *Paula* als auch bei *Mampato* entlassen, weil sie mit der Zensur in Konflikt geraten war. Beim Fernsehen kündigte sie, als sie merkte, dass ihr Name von der Diktatur nur dazu missbraucht wurde, um der Öffentlichkeit eine falsche Normalität vorzugaukeln. In den Monaten nach dem Putsch half sie zunächst Dissidenten, das Land zu verlassen, bis sie merkte, dass sie ihre Familie damit gefährdete. Als sie selbst anonyme Todesdrohungen erhielt, verließ sie 1975 Chile: »Die Bluthunde wurden von der Kette gelassen, und ich war von einem Tag auf den anderen eine Fremde im eigenen Land, bis ich es schließlich verlassen musste, denn wie hätte ich dort leben und meine Kinder großziehen sollen, wo die Angst regierte und es keinen Platz für Dissidenten wie mich gab. Damals waren Neugier und ein flottes Mundwerk per Dekret verboten«, heißt es dazu in ihrem autobiographischen Band *Mein erfundenes Land*.

Erst 1988, zur Teilnahme an der Volksabstimmung über Pinochets Verbleib im Amt, sollte sie wieder chilenischen Boden betreten, denn sie hatte sich geschworen, nur zurückzukehren, wenn dies sämtlichen Exilchilenen gestattet wäre. Aus den demokratischen Wahlen vom 14. Dezember 1989 war der Christdemokrat Patricio Aylwin als Sieger hervorgegangen, und sie konnte im März 1990 aus seiner Hand einen nach der chilenischen Literaturnobelpreisträgerin Gabriela Mistral (S. 297) benannten Orden für besondere Verdienste um Lehre und Kultur entgegennehmen. Inzwischen waren ihre Romane auch in Chile erhältlich.

Isabel zog mit Mann und Kindern in die venezolanische Hauptstadt Caracas, wo sie sich in den ersten Jahren wie ein »Weihnachtsbaum ohne Wurzeln« gefühlt habe. Sie schrieb Beiträge für die Tageszeitung *El Nacional*, und ab 1979 nahm sie, weil sie Geld verdienen musste, eine Stelle als Buchhalterin einer Sekundarschule an, eine Arbeit, die sie hasste. Obendrein begann ihre Ehe zu kriseln.

1981 erhielt sie die Nachricht, dass ihr inzwischen 99-jähriger Großvater in Chile im Sterben lag, und sie begann, ihm einen Brief zu schreiben. Dieser Brief bildete die Basis für das Buch, von dem Isabels Mutter anfangs meinte, es würde niemanden interessieren. *Das Geisterhaus* wurde Isabel Allendes erster Welterfolg. Nachdem zunächst kein Verlag Interesse gezeigt hatte, stellte der ebenfalls in Caracas im Exil lebende argentinische Schriftsteller und Journalist Tomás Eloy Martínez einen Kontakt zu der Literaturagentin Carmen Balcells in Barcelona her. Ein halbes Jahr später, 1982, kam *Das Geisterhaus* in Spanien auf den Markt, zwei Jahre später auch in Deutschland. Zwar erschien der Roman in 40 Sprachen, doch in keinem Land, schrieb ihr inzwischen verstorbener deutscher Verleger Siegfried Unseld, verkaufte sich die Saga über drei Generationen der Familie Trueba, die Etliches mit Isabels weit verzweigter Familie gemeinsam hat, so gut wie in Deutschland: bis heute zweieinhalb Millionen Mal.

Schon der Frankfurter Buchmessen-Schwerpunkt Lateinamerika 1976, der Nobelpreis für den Kolumbianer Gabriel García Márquez 1982 und das Berliner Lateinamerika-Festival Horizonte im gleichen Jahr hatten in Deutschland Interesse für die Autoren des Kontinents geweckt, doch zumindest in Deutschland trug die junge chilenische Autorin damals entscheidend dazu bei, dass es auf dem hiesigen Markt zu einem zweiten Boom des magischen Realismus lateinamerikanischer Prägung kam. Dessen Gesicht war nun nicht mehr nur männlich. Isabel Allende möchte ihre Art zu schreiben im Übrigen lieber als feministischen, denn als magischen Realismus bezeichnet wissen, da ihre Romane von der Sensibilität und den Problemen der Frauen sprechen. »Seit dem Welterfolg von Isabel Allendes *Das Geisterhaus* 1982 hat sich das Panorama für ›schreibende Frauen‹ völlig verändert, und davon haben sich manche Romanciers bis heute nicht erholt, wie die Diskussion um die Zuerkennung des Nationalpreises für Literatur in Chile 2010 noch einmal verdeutlicht hat«, so Michi Strausfeld, Deutschlands führende Expertin für lateinamerikanische Literatur. Die Nicaraguanerin Gioconda Belli (S. 334) und die beiden Mexikanerinnen Ángeles Mastretta und Laura Esquivel sind nur einige der Frauen, denen Allende nicht nur auf dem deutschsprachigen Markt den Weg geebnet hat. 1986 lag die Frankfurter Buchmesse der bescheidenen, trotz schwindelerregend hoher Absätze kleinen Frau mit den großen Ohrgehängen und den folkloristischen Umhängetüchern zu Füßen.

Sieben Jahre später hatte der Film *Das Geisterhaus* in München Premiere: Produzent Bernd Eichinger und Regisseur Billie August hatten mit Jeremy Irons, Meryl Streep, Winona Ryder, Vanessa Redgrave, Glenn Close, Armin Müller-Stahl und

Antonio Banderas Hollywoods erste Garde dafür verpflichtet. In London wurde der Roman auf die Bühne gebracht und 2010 in Deutschland als Hörbuch bearbeitet.

Ihr zweiter Roman, *Von Liebe und Schatten*, erschien 1985 auf Spanisch, und auch er wurde 1994 von Betty Kaplan mit Antonio Banderas in der Hauptrolle auf die Leinwand gebracht. Diesmal nahm sich Allende der Verschwundenen der chilenischen Militärdiktatur an. Und wie schon im *Geisterhaus*, ging es ihr wieder um die Politisierung einer jungen Frau aus der oberen Mittelschicht, einer Journalistin diesmal.

Frauen stehen im Mittelpunkt all ihrer Werke. Sie denken und handeln gegebenenfalls anders als Männer, haben andere Stärken und andere Schwächen, doch sie sind ihnen ebenbürtig. Dafür ein Bewusstsein zu schaffen, bei Frauen und bei Männern, die Frauen dazu zu ermutigen, sich ihren Platz in der Gesellschaft zu erkämpfen, darf man getrost als ein Lebensziel der Autorin bezeichnen. »Ich wollte nie Krieg gegen die Männer führen, ich möchte sie verändern«, erklärte sie einmal der *Süddeutschen Zeitung*.

Die Kritik hatte *Das Geisterhaus* vorwiegend begeistert aufgenommen, nicht zuletzt, weil die Autorin es verstanden hat, die chilenische Gesellschaft mit all ihrem Dünkel und ihren Klassenunterschieden und -schranken nachzuzeichnen, die eine Ursache dafür waren, dass der Putsch Pinochets in den »besseren Kreisen« auf Zustimmung stieß. Und Allende wusste süffig, immer wieder Übersinnliches einflechtend, und mit unterschwelligem Humor zu fabulieren und ihre oftmals schrulligen Figuren plastisch zu schildern. Zwar sprach nur selten ein Kritiker Isabel Allende das Erzähltalent ab, doch *Von Liebe und Schatten* wurde von der Kritik um vieles verhaltener rezipiert. Man verzieh ihr nicht, dass sie die tragische Suche nach Verschwundenen – Hintergrund des Romans ist ein Massaker der Militärs an 15 Bauern im Norden Chiles – mit einer Liebesgeschichte verknüpft hatte und bezichtigte sie der Trivialität. Den Vorwurf würde sie sich künftig noch häufig gefallen lassen müssen, doch ihr Publikum stört dies nicht. Auch wenn sie den Erfolg ihres Erstlings nicht wiederholen konnte – kein Buch von ihr, das nicht auf den Bestsellerlisten landete. »Der Grund wird sein, dass ich von Gefühlen spreche, und Gefühle, Leidenschaften, Träume, Obsessionen kennt man überall auf der Welt«, erklärt sie sich selbst ihren Erfolg. Dass man ihre Bücher als romantisch und kitschig bezeichnet, stört sie nicht: »Die Literaturkritik wird hauptsächlich von Männern gemacht, ihr liegen männliche Muster zugrunde.« Im Übrigen ginge es ihr nicht primär darum, Literatur zu produzieren, sie wolle die Herzen erreichen.

1985 macht Allende das Schreiben zu ihrem Hauptberuf, und 1987 kam ihr dritter Roman *Eva Luna* in Spanien auf den Markt, der nun nicht mehr in Chile, sondern in Caracas spielte, das sie jedoch im Jahr darauf verließ, der Liebe wegen. Als sie an der Universität von San José in Kalifornien einen Vortrag hielt, stellte ihr eine Bekannte einen Mann vor, der sie unbedingt kennenlernen wollte, weil er von ihren Büchern begeistert war. Sie verliebte sich in den Mann, den US-Anwalt William Gordon, ließ sich von Miguel Frías scheiden, und zog nach San Rafael bei San Francisco, wo sie noch heute mit Gordon lebt, den sie 1988 heiratete. In den folgenden Jahren nahm sie an verschiedenen US-Universitäten Gastprofessuren an.

Nach dem Kurzgeschichtenband *Geschichten der Eva Luna* veröffentlichte sie dann mit *Der unendliche Plan* einen Roman, der in ihrer neuen Heimat spielt. Er erzählt die Geschichte eines Mannes, der im Los Angeles der mexikanischen Einwanderer als Sohn eines Sektenpredigers groß wird. Die Erlebnisse ihres Helden Gregory sind größtenteils der Biographie ihres Mannes William Gordon geschuldet, wie sie in ihrem dritten autobiographischen Band berichtet, der den Titel *Das Siegel der Tage* (2008) trägt. Gordon ist inzwischen auch schriftstellerisch tätig. Er hat mehrere Kriminalromane um einen Privatdetektiv aus San Francisco veröffentlicht, die auch ins Deutsche übersetzt wurden und vor der Kritik bestehen konnten.

Den Geschmack seiner Ehefrau hat er damit allerdings nicht getroffen: Sie kann Krimis nicht viel abgewinnen.

Am 6. Dezember 1991 ereilte Isabel ein schwerer Schicksalsschlag. Ihre Tochter Paula, damals 27-jährig, fiel in einer Madrider Klinik in ein Koma, aus dem sie nicht wieder erwachen sollte. Sie litt an der Stoffwechselkrankheit Porphyrie. Nach einem Jahr starb sie im Haus der Familie in San Rafael. Auch William Gordon verlor im gleichen Jahr seine Tochter, sie starb an den Folgen einer Drogensucht.

In Madrid, in den Fluren des Krankhauses und am Bett ihrer Tochter schrieb Isabel ihr Leben, ihren Schmerz und ihre Freuden mit der Hand in einem Notizbuch nieder. Daraus wurden 190 Briefe, die meisten davon an ihre Mutter gerichtet. Am 8. Januar 1993, kurz nach Paulas Tod, begann sie auf Anraten der Mutter, sie zur Grundlage eines Buches zu machen, nicht zuletzt, um auf diese Weise Trauerarbeit zu leisten. Am 8. Januar, denn seit dem *Geisterhaus* beginnt sie alle ihre Bücher am 8. Januar.

Sie konzipierte das Buch als einen langen Brief an die Tochter, in dem sie auf deren Krankheit einging, aber auch über das Leben der Familie berichtete, an dem Paula aufgrund ihres Komas nicht teilnehmen konnte, denn zunächst hatte Isabel noch an eine Genesung geglaubt. Und sie erzählte der Tochter aus ihrem eigenen Leben, erinnerte sich an ihre Eltern, an die Zeiten der *Unidad Popular*, an ihre erste Ehe und die Jahre des Exils. *Paula* wurde ihr erster autobiographischer Band und erschien 1994 auf Spanisch und auf Deutsch.

Die Rezeption des persönlichsten, ja, intimsten Buches der Autorin war höchst gespalten. Sie erntete Lob für ihre Offenheit, aber auch heftige Kritik: »Eine Mutter, die ihre Tochter verloren hat, verdient unser Mitgefühl; dieses Buch nicht«, hieß es in der *Frankfurter Allgemeinen Zeitung*, die ihr obendrein noch attestierte, nicht zu erzählen, sondern zu referieren. Gelegentlich wurde ihr sogar der Vorwurf gemacht, sie schlage aus dem Tod der Tochter Kapital.

Mit dem Erlös des Buches gründete sie am 9. Dezember 1996 zur Ehren ihrer Tochter, die in Venezuela und in Spanien ehrenamtlich Sozialarbeit geleistet hatte, die Isabel-Allende-Stiftung. Diese unterstützt über 35 chilenische und US-amerikanische Organisationen, darunter *Amnesty International*, die mit ihrer Arbeit Frauen und Mädchen helfen, ein selbstbestimmtes Leben in wirtschaftlicher Unabhängigkeit zu führen, und sie vergibt Stipendien für Schülerinnen und Studentinnen, die sich Ausbildung oder Studium nicht leisten können. Kaum ein Vortrag oder Interview, in dem Allende nicht auf die anhaltende Benachteiligung von Frauen aufmerksam machte, auf die geringere Bezahlung bei gleicher Arbeit, auf sexuellen Missbrauch oder auf die Leiden von Frauen und Kindern in Krisengebieten. Der Feminismus, so ihre Botschaft, ist noch längst nicht überholt.

Sie hatte sich nach Pinochets Putsch vorgenommen, Position zu beziehen, und so nahm sie 2003, nach dem Attentat auf das World Trade Center, die amerikanische Staatsbürgerschaft an. Als sie die Twin Towers brennen sah, habe sie sich so sehr mit den Opfern identifiziert, dass sie begonnen habe, sich als Amerikanerin zu fühlen. Kalifornien sei ihr Zuhause, Chile das Land ihrer Nostalgie. Ihre Stiftung engagierte sich beim Wiederaufbau Chiles nach dem schweren Erdbeben vom 27. Februar 2010. Kaum war der Flughafen wieder funktionsfähig, flog Isabel nach Santiago, spendete eine halbe Million Dollar und half dabei, weitere Spenden zu sammeln.

Nach *Paula* schrieb sie ein erotisch-literarisches Kochbuch mit autobiographischen Elementen, eine Jugendbuch-Trilogie sowie zwei gut lesbare historische Abenteuerromane, die sich mit dem Goldrausch in den USA sowie mit der chinesischen Einwanderung dort befassen, und goss schließlich als Auftragsarbeit einer Filmgesellschaft die Geschichte des Zorro in einen Roman. Erst 2006 legte sie mit *Inés meines Herzens* wieder ein Buch vor, das literarische Qualität beanspruchen kann und von der Kritik auch entsprechend gewürdigt wurde. Vier Jahre lang hatte sie in historischen Archiven über Inés Suárez (S. 185) recherchiert, die Gefährtin von Pedro de Valdivia, des spanischen Eroberers von Chile.

Allende rekonstruierte deren Leben sowie ihre Lebensumstände und entwickelte daraus ihren historischen Roman. »Ich habe ein Faible für starke Frauen, alle meine Protagonistinnen sind stark, doch Inés Suaréz war es ganz besonders«, begründete sie dies. Zwar bemühen sich vor allem feministische Historikerinnen seit etlichen Jahren, die über Jahrhunderte vernachlässigte Rolle der Frauen in Lateinamerika zu erforschen und ihnen den Platz in der Geschichte zukommen zu lassen, der ihnen gebührt, doch ihre Forschungsergebnisse waren meist nur einer Minderheit bekannt. Nach *Inés meines Herzens* erschienen weitere Romane über historische Frauengestalten der lateinamerikanischen Geschichte und machen deren Wirken einem breiteren Publikum zugänglich.

Die Insel unter dem Meer, 2010 auf Deutsch erschienen, ist erneut ein hervorragend recherchierter historischer Unterhaltungsroman, der die haitianischen Sklavenaufstände gegen die Franzosen zum Thema hat. Ihre Protagonistin allerdings ist diesmal wieder eine fiktive Figur. Ihr Werk *Mayas Tagebuch*, an Allendes siebzigstem Geburtstag am 2. August 2012 in deutscher Übersetzung erschienen, ist dagegen nicht gelungen. Gewidmet »den Halbwüchsigen in meiner Sippe« befasst es sich mit der Drogensucht einer jungen Frau aus Kalifornien, doch deren Ton trifft Allende nicht. Eines verbindet Maya, die Heldin des Romans, dennoch mit den übrigen Protagonistinnen von Isabel Allende – und mit der Autorin selbst: Sie reift zur starken Frau heran.

Ausgewählte Literatur:

Homepage von Isabel Allende: http://isabelallende.com/ia/en/home.

Isabel Allende: *Paula*. Aus dem Spanischen von Lieselotte Kolanoske. Frankfurt am Main 1995.

Dies.: *Mein erfundenes Land*. Aus dem Spanischen von Svenja Becker. Frankfurt am Main 2006.

Dies: *Das Siegel der Tage*. Aus dem Spanischen von Svenja Becker. Frankfurt am Main 2008.

Martina Mauritz: *Isabel Allende. Leben – Werk – Wirkung*. Frankfurt am Main 2005.

GIOCONDA BELLI

NICARAGUA, *1948

Gioconda Belli zählt zu den bekanntesten Dichterinnen und Romanautorinnen Lateinamerikas. In jungen Jahren hat sie sich aktiv am Kampf der *Frente Sandinista de Liberación Nacional* (FSLN, dt.: Sandinistische Front der Nationalen Befreiung) gegen die Somoza-Diktatur in Nicaragua beteiligt. Ihr dichterisches Schaffen und ihre politische Arbeit waren immer von der Idee getragen, »eine unschuldige, egalitäre Welt« zu schaffen, »in der Männer und Frauen nicht durch Machtkämpfe getrennt sind, in der Körper und Seele den gleichen Wert haben und in der die Frau ihre Rolle als Reproduzentin der Art nicht mit Unterwerfung bezahlt«, wie sie es 2007 in einem Interview ausdrückte.

Gioconda Belli wurde am 9. Dezember 1948 als zweites Kind von Humberto Belli, der ein Geschäft für Elektrogeräte betrieb, und seiner Frau Gloria Pereira in Managua geboren. Sie hat zwei Schwestern und zwei Brüder. Ihre Mutter, die in den USA studiert hatte, war die Gründerin des Experimentellen Theaters der nicaraguanischen Hauptstadt. Durch sie kam Gioconda bereits als Jugendliche mit den Werken Lope de Vegas, William Shakespeares oder Federico García Lorcas in Kontakt. Ihre Liebe zur Literatur verdankt sie ihrem Großvater Francisco Pereira, der sie im Sommer, wenn sie zum Strand fuhren, mit Büchern, unter anderem von Jules Vernes versorgte.

Gioconda besuchte eine katholische Grundschule in Managua und absolvierte die Sekundarstufe an einer katholischen

Privatschule in Madrid, wo sie 1965 ihr Abitur machte. Sie mochte die beiden Schulen nicht und bezeichnete sie später als »kalt und streng«. Eigentlich wollte sie Ärztin werden, doch ihr Vater riet ihr, einen »weiblicheren« Beruf zu wählen. So ging sie nach Philadelphia in die USA, wo sie einen einjährigen Kurs in Journalismus und Werbung absolvierte. 1967 kehrte sie nach Managua zurück, um, gerade 18 Jahre alt, Mariano A. Downing zu heiraten, einen Ingenieur und Angestellten des Bauamtes. Sie belegte weitere Kurse über Werbung, die die Harvard University in Managua anbot, und war die erste Frau, die in Nicaragua einen guten Posten in der Werbebranche innehatte, zunächst bei Pepsi-Cola und dann in einer Werbeagentur, obwohl ihr Ehemann nicht damit einverstanden war, dass sie nach der Heirat weiterhin arbeitete. Ihre älteste Tochter Maryam wurde 1969 geboren, ihre zweite Tochter Melissa vier Jahre später.

1970 erschienen erste Gedichte von ihr in der wöchentlichen Kulturbeilage von *La Prensa*, der einzigen oppositionellen Tageszeitung im Land, die der Familie Chamorro gehört. Für Bellis ersten Gedichtband, *Sobre la grama* (dt.: Über das Feld) verlieh ihr die *Universidad Nacional Autónoma de Nicaragua* 1972 einen angesehenen Poesie-Preis. In katholisch-konservativen Kreisen löste das Buch allerdings Empörung aus, denn Belli war die Erste, die sich in ihrer Heimat dichterisch mit dem weiblichen Körper und der weiblichen Sexualität auseinandersetzte. Ihr damaliger Ehemann war ebenfalls entsetzt und erklärte, sie dürfe nie wieder ein Buch veröffentlichen, das sie ihm nicht vorher gezeigt hätte. Belli trennte sich 1974 von ihm.

1970 kam Belli über einen Kollegen in der Werbeagentur erstmals mit der FSLN in Kontakt und schloss sich ihr nach einer Weile an. Ziel der Sandinisten war es, die Macht des Somoza-Clans zu brechen, der Nicaragua seit 1937 diktatorisch regierte und sich schamlos bereicherte, während die Bevölkerung in Armut lebte. Für alle Welt deutlich wurde dies, als Diktator Anastasio Somoza Debayle nach dem Erdbeben vom 23. Dezember 1972, das rund 20 000 Menschen das Leben kostete und Managua fast völlig zerstörte, die internationalen Hilfsgelder für den Wiederaufbau weitgehend in die eigene Tasche steckte. Belli und ihr Mann verloren während des Erdbebens ihr Haus.

Erst mit ihrer Beteiligung am Kampf der FSLN habe sie das Gefühl der Schuld verloren, aus einem wohlhabenden Elternhaus zu stammen, sagte Gioconda Belli später. Sie glaubte damals, die Welt zum Besseren verändern zu können, erinnerte sie sich in einem Interview. Die Eltern waren wie sie Gegner Somozas, doch den bewaffneten Kampf, für den sich die Tochter entschieden hatte, billigten sie nicht. Gioconda warb neue Mitglieder an, stellte ihr Haus für geheime Treffen zur Verfügung und fungierte als Kurier zwischen den Führungskadern der FSLN.

Bald stand sie auf der Fahndungsliste des Somoza-Regimes, und 1975 musste sie ihre Heimat verlassen, da Somozas Geheimdienst ihr auf der Spur war. In Abwesenheit wurde sie in Nicaragua zu sieben Jahren Gefängnis verurteilt.

Sie ging zunächst für einige Monate nach Mexiko, wo sie sich hauptsächlich ihren Gedichten widmete, und dann nach Costa Rica ins Exil. Dort arbeitete sie erneut in einer Werbeagentur. Als Mitglied der politisch-diplomatischen Kommission der FSLN sammelte sie zudem in Lateinamerika und Europa Spendengelder für die Sandinisten. Die schöne Frau mit den roten Locken wurde gelegentlich als die Ikone des Sandinismus bezeichnet. Ihr gutes Aussehen war jedoch nicht nur von Vorteil, erklärte sie einmal, da sie ihren *compañeros* beweisen musste, dass sie nicht nur gut aussah, sondern auch Verstand hatte.

Von Costa Rica aus schmuggelte sie Waffen nach Nicaragua, arbeitete gemeinsam mit dem Schriftsteller und späteren nicaraguanischen Vizepräsidenten (1984–1990) Sergio Ramírez an einer Beilage der Sandinisten zu einer costaricanischen Zeitung und organisierte Werbekampagnen für die FSLN. Sie lebte dort mit dem Brasilianer Sergio de Castro zusammen, und 1978 kam der gemeinsame Sohn zur Welt, den sie nach Camilo Ortega, dem Bruder Daniel Ortegas, benannte. Dieser hatte sie einst überzeugt, eine aktive Rolle im Sandinismus zu übernehmen. Camilo Ortega war im Kampf gestorben, und sie wollte ihn ehren, indem sie ihren Sohn nach ihm benannte.

Sie erhielt 1978 für ihren zweiten Gedichtband *Línea de Fuego* (dt.: Feuerlinie) den kubanischen Literaturpreis *Casa de las Américas*. Da der Band politische Gedichte gegen die Diktatur enthielt, die zum Widerstand aufriefen, erschien er nicht in Managua, sondern in Havanna. 1981 veröffentlichte der Peter Hammer Verlag unter dem Titel *Feuerlinie* erstmals eine Auswahl aus ihren beiden ersten Gedichtbänden auf Deutsch.

Nach dem Triumph der Sandinisten am 19. Juli 1979 arbeitete sie für die neue Regierung. Sie leitete zunächst einen staatlichen Fernsehkanal, schrieb politische Artikel für die sandinistische Tageszeitung *Barricada* und gehörte dem Vorstand der Schriftstellervereinigung an. Eine Weile arbeitete sie als Assistentin von Planungsminister Henry Ruiz, einem der neun *comandantes* der FSLN, mit dem sie eine Liebesbeziehung unterhielt, an der ihre Verbindung zu de Castro zerbrach. 1981 trennte sie sich auch von Ruiz. Sie vertrat danach die Sandinisten im Nationalen Parteien-Rat, arbeitete ab 1982 im staatlichen Presseamt, war Wahlkampfsprecherin der FSLN vor den Präsidentschaftswahlen 1984 und widmete sich schließlich zwei Jahre lang verschiedenen Werbekampagnen im Erziehungs- und Gesundheitssektor.

Währenddessen schrieb sie drei weitere Gedichtbände. Eine Auswahl daraus erschien auf Deutsch in den Bänden *Wenn Du mich lieben willst* (1985) und *Aus einer Rippe Evas* (1989). Inzwischen hatte sie sich auch im übrigen Lateinamerika, in den USA und in weiteren europäischen Ländern als Dichterin einen Namen gemacht.

1986 trat sie von sämtlichen politischen Ämtern zurück, um ihren ersten Roman *La mujer habitada* (dt.: *Bewohnte Frau*) zu schreiben, der 1988 im Original und auf Deutsch erschien. Belli verkaufte davon allein in Deutschland rund eine Million Exemplare und erhielt dafür 1989 den Preis Das politische Buch der Friedrich-Ebert-Stiftung. Schon zwei Jahre zuvor hatte sie den Anna-Seghers-Preis für ihre Gedichte erhalten.

Belli widmete ihren Roman *Bewohnte Frau* ihrer Jugend-freundin Nora Astorga, die am 14. Februar 1988 im Alter von 39 Jahren an Krebs gestorben war. Die Sandinistin und Rechts-anwältin hatte ab 1978 mit der Waffe in der Hand gegen So-moza gekämpft, war später stellvertretende Justizministerin und schließlich Nicaraguas Botschafterin bei den Vereinten Nationen. Wie Bellis Heldin Lavinia hatte Astorga einem so-mozistischen General Hoffnung auf ein sexuelles Abenteuer gemacht und damit in ihre Wohnung gelockt, wo ihn dann die Kämpfer der FSLN erwarteten.

Wie Astorga und Belli selbst stammt die Heldin des Ro-mans aus der Oberschicht, muss sich mit dem *machismo* aus-einandersetzen und lebt im Spannungsfeld von traditionellen Rollenerwartungen und dem Streben nach Selbstbestimmung und Emanzipation sowie nach sexueller Erfüllung. Diese The-men ziehen sich durch Gioconda Bellis gesamtes Werk. Ihre Heldinnen sind immer Frauen, und immer sind sie stark. Belli glaubt, dass ihr Körper der Frau Macht verleiht, über den Mann, aber auch, weil sie damit Leben schenken kann: »Der Mann unternimmt alle möglichen Anstrengungen, um diese Macht der Frau zu kontrollieren, weil er Angst vor ihr hat«, so ihre Erklärung für den *machismo* und die Unterdrückung der Frau durch den Mann. »Wenn meine Romane eine Funktion haben, dann die, der Welt der Frauen eine Stimme zu geben«, erklärte sie 1991.

Mit dem sandinistischen Befreiungskampf befasste sich Bel-li erneut in ihren Memoiren *El País bajo mi piel* (dt.: Das Land unter meiner Haut), die 2000 zunächst in Spanien erschienen und zwei Jahre später unter dem Titel *Die Verteidigung des Glücks. Erinnerungen an Liebe und Krieg* auf Deutsch.

Am 10. April 1987 heiratete sie in dritter Ehe den US-amerikanischen Hörfunkjournalisten Charles Castaldi, mit dem sie eine weitere Tochter hat, Adriana, die 1993 geboren wurde. Aus Sicht der Sandinisten ging sie eine Mesalliance ein, Innenminister Tomás Borge wollte ihr den Kontakt mit Castaldi verbieten, weil er diesen aufgrund seines amerikanischen Passes als Sicherheitsproblem ansah. Er könnte Belli aushorchen, so Borges Befürchtung. Die USA unterstützten damals die anti-sandinistischen *Contra*-Rebellen, mit denen sich die FSLN im Krieg befand. Belli hielt allerdings an ihrer Beziehung fest. Auch Castaldi bekam wegen seiner Verbindung zu Belli Probleme mit seinem Arbeitgeber: Ihm wurde vorgeworfen, sandinistische Propaganda zu verbreiten. Im Juni 1990 zog Belli mit ihrem Mann zunächst nach Washington und dann nach Santa Monica/Kalifornien. Sie hält sich aber regelmäßig in Managua auf, das sie »meinen Platz in der Welt« nennt.

Ihr zweiter Roman *Sofía de los presagios* (dt.: *Tochter des Vulkans*) kam 1990 auf den Markt, der dritte, *Waslala*, 1996. Beide Bücher wurden ebenfalls Bestseller. Die Kritik warf ihr gelegentlich eine naive Weltsicht vor und zieh sie des Kitsches, doch sie stört das nicht: »Ich glaube nicht, dass gute, moderne Literatur zwingend zynisch, skeptisch und pessimistisch sein muss. Ich nehme für mich in Anspruch, das Leben romantisch zu sehen, episch und überschwänglich«, erklärte sie 2008 in einem Interview.

In ihrem vierten Roman *El pergamino de la seducción* (dt.: *Das Manuskript der Verführung*) setzte sich Gioconda Belli erstmals nicht mit Nicaragua auseinander, sondern mit einem historischen Thema. Er erzählt die Lebensgeschichte von Johanna der Wahnsinnigen, der Tochter der spanischen Könige Isabella I. von Kastilien und Ferdinand II. von Aragón. Nachdem Johanna zwei Jahre lang – von 1504 bis 1506 – Königin von Kastilien war, wurde sie nach dem Tod ihres Mannes, Philipp des Schönen, entmachtet, für wahnsinnig befunden und zeitlebens in einem Kloster eingesperrt. Folgt man Bellis Roman, war Johanna den Männern ihrer Familie, auch ihrem Vater, zu intelligent, zu eigenwillig und zu stark, so dass sie sich ihrer entledigten. Der folgende Roman, *El infinito en la palma de las manos* (dt.: *Unendlichkeit in ihrer Hand*), 2009 erschienen, erzählt die Schöpfungsgeschichte neu.

Erst in ihrem Roman *El páis de las mujeres* (2010, dt.: *Die Republik der Frauen*) wendet sie sich wieder Nicaragua zu, Faguas, wie es in ihren Romanen heißt. Sie nennt den Roman eine politische Satire, die aus ihren Erfahrungen im Nicaragua der 1980er Jahre entstanden ist. Damals hatte sich eine Gruppe von Sandinistinnen, darunter sie selbst, heimlich zusammengefunden, um zu diskutieren, wie sie frauenspezifische Themen auf die Agenda der FSLN bringen könnten, die sich damals fast ausschließlich mit Wirtschafts- und Militärpolitik befasste. Die Gruppe nannte sich *Partido de la Izquierda Erótica*, (dt.: Partei der erotischen Linken), abgekürzt PIE, was auf Deutsch Fuß bedeutet. Im Roman gewinnen die Frauen die Wahlen, übernehmen die Regierung und schicken alle Männer nach Hause, weil sie überzeugt davon sind, dass diese nicht zu politischen Veränderungen fähig sind, denn zuvor war, bedingt durch einen Vulkanausbruch, der Testosteronspiegel der Männer gesunken. Gern erinnert Belli daran, dass es eine Gruppe von Frauen unter Führung von Dora María Tellez war, die während des Kampfes gegen Somozas Truppen die erste Stadt – León – für die Sandinisten eroberte.

Belli veröffentliche weitere Gedichtbände sowie ein Kinderbuch.

Ihre Beziehung zur FSLN gestaltete sich immer schwieriger. 1990 gehörte sie zunächst der Wahlkampfkommission an, wurde jedoch von Präsident Daniel Ortega ausgeschlossen, weil sie zu polemisch und zu schwierig sei, schrieb sie in ihren Memoiren *Die Verteidigung des Glücks*. Angesichts der schwierigen wirtschaftlichen Situation hatte sie den Slogan »Alles wird

besser« abgelehnt. Ortega verlor die Wahlen, Violeta Chamorro (S. 107), eine Freundin von Bellis Mutter, wurde Präsidentin des Landes, Giocondas Bruder Humberto trat als Erziehungsminister in Chamorros Kabinett ein.

Viele Mitglieder der FSLN, unter ihnen Gioconda Belli, forderten nach der Wahlschlappe mehr innerparteiliche Demokratie und eine Modernisierung des Programms, sie stießen
jedoch auf Ablehnung. So brach Belli 1993 – wie viele damals
führende Sandinisten – mit der FSLN. Zunächst wollte sie
dies der FSLN-Führung in einem Brief mitteilen, doch sie
schrieb stattdessen ein Gedicht. Sie weinte, während sie es
schrieb, denn sie hatte die FSLN immer als ihre Familie und
Teil ihrer Identität verstanden.

1995 schloss sie sich dem von Sergio Ramírez sowie anderen
prominenten Sandinisten wie Ernesto Cardenal gegründeten
Movimiento Renovador Sandinista (MRS, dt.: Sandinistische
Erneuerungsbewegung) an. Sie ist bis heute eine scharfe Kriti-
kerin von Daniel Ortega, der seit 2007 erneut Präsident des
Landes ist. Belli wirft ihm heute vor, sich zu einem Diktator
entwickelt, die Partei zu einem persönlichen Machtinstrument
umfunktioniert und die Pressefreiheit unterminiert zu haben.
Gioconda Belli hat eine eigene Kolumne in der nicaraguanischen Tageszeitung *El Nuevo Diario* und nimmt in verschiedenen Medien in den USA regelmäßig zu aktuellen politischen
Themen Stellung.

Ausgewählte Literatur:

Gioconda Belli: *Die Verteidigung des Glücks. Erinnerungen an Liebe und
Krieg.* Aus dem Spanischen von Lutz Kliche. München 2008. Belli schildert
in diesem Band ihr privates, schriftstellerisches und politisches Leben bis 1993.

Elizabeth Hoover: »Ortega has played at democracy but doesn't have a demo-
cratic bone in his body.« Interview with Nicaraguan Writer Gioconda Belli.
In: *Sampsonia Way Magazine*, 23. 5. 2011. Auf: http://www.sampsoniaway.org/
blog/2011/05/23/interview-with-nicaraguan-writer-gioconda-belli/, 11. 5. 2012.
Interview zum Roman *El país de las mujeres* und zu Daniel Ortega.

Caroline Kleibel: »Und Gott machte mich zur Frau«. In: *Welt der Frau*, Nr. 3/2008. Auf: http://www.schattenblick.de/infopool/bildkult/litera/bklpro67.html, 15.5.2012. Kurzporträt der Schriftstellerin mit Interviewpassagen.

Benito Pastoriza: »Three Approaches to the Work of a Naked Voice«. In: *literal magazine*, 2007. Auf: http://www.literalmagazine.com/es/archive-L01belli.php?section=hive&lang=arces, 15.5.2012. Interview mit Belli zu ihrer Arbeit als Dichterin.

http://www.giocondabelli.org

BEATRIZ CANEDO PATIÑO

BOLIVIEN, *1950

Beatriz Canedo Patiño ist die bedeutendste bolivianische Modeschöpferin. Eine chilenische Wirtschaftszeitschrift zählte sie 2001 zu den innovativsten Unternehmern Lateinamerikas. Sie fertigt ausschließlich aus natürlichen Materialien, aus der Wolle der Lamas, Alpakas und Vicuñas, die in der Andenhochebene rund um ihre Heimatstadt La Paz leben. Zu Weltruhm gelangte sie, als Boliviens Präsident Evo Morales bei seiner Amtseinführung im Januar 2006 einen Anzug mit indigenen Motiven aus ihrer Werkstatt trug.

Beatriz Canedo Patiño wurde 1950 in La Paz geboren. Als junge Frau verließ sie Bolivien, um in Paris Modedesign zu studieren. Danach ging sie nach New York und arbeitete für berühmte Marken wie Calvin Klein, Ralph Lauren und Donna Karan. 1987 eröffnete sie *Royal Alpaca*, ihr eigenes Modestudio auf der Seventh Avenue. Ihre Modelle, so erzählte sie der *Zeit*, schneiderte sie damals noch in ihrer Zweizimmerwohnung in Manhattan. Doch 1994 beschloss sie, nach Bolivien zurückzukehren, um hochwertige Mode aus heimischen Produkten herzustellen. Nicht zuletzt, das gab sie einmal zu, weil es billig ist, in Bolivien zu fertigen, so dass sie mit Waren aus China konkurrieren kann, selbst wenn sie ihren Mitarbeitern Löhne zahlt, die zum Leben reichen. In Bolivien, so sagt sie, gibt es außerdem sehr gute Schneider, und auch das Sticken von Ornamenten hat eine lange Tradition.

Alle zwei Wochen besucht sie Bruno, der auf über 5 000 Meter Höhe in den Anden die Lamas, Alpakas und Vicuñas züchtet, deren Wolle sie für ihre Mode braucht. Sie mag Kaschmir, sagte sie einmal der *New York Times*, doch Alpaka habe einen feineren Glanz, sei dauerhafter und leichter.

Beatriz Canedo Patiño unterhält zwei Boutiquen in La Paz – hinter einem der beiden Geschäfte liegt ihre Werkstatt – und eine in Santa Cruz, doch 45 Prozent ihrer Modelle werden exportiert. Obwohl sie Wert darauf legt, nicht für die Elite zu produzieren, können sich nur sehr wenige BolivianerInnen ihre Modelle leisten. Ein Anzug kostet im Schnitt 550 Euro – so viel verdienen nur sieben Prozent der BolivianerInnen im Monat, und über ein Drittel der Bevölkerung muss damit ein halbes Jahr und länger auskommen.

Seit Präsident Evo Morales bei seiner Amtseinführung 2006 in einem eleganten, dunklen Alpaka-Anzug mit bunter, bestickter Borte nach Aymara-Motiven von Beatriz Canedo Patiño glänzte, ist ihre Mode hipp in Bolivien, und auf den Festen der besseren Gesellschaft kleidet sie inzwischen angeblich die Hälfte der Gäste ein. Lange hat die Oberschicht Mode *Made in Bolivia* verschmäht, man kaufte lieber in Miami oder Paris. Die groben Alpakapullover mit den Lama-Motiven erstanden vor allem Touristen und einfache Leute. Dass sich dies nun geändert hat, und auch weitere heimische Designerinnen Erfolge verbuchen können, ist nicht zuletzt Beatriz Canedo Patiños Verdienst, denn sie hat es verstanden, die heimischen Materialien und Motive modisch und internationalen Qualitäts- und Geschmackstandards entsprechend zu verarbeiten. Ihre Vertriebschefin bezeichnet sie als disziplinierte Perfektionistin. Sie gelte lieber als anspruchsvoll denn als mittelmäßig, sagte sie selbst einmal.

Geheiratet hat sie im Übrigen nie: Weil sie niemand erträgt, behauptet sie. Und weil sie keine Zeit für ein Privatleben hat.

Sie weiß ihre Popularität zu nutzen: So kommentierte sie bei der Hochzeit des britischen Thronfolgers Prinz William für einen bolivianischen Fernsehkanal die Outfits des europäischen Hochadels, für den sie im Übrigen auch arbeitet: Spaniens Königin Sofia soll ebenso bei ihr bestellt haben wie Silvia von Schweden. Als US-Außenministerin Hillary Clinton La Paz besuchte, schaute sie ebenfalls bei Beatriz Canedo Patiño vorbei, die ein Geschäft gegenüber einem der Hotels unterhält, in dem regelmäßig Prominente absteigen. Sogar Papst Johannes Paul II. soll ein Cape aus schwarzem Baby-Alpaka bei ihr bestellt haben. Der päpstliche Nuntius habe von einer Rom-Reise dessen Maße mitgebracht, erzählte Canedo der *Zeit*. Und auch für Barbie, die Puppe, entwarf sie 1994 eine Kollektion.

Es ist nicht immer einfach, in Bolivien zu produzieren, muss sie zugeben. Kunden in den USA, Europa oder Japan erwarten pünktliche Lieferungen, und die sozialen und politischen Konflikte, die in Bolivien immer mal wieder tagelang das öffentliche Leben lahmlegen, machen es ihr nicht einfach: Wenn kein Bus fährt, kommen die Mitarbeiter zu spät und sie gerät in Verzug.

Sie nutzt ihren Ruhm auch anderweitig: Sie ist das Gesicht der bolivianischen Aids-Kampagne, sie ruft zur Bekämpfung des Hungers auf, unter dem zwei Millionen ihrer MitbürgerInnen leiden, sie unterstützt mehrere Kinderhilfsorganisationen, und der Erlös ihrer alljährlichen Modenschauen kommt immer karitativen Organisationen zugute. Sie legt Wert auf ethische Standards, sagt sie, und so zählen zu ihren rund 50 Mitarbeitern auch Behinderte, und sie ruft andere Firmen auf, ebenfalls Menschen mit Behinderungen einzustellen. Gern betont sie auch, dass für ihre Stoffe kein Tier geschlachtet werden muss – für ihre Lederkollektion gilt das allerdings kaum. Sie zieht Naturfarben vor, wenn sie jedoch auf chemische Farben zurückgreift, achtet sie sehr auf die Qualität.

2010 nahm sie in Genf an der EcoChic teil, einer Modenschau organisiert von der UNCTAD *(United Nations Conference on Trade and Development)* aus Anlass des Jahres der Biodiversität, auf der lediglich Mode aus Naturfasern ohne chemische Färbung gezeigt wurde. Sie präsentierte ein schulterfreies Abendkleid aus weißem Baby-Alpaka.

Gern würde sie ihr Label BCP in eigenen Läden im Ausland vertreiben, doch dafür benötigt sie einen Investor.

Ausgewählte Literatur:

»Intensidad y pasión«. In: *El Deber*, 4.–10. 5. 2008. Porträt über Beatriz Canedo Patiño.

Volkery, Carsten: »Alles Alpaka«. In: *Die Zeit*, Nr. 48, 20. 11. 2003. Auf: http://www.zeit.de/2003/48/Haut-Couture_Bolivien, 15. 5. 2012.

http://www.beatrizcanedopatino.com

MARTA LAGOS

CHILE, *1952

Marta Lagos ist eine Meinungsforscherin von Weltruf. Die Volkswirtin, die in Heidelberg studiert hat, gründete und leitet das *Latinobarómetro*, das seit 1995 demokratische Einstellungen in 18 Ländern Lateinamerikas abfragt. Sie betreibt eine eigene Markt- und Meinungsforschungsfirma in Santiago de Chile und ist bei nationalen und internationalen Medien eine gefragte Analytikerin chilenischer und lateinamerikanischer Politik.

Marta Lagos Cruz-Coke wurde am 13. März 1952 in Santiago de Chile als jüngste Tochter von Marta Cruz-Coke Madrid und Gustavo Lagos Matus geboren. Sie hat zwei ältere Geschwister. Ihr Vater – er war Jurist und Politikwissenschaftler – hat mehrere bedeutende Institutionen gegründet, darunter die *Facultad Latinoamericana de Ciencias Sociales* (Flacso, dt.: Lateinamerikanische Fakultät für Sozialwissenschaften) und war unter dem christdemokratischen Präsidenten Eduardo Frei Montalva (1964–1970) Justizminister. Ihre Mutter hat Philosophie studiert, war Lehrerin und Schuldirektorin und leitete nach dem Ende der Pinochet-Diktatur etliche Jahre die chilenische Nationalbibliothek. Lagos' Großvater mütterlicherseits, Eduardo Cruz-Coke, hatte 1946 für die Konservative Partei bei den Präsidentschaftswahlen kandidiert.

Ende der 1950er Jahre lebte Marta Lagos, weil die Eltern viel auf Reisen waren, mit ihren Großeltern mütterlicherseits zunächst in Peru, wo der Großvater chilenischer Botschafter war.

Dort wurden sie und ihr Bruder von einer Hauslehrerin unterrichtet.

Im Hause des Großvaters gingen Wissenschaftler, Intellektuelle und Politiker ein und aus; der spätere Präsident Salvador Allende war nur einer der vielen Gäste, die dort jeden Tag zu Mittag aßen. Die Großeltern starben, als Marta Lagos in Deutschland war. Der große Tisch, an dem sich ihre Besucher damals versammelt und den die Enkelkinder immer wieder für Pingpong-Spiele missbraucht hatten, steht heute in Marta Lagos' Esszimmer. Im Hause des Großvaters galt: mehr sein als scheinen. »Dort lernte ich, dass nur der Himmel die Grenze ist; die Ziele müssen immer höher gesteckt sein als die Möglichkeiten«, erinnert sich Lagos. Der Großvater vermittelte ihr auch die Liebe zur Poesie. Er war ein Freund des während des spanischen Bürgerkrieges ermordeten Dichters Federico García Lorca gewesen, und seine Enkeltochter kannte als Kind dessen Gedichte auswendig.

Die Tatsache, dass ihre Schwester behindert ist und sie nicht, hat Marta Lagos immer als Verpflichtung verstanden, sich besonders anzustrengen: »Wir Katholiken sind von Schuldgefühlen geplagt, so lädt man sich immer viel auf.« Angst vor Risiken kennt sie nicht, und so lebt sie nach dem Motto, jede Chance, die sich ihr bietet, auch zu ergreifen.

Ihr erstes Sekundarschuljahr absolvierte sie in Chapel Hill / North Carolina, wo ihr Vater eine Professur angenommen hatte. Nach einem Zwischenaufenthalt in Santiago zog die Familie erneut in die USA, diesmal nach Washington D.C., wo der Vater für die Interamerikanische Entwicklungsbank arbeitete. Es folgten fünf Jahre in Buenos Aires, wo ihr Vater das Institut für lateinamerikanische und karibische Integration (INTAL) gründete, eine Unterorganisation der Interamerikanischen Entwicklungsbank. Marta besuchte dort das *Michael Ham Memorial College*, eine katholische Privatschule des Passionisten-Ordens. Dort lernte sie Latein und Griechisch, was es ihr später erleichterte, Deutsch und Italienisch zu lernen, wie sie sagt. Das Niveau war höher als an den chilenischen Schulen, und dies half ihr auch später, in England Arbeit zu finden, glaubt sie. Mit 17 Jahren ging sie mit der Familie nach Santiago zurück, wo sie an der französischen Jeanne-d'Arc-Schule, geführt von Nonnen aus Grenoble, ihr Abitur machte.

Danach nahm sie an der *Pontificia Universidad Católica* ein Soziologiestudium auf. 1970 wurde sie Mitglied der Christdemokratischen Partei *(Partido Demócrata Cristiano)*, in die sie sich vor der Volksabstimmung vom 5. Oktober 1988 über den Verbleib von Diktator Augusto Pinochet im Amt erneut einschrieb. 1994 verließ sie jedoch die Partei, vor allem um ihrer wissenschaftlichen Unabhängigkeit willen: »Man hat mir Botschafterposten angeboten, aber es scheint mir nicht attraktiv, Chile zu verlassen. Außerdem bin ich viel zu rebellisch, um einer Partei anzugehören. Ich habe auch nie nach einem politischen Amt gestrebt, vielleicht, weil ich die Politik von innen kenne«, erklärte sie 2009 in einem Interview.

Am 30. Juli 1973, nur wenige Wochen vor dem Militärputsch von General Pinochet am 11. September 1973, verließ sie Chile. Ihr Mann Carlos Huneeus, der als Politologe an der *Universidad de Chile* arbeitete, hatte vom *British Council* ein Stipendium bekommen, um an der Universität von Colchester in Essex einen Master zu machen. Eigentlich hätte er allein reisen sollen, doch aufgrund der unsicheren politischen Lage in Chile begleiteten ihn Marta und ihr gerade acht Monate alter Sohn Cristobal. Nach Pinochets Staatsstreich strich die *Universidad de Chile* Huneeus das Gehalt, und Marta musste sich eine Stelle in London suchen, um finanziell über die Runden zu kommen, denn das britische Stipendium reichte nur für die Miete. Zwei Jahre lang pendelte sie täglich von Colchester nach London und arbeitete als Fremdsprachensekretärin für Spanisch, Englisch und Französisch in einer Firma, die Obst exportierte: »Sie waren sehr tolerant mit mir, denn als ich anfing zu arbeiten, konnte ich nicht einmal Maschine schreiben«, erinnert sie sich.

Huneeus beendete sein Aufbaustudium, doch eine Rückkehr nach Chile war wenig ratsam, denn die Parteigänger Pinochets hatten ihn inzwischen von der Universität geworfen.
Er erhielt dann ein Doktoranden-Stipendium der deutschen
Konrad-Adenauer-Stiftung, und so ging die Familie im Juli 1975
zunächst für einen Sprachkurs nach Bonn. Eine Woche nach
der Ankunft, am 1. August, kam der zweite Sohn Nicolás zur
Welt. Im September ging es weiter nach Heidelberg, wo Huneeus promovieren wollte. Marta arbeitete dort zwei Tage in
der Woche von 6 bis 14 Uhr in einer Druckerei, ihr Mann
hütete derweil die Kinder. In der Druckerei hat sie binnen eines halben Jahres Deutsch gelernt, obwohl die anderen Arbeiter dort Dialekt sprachen. »Das war eine großartige Erfahrung,
um das Land schnell kennenzulernen«, erinnert sie sich.

Im Sommersemester 1976 schrieb sie sich an der Universität
Heidelberg für Volkswirtschaft ein, da das Institut für Soziologie dort gerade einen Prozess der Umstrukturierung durchlief
und man ihr riet, ein anderes Fach zu studieren. Das Volks-
wirtschaftsstudium und die damit verbundenen Kurse in Mathematik und Statistik hätten ihr erlaubt, später ihre eigene
Firma zu gründen, erklärte sie 2006 in einem Interview mit
dem Südwestrundfunk.

Das dritte Kind der Familie, Josefina, kam 1981 in Heidelberg zur Welt und fünf Jahre später wurde noch Federico geboren. Marta Lagos ist inzwischen zweifache Großmutter.

Im Juli 1983 kehrte sie nach Santiago de Chile zurück. Huneeus hatte das Angebot bekommen, am Studienzentrum
CERC *(Centro de Estudios de la Realidad Contemporánea)* zu
arbeiten, das an der Akademie für christlichen Humanismus
der katholischen Kirche neu eingerichtet wurde. Ein Jahr später fing Marta Lagos ebenfalls dort an. 1984 entstand die Idee,
Umfragen zu machen, und noch im gleichen Jahr fand trotz
Diktatur die erste Befragung von Studenten statt.

Die Jahre 1985 und 1986 verbrachte die Familie dann erneut
in Europa: Huneeus hatte eine Lehrtätigkeit an der Universi-

tät von Siena angenommen. Zurück am CERC, führte Lagos 1987 die erste umfassende, landesweite Meinungsumfrage über die Einstellungen der ChilenenInnen zur Politik überhaupt durch. Dieses *Barómetro de la política* (dt.: Politik-Barometer) des CERC erscheint immer noch alle drei Monate. Lagos ist jedoch nicht mehr daran beteiligt. Das CERC wird heute von Carlos Huneeus geleitet.

Ein erster Höhepunkt der Arbeit des CERC war die exakte Vorhersage des Ausgangs der Volksabstimmung über den weiteren Verbleib von Diktator Pinochet im Amt. Die Pinochet-Gegner gewannen mit 54 Prozent der Stimmen, womit der Beginn des Übergangs zur Demokratie eingeläutet war. Und Lagos und Huneeus wurden zu gefragten Gesprächspartnern der Medien, wenn es um politische Einschätzungen ging.

1990 wurde der Christdemokrat Huneeus erster Botschafter des demokratischen Chile in Deutschland. Marta Lagos pendelte nun vier Jahre lang zwischen Bonn und Santiago, denn sie arbeitete bis 1993 weiterhin als Leiterin des CERC. Außerdem nahm sie nach dem Fall der Berliner Mauer und dem Zusammenbruch des Ostblocks an über 20 Wahlbeobachtungen in osteuropäischen Staaten und in Afrika teil, wodurch sie Gelegenheit erhielt, auch über Lateinamerika hinaus Erfahrungen mit Prozessen des Übergangs von der Diktatur zur Demokratie zu sammeln.

1994 gründete sie dann ihr eigenes Markt- und Meinungsforschungsinstitut, als chilenische Partnerin der renommierten britischen Firma MORI. Zu internationalem Ansehen gelangte Marta Lagos mit dem *Latinobarómetro*, einer seit 1995 jährlich publizierten Umfrage, die Meinungen, Verhalten und Werte der BürgerInnen von 18 lateinamerikanischen Ländern untersucht. Vorbild war das Eurobarometer. 1988 hatten Lagos und Huneeus mit Forschern aus Argentinien, Brasilien und Uruguay eine Pilotstudie erarbeitet, die ein Jahr später auf einem von der *Ford Foundation* finanzierten Seminar der Columbia-Universität im Beisein weltweit renommierter Parteien- und Demokratieforscher wie Seymour Martin Lipset und Robert Dahl vorgestellt und diskutiert wurde. Aus den Ergebnissen des Seminars wurde ein Projekt formuliert und bei der Europäischen Kommission zur Finanzierung eingereicht. Es blieb jedoch in Brüsseler Schubladen verschollen, bis Marta Lagos 1993 Jean Jacques Rabier kennenlernte, den Begründer des Eurobarometers, der sich für ihre Pläne einsetzte. Zudem war die Zeit günstig für ein länderübergreifendes Meinungsforschungsvorhaben, da die lateinamerikanischen Länder nun mit Ausnahme Kubas sämtlich zur Demokratie gefunden hatten. Ein Instrument, dass die Einstellung der BürgerInnen zu den jungen Demokratien beobachtete, stieß nun auf Interesse, und die Kommission sagte finanzielle Unterstützung zu.

Ende 1995 erschien das erste *Latinobarómetro*. Nach dreimonatigen Umfragen legte es Ergebnisse aus acht Ländern vor, denn dem Direktorium der Non-Profit-Organisation *Corporación Latinobarómetro*, an dessen Spitze bald Marta Lagos rückte, war es gelungen, über die Finanzierung der Europäischen Kommission hinaus – sie war für vier Länder gedacht – Meinungsforschungsinstitute in vier weiteren Staaten zur Teilnahme zu bewegen.

Das *United Nations Development Programme* (UNDP) und die chilenische Regierung erklärten sich nach Erscheinen der ersten Untersuchung ebenso zur Förderung bereit wie einige weitere Länder, die gern teilhaben wollten, und so erschien 1996 bereits ein *Latinobarómetro* mit Daten aus 17 Ländern. Über die Jahre wurden durch Lagos' unermüdliches Trommeln weitere Geldgeber gefunden, darunter einige europäische Länder und etliche internationale Organisationen. Ab 1998 reichten die Mittel aus, nicht mehr nur Daten in Städten zu erheben, sondern landesweit. 2004 wurden die Erhebungen auch noch auf die Dominikanische Republik ausgeweitet, so dass das *Latinobarómetro* heute repräsentative Daten über 500 Millionen BürgerInnen aus 17 spanischsprachigen Ländern Lateinamerikas (mit Ausnahme Kubas) sowie aus Brasilien liefert.

Längst gehen die Umfragen über Einstellungen zur Demokratie hinaus, auch wirtschafts- und gesellschaftspolitische Themen werden abgefragt. Keine Tageszeitung in Lateinamerika, die die Umfrageergebnisse des *Latinobarómetro* nicht veröffentlichte, und selbst der renommierte britische *Economist* berichtet alljährlich ausführlich darüber. Marta Lagos, nach wie vor Chefin der *Corporación*, hat ihr Projekt in eine Institution verwandelt. Fast versteht es sich von selbst, dass es ihre eigene Firma MORI ist, die die Erhebungen in Chile durchführt, unter der Oberaufsicht eines Gremiums bekannter chilenischer Wissenschaftler und Politiker, darunter Carlos Huneeus. Dem internationalen Beratergremium gehören namhafte Wissenschaftler aus den USA, verschiedenen Ländern Lateinamerikas und Europas an, darunter auch zwei Deutsche.

1999 wurde Lagos zur Gründungsveranstaltung des *Afrobarometer* eingeladen, ein Jahr später war sie dabei, als das erste *Asian Barometer* ins Leben gerufen wurde. Ihr *Latinobarómetro* stand dafür Modell.

Lagos ist obendrein Gründungsmitglied und Koordinatorin von *Globalbarometer*, einer Organisation, die die Barometer aus Afrika, Asien, der arabischen Welt und Osteuropa mit dem lateinamerikanischen zusammenbringt. Unter dem Dach des *Globalbarometer* werden inzwischen die demokratischen Einstellungen in 64 Ländern – 48 Prozent der Weltbevölkerung – gemessen, davon ausgehend, dass die Haltung der BürgerInnen zur Demokratie wesentlich für deren Legitimität ist.

Besonders stolz ist Marta Lagos auf die erste Online-Umfragen-Datenbank in spanischer Sprache, die die *Corporación Latinobarómetro* 2006 mit spanischer Technologie aufgebaut hat. Damit wurde das Monopol der englischsprachigen Datenbanken gebrochen. 2010 haben 5000 Forscher aus Lateinamerika die Daten heruntergeladen, um die Demokratie auf dem Kontinent zu analysieren.

»*Latinobarómetro* ist eine lateinamerikanische Studie mit europäischen Wurzeln, und sie wurde von US-Wissenschaftlern lange heftig angegriffen, sie haben uns kritisiert, weil wir nicht ihren Regeln gefolgt sind. Aber schlussendlich haben sie keines der Ereignisse voraussehen können, die auf unsere Gesellschaften zukamen«, sagt Lagos nicht ohne Genugtuung. Ein amerikanischer Professor namens Mitchell Seligson hatte 2004 sogar sämtliche Geldgeber angeschrieben und sie aufgefordert, *Latinobarómetro* die Unterstützung zu entziehen, weil es schlecht gemacht sei und nicht den amerikanischen Regeln folge. Er kritisierte vor allem, dass die Daten den US-Universitäten nicht kostenlos zur Verfügung gestellt werden. »Die reichen amerikanischen Universitäten haben Fonds, um die Daten zu kaufen. Die Förderung der US-Wissenschaft ist nicht unsere Aufgabe«, sagt Lagos dazu. Und auch die Geldgeber sowie viele lateinamerikanische Wissenschaftler waren mit ihr dieser Ansicht. Doch Seligson ging noch weiter: 2006 reiste er durch Lateinamerika, um seine eigene, von der staatlichen Entwicklungsagentur USAID bezahlte Konkurrenzstudie anzupreisen. Und er ließ keine Gelegenheit aus, um das *Latinobarómetro* schlecht zu machen. Geistigen Imperialismus nennt dies Marta Lagos: »Diese Attacke überlebt zu haben, war zweifellos die größte Herausforderung meines Lebens. Man muss sich fragen, ob es gefährlich ist, wenn in Lateinamerika selbständig gedacht wird.« Noch heute ist sie US-Wissenschaftlern wie Lipset und Dahl dankbar, dass sie sie auch in dieser stürmischen Zeit weiter unterstützt haben. Unter der Administration von Barack Obama haben sich die Beziehungen zu USAID wieder verbessert, doch immer noch gibt es Kräfte in den USA, die *Latinbarómetro* gern sofort übernehmen würden. Aus den Angriffen hat Marta Lagos gelernt, dass man nicht vom eigenen Weg abkommen darf, nur weil andere glauben, man liege falsch.

Zum Skifahren, der einzigen Beschäftigung, bei der sie abschalten kann, kommt Marta Lagos selten. Sie lehrt immer wieder an verschiedenen chilenischen Universitäten, veröffentlicht regelmäßig in renommierten Zeitschriften wie *Foreign*

Politics und hat etliche Bücher geschrieben, die meisten zu demokratischen Übergangsprozessen, aber auch eines über die Situation der Frauen in Chile (*Mujeres chilenas*, 1992). Sie ist Vorsitzende des wissenschaftlichen Komitees des *World Values Survey Team*, das seit 1981 Werte und Einstellungen der Menschen in 56 Ländern erforscht, sie nimmt an der *Comparative Study of Electoral Systems* (CSES) teil, einer vergleichenden Studie von Wahlsystemen. Es handelt sich dabei um ein Gemeinschaftsprojekt von Wahlforschern aus der ganzen Welt, das vom deutschen Bundesministerium für Bildung und Forschung mitgetragen wird, und sie arbeitet als Meinungsforscherin für internationale Organisationen wie die Weltbank, die Internationale Arbeitsorganisation oder das Entwicklungsprogramm der Vereinten Nationen (UNDP). Zudem sitzt sie im Vorstand von FINAM *(Finanzas Internacionales y Nacionales para la Mujer)*, einer Nichtregierungsorganisation, die Mikrokredite für chilenische Frauen vergibt, und sie ist eine der HerausgeberInnen des *International Journal of Public Opinion Research*. 2008 erhielt sie in den USA den *Helen Dinerman Award* für herausragende Leistungen in der Meinungsforschung.

Ausgewählte Literatur:

Marta Lagos: »Historia de Latinobarómetro 1995–2005. De un Estudio a una Institución«. Santiago de Chile 2005. Der Artikel fasst die Geschichte des *Latinobarómetro* zusammen.

Paola Wächter: »Los hombres no ceden el poder a las mujeres«. In: *La Tercera*, 18.10.2009. Auf: http://mujer.latercera.com/2009/10/18/01/contenido/23_565_9.html, 15.5.2012. Interview mit Marta Lagos über ihr Leben sowie über die chilenischen Präsidentschaftswahlen 2009.

Gaby Weber: »Die Heidelberg-Connection – Wie ehemalige chilenische Studenten in der Heimat Karriere machen«. In: SWR2, 4.1.2006, 8.30 Uhr. Die Sendung enthält Aussagen von Marta Lagos zu ihrem Studium in Deutschland. Das Manuskript der Sendung ist abrufbar auf: http://www.swr.de/swr2/programm/sendungen/wissen/-/id=660374/nid=660374/did=1647450/xv2d8v

ANA FIDELIA QUIROT
KUBA, *1963

Die schwarze Leichtathletin Ana Fidelia Quirot ist in ihrer Heimat Kuba eine Legende und wird dort bis heute als der »Sturm der Karibik« verehrt. Sie war Weltmeisterin über 800 Meter, gewann etliche Goldmedaillen bei panamerikanischen Spielen und zwei olympische Medaillen. Als sie bei einem Unfall 1993 schwere Verbrennungen erlitt, glaubte niemand, dass sie je wieder würde laufen können, doch mit dem eisernen Willen, für den sie berühmt ist, kehrte sie auf die Aschenbahn zurück und feierte erneut Erfolge.

Ana Fidelia Quirot Moret wurde am 23. März 1963 in der Gemeinde Palma Soriano geboren, in der Provinz Santiago de Cuba, im Südosten der Insel. Als begeisterte Anhänger der kubanischen Revolution und ihres Führers Fidel Castro benannten ihre Eltern die Tochter nach ihm. Sie stammt aus einer sportbegeisterten Familie. Der Vater war Boxer, ihr Bruder 400-Meter-Läufer und ihre Schwester gehörte zur Basketballnationalmannschaft. Als kleines Mädchen hatte sie den Spitznamen »Dicke«, der ihr auch noch erhalten blieb, als sie durch regelmäßiges Training längst an Gewicht verloren hatte. Sie ist mit 1,65 m nicht sehr groß für eine Mittelstreckenläuferin.

Ana Fidelia wurde im Schulsport für die Leichtathletik entdeckt. Sie begann im Alter von elf Jahren ernsthaft zu trainieren, und zwei Jahre später bekam sie ein staatliches Stipendium für eine Schule, an der Sport besonders gefördert wird. Im kolumbianischen Medellín erlief sie 1978 bereits ihre erste

Goldmedaille mit der 4-×-400-Meter-Staffel. Trotzdem waren nicht alle Sportfunktionäre von ihrem Talent überzeugt. Sie kämpfte jedoch mit der ihr eigenen Hartnäckigkeit und wurde dann mit 20 Jahren doch Mitglied der kubanischen National-mannschaft. Sie hatte zwei große Vorbilder: Fidel Castro und Alberto Juantorena, der wie sie aus Santiago de Cuba stammt und 1976 bei den Olympischen Spielen Gold über 400 und 800 Meter gewann.

Im April 1985 nahm sie erstmals als Einzelathletin an einem internationalen Wettkampf teil, im Jahr darauf erzielte sie bei den iberoamerikanischen Leichtathletikmeisterschaften einen Doppelsieg über 400 und 800 Meter. 1987 hatte sie bei der Weltmeisterschaft mit einem vierten Platz ebenfalls schon erah-nen lassen, was sie konnte. 1989 kam dann der große Triumph: Sie siegte in Barcelona beim Weltcup über 400 und 800 Meter, woraufhin sie von der *International Association of Athletics Fe-derations* (IAAF), dem internationalen Dachverband der Leicht-athletikverbände, zur weltbesten Sportlerin des Jahres gewählt wurde, denn mit 1:54.44 Minuten hatte sie auch noch die Welt-jahresbestzeit vorgelegt – damals die drittbeste Zeit, die je über 800 Meter gelaufen wurde. Über die 800-Meter-Strecke war sie 1989 ungeschlagen. Zwischen 1987 und 1990 gewann sie 39 Rennen über 800 Meter und verlor eines, über 400 Meter sieg-te sie in 15 Wettbewerben. 1989 gewann sie die 800-Meter-Stre-cke beim Leichtathletik-Weltcup in Barcelona.

Die Panamerikanischen Spiele 1991 in Havanna waren für sie besonders wichtig, denn zu dem Stadion, in dem sie statt-fanden, hatte Ana Fidelia eine besondere Beziehung: Sie hatte selbst mitgeholfen, Steine zu schleppen, als es gebaut wurde. Sie holte vor heimischem Publikum in ihren beiden Diszipli-nen die Goldmedaille und brach in beiden die bisherigen pan-amerikanischen Rekorde. Eine ihrer beiden Goldmedaillen hängte sie nach der Siegerehrung Fidel Castro um den Hals. »Bei diesen Spielen«, so hieß es in der *Chicago Tribune*, »wurde sie zum sportlichen Symbol der kubanischen Revolution.«

Kuba hatte, wie der gesamte Ostblock, nicht an den Olympischen Spielen 1984 in Los Angeles teilgenommen und war 1988 aus Solidarität mit Nordkorea den Sommerspielen in Seoul ferngeblieben. Ana Fidelia bedauerte jedoch nie, dass sie auf dem Höhepunkt ihrer Karriere zwei Olympische Spiele aus politischen Gründen versäumt hatte: Politische Prinzipien seien wichtiger als Goldmedaillen, erklärte sie einmal dazu.

Erst 1992 bei Olympischen Spielen in Barcelona konnte sie zeigen, zu welchen olympischen Höchstleistungen sie fähig war: Sie holte die Bronze-Medaille über 800 Meter, obwohl sie bereits schwanger war.

Privat hatte sie zunächst wenig Glück. Sie war erst mit dem zweimaligen Boxweltmeister Raúl Cascaret verheiratet, die Ehe ging jedoch nach kurzer Zeit in die Brüche. Cascaret starb dann 1995 bei einem Autounfall. Danach war sie mit dem Weltrekordhalter im Hochsprung, Javier Sotomayor, liiert, dem mit einem Olympiasieg und sechs Weltmeistertiteln erfolgreichsten und besten Hochspringer in der Geschichte der internationalen Leichtathletik. Am 22. Januar 1993, Ana Fidelia war in der 30. Woche von ihm schwanger, erlitt sie einen schweren Unfall. Es war die Zeit der sogenannten Spezialperiode in Friedenszeiten. Der Ostblock war zusammengebrochen und mit ihm die kubanische Wirtschaft. Endlose Stromsperren waren ebenso an der Tagesordnung wie fehlendes Gas für den Herd. Es fehlte an allem, auch an Waschmitteln. Ana Fidelia hatte Wäsche in einem Topf auf einen Kerosinkocher gesetzt und anstelle von Waschpulver Isopropyl-Alkohol ins heiße Wasser geschüttet, aber vergessen, dass die Kerosinflamme noch brannte. Der Alkohol spritzte über den Rand des Topfes und lief in die Flamme. Sekunden später stand der gesamte Oberkörper der jungen Frau in Flammen. So die offizielle Version. In Sportlerkreisen in Havanna hielten sich jedoch hartnäckig Gerüchte, Ana Fidelia habe sich mit Benzin übergossen und angezündet, weil der verheiratete Sotomayor ihr Kind nicht anerkennen und sich nicht von seiner Frau habe scheiden lassen wollen. Die Beziehung der beiden Sportler war auch in der Öffentlichkeit bekannt gewesen. Ana Fidelia bestritt später, dass sie sich habe umbringen wollen, es sei ein Unfall gewesen. Doch sie redete nicht gern darüber.

Ana Fidelia Quirot erlitt schwere Verbrennungen, 38 Prozent ihrer Haut waren davon betroffen. Sie wäre fast gestorben und lag eine Woche lang auf der Intensivstation. Ihr Baby kam per Kaiserschnitt zur Welt, lebte jedoch nur wenige Tage. Sie nannte es Javiana Fidelia, nach den Eltern.

Als sie im Ameijeiras-Hospital an Havannas Malecón wieder aus der Bewusstlosigkeit erwachte, soll Fidel Castro neben ihrem Bett gestanden haben. »Ich werde wieder laufen«, soll sie da gesagt haben. Fidel hat sie mehrfach besucht in den 111 Tagen, die sie im Krankenhaus lag.

Ana Fidelia war nicht nur wegen ihrer sportlichen Leistungen berühmt, sondern auch um ihrer Schönheit willen. Gelegentlich hatte sie gemodelt. Ihr Gesicht, ihr Hals, ihr Oberkörper und ihre Hände waren nun von Brandnarben entstellt. Ihrer Mutter hat sie laut *Spiegel* gesagt, es wäre besser gewesen, man hätte sie sterben lassen.

Sie muss sich zahlreichen Hauttransplantationen unterziehen und oft ist sie hoffnungslos und deprimiert. Auch das Dehnen der verbrannten Haut ist sehr schmerzhaft. Doch nach zwei Monaten im Krankenhaus fängt sie an, auf einem Fahrrad zu trainieren und die Stufen des Hospitals rauf- und runterzurennen. Aus dem Krankenhaus entlassen, beginnt sie bald frühmorgens und abends spät zu laufen, wenn es nicht mehr heiß ist und die Sonne ihrer Haut nicht schaden kann. Ihre Narben sind mit einer speziellen Gaze abgedeckt. Und zehn Monate später bestreitet sie wieder einen Wettkampf in Puerto Rico. Arme und Nacken sind immer noch unter Narbentüchern versteckt und ihren Kopf kann sie nicht zur Seite drehen, doch sie läuft. Und wird zweite. Sie habe die Lust gespürt, wieder zu laufen und den Stolz, der Welt zu zeigen, dass Behinderte Sachen machen können, die unmöglich scheinen, erklärte sie dazu dem *Spiegel*. Der Sport habe ihr das Leben zurückgegeben, sagte sie später. Zurück in Havanna empfängt sie Fidel Castro mit den Worten, ihr Lauf sei einer der imponierendsten Dinge gewesen, »die wir im Leben gesehen haben«. Er umarmt sie, angeblich unter Tränen.

1995 ist sie, nach weiteren zwölf Hauttransplantationen, wieder in Hochform. In Göteborg wird sie Weltmeisterin über 800 Meter. Sie nennt diesen Sieg den schönsten ihres Lebens, weil sie ihn nicht mehr für möglich gehalten hatte. Vor den Olympischen Sommerspielen 1996 erklärte sie, sie sei froh, wenn sie das Finale erreiche. Sie erreicht es und gewinnt die Silbermedaille.

»Ich glaube, ich bin ein Symbol der kubanischen Revolution, ihrer Errungenschaften in der Erziehung, in der Medizin und im Sport. Ich bin bereit, der Revolution zu dienen, egal wie und wo«, erklärte sie der *Los Angeles Times*. Es spielt für sie keine Rolle, dass der Unfall, wenn es denn einer war, nur geschah, weil die Revolution so weit abgewirtschaftet hatte, dass es nicht einmal mehr Waschpulver gab.

Vom aktiven Leistungssport zog sie sich 2000 zurück, 2006 nahm sie in Italien noch einen Preis für Fair Play entgegen. Sie hat ein Universitätsexamen in Leibeserziehung und Sport abgelegt und wieder geheiratet. Im September 1999 wurde ihre Tochter Carla Fidelia geboren, später dann noch ihr Sohn Alberto Alejandro. Auch Fidel Castro heißt mit zweitem Namen Alejandro. Sie lebt in Havanna und gehört heute der Nationalen Leichtathletik-Kommission Kubas an, eine staatliche Einrichtung zur Förderung dieses Sports. Gelegentlich nimmt sie an Veteranen-Wettbewerben statt, kommuniziert über *Facebook* mit ihrer Fangemeinde, und sie ist da, wenn die Revolution ruft. So hat sie im Oktober 2011 gemeinsam mit anderen berühmten kubanischen Frauen, darunter die legendäre Primaballerina Alicia Alonso, einen Brief an Hillary Clinton und Michelle Obama unterschrieben, in dem die Freilassung von fünf in den USA einsitzenden, angeblichen kubanischen Spionen gefordert wird. Im Pantheon der kubanischen Nationalhelden hat Ana Fidelia Quirot einen festen Platz.

Ausgewählte Literatur:

Joaquín Ibarz: »El despecho amoroso pudo mover al suicido a Ana Fidelia Quirot«. In: *La Vanguardia*, 7.3.1993, S. 44. Bericht über die Selbstmordvermutung.

Anne Janette Johnson: »Ana Quirot«. Auf: http://www.answers.com/topic/ana-quirot, 15.5.2012. Ausführliche Biographie der Sportlerin.

Udo Ludwig: »Kubas Lady Di«. In: *Spiegel*, Nr. 29/2005, S. 170–172. Auf: http://www.spiegel.de/spiegel/print/d-9202669.html, 15.5.2012. Bericht über den Unfall und Quirots Rolle in Kuba.

SHAKIRA
KOLUMBIEN, *1977

Sie zeigt der Welt, dass Kolumbien nicht nur für Drogen steht, sondern auch gute Seiten hat, sagen viele ihrer Landsleute. Und wenn sie in einer Dankesrede nach Zuerkennung eines Grammy »Viva Colombia!« ruft, feiern sie überschwänglich die junge Frau, die 75 Millionen Tonträger verkauft hat, mehr als jeder andere Kolumbianer. Spätestens, seit sie 2010 mit »Waka Waka (This Time for Africa)« das offizielle Lied der Fußballweltmeisterschaft in Südafrika gesungen hat, zählt Shakira zu den bekanntesten Popstars der Welt.

Die Sängerin, Komponistin, Musikerin, Produzentin und Tänzerin aus der Karibik-Großstadt Barranquilla nahm bereits 2008, so errechnete Forbes, im Ranking der *Cash Queens*, der am besten verdienenden Sängerinnen, nach Madonna, Barbra Streisand und Céline Dion den vierten Platz ein. Und spätestens seit ihrer Teilnahme an den weltweit ausgestrahlten Benefiz-Konzerten *Live 8* (2005, gegen die weltweite Armut, organisiert von Bob Geldorf und Bono) und *Live Earth* (2007, vom ehemaligen US-Vizepräsidenten und Umweltaktivisten Al Gore ins Leben gerufen, um auf die globale Erderwärmung aufmerksam zu machen) hat die ehrgeizige Shakira der Welt gezeigt, dass sie ihren Ruhm und ihr Geld nutzt, um sich politisch und sozial zu engagieren.

Shakira Isabel Mebarak Ripoll wurde am 2. Februar 1977 in Barranquilla geboren. Sie ist die einzige Tochter von Nidia del Carmen Ripoll Torrado, Kolumbianerin mit spanischen und italienischen Wurzeln, und William Mebarak Chadid, einem US-Amerikaner libanesischer Abstammung, der im Alter von fünf Jahren nach Kolumbien kam. Er hatte bereits acht Söhne aus einer ersten Ehe, von denen einer allerdings sehr jung starb. Schon mit vier Jahren soll Shakira – der Name stammt aus dem Arabischen und bedeutet »Die Dankbare« – ihr erstes Gedicht mit dem Titel »La Rosa de Cristal« (dt.: Die Rose aus Kristall) geschrieben haben. Drei Jahre später bekam sie zu Weihnachten eine Schreibmaschine und verfasste weitere Gedichte. Ihre Biographen Fuchs-Gamböck/Schatz schreiben ihr einen IQ von 140 zu. Ebenfalls im Alter von vier Jahren besuchte sie mit ihrem Vater ein arabisches Restaurant und hörte zum ersten Mal eine Doumbek-Trommel, die zum Bauchtanz geschlagen wird. Angeblich kletterte die Kleine auf einen Tisch und tanzte dazu. In der Schule war sie dann als das Bauchtanzmädchen bekannt, weil sie ihren Mitschülern allwöchentlich eine neue Vorführung geboten hat. In den Schulchor nahm man sie allerdings nicht auf: Mit ihrer vibrierenden Stimme klinge sie wie eine Ziege, war die Begründung des Lehrers. Schon als Kind spielte sie Gitarre, später auch Mundharmonika und Flöte.

Als sie acht Jahre alt war, musste der Vater, er war Juwelier, Insolvenz anmelden, und fast der gesamte Hausstand und das Auto wurden verkauft. Für sie kam das dem Ende der Welt gleich, erinnerte sie sich in einem Interview. Um ihr bewusst zu machen, dass es anderen um vieles schlechter ging als ihr, nahmen die Eltern sie mit in einen Park der Stadt, in dem Straßenkinder lebten, die keine Familie hatten, Klebstoff schnüffelten, hungerten und barfuß und in Lumpen gingen. Da habe sie sich vorgenommen, dass sie es zu etwas bringen müsse, um den Eltern zu helfen, ihnen wieder ein Auto zu kaufen und um diesen Kindern unter die Arme zu greifen. Bereits zehn Jahre später sollte sie dies in die Tat umsetzen.

Ihre Karriere begann 1988, als sie erstmals in einem Kindergesangswettbewerb des regionalen Fernsehkanals *Telecaribe* auftrat. Sie gewann ihn dreimal in Folge. Das verhalf ihr zu Auftritten in Barranquilla und Umgebung und schließlich zu einem Plattenvertrag über drei Alben. Sie war gerade 15 Jahre alt, als sie dafür mit ihrer Mutter in die Hauptstadt Bogotá zog. Bis heute geht Shakira immer mit der Mutter, meist sogar mit beiden Eltern, auf Reisen. 1991 kam ihr erstes Album mit dem Titel *Magia* (dt.: Magie) heraus, das sich allerdings nur tausendmal verkaufte.

1993 nahm sie an dem in ganz Lateinamerika viel beachteten Musikwettbewerb des chilenischen Badeortes Viña del Mar teil und erreichte mit dem Liebeslied »Eres« (dt.: Du bist) den dritten Platz. Im gleichen Jahr erschien ihr zweites Album *Peligro* (dt.: Gefahr), das jedoch ebenfalls floppte. Dies bewog sie dazu, eine Pause einzulegen und sich der Schule zu widmen. Im Jahr darauf hatte sie ihr Schauspiel-Debüt, in einer Herz-und-Schmerz-Telenovela mit dem Titel »El Oasis«, in der es um die Überlebenden des Ausbruchs des Vulkans Nevado del Ruíz von 1985 ging. Die Telenovela machte sie endgültig im ganzen Land bekannt. Sie hatte auch den Titelsong komponiert und gesungen. Sie spielte zudem in einer Folge der in viele Länder verkauften Kult-Telenovela »Betty la fea« (dt.: Betty, die Hässliche) mit.

1994 wurde sie außerdem »Miss bester Po von Kolumbien«. Feministinnen mögen ihr das ankreiden, doch ihre Popularität in ihrer Heimat nahm damit weiter zu. Als Feministin hat sich die Sängerin im Übrigen nie verstanden. Allerdings ist ihr bewusst, dass sie aufgrund ihrer Karriere vielen jungen Frauen ein Vorbild ist. Dass sie zum »Heimchen am Herd« nicht taugt, erklärt sie auch gelegentlich.

Als sie 1995 aufgefordert wurde, zu einem Album verschiedener kolumbianischer Interpreten einen Song beizusteuern, komponierte und textete sie »Dónde estás corazón« (dt.: Wo bist du, mein Herz). Die Aufnahme lief auf vielen Radiostationen, auch in den Nachbarländern. Den ersten großen Erfolg brachte ihr aber erst 1996 »Piés descalzos« (dt.: Nackte Füße) ein, das Album verkaufte sich mehr als fünf Millionen Mal. Im Text des Titelsongs wendet sie sich gegen gesellschaftliche Konventionen, etwa dagegen, dass Frauen jung heiraten soll- ten. Damals war Shakira noch schwarzhaarig, ihre Stimme rauer und ihre Bewegungen brüsker.

Wie sie es sich vorgenommen hatte, engagierte sie sich nun für Kinder aus den Armenvierteln. Sie gründete eine Stiftung, der sie den Namen des Erfolgsalbums gab – *Piés descalzos*. Ihr selbst hat es nie an Liebe, Fürsorge und an Erziehung gefehlt, und das möchte sie weitergeben: Angeblich fließt ein Drittel ihrer Gewinne in soziale Projekte. Sie glaubt, dass Erziehung und Chancengleichheit für alle Menschen die Grundlage für den Weltfrieden sind und jedes Kind gut geboren wird: »Erst die Gesellschaft korrumpiert es. Kinder wollen Arzt, Pilot, Lehrer oder Krankenschwester werden, und nicht Kriminelle.« Gute Erziehung und gute Ernährung, vor allem auch für Mäd- chen, seien die beste Prävention gegen Drogen, Kriminalität und Terror sowie gegen Krankheiten wie Aids, so ihr Credo. Für sie ist Erziehung ein Grundrecht und hat nichts mit Wohl- tätigkeit zu tun. Das Argument, sie koste Geld, lässt sie nicht gelten: »Erziehung ist gut für die Wirtschaft. Jedes Jahr Erzie- hung, das in ein Kind investiert wird, bringt ihm als Erwach- senen 10 bis 20 Prozent mehr Einkommen und davon profi- tiert auch die Wirtschaft«, erklärte sie 2010 in einem halbstündigen Dokumentarfilm, den eine spanische Sektfirma, für die Shakira eine Werbekampagne gemacht hatte, in Ko- lumbien gedreht hat. Mit eindrücklichen Bildern schildert der Film die Situation der dreieinhalb Millionen Menschen in Ko- lumbien, die vor dem bewaffneten Konflikt zwischen linken Guerillagruppen, rechten Paramilitärs und Armee von ihrer Parzelle geflohen sind. Viele von ihnen leben in den Armen- vierteln von Barranquilla. Vor allem die Kinder leiden unter der Situation: Sie müssen arbeiten, sich von Abfällen ernähren, barfuß laufen. Der Film zeigt auch eine der fünf Schulen, die Shakiras Stiftung in Barranquilla gebaut hat. Die *Institución*

Educativa y Centro Comunitario Fundación Piés Descalzos (dt.: Erziehungseinrichtung und Gemeinschaftszentrum Stiftung Nackte Füsse) im Viertel La Playa nahm an Shakiras 32. Geburtstag die Arbeit auf. In La Playa hatte Shakira als Jugendliche unter Anleitung der Nonnen ihrer Schule mit ihrer Klasse geholfen, andere Kinder zu alphabetisieren.

In den Schulen der Stiftung werden die Schüler und Schülerinnen gut ernährt, bekommen Schulkleidung, und Psychologen helfen ihnen, ihre Kriegstraumata zu überwinden. Über 6000 Kinder werden in Kolumbien von *Piés Descalzos* betreut. In Cartagena de Indias entsteht eine weitere Schule, zu der auch ein Gemeindezentrum gehören wird, und in Port-au-Prince in Haiti wird in Zusammenarbeit mit der Interamerikanischen Entwicklungsbank die vom Erdbeben im Januar 2010 zerstörte Elie-Dubois-Schule wieder aufgebaut. Die Künstlerin ließ es sich nicht nehmen, zu den Grundsteinlegungen selbst zu erscheinen, in schlichtem schwarzen T-Shirt und schwarzer Jeans. Schwarz ist ihre Lieblingsfarbe.

Die Leitung von *Piés Descalzos* lag über mehrere Jahre in Händen von María Emma Mejía (S. 169), vormals Erziehungs- und Außenministerin sowie Friedensbeauftragte für die Stadt Medellín, als dort der Drogenkrieg die Menschen in Atem hielt.

Beruflich ging es immer weiter bergauf für Shakira. 1998 verkaufte sich »Dónde están los ladrones?« (dt.: Wo sind die Diebe?) sieben Millionen Mal, im März 2000 unternahm sie ihre erste Tournee durch Lateinamerika und die USA. Im gleichen Jahr lernte sie Antonio de la Rúa kennen, den Sohn des ehemaligen argentinischen Präsidenten Fernando de la Rúa. Antonio übernahm nach einer Weile ihr Management. Zwar hatte Antonios Mutter 2007 behauptet, das Paar plane eine Hochzeit in Shakiras Haus in der Dominikanischen Republik und das Kleid sei bereits in Arbeit, doch Shakira dementierte umgehend: Sie brauche keine Papiere. Im Januar 2011 kündigte sie auf ihrer Webseite die Trennung von Antonio de la Rúa an. Er arbeite aber weiterhin in ihrer Firma mit. Seit 2011 ist die Sängerin mit dem zehn Jahre jüngeren Fußballprofi Gerard Piqué vom FC Barcelona zusammen und verlegte ihr Domizil zumindest zeitweilig in die Hauptstadt Kataloniens. Shakira hatte Piqué bei der Aufzeichnung eines Videoclips anlässlich der Fußballweltmeisterschaft 2010 in Südafrika kennengelernt.

Nach *Servicio de Lavandería / Laundry Service* (dt.: Wäscherei-Service, 2001) – das erste Album, auf dem sie sowohl Spanisch als auch Englisch singt und das sie mit produzierte – unternahm die Sängerin 2002/2003 ihre erste Welttournee mit gut 60 Konzerten. Sie nannte sie Mungo-Tour, weil sie Mungos bewundert, die als einzige Tierart Giftschlangen mit einem Biss erledigen können. Während der Show ließ sie ein Video ablaufen: »Zu sehen waren zwei Männer, maskiert als der damalige Präsident George W. Bush und der ehemalige irakische Diktator Saddam Hussein, die Schach spielten. Doch sie waren nicht die Herren ihrer Aktionen und ihrer Bewegungen, weil sie von einer finsteren Figur, die den Tod darstellen sollte, wie Marionetten an ihren Schnüren gelenkt wurden«, beschreiben ihre Biographen Fuchs-Gamböck / Schatz den Inhalt. Sie habe dazu erläutert, dass man den Krieg nicht als ein virtuelles Ereignis zeigen könne, das harmlos wie ein Brettspiel abläuft, so Fuchs-Gamböck / Schatz.

2005 erklomm dann *Fijacion Oral Vol I.*, das in einer Einheit mit dem englisch gesungenen Album als *Oral Fixation Vol. II* (dt.: Orale Fixierung) zu sehen ist, in vielen Ländern Platz eins der Charts. Sowohl die spanische als auch die englische Version des Albums beinhalten einen Song, der sich gegen die indonesische Besetzung Osttimors wendet und für Demokratie plädiert. In Deutschland stieß sie mit dem Album bis auf Platz vier der Charts vor und erhielt dafür eine Platin-Schallplatte. Sie blickt hier insgesamt auf 16 goldene und sechs Platin-Platten zurück. Für *Fijación Oral* konnte sie auch den Grammy Award für das beste Latin-Album entgegennehmen. Insgesamt wurden ihr bis dato sechs Grammys zuerkannt. Die englisch gesungene Single-Auskopplung aus *Oral Fixation,* »Hips don't lie« (dt.: Hüften lügen nicht), die sie zusammen mit dem haitianischen Hip-Hop-Sänger Wyclef Jean interpretiert, ist ihr bislang erfolgreichster Song. Sie sang ihn auch vor dem Endspiel der Fußball-Weltmeisterschaft 2006 in München. Im gleichen Sommer gab sie im Rahmen einer zweiten Welttournee in Mexiko-Stadt auf dem Zócalo das größte Musikkonzert aller Zeiten – vor 210 000 Menschen. Und im November wurde ihr im Alter von gerade 29 Jahren vor dem Fußballstadion ihrer Heimatstadt Barranquilla ein Denkmal gesetzt: Der Neusser Maler und Bildhauer Dieter Patt hat es kreiert und gestiftet.

2006 war ein gutes Jahr für sie, denn auch die Vereinten Nationen ehrten sie für ihr soziales Engagement. In ihrer Dankesrede erinnerte sie daran, dass am Ende eines jeden Tages in Lateinamerika 960 Kinder gestorben sind. Bereits drei Jahre zuvor war sie zur UNICEF-Botschafterin des guten Willens ernannt worden. In dieser Funktion nimmt sie an vielen Veranstaltungen teil, ein Marsch gegen die Gewalt in El Salvador ist nur ein Beispiel. 2010 erhielt sie dann die UNO-Medaille für soziale Gerechtigkeit und Frieden. In Deutschland war sie im Jahr zuvor als *Charity Person* des Jahres mit einem Bambi geehrt worden.

Shakira versteht es, ihre beruflichen Interessen mit ihrem sozialen Engagement zu verbinden. So versteigerte eine Automarke, für die sie in Spanien eine Werbekampagne gemacht hatte, einen Wagen zugunsten ihrer Stiftung, und anlässlich der Fußball-WM in Afrika brachte ein spanischer Modekonzern weltweit »Waka Waka«-T-Shirts auf den Markt. Der Gewinn floss in die Stiftung der Sängerin, die damit Erziehungsprojekte in Südafrika fördern will.

Verschiedentlich wurde sie angegriffen, weil sie es akzeptiert hatte, das Lied zur Fußball-WM in Südafrika zu singen, anstatt einem afrikanischen Künstler den Vortritt zu lassen. Fußball habe mit Integration und Toleranz zu tun, sei ein Schmelztiegel der Kulturen, antwortete sie darauf und erinnerte daran, dass sie aus einem Teil Kolumbiens stamme, der mit der afrikanischen Kultur durch eine Nabelschnur verbunden sei. »Waka Waka (This Time for Africa)« basiert auf einem Lied aus Kamerun, und die südafrikanische Gruppe Freshlyground wirkte bei der Aufnahme mit. Der Song erschien auf Shakiras Album *Sale el Sol* (dt.: Die Sonne kommt heraus, 2010).

Shakira weiß zu mobilisieren: Kolumbiens Literaturnobelpreisträger Gabriel García Márquez – Shakira sang mehrere Songs für den Soundtrack der Verfilmung seines Romans *Die Liebe in den Zeiten der Cholera* – erklärte sich bereit, als Ehrenvorsitzender der von ihr mitinitiierten Stiftung ALAS (*América Latina en Acción Solidaria*, dt.: Lateinamerika in solidarischer Aktion, die Abkürzung ALAS bedeutet Flügel) zu fungieren. Ziel der Stiftung ist es, öffentlich für die Förderung von Kindern im Alter bis zu sechs Jahren zu werben. Shakira gewann dafür neben García Márquez zahlreiche weitere lateinamerikanische Künstler, aber auch den ehemaligen spanischen Ministerpräsidenten Felipe González und den mexikanischen Kommunikationsunternehmer Carlos Slim Helú, der als reichster Mann der Welt gilt.

ALAS geriet allerdings verschiedentlich in die Schlagzeilen: So sollen zwei Mitarbeiter der Verwaltung Spendengelder veruntreut haben, was ALAS-Vizepräsident Antonio de la Rúa jedoch mit dem Argument zurückwies, die Stiftung verwalte keine Spendengelder, sondern widme sich lediglich der Mobilisierung. Dennoch zogen sich Künstler wie Juánes daraufhin von ALAS zurück. Und in argentinischen Medien hieß es, ALAS habe die Kosten eines Benefizkonzertes in Buenos Aires nicht erstattet.

Shakira beteiligt sich an der *Clinton Global Initiative*, der Entwicklungs-Initiative von Ex-US-Präsident Bill Clinton, sie wirbt mit Al Gore für den rationellen Umgang mit Wasser, sie setzt sich für Überschwemmungsopfer in ihrer Heimat ein, und führt sie eine Tournee in eine Hauptstadt, trifft sie sich gewöhnlich mit Präsident oder Präsidentin, um für die Erhöhung der Etats für Bildung und Erziehung zu werben. Gleiches forderte sie auch vor dem amerikanischen Kongress. Die Politiker lassen sich gern mit dem Weltstar fotografieren. Wenn es gelänge, eine massive, weltweite Bewegung für bessere Ernährung und Erziehung der Kinder auf die Beine zu stellen, würden die Politiker dem Rechnung tragen: »Wir zeigen Interesse, und sie wollen vor uns gut dastehen. Also werden sie tun, was wir von ihnen erwarten«, glaubt Shakira, denn so funktioniere Demokratie. Inzwischen zählt ein politischer Berater zu ihrem Stab.

Vor den US-Wahlen 2009 ermunterte sie die aus Lateinamerika stammenden US-Amerikaner, zur Wahl zu gehen, und erklärte, sie favorisiere Barack Obama, an dessen Amtseinführung sie später teilnahm. Sie rief die kolumbianische Guerilla *Fuerzas Armadas Revolucionarias de Colombia* (FARC, dt.: Revolutionäre Streitkräfte Kolumbiens) dazu auf, die Waffen niederzulegen, vor der *Oxford University* forderte sie, 30 000 Lehrer anstelle von 30 000 Soldaten nach Afghanistan zu schicken. Sie las Frankreichs Präsident Nicolas Sarkozy die Leviten, weil er Sinti und Roma abschieben ließ: »Was heute mit ihnen passiert, wird morgen unseren Kindern und Enkel passieren. Wir müssen als Bürger aktiv werden und die Grund- und Menschenrechte verteidigen, und alles denunzieren, was wir für anklagenswert befinden«, erklärte sie dazu. Nach Erdbeben, Tsunami und Atomkatastrophe in Japan forderte sie dazu auf, dem Land zu helfen. Und den Lateinamerikanern und Lateinamerikanerinnen rief sie zu, nicht länger zu akzeptieren, dass ihnen nur Brosamen zustehen, wie man es ihnen seit der Kolonisation beigebracht hätte. Sie fordert sie auch dazu auf, in der eigenen Gemeinde aktiv zu werden. Über eine Milliarde Menschen hat sie inzwischen über ihre *YouTube*-Videos erreicht und etliche davon zeigen sie nicht als Sängerin, sondern als Kämpferin für eine bessere Welt, die anprangert, dass Lateinamerika der Kontinent ist, auf dem Armut und Reichtum am weitesten auseinanderklaffen und auf dem 30 Millionen Kinder hungern.

Ausgewählte Literatur:

http://www.shakira.com. Shakiras Webseite zeigt fast 500 Videoclips mit Auftritten und Interviews auf Spanisch und Englisch, in denen Shakira über ihr Leben, ihre sozialpolitischen Einstellungen und ihre Entwicklungsprojekte erzählt.

http://www.fundacionpiesdescalzos.com/
Die Webseite der Stiftung *Piés Descalzos* berichtet umfassend über deren Aktivitäten.

Michael Fuchs-Gamböck und Thorsten Schatz: *Shakira. Die Biographie.* Höfen 2010. Enthält Listen sämtlicher Alben und Titel, Auszeichnungen und Preise der Sängerin (bis 2008). Geht ausführlich auf die einzelnen Songs und ihre Entstehung ein.

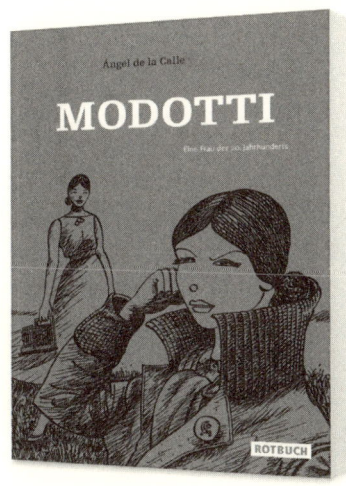